Martin Schulze Wessel

Der Fluch des Imperiums

Martin Schulze Wessel

Der Fluch des Imperiums

Die Ukraine, Polen und der Irrweg in
der russischen Geschichte

C.H.Beck

Mit 22 Abbildungen
und 6 Karten von Peter Palm, Berlin

Originalausgabe

4. Auflage. 2023
© Verlag C.H.Beck oHG, München 2023
www.chbeck.de
Umschlaggestaltung: Rothfos & Gabler, Hamburg
Umschlagabbildungen: Hintergrund: Finley Map of Russia, 1827,
© Bridgeman Images; Ausschnitt oben: aus dem Portrait Katharinas II. von
Stefano Torelli, St. Petersburg, Eremitage, © akg-images/Elizaveta Becker;
unten: Vladimir Putin im Mai 2016 in Athen, © Vasilis Ververidis, shutterstock
Satz: Fotosatz Amann, Memmingen
Druck und Bindung: Pustet, Regensburg
Gedruckt auf säurefreiem, alterungsbeständigem Papier
(hergestellt aus chlorfrei gebleichtem Zellstoff)
Printed in Germany
ISBN 978 3 406 80049 8

myclimate
klimaneutral produziert

www.chbeck.de/nachhaltig

Inhalt

Einleitung **7**

Kapitel 1
**Russlands Imperium, das Hetmanat und
die Republik Polen (1700–1795)** **23**
Moskaus Weg nach Europa 23 Das ukrainische Hetmanat zwischen Polen und Russland 29 Poltava 35 Europas erster Ost-West-Konflikt 38 Russland und die Ukraine nach dem Nordischen Krieg 42 Katharina II. als Vollenderin Peters I. 46

Kapitel 2
**Imperiale Ordnung und nationale Herausforderung
(1796–1856)** **71**
Russlands Imperium im Zeitalter Napoléons 71 Die Heilige Allianz 78 Der polnische Novemberaufstand als europäisches Ereignis 90 Russlands Antwort an Europa 94 Polnische und ukrainische Befreiungsideen 96 Identitätspolitik des Zarenreichs 105 Geopolitik im Exil 107 Europäische Revolution und der Krieg um die Krim 110 Polens Aufstand und die russische Furcht vor der ukrainischen Frage 118

Kapitel 3
**Die Idee von der russischen Exzeptionalität und das Ende
des Zarenreichs (1856–1917)** **127**
Das imperiale Ideen-Set nach dem Krimkrieg und dem polnischen Aufstand 127 Ukrainische Alternativen 137 Zarische Symbolpolitik und die Suche nach einer außenpolitischen Doktrin 143 Nationale und soziale

Dynamik in der Ukraine 148 Der erste Weltkrieg 157 Nationalstaatsgründung in Kyiv 162 Revolution und Bürgerkrieg 166

Kapitel 4
**Das sowjetische Experiment und
die imperiale Tradition (1917–1991)** **171**
Alte Grenzen, neue Grenzen 171 Nationalisierung der Kultur, Zentralismus in der Wirtschaft 174 Polen und der Prometheismus 181 Holodomor 186 Das große russische Volk kehrt zurück 193 Von Rapallo zum Hitler-Stalin-Pakt 196 Krieg gegen Polen 206 Der Große Vaterländische Krieg 210 Russische und ukrainische Mythen 214 Jalta und der Kalte Krieg 216 Die Ukraine als zweite Nation der Sowjetunion 224 Poststalinismus 230 Neue Ostpolitik 242 Polen und die Ukraine in den letzten Jahren des Sowjetimperiums 249

Kapitel 5
**Die postsowjetische Ukraine und
Russlands Neoimperialismus (1992–2022)** **261**
Die nachgeholte Revolution in der Ukraine 261 Russlands Weg in die Diktatur 267 Empire Fatigue und Sowjetnostalgie 272 Imperiale Infrastrukturen 281 Imperiale Phantasien: Dugin und Putin 285

Schluss **293**

Dank **305**
Anmerkungen **307**
Auswahlbibliographie **334**
Bildnachweis **341**
Karten **342**
Personenregister **348**

Einleitung

Seit dem 24. Februar 2022 ruft Russlands Krieg gegen die Ukraine Entsetzen hervor. Nachdem der Versuch einer raschen Machtübernahme in Kyiv gescheitert ist, zielt die russische Invasion auf die physische Zerstörung und symbolische Vernichtung des Nachbarlandes. Die Kreml-Propaganda spricht der Ukraine ihre nationale Identität ab, bezeichnet ihre politischen und kulturellen Eliten als «Faschisten» und versucht die politische Führung um Präsident Selens'kyj systematisch zu entmenschlichen. Währenddessen beschießen die russischen Truppen Zivilisten und zivile Infrastrukturen. Ganze Städte liegen in Trümmern. Weit von der Front entfernt bombardiert die russische Armee Krankenhäuser, Kindergärten und Einkaufszentren. Die Gewalt hat eine Botschaft: Es gibt kein sicheres Leben in der Ukraine, nirgendwo. Wenige Monate nach dem Beginn der Invasion war ein Drittel der ukrainischen Bevölkerung auf der Flucht, sieben Millionen innerhalb der Ukraine, weitere sieben Millionen, vor allem Frauen und Kinder, haben das Land verlassen. Eine Million Ukrainerinnen und Ukrainer wurden in den ersten Kriegsmonaten aus den besetzten Gebieten durch sogenannte Filtrationslager nach Osten geschleust und über die Russische Föderation hinweg verteilt, wohl in der Erwartung, dass sie sich dort russisch assimilieren. Zugleich schickte die russische Armee vor der Mobilmachung vor allem Angehörige nicht-russischer Ethnien aus weit entlegenen Regionen in den verlustreichen Kampf. Der Vernichtungskrieg hat auch die Dimension eines *ethnic cleansing*.

In Deutschland hat es lange gedauert, die Augen für das ganze Ausmaß des Verbrechens zu öffnen und daraus Konsequenzen zu ziehen. Ein Grund dafür liegt im Umgang mit der deutschen Geschichte. Das unvergleichlich größere Grauen des Holocaust und des deutschen Vernichtungskriegs im Osten Europas wirkte hemmend, wenn es darum ging, die russische Gewalt beim Namen zu nennen. Nur mühsam setzte sich die Einsicht durch, dass aus der deutschen Geschichte gerade im Verhältnis zur Ukraine eine besondere Verantwortung zur Leistung von Hilfe entsteht.

Geschichte spielt auch im Krieg selbst eine besondere Rolle. Die Legitimation, die der russische Präsident Vladimir Putin für den Angriff auf die Ukraine anführt, ist eine historische. Schon lange vor der Invasion bemühte er Geschichtsnarrative, um eine historische Mission Russlands zu begründen und der Ukraine das Existenzrecht abzusprechen. Dies ist auch im Vergleich mit anderen militärischen Engagements Russlands bemerkenswert. Für die Kriege in Tschetschenien, Georgien oder Syrien zog der Kreml nicht geschichtliche, sondern völkerrechtliche Legitimationen heran. Die Begründung eines Angriffskriegs vor allem durch historische Mythen ist auch in Putins Russland neu. Das beste Beispiel dafür ist der Anspruch, den Moskau auf die Krim erhebt. Tatsächlich ist die Halbinsel nicht «urrussisch», sondern eine Eroberung, die das Zarenreich relativ spät im Krieg gegen das Osmanische Reich machte. Erst 1783 kam sie zum Russischen Imperium, was Putin nicht hindert, sie als legitimen Besitz zu fordern. Dass die Krim in sowjetischer Zeit an die Ukraine übertragen wurde, ist aus Putins Sicht dagegen «unhistorisch» – ein korrekturbedürftiger Fehler im Geschichtsverlauf.

Putin manipuliert und instrumentalisiert Geschichte. Diese Feststellung ist richtig, aber auch banal. Der russische Präsident ist ein Amateurhistoriker der schlimmsten Art, der meint, die Geschichte zu verstehen und verändern zu können. Putin hat sich, wie der italienische Historiker Mark Galeotti schreibt, «mit der Geschichte angelegt» und dabei vergessen, dass diese ein Fluss ist, der niemals rückwärts fließt.[1] Die Ukraine ist nicht mehr das Land, das im 19. Jahrhundert Teil des Zarenreichs war, nicht mehr die Sowjetrepublik der 1960er und 1970er Jahre, nicht einmal mehr die Ukraine des Jahres 2014.

Die «Spezialoperation», die Putin vom Zaun brach, ist Russlands Krieg. Es ist ein Krieg, der nicht ausschließlich mit dem Blick auf die Gegenwart verstanden werden kann. Denn es geht nicht nur um rational fassbare Interessen der Clique, die in Russland das Sagen hat. Dies anzunehmen war der kardinale Fehler der westlichen und speziell der deutschen Politik vor dem 24. Februar 2022. Tatsächlich speist sich die russische Entscheidung für die Invasion aus Mythen und Obsessionen. Die Kriegsrhetorik, die vom staatlichen Fernsehen Tag für Tag ins Land gesendet wird, bedient niedere Instinkte und beruft sich dabei implizit oder explizit immer wieder auf Geschichte. Die Flut von Lügen und Halbwahrheiten richtigzustellen ist beinahe unmöglich. Nötig ist es aber zu zeigen, dass die Versatzstücke der russischen Propaganda selbst eine Geschichte haben. Diese besteht aus langfristig wirksamen Diskursen, die durch bestimmte Traditionen der imperialen Politik Russlands bedingt sind. Im Krieg gegen die Ukraine treten mithin langfristige strukturelle Probleme Russlands hervor.

Deren Geschichte umfasst allerdings nicht die gesamte russische Vergangenheit. Seit dem Beginn der russischen Invasion vom Februar 2022 tauchen im Westen lange vergessene Deutungen wieder auf, die von einer durchgehend gewaltbetonten Tradition der russischen Geschichte sprechen und die Wurzeln für den aktuellen Gewaltausbruch möglichst tief in der russischen Geschichte verorten. So werden Vergleiche zwischen Putin und Ivan dem Schrecklichen gezogen und die Grausamkeit des russischen Mittelalters für Russlands Kriegsführung heute verantwortlich gemacht. Russische Geschichte wird damit essentialisiert. Die Dämonisierung ist aber ein Zwilling der Romantisierung.

Die russische Aggression gegen die Ukraine lässt sich nicht gegenwartsfixiert mit den Vorstellungen erklären, die die westliche Öffentlichkeit als rationales Verhalten ansieht, sie ist aber auch nicht in der unendlichen Tiefe der russischen Geschichte angelegt. Der Erklärungsrahmen, den dieses Buch wählt, hat eine mittlere historische Tiefe: Es geht um die Geschichte des neuzeitlichen russischen Imperiums, das mit der Herrschaft Peters I. begann. Seit dem Beginn des 18. Jahrhundert entstand eine strukturelle Problematik, mit deren Auswirkungen wir es heute zu tun haben.

Allerdings übte nicht nur Russland imperiale Herrschaft aus. Auch London, Paris, Madrid, Wien, Berlin, Brüssel und andere europäische Metropolen waren Reichszentren, wenn man ein Imperium nach der gut begründeten Definition John M. MacKenzies versteht, nämlich als ein «expansionistisches Staatswesen, das verschiedene Formen der Souveränität über ein Volk oder über Völker hat, deren Ethnizität different von (in manchen Fällen auch gleich mit) der eigenen ist.» Das Imperium werde so zu einer «politisch zusammengesetzten Einheit, die in der Regel über ein regierendes Zentrum und dominierte Peripherien verfügt». Dies könne zu unterschiedlichen Formen der hegemonialen Herrschaftsausübung führen.[2] Russland fügt sich in diese generelle Definition gut ein. Die strukturellen postimperialen Probleme, die in Russlands Restaurationsversuch gegenüber der Ukraine zutage treten, haben jedoch einen anderen Charakter als die ebenfalls nicht komplikationsfreien westeuropäischen Dekolonisierungsprozesse. Das russische Imperium expandierte auch nach Europa hinein, indem es im 18. Jahrhundert zunächst das ukrainische Hetmanat inkorporierte und dann die baltischen Länder und Teile Polens annektierte. Mit der gewonnenen Großmachtposition setzte sich Russland intensiver internationaler Konkurrenz in Europa und einem Ideentransfer aus, der moderne Begrifflichkeiten, darunter das Konzept der Nation, von den imperial beherrschten Peripherien in das Zentrum des Reiches brachte. An der Westgrenze des russischen Imperiums entstanden nationale Fragen – zuerst die polnische Frage und dann die ukrainische Frage, daneben baltische und finnische Autonomie- und Unabhängigkeitsbestrebungen. Sie hatten jeweils geopolitische Implikationen im europäischen Staatensystem und eine Vorbildfunktion für andere nationale Bewegungen im Zarenreich bzw. in der Sowjetunion. Das ist historisch speziell für die Geschichte des russischen Imperiums. Und es brachte schon im 19. Jahrhundert einen ideenpolitischen Ost-West-Gegensatz hervor, in dem Russland die Rolle eines autokratischen Pols einnahm. Unter den zahlreichen Imperien Europas stach Russland nicht durch die Grausamkeit seiner Herrschaft hervor. Was Russland von den anderen Reichen unterschied, war die Tatsache, dass ein großes Landimperium gewissermaßen nach Europa hineinwuchs, indem es Territorien in Nordost-, Ostmittel- und Südosteuropa annektierte bzw. dort Einflusssphären schuf.

Auch Frankreich und Deutschland errichteten in napoleonischer Zeit bzw. unter nationalsozialistischer Herrschaft hegemoniale Ordnungen in Europa, die allerdings nur eine vergleichsweise kurze Dauer hatten. Russland dagegen übt seit über 300 Jahren Herrschaft bzw. dominanten Einfluss in seinem westlichen Vorfeld aus. Wiederholt haben westliche Staaten eine Eindämmung Russlands versucht, und seit dem 19. Jahrhundert entstand daraus in Europa ein russlandkritischer liberaler Diskurs. Der

Gegensatz zum Westen schrieb sich so über eine lange Zeitspanne hinweg in die Tradition des russischen imperialen Selbstverständnisses ein. Der Widerspruch zwischen der mächtepolitisch beherrschenden Rolle, die Russland in der östlichen Hälfte des Kontinents spielte, und der Defensive, in die es gegenüber dem fortschrittlichen Denken in Europa geriet, beförderte exzeptionalistische Ideen von Russlands historischer Mission. Russland sollte sich, so die Forderung slavophiler Denker, am europäischen Maßstab nicht länger messen lassen. Mit dem Komplex von imperialen und nationalistischen Vorstellungen, die im 19. Jahrhundert geprägt wurden, haben wir es noch heute zu tun. Sie wirken sich im gegenwärtigen Krieg verheerend auf die Ukraine aus, und sie hindern Russland daran, einen Platz in einer multilateralen europäischen und globalen Ordnung einzunehmen, der der eigenen wirtschaftlichen und gesellschaftlichen Entwicklung förderlich ist.

Eine solche Entwicklung ist auch aus der preußisch-deutschen Geschichte bekannt, in der es ebenfalls zu einer imperialen und kolonialen Ausdehnung nach Ostmitteleuropa und einem Denken in Einflusszonen kam und in deren Verlauf sich eine imperiale und nationalistische deutsche Ideologie herausbildete, die ihr Selbstverständnis aus dem Gegensatz zum Westen gewann. Deutschland und Russland haben in dieser Hinsicht parallele Geschichten, die miteinander verflochten sind. Aber es gibt Unterschiede: In Deutschland ging aus der Verbindung von Mächtepolitik und antiliberalen Ideen eine radikale rassistische Politik hervor, die es in dieser Form in Russland bzw. der Sowjetunion nicht gab und nicht gibt. Die bedingungslose Kapitulation NS-Deutschlands gegenüber den Alliierten und die jahrzehntelangen Liberalisierungs- und Verwestlichungsprozesse ermöglichen eine Umwertung, die nicht nur die Zeit des Nationalsozialismus, sondern auch bestimmte Traditionen der preußisch-deutschen Imperiumsgeschichte betraf. In Russland steht diese grundlegende Revision noch bevor.

Der Weg dahin wird voraussichtlich lang und schwierig sein, was auch damit zusammenhängt, dass die imperialen Verbrechen der beiden Länder im 20. Jahrhunderts sich unterscheiden: Der offen menschenverachtende Ansatz des deutschen Nationalsozialismus war nach der totalen Niederlage des Reichs vergleichsweise leicht zu delegitimieren. Dagegen zog das sowjetische Projekt mit seinem universalistischen Anspruch im In- und

Ausland auch Idealisten an, die sich erstaunlich lange über seine verbrecherische Natur hinwegtäuschten. Der maßgebliche Anteil der Sowjetunion am Sieg der Alliierten über NS-Deutschland und die Befreiung von Auschwitz durch die Rote Armee schufen einen Nimbus, der von der russischen Geschichtspolitik bis heute intensiv genutzt wird. Deshalb wird die Entwertung des Komplexes von nationalistischen und imperialen Ideen in Russland kaum ohne eine tiefe politische Zäsur möglich sein. Ein Neuanfang wird sich gegen zahlreiche Widerstände durchsetzen müssen und viel Zeit erfordern.

Dieses Buch versucht die Frage zu beantworten, was die tieferen Bedingungsfaktoren sind, die zum russischen Krieg gegen die Ukraine geführt haben. Es grenzt sich von einem weitverbreiteten Erklärungsschema ab, das die Geschichte Russlands mithilfe des Gegensatzes von (guten) westlichen Einflüssen und (schlechten) autochthonen Traditionen zu erklären beansprucht. Seine Sinnbilder sind suggestiv: Dem religiös und patriarchal geprägten Moskau wird die im europäischen Stil errichtete neue Hauptstadt Sankt Petersburg gegenübergestellt, die Peter I. als «Fenster nach Europa» schuf. Doch vermitteln solche Konstruktionen keine tiefere Erkenntnis, und sie taugen nicht einmal als Ausgangspunkt für eine Analyse. Ein Beispiel für den binären Ansatz bietet die einflussreiche Darstellung von Putins Denken, die der französische Philosoph Michel Eltchaninoff vorgelegt hat. Er fragt: «Warum hat Putin das Portrait Peters des Großen, des proeuropäischen Zaren, das er zu Beginn der 1990er Jahre in seinem Büro im Rathaus von Sankt Petersburg aufgehängt hatte, zehn Jahre später in seinem Büro im Kreml wieder abgehängt?»[3] Darüber mag man sinnieren, aber eine Antwort auf Eltchaninoffs Frage wird kaum etwas zur Erklärung der Gegenwart beitragen. Der Anblick des Peter-Portraits hätte den russischen Präsidenten gewiss nicht von seinem Angriffskrieg gegen die Ukraine abgehalten. Im Gegenteil, die imperiale Tradition Russlands ist besonders eng mit Herrschern wie Peter I. und Katharina II. verbunden, die wir als europäisch wahrnehmen. Als eifrige Befürworter von imperialistisch grundierten Konzepten der russischen Nation taten sich im 19. Jahrhundert notorische Westler und Peter-Verehrer wie Vissarion Belinskij und Petr Struve hervor. Die Teilung der russischen Geschichte in europäische und nicht-europäische Stränge führt in die Irre. Der spezifische Weg, den Russland seit dem Beginn des 18. Jahrhunderts eingeschlagen hat, ist ohne die Verschränkung von Traditionen, die als autochthon gedacht wurden, und westlichen Ideenimporten nicht vorstellbar.

Russland übte, entsprechend der Imperien-Definition MacKenzies, unterschiedliche Formen von Herrschaft aus. Nach der sukzessiven Beseitigung der Autonomie des Hetmanats wurde die Ukraine ein Teil des Zarenreichs, später – nach der kurzzeitigen Schaffung eines ukrainischen Nationalstaats 1918/19 – des sowjetischen Unionsstaates. Es bildete einen Teil des inneren Imperiums. Polens Verhältnis zum russischen Imperium war staatsrechtlich komplizierter. Nach den Teilungen Polens (1772–1795) annektierte Russland eine Reihe von polnischen Territorien. Nach dem Wiener Kongress 1815 band das Zarenreich weitere polnische Territorien an sich, ohne sie zu inkorporieren. Es schuf einen abhängigen polnischen Staat, der zeitweise – zwischen 1815 und 1831 – eine gewisse Autonomie genoss. Diese Sphäre der indirekten Herrschaft kann man als äußeres Imperium bezeichnen. Die Zugehörigkeit zum Imperium war also graduell abgestuft und fließend, was auch für einige nicht-europäische Peripherien des Zarenreichs galt.

Die Dominanz über Einflusszonen (äußeres Imperium) erforderte die Kooperation mit anderen europäischen Mächten. Für das gesamte ostmitteleuropäische Vorfeld des Zarenreichs war die mächtepolitische Zusammenwirkung mit Preußen-Deutschland und der Habsburgermonarchie erforderlich. In der sowjetischen Zeit spielten die russisch-deutschen Beziehungen zeitweise eine entsprechende Rolle. Russland geriet also durch seine imperiale Expansion nach Westen in einen engen Zusammenhang mit dem europäischen Staatensystem. Innerhalb nur einer Generation errang Russland zu Beginn des 18. Jahrhunderts Hegemonie im östlichen Europa. Manche Beobachter in Westeuropa faszinierte das, aber es wurden auch warnende Stimmen laut. Sie bildeten den Anfang einer intensiven russisch-europäischen Auseinandersetzung, in der Mächtepolitik und nationale bzw. imperiale Ideologisierung nicht voneinander zu trennen waren. Ein früher Mahner vor der Expansion des Zarenreichs war der französische Aufklärer Jean-Jacques Rousseau. Er empfahl 1772 den Polen, dass sie, wenn die Teilung ihres Landes nicht zu verhindern sei, einen Nationalgeist entwickeln sollten, der es Russland unmöglich machen würde, Polen zu verdauen. In einem ähnlichen Sinne hatte sich zuvor Voltaire über die Ukraine und den Anschluss ihres Hetmanats an Russland geäußert. Die Geschichte der imperialen Expansion Russlands nach Westen kann man als die Geschichte von gescheiterten Verdauungsprozessen betrachten. Aus den Annexionen entstanden, zeitlich versetzt, die «polnische Frage» und die «ukrainische Frage», also Agenden bestimmter polnischer und ukrainischer Akteure, die in der für das 19. Jahrhundert typischen Weise als «Fragen» geframt und auf die Tagesordnung der internationalen Öffentlichkeit gesetzt wurden und sich dort mit Bestrebungen aus anderen Regionen und Lebensbereichen verbanden.[4]

Der russische Diskurs sah sich durch die «Fragen» im Westen des Reiches herausgefordert. Was eigentlich die russische Identität ausmachte, ob sie in Abgrenzung zum Imperium oder als Reichsnation verstanden werden sollte, war – und ist noch immer – unbestimmt. Dabei war zu klären, wo der Bereich der ethnischen Russen endete und wo das Imperium begann. Begriffen die Vordenker einer modernen russischen Identität selbst die Inkongruenz von imperialen und nationalen *mental maps*? Die zwischen dem Imperium und der Nation changierende Identität Russlands entstand nicht zuletzt in Auseinandersetzung mit polnischen und ukrainischen Nationskonzepten. Insofern ist die imperiale Geschichte Russlands als Produkt von Verflechtungen zu begreifen, genauso wie die Geschichte der polnischen und der ukrainischen Nation nur mit dem Blick auf diese verständlich ist.

Verflechtungsgeschichte wird meist bilateral geschrieben, gute Beispiele dafür sind Klaus Zernacks Geschichte Polens und Russlands als «zwei Wege in der europäischen Geschichte» und Andreas Kappelers Geschichte Russlands und der Ukraine als «ungleiche Brüder». Beide Bücher sind als Doppelbiographien zweier Staaten bzw. Nationen angelegt. Dieses Buch geht anders vor: Es weitet den Blick auf die neuzeitliche Dreierbeziehung Russlands, der Ukraine und Polens, wobei Deutschland bzw. deutsche Territorialstaaten immer mitzudenken sind. Es konzentriert sich auf die Geschichte seit dem 18. Jahrhundert und berücksichtigt die mittelalterlichen Anfänge nur als Thema von moderner Geschichtspolitik.

Polen und die Ukraine erfuhren in der frühen Neuzeit, so unterschiedlich die Ausgangsbedingungen der Rzeczpospolita Polen und des ukrainischen Hetmanats waren, ein ähnliches Schicksal: Beide verloren in der Folge der russischen Expansion ihre Staatlichkeit und entwickelten einen ähnlichen Typus von Befreiungsnationalismus, der ein Bewusstsein von den demokratischen Strukturen der verlorenen Staatlichkeit bewahrte und zugleich universalistische, messianische Zukunftsprojektionen entwickelte. Wie der ukrainische Historiker Yaroslav Hrytsak schreibt, begegnete der Westen der Ukraine im polnischen Gewand.[5] Die Entwicklung der modernen polnischen Nationsidee wurde durch den polnischen Novemberaufstand von 1830 angestoßen, etwa um dieselbe Zeit entstand auch das ideelle Gerüst der ukrainischen Nation mit Übertragungen von Ideen und Praktiken des polnischen Nationalismus. Die ukrainischen Bestrebungen nach Autonomie wurden im imperialen Zentrum Russlands durch das Prisma der Erfahrungen wahrgenommen, die es zuvor mit Polen gemacht hatte.

Angesichts der enormen Belastungen, die sich Russland mit seiner Herrschaft über Polen eingehandelt hatte, ging es für Petersburg darum, ein Überspringen des Separatismus vom äußeren Imperium (Polen) auf das innere Imperium (Ukraine) unbedingt zu verhindern. Polnische geopolitische Denker und Politiker entwickelten dagegen seit der Mitte des 19. Jahrhunderts Strategien, die auf der Einsicht basierten, dass sich die nationale Unabhängigkeit gegenüber dem Zarenreich bzw. der Sowjetmacht am besten in Verbindung mit der Ukraine erreichen und absichern ließe. Die Bezüge zwischen der Ukraine und Polen reichen bis in die sowjetische Periode. Stalins Entscheidung, die Hungerkatastrophe des Holodomor in der Ukraine Anfang der 1930er Jahre gezielt zu verschärfen und gleichzeitig eine Kampagne gegen die ukrainische Nationalkultur zu führen, sollte auch eine polnische Einflussnahme auf die Ukraine verhindern.

Die Geschichte der russisch-polnischen und der russisch-ukrainischen Beziehungen spielte und spielt sich im Rahmen eines Ost-West-Gegensatzes ab, in dem aus russischer Sicht Polen bzw. Ukrainer als Speerspitze des Westens erscheinen. Im aktuellen Krieg ist dies besonders deutlich. Larry Wolff hat in seinem bahnbrechenden Buch «Inventing Eastern Europe» (Stanford 1994) die Entstehung der Ost-West-Differenz auf eine Konstruktion der französischen und deutschen Aufklärung zurückgeführt. Die «Erfindung Osteuropas» durch die westeuropäischen Intellektuellen des 18. Jahrhunderts schuf demnach die Epistemologien, die später den mächtepolitischen Ost-West-Gegensatz zur Zeit Napoléons und dann im Kalten Krieg prägten und sich in Mauer und Stacheldraht materialisierten. Dieses Buch verfährt umgekehrt, es stellt «Inventing Eastern Europe» vom

Kopf auf die Füße: Am Anfang war eine mächtepolitische Polarisierung zwischen Ost und West, die mit dem Aufstieg Russlands zur Hegemonialmacht im östlichen Europa zusammenhing. Dieser mächtepolitische Gegensatz, der seit dem Beginn des 18. Jahrhunderts entstand, wurde später im 19. Jahrhundert ideologisiert. Nicht die Mächtepolitik folgte den ideellen Konstruktionen, sondern die Diskurse vollzogen eine mächtepolitisch vorgeprägte Kartographie nach. In diesem Prozess spielen die Teilungen Polens zwischen 1772 und 1795 und die damit einhergehende Abgrenzung von imperialen Einflusssphären im östlichen Europa eine maßgebliche Rolle. Es waren diese Weichenstellungen, die zwischen 1815 und den 1860er Jahren einen staatenpolitischen Ost-West-Gegensatz hervorbrachten, der im Laufe des 19. Jahrhunderts vom politischen Denken aufgenommen, ideologisiert und essentialisiert wurde, lange bevor es zum Gegensatz der Blöcke im 20. Jahrhundert kam.

Diese mächtepolitische und ideelle Begegnung mit Westeuropa hatte für Russland einschneidende Folgen. Im Zarenreich entstanden im letzten Drittel des 19. Jahrhunderts kognitive Dissonanzen zwischen dem eigenen imperialen Hegemonialanspruch einerseits sowie wiederholten Rückschlägen in der internationalen Politik und Marginalisierungserfahrungen gegenüber einem fortschrittlichen europäischen Diskurs andererseits. Dies führte zu einem Komplex von russischem Exzeptionalismus und antieuropäischen Ideen, der für die Geschichte Polens und der Ukraine auf fundamentale Weise relevant wurde.

Denn die Vorstellung von einer besonderen russischen Mission entstand in der Auseinandersetzung mit Polen und der Ukraine und wirkte sich im Verhältnis zu diesen Ländern besonders folgenreich aus. Die Ideologen des russischen Imperiums sahen in dem nach Unabhängigkeit strebenden Polen den verlängerten Arm des Westens, während sie hinter dem ukrainischen Autonomieverlangen polnische Intrigen vermuteten, also mittelbar wiederum den Einfluss des Westens. Die imperial-nationalistischen und europafeindlichen Ideen beeinflussten nicht nur die Beziehungen zwischen dem Reichszentrum und seinen Peripherien, sondern wirkten auch auf die Ebene der internationalen Politik zurück. So standen Vorstellungen über strategische außenpolitische Ziele Russlands in einem unmittelbaren Zusammenhang mit dem Reichs- und Nationskonzept. Europafeindliche Diskurse und Ideen von russischem Exzeptionalismus hatten eine direkte Wirkung auf die russische Bündnispolitik. Sie bestimmten den Stil und oft auch den Inhalt von Russlands internationalem Auftritt. Die Dialektik von mächtepolitischen Strukturen und imperial imprägnierten Ideen hat Auswirkungen bis in die Gegenwart. Russlands Angriffskrieg gegen die Ukraine ist nur vor dem Hintergrund eines Sets von Ideen zu begreifen, das im späten 19. Jahrhundert entstand und in das bestimmte mächtepolitische Erfahrungen seit dem 18. Jahrhundert eingeschrieben sind. Dieser Zusammenhang zwischen der Außenpolitik und den Konstruktionen kollektiver Identität findet in der Russland-Geschichtsschreibung bislang nur sporadisch Aufmerksamkeit.[6] In der Politikwissenschaft nimmt er einen breiteren Raum ein.[7] Es geht dabei um einen wechselseitigen Einfluss. Auf der einen Seite wird, wie Ilya Prizel hervorhebt, nationale Identität durch Außenpolitik immer wieder neu definiert. Auf der anderen Seite ist «jedes außenpolitische Handeln identitätsgesteuert», wie z. B. Ursula Stark Urrestarazu betont.[8] In Bezug auf Russland heißt dies: Mächtepolitik generierte imperiale Ideologie, die wiederum Mächtepolitik hervorbrachte.

Nichts davon war unausweichlich. Wie die Bezüge zwischen der Vergangenheit des 18., 19. und 20. Jahrhundert zur Gegenwart zu fassen sind, ist die Herausforderung beim Schreiben dieses Buchs gewesen. Es gibt herausragende historische Studien, die in eine ganz eigene vergangene Welt mit ihren von der Gegenwart abweichenden Logiken einführen. Der Reiz solcher Bücher besteht darin, dass sie durch die Begegnung mit einer Vergangenheit, die so fremd ist wie ein fernes Land, die Selbstverständlichkeit des Hier und Jetzt auflösen. Vertieft man sich in die Geschichte des russisch-polnisch-ukrainisch-deutschen Beziehungsgeflechts seit dem Beginn des 18. Jahrhunderts, ergibt sich ein ganz anderer Eindruck: Die Vergangenheit und die Gegenwart sind vielfältig aufeinander bezogen, immer wieder begegnet man der Gegenwart in der Vergangenheit.

Die Bezüge zwischen den Zeitschichten entstehen auf verschiedene Weise: durch Geschichtszitate der historischen Akteure (1), durch Analogien, die sich dem Betrachter aufdrängen (2), und durch Pfadabhängigkeiten, die man für bestimmte Bereiche feststellen kann (3).

Erstens zitieren gegenwärtige Akteure die Vergangenheit und ziehen diese für ihre eigene Legitimation heran. Dafür bieten die Geschichtsessays, die Putin in den vergangenen Jahren verfasst hat, zahlreiche Beispiele. Putin beansprucht ausdrücklich, das Werk Peters fortzuführen, und stellt die Politik Alexanders III. so dar, dass diese wie eine Blaupause für seine eigene Politik wirkt. Vor allem entwirft Putin eine *violent cartography* (Michael Shapiro), einen moralischen und geographischen Imaginationsraum, der auf binären Gegensätzen von Ordnung und Chaos, Eigen und Fremd beruht und legitime Ziele von Gewalt verzeichnet. Diese Kartographie basiert auf historischen Versatzstücken – die heilige gemeinsame Vergangenheit von Russen und Ukrainern in der mittelalterlichen Rus, die Dämonisierung der ukrainischen Führung als Fortsetzer Banderas und als fünfte Kolonne eines aggressiven Westens. Sie ist ein ideologisches Konstrukt aus historischen Zitaten, das in Russland seit dem letzten Drittel des 19. Jahrhunderts Tradition hat.

Zweitens stößt man in der Geschichte Russlands, der Ukraine, Polens und deutscher Territorien immer wieder auf Analogien zwischen der Vergangenheit des 18., 19. und 20. Jahrhunderts und der Gegenwart. Hat die deutsche Polen-Begeisterung nach dem Aufstand von 1830/31 nicht Ähnlichkeit mit der Solidarität der deutschen Zivilgesellschaft mit den Ukrainerinnen und Ukrainern, die die Unabhängigkeit ihres Landes und gemeinsame demokratische Werte verteidigen? Die «Zeitenwende» wurde in Berlin bereits im 19. Jahrhundert, wenn auch mit anderen Begriffen, proklamiert, als die preußische Diplomatie im März 1848 kurzzeitig den Versuch machte, aus der Tradition der Russlandbindung auszubrechen. Diese Analogien erscheinen auf den ersten Blick nur als verblüffend. In dem epochalen Rahmen, der durch Russlands hegemoniale Politik gegeben ist, zeigen sie aber die Kontinuität von realen Zusammenhängen.

Drittens geht es um Pfadabhängigkeit *(path dependency)*. Deren Grundgedanke ist es, dass der Ablauf von Prozessen durch zeitlich weit zurückliegende Ereignisse beeinflusst werden kann. Es wirken verschiedene Faktoren: die Beeinflussung durch frühere prägende Ereignisse *(initial conditions)* oder auch die sich selbst verstärkenden Wirkungen einmal eingeschlagener Wege *(self-reinforcement, re-active sequence)*.

Die Mächtepolitik des 18. Jahrhunderts ist durch Pfadabhängigkeit gekennzeichnet, die aus dem Interesse Russlands an der Beherrschung seines ostmitteleuropäischen Vorfelds entstand. Dafür verband sich das Zarenreich mit Preußen und der Habsburgermonarchie, woraus bei allen Peripetien der Diplomatie eine beständige Struktur im europäischen Mächtesystem entstand.⁹ Basierend auf dem gemeinsamen Interesse der drei osteuropäischen Mächte an der Kontrolle ihres Nachbarn Polen – einem der großen Territorialstaaten des frühneuzeitlichen Europa –, entwickelte sich ein stabiles System, das sich im Falle einer zeitweiligen Störung in der Folge anderer, zu ihm quer liegender Interessen als resilient erwies. Eine solche Störung bildete der Siebenjährige Krieg, in dem Russland und Preußen gegeneinander Krieg führten, sie wurde aufgehoben durch den Separatfrieden, den Sankt Petersburg und Berlin 1762 schlossen. Die Teilungen Polens zwischen 1772 und 1795 stellten das System auf eine neue Grundlage, sie hatten den Charakter von *initial conditions*, die langfristig prägend wurden. Die osteuropäischen Imperien hatten seitdem ein langfristiges gemeinsames Interesse daran, die gewonnenen Gebiete zu behalten, und sie leisteten sich gegenseitige Unterstützung, als sich diese Gebiete im 19. Jahrhundert zu revolutionären Unruheherden entwickelten. Die polnischen Aufstände des 19. Jahrhunderts forderten die Stabilität des Systems heraus, wirkten tatsächlich aber als sein *self-reinforcement*. Sie hatten zur Folge, dass aus der Übereinstimmung der osteuropäischen Imperien, derer sie sich bislang nur in Verträgen versichert hatten, eine tätige Solidarität bei der Niederschlagung der Aufstände wurde. Außerdem vertieften sie den ideellen Gegensatz zwischen den osteuropäischen Mächten, die auf ihrem Recht auf Annexion bestanden, und der westeuropäischen Öffentlichkeit mit ihren Idealen von Freiheit und Nationalstaatlichkeit. Der Pfad, der vom Anfang des 18. Jahrhunderts bis in die 1870er Jahre führte, war von den Akteuren nicht geplant. Aus einem gemeinsamen mächtepolitischen Interesse an der Kontrolle Polens wurde ein gemeinsamer Teilungsakt, daraus wiederum entstand eine Blockbildung in einem ideenpolitisch zwischen Ost und West gespaltenen Europa. Jede neue Station auf diesem Pfad war für die jeweiligen Akteure nicht absehbar. Speziell für Russland hatten die Aufstände von 1830/31 und 1863 eine starke transformative Wirkung nach innen, sie brachten ein antieuropäisches Selbstverständnis und die bereits erwähnte *violent cartography* hervor. In diesen Zusammenhang ordnete sich die ukrainische Frage ein, als sie in den 1860er Jahren aufkam. Mit der Ukraine verband das imperiale Zentrum in Petersburg seitdem die Befürchtungen und die Strategien, die es in Bezug auf Polen entwickelt hatte. Die historischen Obsessionen Putins und der russische Angriffskrieg stehen in diesem Zusammenhang.

Das Zarenreich hatte viele strukturelle Probleme, die langfristig wirksam wurden: zum Beispiel die nie überwundene wirtschaftliche Rückständigkeit gegenüber dem westlichen Europa, das Verhältnis von Staatsreform und traditionaler Gesellschaft und die unüberwindlichen Partizipationsdefizite in einem geographisch so ausgedehnten Reich. Zu diesen Fragen gibt es gute Literatur.[10] Das vorliegende Buch konzentriert sich auf etwas anderes: die Verbindung von imperialer Politik, Außenpolitik und Identitätsentwürfen, in der sich die Tradition des Imperiums mit russischem Nationalismus verband. Darin liegt der «Fluch des Imperiums».

Die Beschäftigung mit Pfadabhängigkeiten erfordert einen geschärften Sinn für Kontingenz in der Geschichte, denn Kontinuitäten werden in ihrer Wirksamkeit nur sichtbar, wo bestehende Strukturen durch Wandel, unerwartete Ereignisse und die Absicht von Akteuren zum Neuanfang herausgefordert werden.[11] Solche Einschnitte kann man z. B. in dem programmatischen Versuch Alexanders I. sehen, einen neuen Ansatz in der Polenpolitik zu erproben, oder in der erklärten Absicht der Bolschewiki, das imperiale Erbe des großrussischen Chauvinismus hinter sich zu lassen. Nur wenn man die grundsätzliche Offenheit der Entwicklung annimmt, sind die Faktoren zu bestimmen, die die russische Geschichte seit dem 18. Jahrhundert auf bestimmten Bahnen gehalten hat. Als Ergebnis dieser Tradition liegen heute für die russische Politik historisch akkumulierte Politik- und Kulturmuster bereit, mit denen gegenüber der russischen Öffentlichkeit der Angriff auf ein souveränes Nachbarland legitimiert werden kann. Diese Traditionen bilden nur die Bedingung für die Möglichkeit des verbrecherischen Krieges, dessen Augenzeugen wir sind. Dass Putin diese Möglichkeit ergriffen hat, war seine Wahl und ist seine Schuld.

Einen Fluch kann man brechen. Russland muss aufhören, in machtpolitischen Einflusssphären zu agieren, und den Großmachtchauvinismus des 19. Jahrhunderts überwinden. Das ist für die Ukraine wichtig, deren staatliche Integrität wiederzustellen ist, damit sie als Mitglied der Europäischen Union eine wirtschaftlich prosperierende und politisch einflussreiche Position gewinnen kann. Nur der Rückzug aus der Ukraine wird aber auch für Russland selbst die Möglichkeit eines grundlegenden Neuanfangs schaffen. In der ersten Liga der Weltpolitik wird es dann nicht mehr spielen. Aber in einer multilateralen Ordnung hat es Möglichkeiten, die es bislang, verblendet von seiner imperialen Tradition, nicht ergriffen hat. Russland kann z. B. die Rolle eines eurasischen Kanada einnehmen, immer noch im Besitz von ausgedehnten geographischen Räumen, natürlichen Ressourcen und guten Bildungseinrichtungen.

***

Die Geschichte seit dem 18. Jahrhundert hat auch die Namen von Staaten, Regionen und Städten verändert. Besonders betrifft dies die Ukraine. Ihre Städte werden durchgehend mit den neuen ukrainischen Namen – also Kyiv statt Kiew, Odesa statt Odessa – genannt, auch wenn dies in Bezug auf das 18. und 19. Jahrhundert anachronistisch erscheinen mag.

Kapitel 1

Russlands Imperium, das Hetmanat und die Republik Polen (1700–1795)

Moskaus Weg nach Europa

Etwa 100 Tage nach dem Beginn der russischen Invasion in die Ukraine, am 9. Juni 2022, lud Vladimir Putin junge Unternehmerinnen, Ingenieure und Wissenschaftler zu einem Gespräch, das den Eindruck moderner politischer Kommunikation erwecken sollte. In betont ungezwungener Atmosphäre legte der Präsident die Grundzüge seiner Politik dar und versprach, Anregungen aus dem Gespräch an seinen Premierminister weiterzugeben. Er saß den Vertretern einer Leistungselite gegenüber, deren berufliche Zukunft sich nach der Verhängung der Sanktionen verfinstert hatte. Viele qualifizierte junge Russinnen und Russen kehrten ihrem Land den Rücken und ließen sich in der Türkei, in Armenien oder Georgien nieder. Nicht von ungefähr wählte Putin für sein Gespräch den Ort der «Ausstellung der Errungenschaften der Volkswirtschaft» (VDNCh) in Moskau, einst von Nikita Chruščev gegründet, um die sowjetische Überlegenheit gegenüber westlicher Technologie zu demonstrieren. Berühmt wurde die Ausstellung des Sputnik-Satelliten in der VDNCh. So transportiert das Ausstellungsareal die nostalgische Erinnerung an einen Wettlauf, den die Sowjetunion einst gegen den Westen gewann, als sie mit dem ersten Satelliten und mit Jurij Gagarin als erstem Kosmonauten in den Weltraum vorstieß. Putin spielte also auf die vergangene Zukunftsfähigkeit der Sowjetunion an und leitete daraus unbestimmte Verheißungen für die Entwicklung Russlands ab.

Viel wichtiger war für ihn aber eine andere Vergangenheit, nämlich die Geschichte Peters I., dessen 350. Geburtstag die aktuelle Ausstellung der VDNCh gewidmet war und der als Peter der Große in die Geschichtsbücher einging.

Abb. 1 · Betont ungezwungene Atmosphäre: Vladimir Putin vor Jungunternehmern in Sankt Petersburg am 9. Juni 2022.

Was Putin am 9. Juni über die aktuelle Bedeutung der Zarenzeit sagte, bildete den archaischen Kontrapunkt zu seinem vagen Zukunftsdiskurs. Es gehe heute wieder um das «Erobern und Befestigen» von Territorien. Putin offenbarte damit, dass er sich von ausgefeilteren Mitteln der Machtausübung abgewandt hatte: Nachdem vor dem Krieg sein Versuch gescheitert war, die Ukraine durch wirtschaftlichen Druck in den russischen Orbit zurückzuzwingen, und der Überfall auf die Ukraine nicht zur Installation eines russischen Marionettenregimes in Kyiv geführt hatte, bekannte sich der russische Präsident jetzt zu einem vormodernen Politikmuster, zur Anwendung harter militärischer Macht nach Zarenart.

Peter I. ist für Putin *usable past*, eine Vergangenheit, mit der er seinen Angriffskrieg gegen die Ukraine rechtfertigt. Auch Peter I. habe im Nordischen Krieg «russisches Land» zurückgeholt. Damit meinte Putin die Region, in der Peter die neue Hauptstadt Russlands, Sankt Petersburg, gegründet hatte. Tatsächlich war das Küstenland vor Peter nur vorübergehend vom Moskauer Zarentum beherrscht worden. Mit dem Rückgriff auf Peter I. gab Putin das «Erobern und Befestigen» von Territorien als die epochenübergreifende Essenz russischer Geschichte aus. Bei aller Bedeutung von wissenschaftlicher und technologischer Innovation ist dies, so muss man Putin verstehen, die harte Währung der russischen Politik. Diese Botschaft sollte der jungen Elite mitgegeben werden.

Dass Putin seine Politik mit dem historischen Rückgriff auf Peter I. rechtfertigte und sich selbst in die Rolle eines Fortsetzers des großen Zaren stellte, ist übliche Geschichtspolitik. Besonders sind daran allenfalls die Aggressivität der Botschaft und die Vermessenheit, mit der ein lebender Politiker sich persönlich, mit seinen eigenen Worten, in die Nachfolge eines großen Herrschers stellt. Doch reichen die Bezüge zwischen Peter und Putin tiefer, als es diese Instrumentalisierung von Geschichte erkennen lässt. Mit der Herrschaft Peters I. entstanden eine imperiale Politik und eine politische Identität Russlands, deren Wirkungen bis in die Gegenwart reichen. Es bildeten sich Konstellationen in der internationalen Politik, die grundsätzlich bis heute wirksam sind. Der Anspruch, die Ukraine zu beherrschen, verbunden mit einer Hegemonialpolitik gegenüber Ostmitteleuropa, dem Baltikum und dem Balkan, spezielle russisch-deutsche Beziehungen, die auch eine Rohstoffkomponente haben, der Ost-West-Gegensatz, das alles sind Kennzeichen der russischen Politik, die unter Peter I. erstmals hervortraten. Doch ist Putin nicht der Fortsetzer, sondern der Verderber des petrinischen Erbes. Was mit Peter begann, endet voraussichtlich mit der von Putin verursachten «Zeitenwende».

Es entspricht dem allgemeinen Geschichtsbild, Peter I. (1672–1725) vor allem mit der Europäisierung des Zarenreichs zu verbinden. Peter bahnte, so die weitverbreitete Einsicht, Russlands Weg nach Europa. Als Modernisierer habe er «das Fenster nach Europa» geöffnet. In der Tat unternahm der Herrscher höchstpersönlich unter einem Pseudonym eine Europareise, brachte Neuerungen aus dem Bereich der Militärtechnik und des Schiffsbaus nach Russland und reformierte russische Institutionen und Sitten nach europäischen Vorbildern. Bärte wurden geschoren und europäische Kleidung angelegt. Dies alles hatte gravierende Schattenseiten, aber gerade von außen gesehen waren Öffnung und Entwicklung das Signum der Epoche. Ausländer, vor allem Deutsche, machten fabelhafte Karrieren am Zarenhof, wie z. B. der aus Bochum stammende Pastorensohn Heinrich Ostermann (1687–1747), der unter Peter zum Außenminister und Vizekanzler aufstieg. Der Zar reformierte den Adel nach meritokratischen Gesichtspunkten, was zur Folge hatte, dass es in der russischen Elite mehr

Aufsteiger und Absteiger als in den traditionsverhafteten europäischen Adelskulturen gab. Russland war in Bewegung und offen für Einflüsse von außen.

Mächtepolitik kommt in dieser Erzählung der von Peter betriebenen Europäisierung Russlands nur am Rande vor. Doch hat «Moskaus Weg nach Europa» eine doppelte Bedeutung. Die Formel verweist nämlich nicht nur auf die innere Transformation des Zarenreichs nach europäischen Vorbildern, sondern auch auf das Vordringen Russlands nach Europa als neue Großmacht. Im Verlauf des 18. Jahrhunderts revolutionierte Russland durch Krieg und Diplomatie die mächtepolitischen Verhältnisse in drei europäischen Regionen: an der Ostsee, in Polen und am Schwarzen Meer. Indem Russland unter Peter I. und Katharina II. seinen Einfluss in diesen Regionen erheblich erweiterte, forderte es das europäische Staatensystem fundamental heraus. Vor Peter I. hatte im östlichen Europa ein von Frankreich gelenktes Bündnissystem dominiert, das für Paris die Funktion besaß, den Erzrivalen Habsburg mächtepolitisch in Schach zu halten. Dazu schloss Paris im 16. und 17. Jahrhundert Verträge mit Schweden, Polen und dem Osmanischen Reich, die gemeinsam eine «barrière de l'Est» im Rücken der Habsburgermonarchie bildeten. Das Zarenreich spielte in diesem Bündnissystem noch keine Rolle. Im 18. Jahrhundert wurden die Karten jedoch neu gemischt, und es war Russland, das mit seinem Vordringen nach Europa die Revolution im Staatensystem auslöste. Im Verlauf des 18. Jahrhunderts entstand daraus als neues europäisches Mächtesystem, die Pentarchie mit England, Frankreich, Habsburg, Preußen und Russland. Das Zarenreich, um 1700 noch ein Randstaat an der östlichen Peripherie des Kontinents, dominierte hundert Jahre später die Ostsee und das Schwarze Meer und hatte zusammen mit Preußen und Österreich Polen geteilt. Schon im ersten Viertel des 18. Jahrhunderts, in der Zeit Peters I., hatte Russland, wie Leopold von Ranke schrieb, begonnen, «im Norden Gesetze zu geben»,[1] in der Zeit Katharinas II. war Russland im östlichen Teil des Kontinents übermächtig.

Die Beherrschung der Ukraine bildete teilweise die Voraussetzung, teilweise das Ziel von «Moskaus Weg nach Europa». Am Anfang dieses Weges stand die Teilung der Ukraine, die rund hundert Jahre vor den Teilungen Polens geschah. Die Ukraine bildete allerdings kein geschlossenes Herrschaftsgebiet, und ihre Bewohner bekannten sich nicht zu einer ukrainischen Nation. Von ethnischen Ukrainern besiedelt waren die Sloboda-Ukraine mit Charkiv als Zentrum, die schon im 17. Jahrhundert unter Moskauer Herrschaft gelangt war, die Kosakengebiete östlich des Dnipro, die polnisch geprägten Regionen Podolien und Wolhynien sowie Ruthenien und die Karpatho-Ukraine, die am Ende des 17. Jahrhunderts zur Krone Ungarns gehörte. Im Laufe des 18. Jahrhunderts wurden die Schwarzmeerküste und das Donezbecken u. a. von ukrainischen Siedlern kolonisiert. Ukrainer lebten also im 16./17. Jahrhundert zwischen mehreren Herrschaftszentren, abgesehen vom Osmanischen Reich im Süden waren dies vor allem das Königreich Polen-Litauen und das Moskauer Zarentum. Diese Staaten repräsentierten verschiedene Herrschaftsformen, zwischen ihnen bestand nicht nur eine mächtepolitische Konkurrenz, sondern auch ein frühneuzeitlicher Systemkonflikt.

Polen-Litauen, die im 16. Jahrhundert dominierende Macht in Ostmitteleuropa, bildete zunächst einen losen Zusammenschluss des Königreichs Polen mit dem Großfürstentum Litauen; die beiden Länder waren nur durch den gemeinsamen Herrscher aus der Jagiellonen-Dynastie miteinander verbunden. Im polnischen Teil des Doppelstaats genossen die Stände des Adels und hohen Klerus weitreichende Rechte. Auf Reichs- und Landtagen bestimmten sie über das Budget, über Krieg und Frieden und wählten den König. Im 15./16. Jahrhundert verwandelten sich Polen und Litauen schrittweise von einer Personalunion in eine Realunion. Die polnische Ständestaatlichkeit mit ihren weitreichenden Partizipationsrechten der gesellschaftlichen Eliten wurde dabei schrittweise auf Litauen übertragen. Diese strukturelle Assimilation des Großfürstentums Litauen durch das Königreich Polen fand ihren Abschluss in der Union von Lublin (1569), die Polen-Litauen zu einem einheitlichen Staatsverband machte, in dem die Magnaten und der hohe Klerus das Sagen hatten. Zu diesem Zeitpunkt war die Adelsrepublik, die sogenannte Rzeczpospolita, auf dem Gipfel ihrer Macht. Fast alle ukrainischen Territorien gehörten zu ihr.

Eine ganz andere Entwicklung nahm der Moskauer Staat in der Frühneuzeit. Auch in dem Großfürstentum hatte es neben dem Herrscher, der seit 1547 den Zarentitel führte, mächtige Adlige, die Bojaren, gegeben. Im Gegensatz zu Polen entwickelte sich Moskau jedoch nicht zu einem Ständestaat mit verbrieften Adelsrechten. Dem Zaren gelang vielmehr die Zurückdrängung der Bojaren-Macht, und er schuf damit ein autokratisch verwaltetes Staatswesen, dessen Grundsätze in dem Sudebnik Carskij, dem zarischen Gesetzbuch von 1549, und zwei Jahre später auf der Hundert-Kapitel-Synode in Moskau zusammengefasst wurden. Außenpolitisch zeichnete sich der Moskauer Staat durch ein expansives Ausgreifen aus. Er verstand sich als legitimer Nachfolger der Kyiver Rus und ordnete sich andere russländische Fürstentümer unter, die im Mittelalter zu deren Herrschaftsverband gehört hatten. Die Eroberungen gingen über den russländischen Bereich hinaus, als Moskau 1552 Kasan und 1556 Astrachan eroberte und damit erstmals in großem Umfang auch nicht-slavische und nicht-orthodoxe Ethnien beherrschte. Moskau wurde zum Imperium.[2]

In diese Periode fiel auch Moskaus Angriff auf Livland, eine mittelalterliche Konföderation auf dem Gebiet des heutigen Estland und Lettland. Im Hintergrund standen schon damals, fast eineinhalb Jahrhunderte vor Peter I., handelspolitische Interessen Moskaus an einem Zugang zur Ostsee, das heißt an einer Verkürzung des bestehenden europäisch-russischen Seewegs über das Nordkap und das Weiße Meer. Es ging um den Handel mit der englischen Muscovy Company, um die Lieferung von Waffen und Tuchen im Austausch gegen russische Rohstoffe wie Hanf und bald auch Holz. Nach der Serie von militärischen Erfolgen, die Moskau im Süden errungen hatte, dürfte sich der Krieg gegen die noch mittelalterlich geprägte Ständeherrschaft Livlands als keine schwierige Aufgabe dargestellt haben. Zar Ivan IV. betrachtete den Angriff wohl als begrenzte Militäroperation. Tatsächlich löste Moskaus Griff nach der Ostseeküste 1558 jedoch einen langwierigen Krieg aus. Polen-Litauen und Schweden intervenierten gegen Moskau. Zu den nicht-intendierten Folgen des russischen Angriffskriegs gehörte die innere Konsolidierung Polen-Litauens, denn der verfassungspolitische Zusammenschluss von Polen und Litauen erschien den adligen Eliten beider Länder angesichts der russischen Herausforderung als Gebot der Stunde. Sie vertieften die Integration und schlossen die Lubliner Realunion von 1569. Die äußere Bedrohung erzwang die innere Konsolidierung. Nach 25 Jahren wurde der Krieg beendet. Warschau und Stockholm hatten gesiegt, Russland stürzte in eine tiefe Krise.[3]

Das ukrainische Hetmanat zwischen Polen und Russland

Für die Ukrainer hatte das Erstarken der Adelsrepublik Polen ambivalente Folgen. Mit der Union von Lublin verstärkte sich ein Trend der kulturellen Assimilierung auf die ethnisch nicht-polnische Bevölkerung Polens, speziell auch auf die Ukrainer. Diese Tendenz kulminierte in der Union von Brest (1596), in der die griechisch-katholische Kirche geschaffen wurde, die den orthodoxen Ritus bewahrte, aber den Papst als Oberhaupt anerkannte und deshalb auch Unierte Kirche genannt wird. Aus der Sicht vieler Orthodoxer handelte es sich bei der Gründung der neuen Kirche um eine katholische Offensive, die die Ukrainer ihres Glaubens und ihrer Kultur berauben sollte.[4] Dem stellten sich orthodoxe Bruderschaften in ukrainischen Städten, aber auch die Kosaken entgegen, die nomadisch am unteren Dnipro und unteren Don lebten, wo sie befestigte Lager unterhielten und einen erheblichen regionalen Machtfaktor darstellten. Sie bildeten «eine Art Militärdemokratie»[5], das heißt, das Heer der Kosaken wurde von einem Hetman geführt, der von einer Versammlung aller Kosaken, dem Kolo (Ring), gewählt wurde. Der Hetman übte eine absolute Befehlsgewalt aus, die nur durch das Wahlprinzip begrenzt wurde. Militärischer Gehorsam und protodemokratische Elemente kamen in der politischen Organisation der Kosaken zusammen. Die Herrschaft der Kosaken war vor allem für leibeigene Bauern attraktiv, die sich durch Flucht dem Joch und dem Zwang der Gesetze Polens und Moskaus entziehen wollten. Zwischen dem Königreich Polen und dem Zarentum Moskau stellte die ukrainische Zaporoger Sič ein Herrschaftszentrum dar, das zwischen Warschau und Moskau allerdings nicht unabhängig agieren konnte. Politisch standen die Kosaken unter einer losen Oberherrschaft des polnischen Staats, der spezielle Kosakenverbände, die sogenannten Registerkosaken, zur Absicherung seiner Grenze im Südosten unterhielt. Durch die orthodoxe Konfession waren die Kosaken hingegen mit dem Zarenreich verbunden.

Die Union von Brest mit der Gründung der unierten Kirche politisierte die Kosaken. Ihr Hetman Petro Konaševyč-Sahajdačnyj (1570–1622) trat offen für die Verteidigung der Orthodoxie ein und brachte die Kosaken damit in einen Gegensatz zum polnischen Staat. Wiederholt formierte sich Protest gegen die polnische Oberherrschaft, der sich auch aus sozialen Fragen, zum Beispiel dem Entzug von Privilegien oder dem Ausbleiben von Soldzahlungen, speiste. Den größten Kosakenaufstand führte 1648 Bohdan Chmel'nyc'kyj (1595–1657) an, der lange das typische Leben eines in die polnischen Strukturen eingebundenen ukrainischen Kleinadligen geführt hatte. Dazu gehörten seine jesuitische Bildung und sein Dienst im Heer der Registerkosaken. Erst zwei Jahre vor dem Aufstand hatte er im Streit mit einem polnischen Adligen seine Rechtlosigkeit erfahren und daraufhin sein Gut und seine Familie verlassen, um für die Anerkennung der traditionellen Privilegien der Kosaken, darunter Steuerfreiheit und Erhalt der paramilitärischen Strukturen, in den Kampf zu ziehen. 1648 ließ er sich von den Zaporoger Kosaken zum Hetman wählen und führte die Kosaken in eine Erhebung gegen Polen. Diese glich, so Marc Raeff, dem «Modell feudaler Revolten und Rebellionen im Namen eines regionalen Partikularismus in Westeuropa», denn die Kosaken widersetzten sich dem Druck rationaler Modernisierung und der Institutionalisierung von politischer Autorität. «Sie betrachteten ihre Beziehung zum Herrscher als eine spezielle und persönliche, die auf ihren freiwilligen Dienstleistungen basierte, wofür sie im Gegenzug die Verteidigung ihres Glaubens, ihrer traditionellen Sozialform und ihrer Verwaltungsautonomie vom Herrscher erwarteten.»[6]

Aus der Sicht der Kosaken war die Legitimation für die polnische Oberherrschaft nicht mehr vorhanden. Der Vormarsch Chmel'nyc'kyjs war von Massakern begleitet, die die Kosaken an Juden, Polen, Jesuiten und römisch-katholischen Geistlichen begingen. Tausende Juden fielen dem zum Opfer. Chmel'nyc'kyj verbündete sich mit dem Khan der Krim, dessen tatarische Reiterei die kosakischen Truppen verstärkten. Der Vormarsch verlief zunächst erfolgreich, doch dann erlitten die Kosaken Niederlagen gegen das königlich polnische Heer. In dieser Situation suchte der Hetman die Unterstützung Moskaus. Auf der kosakischen Rada von Perejaslav kam es im Januar 1654 zum Treueschwur des Großteils der Kosakenelite auf den Zaren. Die Mitglieder des Rats der Kosaken sowie Kosakenregimenter leisteten einen Treueeid auf Zar Aleksej. Dafür erhielten sie das Recht der freien Wahl ihrer Hetmane zugesichert sowie Besitzstandsgarantien für ihre Ländereien. Der Vertrag von Perejaslav sah vor, dass sich der Zar zum Schutz des Hetmanats und zur Kriegserklärung an

Polen-Litauen verpflichtete. Diese konkreten und pragmatischen Bestimmungen zeichneten den Vertrag aus, nicht die Vorstellung, dass eine «Wiedervereinigung» von Russland mit der Ukraine zustande gebracht worden wäre. Die politischen Traditionen, die Kulturen und der Lebensstil von Russen und Kosaken waren grundverschieden. Die «ungeliebte Allianz» (Hans-Joachim Torke) folgte einer mächtepolitischen Logik im beiderseitigen antipolnischen Interesse, sie stand nicht in einer historisierenden Tradition der Wiederherstellung der Kyiver Rus und der Moskauer Mission der «Sammlung der russischen Erde».[7] Paradoxerweise wurden entsprechende ideologische Positionen nach dem Vertragsschluss von ukrainischen orthodoxen Klerikern formuliert, die im Zarenreich einflussreich wurden und sich gegen Ressentiments russischer Kleriker mit dem Hinweis auf die gemeinsamen Wurzeln Russlands und der Ukraine zu schützen versuchten.[8] Bis heute wird der Vertrag in der Ukraine als ein Abkommen zweier unabhängiger Staaten verstanden, während die russische Geschichtsschreibung darauf besteht, dass es sich um eine unwiderrufliche Unterwerfung des Kosakenstaates unter das Zarenreich handelte.

Die Kosaken betrieben nun erstmals internationale Politik. Durch Chmel'nyc'kyjs Seitenwechsel und die kosakische Staatsgründung wurde das Hetmanat zum Gegenstand der politischen Rivalität zwischen Warschau und Moskau und fiel damit auch den Logiken der Mächtepolitik zum Opfer. Auf der Grundlage des neuen Treueverhältnisses zwischen dem Zaren und den Kosaken erklärte der Moskauer Herrscher Polen den Krieg, der nach 13 Jahren mit dem Vertrag von Andrussovo (1667) beendet wurde.[9] Im Ergebnis wurde das Hetmanat zwischen Russland und Polen geteilt. Die östlich des Dnipro gelegenen Territorien, die man im Hinblick auf die Fließrichtung des Stroms «linksufrige» Ukraine nennt, fielen an das Zarenreich, die westlichen Gebiete, die sogenannte rechtsufrige Ukraine, an Polen. Der Vertrag von Andrussovo beendete die jahrhundertelange polnisch-litauische Dominanz in Osteuropa zugunsten Russlands.

Das Hetmanat blieb von westlichen Autonomievorstellungen geprägt, auch als es sich mächtepolitisch mit Moskau verband. Sinnfällig wird dies in der Geschichte von Baturyn, heute eine kleine Stadt mit 2500 Einwohnern in der nordukrainischen Oblast Černigiv. Im 17. Jahrhundert wählten die Kosaken Baturyn zunächst provisorisch zur Hauptstadt, die sie 1648 der polnischen Herrschaft entrissen. Sechs Jahre später, also im

Jahr des Vertragsschlusses von Perejaslav, erhielt Baturyn das Magdeburger Stadtrecht und erfreute sich damit der Selbstverwaltung, die durch Polen weit in das östliche Mitteleuropa verbreitet wurde.[10] Innere Verwestlichung und machtpolitische Verbindung mit dem Zarenreich Moskau fielen in Baturyn zeitlich zusammen.

Das Zusammengehen mit Russland zwang das ukrainische Hetmanat von Anfang an zu einem Spagat: Die Kosaken wollten ihre Autonomie bewahren, während der Zar bestrebt war, seine nominelle Oberherrschaft über das Hetmanat in direkte Kontrolle zu verwandeln. Die Kosaken wurden von dem Hetman Ivan Mazepa (1687–1709) geführt, der an der Kyiver Akademie und im Warschauer Jesuitenkolleg studiert und im Dienst des polnischen Königs gestanden hatte, bevor er die Seiten wechselte und mit russischer Hilfe im linksufrigen Kosakenstaat zum Hetman aufstieg.[11] Mit der Unterstützung Peters I. und eigenem Erwerbssinn gelang es ihm, unermesslichen Reichtum zu erwerben – 20 000 Güter zählte er sein Eigen und war damit einer der reichsten Männer Europas. Er baute Baturyn zu einer wirtschaftlichen und kulturellen Hauptstadt aus. Kaufleute und Handwerker ließen sich in der Stadt nieder, die zum Zentrum von Schmiedehandwerk, Buntmetallguss und der Herstellung von Waffen, Schmuck, Glas, Lederwaren, Textilien sowie Töpferwaren wurde. Die Stadt unterhielt umfangreiche kommerzielle und kulturelle Kontakte nach West-, Mittel- und Osteuropa. Mazepa finanzierte den Bau der großen Dreifaltigkeitskathedrale und weiterer Kirchen. Er gründete eine höhere weltliche Schule für die Ausbildung von Diplomaten, Schatzmeistern, Juristen, Kanzlern und anderen Beamten des Hetmanats. In Hončarivka, einem Vorort von Baturyn, ließ Mazepa einen dreistöckigen Palast im westlichen Barockstil errichten, der Säle für diplomatische Audienzen, Ratssitzungen und Bankette umfasste. In der Zeit Mazepas wurde Baturyn zu einer der großen und prosperierenden Städte der frühneuzeitlichen Ukraine.[12]

Grundlage dieser Erfolge war eine Politik der demonstrativ bezeugten Treue, die Mazepa gegenüber dem Zaren betrieb. Als Peter I. 1689 auf den Thron gelangte, unterstützte der Hetman den jungen Zaren sofort loyal bei seinen Feldzügen gegen das Osmanische Reich und die Tartaren. An dem größten militärischen Erfolg Peters I., der Eroberung der osmanischen Festung Azov am nördlichen Ufer des Schwarzen Meeres, hatte Mazepa maßgeblichen Anteil. Zwischen beiden Herrschern entstand auch

Abb. 2 • Ansätze einer ukrainischen Staatlichkeit: das Siegel Ivan Mazepas aus dem 17. Jahrhundert.

eine persönliche Freundschaft. Als Peter I. zusammen mit Dänemark und Polen 1700 Schweden angriff und damit den großen Nordischen Krieg (1700–1721) um die Vorherrschaft an der Ostsee vom Zaun brach, stand Mazepa an seiner Seite. Russland erlitt zunächst verheerende Verluste, als es versuchte, die schwedisch beherrschte Ostseeküste, also Ingermanland und Livland, im Handstreich zu erobern. Der Krieg weitete sich aus, als der schwedische König Karl XII. Polen angriff, um das Königtum aus der gegnerischen Allianz herauszubrechen. Jetzt erst, angetrieben durch die Erfordernisse des Kriegs, begann Peter eine systematische Modernisierung des russischen Staats- und Militärwesens. Vereinheitlichung und Zentralisierung waren – im Sinne des europäischen Absolutismus – die

Leitideen, mit denen der Staat militärisch leistungsfähiger gemacht werden sollte. Es war also das machtpolitische Expansionsstreben nach Europa, das die «Europäisierung» des Zarenreichs wesentlich vorantrieb. Die Verankerung von Selbstbestimmungsrechten, wie sie Baturyn und andere ukrainische Städte genossen, gehörte nicht zu Peters Politik. Vielmehr handelte es sich im Wesentlichen um eine Rationalisierung der Staatsverwaltung und des Heeres nach den Mustern des europäischen Absolutismus. Mit diesem Streben nach Vereinheitlichung stellte sich aber das Verhältnis zwischen dem Moskauer Staat und dem ukrainischen Hetmanat neu dar. Die von den Kosaken gehütete Autonomie, speziell die Aufstellung eigener Truppen, die nicht vom russischen Staat ausgehoben und geschult wurden, erschien jetzt als anachronistischer Fremdkörper. Als das Kosakenheer erstmals nicht gegen die traditionellen Feinde wie das Osmanische Reich und das Krim-Khanat, sondern fern der Heimat gegen die europäische Militärmacht Schweden eingesetzt wurde, erwies sich seine Unterlegenheit. Jahr für Jahr erlitten die Kosaken Verluste von 50 Prozent ihrer Truppenstärke und mehr. Ihre Kampfmoral wurde weiter geschwächt, als Peter I. 1705 russische und deutsche Offiziere in den Kosakenregimentern einsetzte.[13]

Seitdem der schwedische König Karl XII. versuchte, die gegnerische Koalition aufzubrechen, bildete Polen den zentralen Kriegsschauplatz, auf dem sich europäische Mächtepolitik und ein interner Stellvertreterkrieg überlagerten. Gegen den mit Russland verbündeten polnischen König und sächsischen Kurfürsten August II. unterstützte Schweden den Gegenkönig Stanisław Leszczyński. Als dieser mit einer Invasion in die Ukraine drohte, war aus Mazepas Sicht der Bündnisfall eingetreten, der mit dem Vertrag von Perejaslav festgelegt war. Peter beschied jedoch dem Hetman, er solle die Ukraine selbst verteidigen.[14] Damit war die Grundlage der kosakischen Loyalitätspolitik entfallen. Als Karl XII. im Oktober 1708 mit seinem Heer in die Ukraine eindrang, wechselte der Hetman die Seiten, 3000 Kosaken folgten ihm. Peter I. reagierte mit einer schonungslosen Vernichtungspolitik. Dem Kommandeur der zarischen Truppen in der Ukraine Aleksandr Menšikov, unter dessen Befehl zwanzig Dragonerregimenter mit 15 000 bis 20 000 Dragonern standen, erteilte Peter den Befehl, die kosakische Hauptstadt Baturyn zu zerstören. Menšikov forderte die befestigte Stadt zur Kapitulation auf, die dies jedoch verweigerte und mit Kanonen das Feuer auf seine Stellungen eröffnete. Den russischen Truppen gelang es am 13. November 1708, in die Stadt einzudringen. Sie ermordeten die gesamte Bevölkerung von 6000 Männern, Frauen und Kindern. Eine Herrschaft des Terrors begann in der Ukraine, in der jeder, der verdächtigt wurde, mit Mazepa gemeinsame Sache zu machen, getötet wurde (siehe Karte S. 342).

Seit 1995 wird das Massaker von Baturyn in einer ukrainisch-kanadischen Kooperation archäologisch untersucht. In den Jahren 1996–2007 entdeckten Archäologen in Baturyn 138 Gräber aus der Regierungszeit von Ivan Mazepa, 65 davon gehören zu den bei der Eroberung von Baturyn Gefallenen. Seit 2008 fanden Umbettungen der Opfer von Baturyn in die Krypta der Auferstehungskirche auf dem Gelände der Gedenkstätte statt. Heute ruhen mehr als 500 sterbliche Überreste von Verteidigern und Zivilisten in 74 Särgen in der Krypta der Kirche. Zum 300. Jahrestag der «Baturyn-Tragödie», wie die Ereignisse vom November 1708 in der Ukraine heute offiziell genannt werden, hielt Präsident Viktor Juščenko (*1954) eine Rede, in der er Baturyn mit dem Holodomor, der großen Tragödie der Ukraine im 20. Jahrhundert, verknüpfte. Seit 2018 wird der 2. November als Tag des Gedenkens an die Baturyn-Tragödie in der Ukraine auf staatlicher Ebene begangen. Im russisch-ukrainischen Krieg 2022 ist Baturyn zum Symbol einer epochenübergreifenden Vernichtungspolitik Russlands geworden. Beispielhaft hierfür ist ein ukrainisches YouTube-Video «Von Baturyn nach Butscha: Wie Russland versuchte, die Ukraine zu zerstören».[15]

Poltava

Im Juni 1709 konnte Peter I. in der Nähe der ukrainischen Stadt Poltava den schwedischen König Karl XII. und den ukrainischen Hetman Mazepa entscheidend schlagen. Poltava stellte den militärischen Wendepunkt im Krieg dar. Noch bedeutsamer war die Schlacht für das Selbstverständnis Russlands. Der Triumph des Zaren wurde dadurch vollkommen, dass der Rektor der Kyiver Akademie Feofan Prokopovič (1681–1736), einst ein Günstling und Panegyriker (Lobredner) Mazepas, nun seinen einstigen Wohltäter in einer langen Rede vor dem Zaren verdammte. Der Zusammenhang zwischen Außen- und Sicherheitspolitik und der imperialen bzw. nationalen Identität Russlands trat hier das erste Mal hervor. «Poltava» wurde zu einem Gründungsmythos des russischen Imperiums, dessen Fundament wenige Wochen nach der Schlacht in einer Predigt Prokopovičs am 22. Juli 1709 in der Sophienkathedrale in Kyiv gelegt wurde. Der Theologe feierte den Zaren und formulierte damit Ideen, die für das Selbstverständnis der russischen Herrschaft prägend wurden: Er pries Peter I. nicht nur als siegreichen Feldherrn, sondern auch als Retter Russlands und als «Vater des Vaterlands».[16] Er etablierte das Bild von Peter dem Großen als Archetyp einer heroischen und gottähnlichen Figur, als Herrscher, der «über den Menschen steht und für das Wohl seiner Untertanen arbeitet.»[17] In der Apotheose des Herrschers, die sich nach Poltava am Zarenhof etablierte, hatte der Adel an der Seite des Zaren seinen Platz, «Zar und Adel ergänzten sich in einer gegenseitigen Symbiose, in der die Interessen des Hofs und des Adels mit dem allgemeinen Wohl des Landes gleichgesetzt wurden.»[18] Eroberung und Modernisierung gingen in das Bild des idealen russischen Herrschers ein, während zugleich die Aufrechterhaltung der Leibeigenschaft und des Adels als Besitzer von Leibeigenen als Grundlagen des russischen Staates bekräftigt wurden. Bei aller Zaren-Panegyrik blieb Prokopovič ein zutiefst polnisch geprägter Geist: Seine Verse auf Peters Sieg in Poltava veröffentlichte er in Kirchenslawisch, Latein und Polnisch, wobei die polnische Version der Ursprungstext war. Was zum russischen Gründungsmythos «Poltava» gemacht wurde, entsprang Traditionen, die auf die ethnische Vielfalt und Uneindeutigkeit der Region hindeuteten. Der aus der Ukraine kommende Kulturtransfer revolutionierte die politische Sprache in Russland und etablierte eine Vorstellung der Zusammengehörigkeit von ethnischen Russen (Großrussen) und Ukrainern (Kleinrussen). Dies waren komplexe Vorgänge, die nicht, wie es der Historiker Alexei Miller vorschlägt, auf die Machthörigkeit der ukrainischen Theologen reduziert werden kann, die angesichts der russischen Siege verstanden hätten, «zu welchem der großen Player sie loyal sein sollten.»[19]

So wie Prokopovič den Zaren zum idealen Herrscher stilisierte, so verdammte er Mazepa als Marionette fremder Mächte. Der Zar selbst hatte den Hetman bereits als «Judas» bezeichnet und nach seinem «Verrat» die orthodoxe Kirche veranlasst, das Anathema über ihn zu verhängen, das jedes Jahr erneuert wurde. Mazepa wurde damit zur «meistgehassten Figur des politischen und historischen Imaginationsraums Russlands».[20] Entlang dieser Linien, also der Verherrlichung des russischen Imperiums einerseits und der Verdammung des Verrats des ukrainischen Hetmans andererseits, wurde seitdem der Poltava-Mythos von der russischen Geschichtswissenschaft, der Literatur und Kunst fortgeschrieben.

Die Wucht dieses Siegernarrativs ließ eine Nachgeschichte des Hetmanats übersehen, die eines eigenen Mythos würdig wäre. In der westlich des Dnipro gelegenen Ukraine hatte das Hetmanat noch eine kurzlebige Fortsetzung. Mazepas Nachfolger Pylyp Orlyk (1672–1742) erließ am 5. April 1710 eine Ordnung, in der in 16 Artikeln detailliert die Rechte und Pflichten seiner Herrschaft festgelegt wurden. Der Text hatte Ähnlichkeit mit den *pacta conventa*, mit denen polnische Könige sich gegenüber ihrem Adel verpflichteten. Orlyks Vertrag mit der kosakischen Elite sollte aber nicht nur für seine Herrschaft, sondern auch für alle Nachfolger gelten, er hatte insofern Ähnlichkeit mit einem Verfassungstext. Doch endete Orlyks Herrschaft nach vier Jahren, und es gab keine Nachfolge.[21]

In der östlichen Ukraine, die Russland mit dem Frieden von Adrussovo erhalten hatte, baute das Zarenreich seine Herrschaft aus. Peter setzte mit Ivan Skoropads'kyj (1642–1722) einen gefügigen Hetman ein. Zur Kontrolle des Hetmanats entsandte er einen russischen Residenten, der über ein Dragonerregiment verfügen konnte. Dessen Instruktion enthielt einen offiziellen und einen geheimen Teil. In der offiziellen Aufgabenbeschreibung hieß es, der russische Resident solle dafür sorgen, dass «das ganze Kleinrussische Land ruhig und loyal gegenüber dem Großen Herrscher» bleibe. Außerdem sollte er die gesamte Korrespondenz des Hetmans mit dem Ausland überwachen und so, wie es im geheimen Teil der Instruktion hieß, dafür sorgen, dass der Hetman «nicht die geringste Neigung zum Verrat oder zum Agitieren der Massen» entfalte. Im Notfall konnte der russische Resident die in der Ukraine stationierten russischen Regimenter selbst einsetzen.[22]

Etwa zwei Jahrzehnte später veröffentlichte Voltaire (1694–1778) sein erstes Buch, das nicht von Literatur oder Philosophie, sondern von der Geschichte des schwedischen Königs Karl XII. und damit auch von Mazepa handelte. Voltaire beschrieb die geopolitische Situation der Ukraine in all ihrer Ausweglosigkeit: «Umgeben von Moskau, dem Osmanischen Reich und Polen, war sie gezwungen, eine Schutzmacht zu suchen … Zuerst schlüpfte sie unter den Schutz Polens, das sie zu sehr wie eine Abhängige behandelte, dann begab sie sich in die Hände der Moskauer, die sie zu versklaven versuchten.» Die Geschichte von Abhängigkeit und Unterdrückung zeigte aber für Voltaire umso klarer den Willen der Ukraine zur Unabhängigkeit: «Die Kosaken haben niemals Herren haben wollen ... Die Ukraine war immer bestrebt, frei zu sein.»[23]

Europas erster Ost-West-Konflikt

Poltava besiegelte die Hoffnungen des Schwedenkönigs Karl XII. und der nach Unabhängigkeit strebenden Kosaken. Insofern war die Schlacht ein Wendepunkt. Der Krieg dauerte aber noch zwölf Jahre und wurde erst in seiner letzten Phase zwischen 1716 und 1721 entschieden, als er sich über die Ostsee hinaus internationalisierte. Den Hintergrund dafür bildeten die vom Zarenreich an der Ostsee errungenen Erfolge: das russische Vordringen zur Mündung der Neva, was die Gründung von Sankt Petersburg als neuer Hauptstadt ermöglichte, die Eroberung Ingermanlands sowie Estlands und Livlands, die Invasion nach Finnland und die Bedrohung selbst des schwedischen Festlands. Über Polen übte Peter de facto ein Protektorat aus, in Kurland und Mecklenburg betrieb er geschickte Einflusspolitik. Niemand hatte den spektakulären Machtzuwachs des Zarenreichs vorhergesehen, selbst der Zar nicht. Russland drohte Schweden als baltische Hegemonialmacht abzulösen.

Die letzte Phase des großen Nordischen Kriegs war durch den Versuch gekennzeichnet, Russland von der Ostsee wieder zurückzudrängen. Die kurze Zeitperiode zwischen 1716 und 1721 stellt einen Scheitelpunkt in der europäischen Geschichte dar. In diesem Jahrfünft bildeten sich die Strukturen des europäischen Staatensystems, der Ost-West-Konflikt und die Sonderbeziehungen zwischen Petersburg und Berlin heraus. Der russische Triumphzug alarmierte insbesondere die englische Diplomatie. Aus der Sicht Londons bedrohte die spektakuläre Umkehr der baltischen Machtverhältnisse nicht nur die Sicherheit der Ostseestaaten, sondern das europäische Gleichgewicht. Der britische Minister James Stanhope (1673–1721) erkannte präzise die Gefahren für England: Als Hegemonialmacht an der Ostsee würde Russland in der Lage sein, den britischen Importbedarf an

Holz, den Grundstoff des Flottenbaus, zu kontrollieren. Darüber hinaus erkannte die englische Diplomatie die potentiell globale Dimension des Kriegs: dass die Ziele Russlands weit über den Besitz eines Hafens an der Ostsee hinausgingen und auf die Erschließung eines Handelswegs hinausliefen, der Europa über Russland mit Indien verbinden und das Zarenreich zum Knotenpunkt im globalen Handel machen würde.[24] Das «Great Game», der epochale Gegensatz zwischen Russland und dem Vereinigten Königreich, der sich im 19. Jahrhundert um den Einfluss in Afghanistan und Zentralasien drehte, zeichnete sich hier bereits ab. James Stanhope beantwortete die Herausforderung der aufsteigenden Großmacht mit einer Politik des Containments: Dazu versuchte er eine breite Koalition der Ostseeanrainerstaaten zusammenzubringen, durch die Schweden gegen die russische Expansion geschützt werden sollte. Damit rückte Preußen in den Mittelpunkt, ein Staat, der im Maßstab eines deutschen Territorialstaates eine ähnlich systematische Politik der territorialen Erweiterung betrieb wie Russland. Der «Soldatenkönig» Friedrich Wilhelm I. (1688–1740) hatte eine Armee aufgebaut, die im Verhältnis zur Einwohnerzahl Preußens riesig war und die Nachbarstaaten Hannover, Mecklenburg, Sachsen und Polen in Unruhe versetzte. Stanhope wusste, dass ohne die Einbindung Preußens in die antirussische Allianz eine Revision der machtpolitischen Geltung Russlands nicht zu erreichen war.

Die preußische Politik stand vor der Alternative, sich einer europäischen Allianz gegen Russland anzuschließen oder eine separate Bündnispolitik mit dem Zaren zu betreiben. Zwar erkannte Friedrich Wilhelm I. durchaus die Gefahren einer russischen Hegemonie. So hatte Preußen im Nordischen Krieg die eigene militärische Hilflosigkeit erfahren, als russische Truppen im Kampf gegen Schweden ungefragt durch sein Territorium zogen und ihm keine andere Wahl blieb, als die Verletzung seiner Hoheit und seiner Neutralität im Nordischen Krieg hinzunehmen.

Friedrich Wilhelm griff zunächst das Angebot der Briten auf, einen Bündnisvertrag zu schließen, der ihm territorialen Gewinn versprach. Für London war mit dem Vertrag ein großer europäischer Plan verbunden. Das mit England dynastisch verbundene Königreich Hannover sollte mit Preußen ein Bündnis schließen, das als Ausgangspunkt für eine breitere Allianz gedacht war. Aus britischer Sicht kam es dabei vor allem auf den Ausgleich zwischen Preußen und Polen an, denn eine dauerhafte Verständigung zwischen den beiden Staaten würde es für Russland unmöglich machen, Preußen durch gemeinsame Vorteilnahme gegenüber Polen an sich zu binden. Lange wehrte sich die preußische Diplomatie gegen genau diesen Vertragspunkt, schließlich aber gab Friedrich Wilhelm dem Drängen Londons nach und verpflichtete sich am 4. August 1719 vertraglich, dass er «den polnischen König nicht in den unangefochtenen Besitzungen seiner Krone oder seines Staates» stören wolle. «Nun da wir in Deutschland gedeckt sind», frohlockte die englisch-hannöversche Diplomatie, «fassen wir Mut an der Ostsee.»[25]

Auch die preußische Diplomatie war zufrieden. Der wichtigste außenpolitische Berater des Königs, Heinrich Rüdiger von Ilgen (1654–1728), sah in dem Bündnis eine günstige Gelegenheit, aus einem Krieg, an dem sich Preußen militärisch gar nicht beteiligt hatte, mit Gewinn herauszukommen. Der Soldatenkönig jedoch unterschrieb den Vertrag nur unter schweren innerlichen Qualen, die ihn sogar aufs Krankenlager warfen, denn er fürchtete den Rückhalt des Zaren zu verlieren, der ihm trotz widersprüchlicher Erfahrungen ein Gefühl der Sicherheit gab. Im inneren Konflikt, den Friedrich Wilhelm durchlebte, mischten sich Emotion und Kalkül. Zwischen Russland und Preußen bestand eine Art Wahlverwandtschaft. Beide Staaten waren Aufsteiger und Eindringlinge in das System der großen Mächte. Preußen, zu diesem Zeitpunkt noch eine Mittelmacht mit weit auseinanderliegenden einzelnen Territorien, sah sich umgeben von Nachbarn wie Hannover, Mecklenburg und Sachsen-Polen, die seinen machtpolitischen Aufstieg argwöhnisch beobachteten. Als martialischer Eindringling, der in die erste Liga des europäischen Mächtesystems strebte, galt auch das Zarenreich. Beide Staaten krempelten die Architektur der bestehenden Verhältnisse um und stießen, Russland im Großen oder Preußen im Kleinen, auf die Gegenwehr der Staaten, die den Status quo verteidigten. Für Friedrich Wilhelm spiegelte sich in der Bedrohung des russischen Aufstiegs durch die entschlossene Allianzpolitik Londons der prekäre Status seines eigenen Königreichs wider. Mit viel Empathie für die Situation des Zaren begründete er seine Entscheidung, aus dem gerade mit England-Hannover geschlossenen Bündnis keine Allianzpolitik gegen den Zaren folgen zu lassen: «England dem Zaren nichts gönnet und soll nichts behalten als Petersburg, keine Flotte, die puissance qui naisse, die wollen sie herunter haben. Ist das mein Interesse oder nicht?» Er kam zum

Schluss: «Ich glaube, ... daß es mein Interesse ist, daß der Zar puissant ist, daß ich werde dadurch consideriert, wenn ich mit ihm als eine Klette halte.»[26]

Die Interessenabwägungen auf beiden Seiten sind vor dem Hintergrund einer emotionalen Prägung zu verstehen, welche die preußisch-russischen Beziehungen damals gewannen. Diese war weit mehr als Ausdruck von persönlicher Nähe zwischen den beiden Herrschern. Sie basierte auf einer ähnlich feindseligen Wahrnehmung der englisch-hannoverschen Politik und hatte eine mächtepolitische Verwurzelung in einem gemeinsamen Interesse an einer dauerhaften Schwächung Polens. Auf dieser Basis trafen sich der Zar und der Soldatenkönig, als sie im Februar 1720, etwa ein halbes Jahrhundert vor der ersten Teilung Polens, erstmals einen Vertrag unterzeichneten, der ein ganzes Bündel antipolnischer Bestimmungen enthielt. Man vereinbarte, eine Verfassungsreform in Polen zu verhindern, mit der die Adelsrepublik die Effizienz ihrer Staatsfunktionen stärken würde, und wollte auch eine Thronfolge der sächsischen Wettiner in Polen obstruieren. Friedrich Wilhelm garantierte in einer persönlichen Deklaration, die er selbst vor seinen Ministern geheim hielt, nicht an der Seite Englands in den Krieg gegen Russland einzutreten.[27]

Aber Peter I. erkannte genau das Potential, das ihm die gemeinsamen antipolnischen Interessen boten, um eine stabile Bindung zu Preußen zu schaffen. Seinem Kanzler schrieb er: «Wir schließen den Vertrag nicht so sehr wegen der polnischen Angelegenheiten, sondern halten ihn für geeignet, uns der Erhaltung der guten Freundschaft zwischen den beiden vertragschließenden Seiten zu versichern.» Polen war hier für Peter I. nicht mehr als ein Mittel zum Zweck, um Preußen an der Seite Russlands zu halten.[28]

Zwar schickte England seine Flotte in die Ostsee, aber ohne Unterstützung durch eine breite europäische Allianz und speziell durch den Militärstaat Preußen war der Versuch, das Gleichgewicht an der Ostsee wiederherzustellen, von vorneherein zwecklos. Der Zusammenbruch der britischen Südseekompanie im Herbst 1720 besiegelte schließlich das Ende der Containment-Politik gegen Russland. Ohne Verbündete, vor allem ohne die Einbeziehung Preußens, hatte sie keine Erfolgsaussicht. England drängte nun Schweden, seinen Frieden mit Russland zu machen, der am 10. September 1721 in Nystad zu den von Peter I. diktierten Bedingungen geschlossen wurde: Ingermanland, Estland, Livland und ein Teil von Finnland gingen in den Besitz Russlands über. Von Petersburg bis Riga beherrschte nun Russland die Ostsee, es löste Schweden als Hegemonialmacht im Nordosten Europas ab.

In der dramatischen Endphase des Nordischen Kriegs hatten sich zwei unterschiedliche Muster herausgebildet, auf Russland als neuen europäischen Machtfaktor zu reagieren: englisches Containment und preußische Russlandbindung zur gemeinsamen Beherrschung Polens. In einer bemerkenswerten Pfadabhängigkeit griffen London und Berlin bis zum Ersten Weltkrieg immer wieder auf diese Muster zurück. Die britische Politik betrieb antirussisches Containment vor allem in der orientalischen Frage, so im letzten Viertel des 18. Jahrhunderts und dann im Krimkrieg, sowie in der Konkurrenz mit Russland in Zentralasien. Die Ausnahme bildete die napoleonische Periode. Umgekehrt folgte die preußische Politik bis zur Reichsgründung von 1870/71 fast durchgehend einem Primat der Russlandbindung, wobei die Kontrolle Polens den Zweck des russisch-preußischen Bündnisses bildete. Peter I. hatte damit den ersten Schritt zum Aufbau eines äußeren Imperiums, also einer durch internationale Politik abgesicherten Einflusszone außerhalb der russischen Grenzen, getan.

Russland und die Ukraine nach dem Nordischen Krieg

Erst nachdem der Nordische Krieg durch den Frieden von Nystad 1721 beendet war, wandte sich Peter wieder dem Ausbau des inneren Imperiums zu und führte seinen Angriff auf die Autonomie des ukrainischen Hetmanats zu Ende. Dazu schuf er ein aus sechs russischen Offizieren bestehendes «Kleinrussisches Kollegium», das seinen Sitz am Hof des Hetmans hatte. Es war dem russischen Senat unterstellt, also ein Instrument der Innenpolitik, um das Hetmanat in das Imperium einzugliedern.[29] Die kosakischen Truppen erhielten einen russischen Oberbefehl, und erstmals wurden Russen große Landgüter in der Ukraine übertragen. Der Eroberer und Zerstörer von Baturyn, Aleksandr Menšikov (1673–1729), war der prominenteste Empfänger.[30]

Bereits in den Jahrzehnten vor Peter, dann verstärkt in seiner Regierungszeit und den folgenden Jahrzehnten war die Ukraine fast ununterbrochen der Schauplatz von Kriegen gewesen, die Russland mit Polen, Osmanen und Schweden ausgetragen hatte. Um 1740 waren die Ressourcen der Ukraine völlig erschöpft, nachdem im russisch-osmanischen Krieg von 1735 bis 1739 Zehntausende Kosaken und Bauern als Soldaten rekrutiert und 35 000 gefallen waren (bei einer Einwohnerschaft von 1,2 Millionen) und dem Hetmanat die Unterhaltung der russischen Truppen mit einem Betrag von 1,5 Millionen Rubel auferlegt worden war. Dies entsprach dem zehnfachen Wert des Jahresbudgets des Hetmanats. Noch Jahrzehnte später klagte die Staršyna, dass ihr Land sich nicht von den Verlusten erholen könne.[31]

Es ist ein bemerkenswertes Detail, dass die in der Ukraine stationierte südrussische Armee in den 1740er Jahren von einem Deutschen geführt wurde. Unter den Bedingungen der engen, auch emotional grundierten Beziehungen zwischen Petersburg und deutschen Territorien, insbesondere Preußen, waren am Zarenhof phantastische Karrieren für Deutsche möglich. Ludolf August von Bismarck (1683–1750), ein Vorfahre des späteren Reichskanzlers Otto von Bismarck, war einer von ihnen. Er stand zunächst im preußischen Dienst, doch nachdem er 1732 einen Diener getötet hatte und in der Folge zwar straffrei blieb, aber bei Beförderungen wiederholt übergangen worden war, quittierte er den preußischen Dienst und trat in die russische Armee ein. Dank eines anderen Deutschen, seines Schwagers Ernst Johann von Biron (1690–1747), der in den 1730er Jahren zum einflussreichsten Mann im Zarenreich aufstieg, gelang Bismarck eine rasche Karriere, die durch Birons Fall und eine aufkommende antideutsche Stimmung im russischen Staatsadel 1740 nur kurz unterbrochen wurde. 1742 rehabilitiert, setzte Bismarck seine militärische Laufbahn fort und wurde fünf Jahre später zum Oberbefehlshaber der südrussischen (ukrainischen) Armee.[32]

Dies geschah bereits in der Regierungszeit der Tochter Peters I., Elisabeth Petrovna (1709–1761), die 1741 auf den russischen Thron gelangte. Ihre Herrschaft markierte in Bezug auf Russlands inneres und äußeres Imperium, d. h. in Bezug auf die Ukraine wie auf Polen, einen Einschnitt. Die Zarin stellte die beiden fundamentalen Festlegungen Peters I., die Beherrschung Polens durch das Bündnis mit Preußen und der Habsburgermonarchie sowie die unmittelbare Beherrschung des ukrainischen Hetmanats, in Frage. Es erschien sowohl eine Wende zu einer konstruktiven

Politik gegenüber Polen als auch eine Wiederbelebung der ukrainischen Autonomie möglich. Im Rahmen des russischen 18. Jahrhunderts bildete Elisabeths Herrschaft, zwischen Peter I. und Katharina II., in der Polen- und der Ukrainepolitik ein retardierendes Element.

In der internationalen Politik geriet eine Grundfeste des neuen Systems der petrinischen Politik, das Bündnis zwischen Petersburg und Berlin, ins Wanken, als Friedrich II. kurz nach seinem Thronantritt 1740 Maria Theresia angriff und der Habsburgermonarchie das Kronland Schlesien entriss. Der Angriff löste eine Reihe von europäischen Kriegen aus, die auf dem Kontinent erst 1763 mit dem Frieden von Hubertusburg beendet wurden. Diese Kriege drehten sich vordergründig um den Besitz Schlesiens, sie berührten aber auch die internationale Absicherung der Einflusssphäre, die Russland in Ostmitteleuropa beanspruchte. Seit der Zeit Peters I. beruhte sie auf dem Bündnis mit Preußen und der Habsburgermonarchie. In den 1740er Jahren versuchte Russland, die Berliner Politik durch diplomatischen Druck in das alte Bündnis zurückzuzwingen, später trat es auf der Seite der Habsburgermonarchie und Frankreichs gegen Preußen in den Siebenjährigen Krieg ein, der zu einer existenziellen Gefährdung der Hohenzollernmonarchie führte, als russische Truppen 1760 vorübergehend Berlin besetzten. In dem erst diplomatischen, dann militärischen Konflikt spielten die russische und die preußische Diplomatie mit dem Gedanken, Polen zu einem Verbündeten zu machen und es damit international aufzuwerten. Doch vermieden beide diesen ultimativen Schritt. Paradoxerweise blieb die antipolnische Übereinstimmung selbst in einem Krieg erhalten, den Russland und Preußen gegeneinander führten. Diese punktuelle Einigkeit, das gemeinsame Interesse also, Polen nicht wieder zu einem außenpolitisch souveränen Staat werden zu lassen, bildete eine wichtige Grundlage für den Separatfrieden, den Elisabeths Nachfolger Peter III. 1762 mit Preußen schloss. Russland bestätigte Preußen den Besitz Schlesiens, und Preußen kehrte in das alte System der gemeinsamen Beherrschung Ostmitteleuropas zurück. Gerade in der Krise, ja sogar im Krieg, hatte sich die Stärke der gemeinsamen antipolnischen Interessen erwiesen.[33]

So wie Elisabeth Petrovna für einen neuen Kurs in der internationalen Politik zu stehen schien, so betrieb sie offenbar auch eine Wende in der Ukrainepolitik. Dies bildet geradezu ein Paradebeispiel für die Bedeutung von Kontingenz und Strukturen in der Geschichte. Ein kontingenter, ja märchenhaft anmutender Umstand war es, als ein Ukrainer aus einfachen Verhältnissen am Hof Elisabeth Petrovnas in höchste Positionen aufstieg. Oleksij Rozumovs'kyj (1709–1771) wurde im ukrainischen Lemeschi, in der Nähe von Černihiv, auf einem Bauernhof als Sohn eines Registerkosaken geboren und war in seiner Jugend Schafhirte. Er hatte eine außergewöhnlich schöne Stimme und sang im Chor der Dorfkirche. Dort entdeckte ihn ein Höfling der Kaiserin Anna Ivanovna, der auf dem Rückweg von einer Mission in Ungarn 1731 durch Lemschi kam und von den stimmlichen Fähigkeiten Oleksijs beeindruckt war. Er nahm ihn mit nach Sankt Petersburg, wo er in den Chor der russischen Palastkapelle eintrat. Auch die Tochter Peters I., Elisabeth Petrovna, war von seinem Gesangstalent und seinem Aussehen angezogen und holte ihn 1732 an den kaiserlichen Hof. Oleksij wurde ihr Geliebter, nahm an der Palastrevolution teil, die Elisabeth auf den Thron brachte, und stieg zum Hofmarschall auf. Durch seinen Rang und seine Nähe zur Zarin war Rozumovs'kyj einer der einflussreichsten Männer am Petersburger Hof.

Er bewahrte seine Zuneigung zur Ukraine, was Elisabeth Petrovna beeinflusste. Sie entschloss sich 1744 zu einer Reise nach Kyiv, wo sie von den ukrainischen Eliten, der Staršyna, mit großer Begeisterung aufgenommen wurde. Der Bitte der Staršyna nach der Einsetzung eines neuen Hetmans entsprach sie zunächst nicht, aber die russischen Truppen wurden nach und nach aus dem Hetmanat abgezogen, und die Regierungsbehörde, die die russische Politik auf dem Territorium der Kosaken steuerte, wurde aufgelöst. Als künftigen Führer der Kosaken bestimmte die Kaiserin den jüngeren Bruder Oleksijs, Kyrylo Rozumovs'kyj (1728–1803), der 1743/44 zum Studium an die Universität Göttingen geschickt wurde, bevor dem 18-Jährigen 1746 zum Erstaunen der gelehrten Welt die Präsidentschaft der Russischen Akademie der Wissenschaften übertragen wurde. Vier Jahre später verlieh ihm die Zarin den erneuerten Titel eines Hetmans. Das Hetmanat erlebte um die Mitte des 18. Jahrhunderts den «goldenen Herbst seiner Autonomie».[34] Kyrylo Rozumovs'kyj führte ein differenziertes Gerichtswesen ein und modernisierte das Militär. Er plante sogar, nach dem Vorbild der gerade gegründeten Moskauer Universität auch eine Hochschule im Hetmanat zu schaffen. Baturyn, seit vierzig Jahre eine Geisterstadt, lebte in seiner Regierungszeit als Zentrum von Handwerk und Handel, als Theater- und Opernstadt wieder auf.[35]

Ungeachtet der neuen Blüte des Hetmanats und des Glanzes, der in Baturyn Einzug hielt, wurden in der Zeit von Rozumovs'kyj die strukturellen Grenzen für eine ukrainische Autonomie deutlich, die selbst unter glücklichen Umständen wirksam blieben. Die Kaiserin schlug dem Hetman die Bitte ab, eigene diplomatische Beziehungen zu europäischen Höfen zu unterhalten. Ablehnend reagierte sie auch auf sein Anliegen, die Truppen des Hetmanats nur auf Kriegsschauplätzen einzusetzen, die ukrainische Interessen unmittelbar betrafen. Der übergreifende Trend zur Rationalisierung und Zentralisierung war auch unter Elisabeth Petrovna weiterhin wirksam: 1754 unterstellte Petersburg das Budget des Hetmanats russischer Kontrolle und hob Zollgrenzen auf, die bislang zwischen dem Hetmanat und dem Zarenreich verlaufen waren. Auch die Verteilung von Gütern im Hetmanat an Adlige machte die Kaiserin zu ihrer Prärogative.[36]

Katharina II. als Vollenderin Peters I.

Während sich die Ukrainepolitik unter Elisabeth Petrovna in einem Spannungsfeld von persönlicher Aufgeschlossenheit und einem fortbestehenden Trend der imperialen Politik zur Zentralisierung entwickelte, beseitigte Katharina II. (1729–1796) bald nach ihrem Thronantritt alle Anzeichen von Ambivalenz. Die Politik des Hetmans und seiner Staršyna lieferten ihr dabei einen willkommenen Anlass: 1763 hielten diese eine Versammlung in Hluchiv ab, die von der Bestrebung geprägt war, die verlorenen Rechte des Hetmanats zurückzugewinnen. Die Versammelten schrieben eine Petition an die neue Zarin, in der die Verbundenheit des Hetmanats mit den politischen Ordnungsvorstellungen der Rzeczpospolita Polen noch einmal sichtbar wurde. Sie verlangten die Schaffung eines Adelsparlaments für das Hetmanat, das Vorbild dafür war offenbar der polnische Sejm. Aus der Petition ging deutlich hervor, dass der Hetman und die Staršyna ihr Land als eine eigenständige politische Einheit begriffen, die mit Russland nur durch die Person des Zaren verbunden war. Von Katharina erwarteten die Verfasser der Petition eine dauerhafte Anerkennung der Autonomie des Hetmanats.[37]

Sie irrten sich in der neuen Zarin. Katharina II., die als Sophie Auguste

Friederike von Anhalt-Zerbst geboren wurde und nach dem Staatsstreich gegen ihren Ehemann Peter III. 1762 an die Macht kam, bestellte Kyrylo Rozumovs'kyj nach Petersburg und verlangte seinen Rücktritt. Der Hetman beugte sich der Forderung und gab sein Amt am 10. November 1764 auf. Damit war das Ende des Hetmanats besiegelt, dessen Territorien die Zarin in die bestehende Verwaltungsstruktur des Reiches eingliederte. Diese Entscheidung wurde durch die Petition beschleunigt, aber nicht verursacht. Der Weg zur Absetzung des Hetmans war ideologisch durch Grigorij Teplov (1717–1779) vorbereitet worden, der als Historiker und Philosoph der Russischen Akademie der Wissenschaften im Juni 1763 eine Denkschrift mit dem Titel «Bemerkungen über die Unordnung in Kleinrussland» verfasste. Teplov stellte in seinem an Katharina gerichteten Memorandum fest, dass «in Kleinrussland nicht nur das Land, sondern auch die Menschen seit alters her russisch sind und daher in die Souveränität Ihrer Majestät als Besitzerin des allrussischen Staates gehören.» Teplov argumentierte historisch: Das Zarenreich habe seine Wurzeln in der mittelalterlichen Kyiver Rus, die er als einen russischen Staat verstand. Diese Identitätskonstruktion richtete er gegen die ukrainischen Eliten, deren Beharren auf Rechten und Privilegien er als Überreste des polnischen Einflusses deutete. Die Polonisierung der Ukraine stünde dem Zusammenwachsen des Hetmanats mit dem russischen Imperium im Wege. «In dieser Logik», schreibt der ukrainisch-amerikanische Historiker Serhii Plokhy, «bedeutete ‹Russifizierung› die Säuberung der Region von polnischen Rechten und Privilegien.»[38]

Teplov traf auf Katharinas Zustimmung. Wie Peter I. folgte sie der absolutistischen Leitidee, dass «feudale Relikte» wie die historisch begründeten Sonderrechte von einzelnen Territorien die Effizienz der Staatsverwaltung schmälerten. So ablehnend sie gegenüber den alten Rechten des Hetmanats war, so lehnte sie auch die livländische und finnische Autonomie ab. Man müsse die entsprechenden Regionen «mit wenig drückenden Methoden dazu bringen, dass sie russisch werden und aufhören, wie Wölfe zum Wald zu schauen.»[39] Mit «Russifizierung» meinte sie nicht nur die Übertragung der Verwaltung der Ukraine an russische Gouverneure, sondern auch eine Vernichtung des Gedächtnisses des Hetmanats: «Wenn die Hetmane Kleinrussland verlassen haben, sollte jede Anstrengung unternommen werden, sie und ihr Zeitalter aus der Erinnerung zu tilgen.»[40]

Die Zarin betraute Pëtr Rumjancev (1725–1796), der sich als Oberst in den Schlachten des Siebenjährigen Kriegs bewährt hatte, mit der Aufgabe, das Hetmanat in das Imperium einzugliedern. Er sollte alle autonomistischen Tendenzen scharf bestrafen, aber diejenigen, die nicht von der «Seuche des Eigenwillens und der Unabhängigkeit» angesteckt seien, mit Regierungsämtern belohnen.[41] Rumjancev erfüllte die in ihn gesetzten Erwartungen, überwältigte die verbliebenen Kosakenzentren militärisch und gliederte das Hetmanat in drei Provinzen auf, die der Größe russischer Gouvernements entsprachen. Die adlige Elite des Hetmanats begehrte nicht auf, was auch auf den Umstand zurückzuführen war, dass Katharina II. die soziale Position der gutsbesitzenden Führungsschicht durch die Einführung der Leibeigenschaft in der Ukraine verbesserte. Wie Peter I. belohnte auch Katharina II. staatsloyale Eliten aus der Ukraine. Unter ihrer Herrschaft wurde die Staršyna im Entwurf für ein neues Gesetzbuch bereits 1767 zum Adelsstand gerechnet, ihr Gnadenbrief für den Adel von 1785 hatte auch für die Elite der Kosaken Geltung.[42] Katharinas Strategie, die Autonomie der Ukraine aufzuheben und zugleich deren Eliten zur «Aufstiegsassimilation» (Andreas Kappeler) einzuladen, war von Erfolg gekrönt. «Russifizierung» bedeutete in sozialer Hinsicht, dass die annektierten Gebiete der russischen Sozialordnung angepasst wurden: Die fremde Elite stieg in den russischen Adel auf, während die Bauern, vormals frei, in die Leibeigenschaft absanken.[43] Der ukrainische Adel erweiterte bei der Eingliederung des Hetmanats in das Zarenreich also seine Privilegien, indem er die Kontrolle über seinen Besitz und seine Bauern festigte. An der Kolonisierung der Ukraine durch das Zarenreich hatte die ukrainische Aristokratie ihren Anteil, sie nutzte die Bestrebungen des Imperiums zu ihrem Vorteil.[44]

Die Integration der Ukraine in das Russische Imperium führte viele ukrainische Intellektuelle in die beiden Hauptstädte Sankt Petersburg und Moskau. Sie spielten zwischen 1770 und dem frühen 19. Jahrhundert eine signifikante Rolle im kulturellen Leben der beiden Metropolen. David Sanders, der den ukrainischen Einfluss auf die russische Kultur in dieser Zeit untersucht hat, stellte eine Unsicherheit der ukrainischen Immigranten in der imperialen Hauptstadt Petersburg fest, dessen adlige Eliten europäische Kultur imitierten und Französisch sprachen. Mit dieser prekären Situation seien die ukrainischen Intellektuellen kreativ umgegangen, indem sie den Beweis antraten, «russischer als die Russen» zu sein. So vermittelte der ukrainische Herausgeber der Zeitschrift «Zerkalo Sveta» (1786–1787) seinen russischen Lesern die Botschaft, dass das gemeinsame ostslavische Kulturerbe, das Russen und Ukrainer teilten, den westeuropäischen Kulturen nicht unterlegen sei. Ukrainer waren es auch, die die Russen an die Rolle Kyivs und der Kyiver Rus in ihrer Geschichte erinnerten.[45] Wie die orthodoxen Kleriker, die im 17. und frühen 18. Jahrhundert aus der Ukraine in die Metropolen des Zarenreichs gekommen waren, so waren es jetzt ukrainische Intellektuelle, die aus einer prekären Situation der Immigration heraus die historisierende Ideologie der ostslavischen und orthodoxen Kultur und Politik besonders eindrucksvoll formulierten.[46]

Katharinas II. Ukrainepolitik schuf Voraussetzungen für ihre Europa- und speziell ihre Polenpolitik. Die Eingliederung der Ukraine in die Verwaltungsstrukturen des Zarenreichs hatte für Polen eine Signalfunktion: Das Hetmanat kam als ein potentieller Verbündeter polnischer Politik nicht mehr in Frage. Die Politik gegenüber Polen war ein beherrschendes Thema der langen Regierungszeit Katharinas II. Die zusammen mit Preußen und Österreich vorgenommenen Teilungen Polens bedeuteten eine einschneidende Veränderung der politischen Landkarte Europas: Das republikanisch verfasste Polen, einst Vormacht Ostmitteleuropas, existierte nicht mehr. Die von Russland annektierten polnischen Territorien wurden wie zuvor das ukrainische Hetmanat als Gouvernements in die russische Verwaltungsstruktur eingegliedert. Die Teilungen stellten in Russland einen tiefgreifenden Politikwechsel dar, denn der Kreml hatte seit der Zeit Peters I. wohl eine hegemoniale Herrschaft über die Rzeczpospolita ausgeübt, von einer formellen Eingliederung Polens in das Zarenreich aber Abstand genommen. Es ist eine interessante Frage, ob Katharina die neue Form der direkten Herrschaft über Polen seit ihrem Thronantritt geplant hatte. Der russische Historiker Boris Nossov sieht Anhaltspunkte für diese These. Aus seiner Sicht bildeten die Auflösung des ukrainischen Hetmanats und seine Eingliederung in den russischen Staat von Anfang an das Vorbild für Katharinas Polenpolitik. Nach diesem Muster habe Katharina auch Polen strukturell dem russischen Imperium angleichen und es dann förmlich annektieren wollen.[47]

Es spricht aber viel dafür, dass es ihr in den ersten Jahren ihrer Herr-

Abb. 3 · Der polnische Kuchen: Karikatur aus dem «Westminster Magazine» zur ersten Teilung Polens von 1772. Der Teufel lauert nicht im Detail, sondern unter dem Tisch.

schaft noch darum ging, nach dem Vorbild Peters I. eine nur hegemoniale Herrschaft über Polen auszuüben, ohne das Land zu teilen und direkt zu beherrschen. Die Rzeczpospolita sollte mit den bewährten Mitteln

Katharina II. als Vollenderin Peters I.

der Einflusspolitik, mit der Kontrolle der inneren Politik Polens durch die Beeinflussung der Reichstage, gewährleistet werden. Dazu gehörte auch das unbedingte Festhalten Petersburgs an der polnischen Verfassung, die oppositionellen Adelsgruppen und sogar einzelnen Adligen weitreichende Rechte des Widerspruchs und damit auch der Obstruktion der politischen Willensbildung in Polen eröffnete. Ein Bestandteil der Verfassung war die freie Königswahl, die nach dem Ableben des polnischen Königs und sächsischen Kurfürsten August III. 1763 wieder anstand. Katharina II. wollte die Gelegenheit der Königswahl nutzen, um den russischen Einfluss in Polen noch weiter zu erhöhen. Der Nachfolger des polnischen Königs aus der Dynastie der Wettiner sollte nicht wieder ein europäischer Monarch mit eigener Hausmacht werden, sondern ein einheimischer Kandidat, der von Petersburg aus leichter zu steuern war. Für diese Rolle wählte sie Stanisław Antoni Poniatowski (1732–1798) aus, der aus einem polnischen Adelsgeschlecht stammte und ihr Geliebter war.

Die Wahl eines polnischen Königs stellte ein politisches Ereignis dar, das nicht nur polnische, sondern europäische Aufmerksamkeit und Interessen auf den Plan rief. Der Machtzuwachs, den das Zarenreich in Europa im Laufe des 18. Jahrhunderts errungen hatte, spiegelt sich darin wider, dass es bei der Wahl Poniatowskis anders als bei vorangegangenen Königswahlen keiner komplexen Interessenabstimmung mit mehreren Partnern Petersburgs mehr bedurfte, sondern nur noch der Absprache mit einem einzigen Verbündeten. «Den preußischen König», schrieb Katharina im Januar 1764, müsse Russland «bei den jetzigen Konjunkturen im Königreich Polen unbedingt an seiner Seite halten.»[48] Russland schloss im selben Jahr mit Preußen einen Vertrag, der fast ausschließlich Verabredungen zur Beherrschung Polens vorsah: Beide Mächte bekräftigten, keine Reform der polnischen Verfassung zulassen zu wollen und konfessionelle Minderheiten in Polen gegen die Politik der polnischen Regierung zu unterstützen. Sie verabredeten auch ein gemeinsames Vorgehen bei der bevorstehenden polnischen Königwahl.[49] Dabei wurde das Drehbuch in Petersburg geschrieben, Preußen leistete nur Flankenschutz. Friedrich II. wurde sich der inferioren Rolle, die Preußen gegenüber der Hegemonialmacht Russlands spielte, schmerzlich bewusst.

Im September 1764 wurde Poniatowski, von Russland massiv unterstützt, als Stanislaus II. August zum König von Polen und Großfürsten von Litauen gewählt. Alles lief in Katharinas II. Sinne, bis sich der polnische König, unterstützt von einer Gruppe polnischer Adliger, mit einem eigenständigen Reformprogramm von ihr emanzipierte. Poniatowski hatte erkannt, dass die Adelsrepublik Polen-Litauen den Herausforderungen einer von absolutistischen Militärstaaten geprägten Zeit nicht mehr genügte. Es ging ihm um die Durchsetzung des Mehrheitsprinzips bei Abstimmungen im Sejm, womit der Weg für eine Reform des Fiskus und die Stärkung der Streitkräfte gebahnt werden sollte. Nur so war die außenpolitische Souveränität Polens zurückzugewinnen. Eine grundlegende Reform des polnisch-litauischen Commonwealth war jedoch von Katharina II. nicht vorgesehen. Zusammen mit Friedrich II. leistete sie den Bestrebungen Poniatowskis entschiedenen Widerstand. Innerhalb Polens wurde der Reformversuch von konservativen Interessengruppen bekämpft, die in den vorgesehenen Änderungen der Staatsverwaltung eine Bedrohung ihrer traditionellen Freiheiten und Privilegien sahen. Russland versuchte zuerst vergeblich, die Reformkräfte um den polnischen König einzuschüchtern, kooperierte dann mit der reformfeindlichen polnischen Magnaten-Partei, um sich dann wieder Stanislaus August zuzuwenden. Berlin folgte jedem einzelnen Schwenk der Petersburger Politik.[50] Das politische Tauziehen bildete die unmittelbare Vorgeschichte für die erste Teilung Polens.

Der Konflikt zwischen Petersburg und Warschau hatte auch eine konfessionelle Dimension, die speziell die Ukraine betraf und mit zur Vorgeschichte der Teilung Polens gehört. Lang andauernde konfessionelle Auseinandersetzungen spitzten sich im Jahrzehnt vor der ersten Teilung Polens dramatisch zu. Die Geschichte des Konflikts reichte bis ins 17. Jahrhundert zurück. Nach der Aufteilung der Ukraine zwischen Russland und Polen im Frieden von Andrusovo gehörten die östlich des Dnipro gelegene Ukraine und Kyiv zu Russland, während die westlich davon gelegenen ukrainischen Territorien weiterhin Teile der Rzeczpospolita Polen waren. Während die ethnischen Ukrainer und Ukrainerinnen im Zarenreich weitgehend Mitglieder der orthodoxen Konfession waren, bekannten sie sich in Polen mehrheitlich zum unierten Glauben, eine Minderheit hielt allerdings an der Orthodoxie fest. Im Königreich Polen standen also Unierte und Orthodoxe im Konflikt, zugleich wurden die beiden ukrainischen (wie auch belarussischen) Konfessionen von der mächtigen römisch-katholischen Kirche Polens marginalisiert. Der konfessionelle Wettbewerb zwang Unierte und Orthodoxe, ihren Glauben jeweils gegeneinander abzugrenzen und distinkte Lehren und Glaubenspraktiken zu schaffen. Diese religiösen Dynamiken wurden von der internationalen Politik mit Bedeutung aufgeladen: Polen und Russland übten politischen Druck aus, um konfessionelle Identitäten als Zeichen politischer Loyalität zu schaffen. Bereits seit dem letzten Drittel des 17. Jahrhunderts intervenierte der russische Staat regelmäßig zugunsten der orthodoxen Minderheit in Polen, die orthodoxe Bevölkerung in Polen orientierte sich folglich immer stärker an der russisch-orthodoxen Kirche und am russischen Zaren. Tatsächlich war die Zahl der orthodoxen Gemeinden in Polen-Litauen wegen des Drucks der unierten und katholischen Kirche stark rückläufig. Gegen diese Tendenz sammelte sich der orthodoxe Widerstand in den Klöstern. Der Abt des Motronyns'kyj-Dreifaltigkeitsklosters Melchisedek Značko-Javorskij begann 1761, die orthodoxe Opposition zu organisieren, und rief Katharina II. auf, der orthodoxen Minderheit in der Ukraine zur Hilfe zu kommen.[51] Die orthodoxe Kirche in Russland war empfänglich für den Hilferuf und versorgte die Gemeinden mit religiöser Literatur und Katechismen, die Loyalitätsbekenntnisse gegenüber dem russischen Zaren enthielten. Ein weiteres Instrument der transnationalen protektionistischen Politik war der Besuch, den der orthodoxe Bischof des zu Russland gehörenden Perejaslav den orthodoxen Gemeinden in Polen abstattete. Seine Reise und die Einweihung neuer Kirchengebäude wurden von der orthodoxen Bevölkerung 1765 begeistert begrüßt. Die aggressiven Missionsmethoden des Bischofs und seiner Mitstreiter beunruhigten wiederum die Unierten, die ihrerseits ihre Missionstätigkeit in der Region ausweiteten. Die aggressiven Bemühungen beider Seiten um die Stärkung der jeweiligen Konfession führten zu weitverbreiteter lokaler Gewaltausübung. Der polnische König hielt zwar an seiner Integrationsbereitschaft gegenüber den Orthodoxen fest und bestätigte 1766 die traditionellen Rechte der orthodoxen Eliten. Dies konnte jedoch nichts mehr daran ändern, dass die Orthodoxen begannen, die Unierten offen mit der verhassten regierenden Elite Polens in Verbindung zu bringen. Sie baten den Bischof von Perejaslav und die Regierung in Sankt Petersburg um Unterstützung gegen «Polen und Unierte». Die unierten Eliten identifizierten ihrerseits die Orthodoxen in der Rechtsufer-Ukraine mit den russischen Behörden in Petersburg.[52]

Für Katharina II. war das Religionsthema in vieler Hinsicht willkommen. In Russland stärkte sie mit dem grenzüberschreitenden Engagement für die Orthodoxen ihre eigene Legitimität, was für die Zarin mit ihrer deutschen und protestantischen Herkunft nicht unwichtig war. In der aufgeklärten europäischen Öffentlichkeit konnte sich Katharina mit ihrer Intervention zugunsten der konfessionellen Minderheiten in Polen als Vorkämpferin der Toleranz profilieren. Und in Polen bot ihr der konfessionelle Konflikt die ideale Gelegenheit, Poniatowskis Reformbestrebungen zu torpedieren. Durch ihren Warschauer Botschafter Nikolaj Repnin (1734–1801) erwirkte sie, dass sich die konfessionellen Minderheiten in Polen, die Orthodoxen und die Protestanten, im März 1767 zur Konföderation von Sluzk (Orthodoxe) und Toruń (Protestanten) zusammenschlossen. Als Reaktion darauf organisierten sich die Katholiken im Juni 1767 in der Konföderation von Radom. Auf dieser Grundlage erzwang Katharina II. einen neuen russisch-polnischen Vertrag, den der polnische Sejm im Februar 1768 widerstrebend billigte. In dem Vertrag wurde die Gleichberechtigung der konfessionellen Minderheiten mit der Mehrheitskonfession der Katholiken festgeschrieben. Darüber hinaus enthielt der Vertrag die Klausel, dass das Einstimmigkeitsprinzip im polnischen Sejm nicht geändert werden durfte. Die Pläne einer politischen Reform Polens waren damit blockiert, gleichwohl willigte der polnische König notgedrungen in den Vertrag ein.

Dagegen formierte sich katholischer Widerstand in der Konföderation von Bar, die die Legitimation des Vertrags bestritt. Der Zusammenschluss mächtiger polnischer Magnaten forderte den aus ihrer Sicht russlandhörigen König heraus und stellte darüber hinaus die russische Hegemonie über Polen grundsätzlich in Frage. Die katholische Konföderation bildete für die Orthodoxen in Polen eine unmittelbare Gefahr, mussten sie doch die Rache der Katholiken für ihr Zusammengehen mit Russland fürchten. In Polen-Litauen gab es keine starke institutionelle ukrainische Elite wie die Kosaken mehr, die den Schutz der orthodoxen Interessen hätte organisieren können.

Gewaltsamer Protest formierte sich stattdessen ausgehend von dem Motronyns'kyj-Kloster. Er wurde von Hajdamaken getragen, die als Outcasts von Raub lebten und bei ihren Überfällen auf Reiche oft Unterstützung durch das einfache Volk erhielten. Es handelte sich um ein weiterverbreitetes Phänomen im frühneuzeitlichen Europa, das Eric Hobsbawn als «social banditery» bezeichnet und das mit Robin Hood eine populäre mythische Figur gefunden hat. Unter der Führung eines Kosaken von der linksufrigen Ukraine riefen Hajdamaken im Mai 1768 die Bauern zur Revolte auf. Die Aufständischen nahmen Stadt für Stadt ein und belagerten schließlich das stark befestigte Uman, in der Tausende Adlige, römisch-katholische und unierte Priester und Juden Zuflucht gesucht hatten. Durch das Überlaufen eines Offiziers auf die Seite der Aufständischen fiel Uman, Tausende von Männern, Frauen und Kindern wurde grausam ermordet. Im Juni hatten die Hajdamaken die Provinzen Kyiv und Braclav sowie Teile von Podolien und Wolhynien unter ihre Kontrolle gebracht. Von dem Aufstand der Hajdamaken ging eine erhebliche Bedrohung auch für die soziale Ordnung der zu Russland gehörenden linksufrigen Ukraine aus. Unter der Gefahr einer grenzüberschreitenden sozialrevolutionären Bewegung wich Katharina II. vorübergehend vom Kurs ihrer Polenpolitik ab. Sie befahl ihrem General Michail Krečnikov, Polen bei der Niederschlagung des Aufstands zur Hilfe zu kommen. Krečnikov besiegte die Insurrektion, lieferte einen Teil der Aufständischen an Polen aus, ein anderer Teil wurde nach Sibirien verbannt.[53]

Insgesamt zog Russland 31 000 Soldaten nach Polen und reagierte damit auf eine regionale konfessionelle Konfliktdynamik im Osten des Königreichs. Das primäre Interesse Katharinas war die Unterstützung der orthodoxen Minderheit, was für sie eine Legitimation zur permanenten Intervention in die polnischen Angelegenheiten schuf. Der Zweck dieser Politik war es, Polen mithilfe eines politisch instrumentalisierten Konfessionskonflikts nachhaltig zu destabilisieren. All das konnte Katharina II. vor der europäischen Öffentlichkeit mit dem Bezug auf universale Werte, nämlich als Kampf gegen konfessionelle Intoleranz, verteidigen.

Noch 1769 beteuerte Katharina II., die territoriale Integrität Polens achten zu wollen. Zu diesem Zeitpunkt hatte sie allerdings schon den innerpolnischen Konflikt geschürt und war mit russischen Truppen im Nachbarland präsent. Der Paradigmenwechsel der russischen Politik, von der militärisch robust unterstützten Einflusspolitik zur direkten Beherrschung Polens überzugehen, hatte sich schon vor den Teilungen vollzogen. Dass es zu dieser speziellen Form der Beherrschung Polens kam, war von Katharina allerdings nicht geplant, sondern paradoxerweise die Folge einer Reaktion des europäischen Staatensystems auf Russlands Expansion. Katharina hatte 1771 einen großen militärischen Sieg gegen das Osmanische Reich erzielt, der die Grenzen des Zarenreichs weiter nach Süden verschob. Aus der Sicht der europäischen Mächte wiederholte sich die Konstellation der Jahre 1718/19, als Peter I. einen epochalen Sieg gegen Schweden errungen hatte. So wie damals die Ostsee zu einem russisch dominierten Meer zu werden drohte, so ging es jetzt um die Frage der russischen Dominanz am Schwarzen Meer und an der Donaumündung. Das «Gleichgewicht der Mächte», eine der Leitideen der Diplomatie des 18. Jahrhunderts, konnte nur aufrechterhalten werden, wenn nicht eine Macht wie Russland die anderen europäischen Mächte deklassierte. Zur Wiederherstellung des Gleichgewichts bot sich die Teilung Polens an. Diese Meinung vertraten vor allem die Diplomaten Preußens und Österreichs. Beide Mächte verbanden damit konkrete Interessen: Preußen ging es um den Erwerb einer Landbrücke zwischen Brandenburg und Ostpreußen, Österreich strebte zur Kompensation des Verlusts von Schlesien die Annexion von Galizien an. Katharina, die durch ihre Unterstützung der orthodoxen Ukrainer schon mit einem Fuß in Polen stand, sah in der Teilung ein Mittel, um eine gesamteuropäische Reaktion gegen ihre Expansion am Schwarzen Meer zu entschärfen. Mit der ersten Teilung Polens 1772 annektierte Russland litauische und belarussische Gebiete, während der Grenzverlauf in den ukrainischen Territorien zunächst unverändert blieb.

Die Einigung der Mächte zulasten Polens konnte das Gleichgewicht und den Frieden in Europa allerdings nicht wiederherstellen. Im Gegenteil, die erste Teilung Polens weckte den Appetit vor allem Preußens auf weitere Annexionen. Auch der Vorstoß Russlands nach Süden war mit den Teilungen nicht gebremst, vielmehr besetzte das Zarenreich im russisch-türkischen Krieg (1768–1774) die Krim und die Schwarzmeerküste, bis 1774 zwischen den Kriegsparteien der Vertrag von Küçuk-Kaynarca geschlossen wurde, der unter dem Druck der europäischen Mächte den überwältigenden militärischen Triumph Russlands in einen Kompromissfrieden überführte. Die Krim wurde einstweilen nicht russisch, aber die osmanischen Truppen kehrten nicht auf die Halbinsel zurück. Das Khanat der Krim wurde formell unabhängig. Auch aus den besetzten Donau-

Abb. 4 • Früher Ost-West-Konflikt: Katharina II. als Bär, Fürst Potemkin als Reiter treffen auf den britischen König Georg III. und seine Minister. Britische Karikatur aus dem 18. Jahrhundert.

fürstentümern Moldau und Walachei zog sich das Zarenreich zurück. Aber Petersburg beherrschte nun die nördliche Küste des Schwarzen Meers, aus dem osmanischen Binnenmeer war damit ein internationales Gewässer geworden.[54] Der Frieden von Küçuk-Kaynarca bildete nur eine Etappe im Prozess des russischen Vordringens nach Süden, das innerhalb von zwei Jahrzehnten die Landkarte zutiefst veränderte: 1783 annektierte Russland das Krim-Khanat, und 1792 wurde Russland im russisch-osmanischen Frieden von Jassy der Besitz der nördlichen Schwarzmeerküste mit der Marinebasis Sevastopol zugesprochen.

Russlands schnelle Expansion nach Süden verschob das europäische Gleichgewicht, und die europäischen Mächte fanden dagegen kein Mittel. In der russischen Erinnerung ist der Mythos des Imperiums nicht zuletzt mit der Geschichte dieser Eroberungen verbunden. Im Mittelpunkt steht dabei neben Katharina II. Fürst Grigorij Potemkin (1739–1791), der, als

Sohn eines Offiziers in Belarus geboren, während des russisch-türkischen Kriegs die Aufmerksamkeit Katharinas II. erregte und ihr langjähriger Geliebter wurde. Dies ermöglichte ihm den Aufstieg zum Feldmarschall der russischen Armee und zum Präsidenten des Kriegskollegiums, was ihm in den annektierten Gebieten absolute Macht verlieh. Auch in der älteren westlichen Forschung wird er als «Baumeister eines Imperiums» und als «einer der großen Kolonisatoren der Neuzeit» beschrieben.[55] Für den Mythos ist es nicht unerheblich, dass Potemkin als Favorit Katharinas agierte. Dieser Umstand verschaffte ihm nicht nur seine Machtstellung, sondern gab dem zielgerichteten Ausbau des Imperiums eine emotionale und spielerische Ebene. Potemkin, eifersüchtig Liebender, legte seine Eroberungen der Zarin zu Füßen. Die Korrespondenz zwischen beiden ist von Liebesbeteuerungen geprägt, wenn Katharina etwa an ihren Feldherrn schrieb: «Grischenka, ich liebe Dich mehr als Du mich, was genauso leicht zu beweisen ist, wie zwei und zwei vier ergeben. Wenige sind so schlau, so hübsch und so liebenswürdig wie Du.»[56] Auch Potemkin schrieb Liebesbriefe, und emotional durchdrungen waren auch die geopolitischen Phantasien, die Potemkin der Kaiserin vortrug:

»Welcher Herrscher hat je eine glanzvollere Epoche herbeigeführt als Ihr? Dabei herrscht nicht nur der Glanz des Ruhms, sondern auch großer Vorteil. Länder, auf die Alexander und Pompeius nur einen Blick wagten, habt Ihr unter das Zepter Russlands gebracht und das taurische Cherson, die Wiege unseres Christentums und der Menschheit, befindet sich nun in der Umarmung seiner Tochter. Hierin liegt etwas Mythisches. Das tatarische Volk war einst Russlands Tyrann und vor nicht allzu langer Zeit sein hundertfacher Verwüster, dessen Macht Zar Iwan Wasiljewitsch gebrochen hat. Ihr habt aber die Wurzeln des Übels herausgerissen. Die jetzige Grenze sichert den Frieden Russlands, den Neid Europas und die Furcht der osmanischen Pforte. Erhebe diese ohne Blutvergießen erkämpfte Trophäe und befehle den Historikern, noch mehr Papier und Tinte bereitzuhalten! Ich küsse Deine Hände, geliebte Matuschka ... Euer alleruntertänigster Diener Fürst Potemkin.»[57]

«Ruhm» und «Vorteil» waren auch das Leitmotiv, mit dem Potemkin Katharina ermutigte, den Befehl zur Einnahme der Krim zu geben:

«Wenn Ihr die Krim nicht jetzt erobert, dann wird der Tag kommen, an dem das, was wir gegenwärtig umsonst bekommen könnten, einen hohen

Preis haben wird.... Stellt Euch nun vor, dass die Krim Euch gehört und diese Warze auf unserer Nase verschwunden ist. Die Lage an den Grenzen wäre dann hervorragend.... Die Schiffahrt über das Schwarze Meer wäre uneingeschränkt.... durch diese Eroberung würdet Ihr unsterblichen Ruhm, wie zuvor noch kein anderer Herrscher in Russland erlangen ... Mit der Krim wird Euch die Herrschaft über das Schwarze Meer zufallen.»[58]

Rationale Überlegungen, verquickt mit Eros, bildeten den Grundton in Katharinas und Potemkins Korrespondenz über die Schwarzmeerregion und insbesondere die Krim. Dies ist in den Mythos von der Krim eingegangen, von der der britische Journalist Neal Ascherson (*1932) meinte, dass sie zu allen Zeiten ein «fast sexuelles Besitzverlangen» ausgelöst habe.[59] In Bezug auf die gesamte Ukraine zeichnete sich Putins Besitzanspruch im Gespräch mit dem französischen Präsidenten Emanuel Macron unmittelbar vor der russischen Invasion ebenfalls durch eine sexuelle Konnotation, allerdings im Sinne einer angekündigten Vergewaltigung, aus («Ob's dir gefällt oder nicht, du wirst dich fügen müssen, meine Schöne!»), was bezeichnend für die Kontinuität und den Bruch im erotisierten bzw. sexualisierten Stil des offiziellen imperialen Diskurses in Russland ist.[60]

Bezeichnend für die Annexion der Krim war es auch, dass sie von Katharina mit einem größeren, phantastischen Vorhaben, dem sogenannten Griechischen Projekt, verbunden wurde. Die Annexion der Krim sollte der erste Schritt zur Zurückdrängung der Türken aus Europa und zur Wiedererrichtung des griechischen Kaiserreichs mit Konstantinopel als Hauptstadt sein. Katharina skizzierte den Plan in einem Brief an den österreichischen Kaiser Joseph II., der darin nur eine Ausgeburt der «erhitzten Einbildungskraft der Kaiserin» («l'imagination exaltée de l'imperatrice») sah.[61] Tatsächlich überstieg das Projekt bei weitem die militärischen Möglichkeiten Russlands. Verschiedene Absichten und Vorstellungen kamen in ihm zusammen. Geschichte war für Katharina eine vorrangige Motivationsquelle. Sie stellte sich als Vollenderin von Werken dar, die ihr großer Vorgänger Peter I. begonnen hatte. In dem Sinne schrieb Graf Grigorij Orlov (1734–1783) 1770 in einem Aufruf an die Griechen, dass schon Peter und seine unmittelbare Nachfolgerin Anna danach trachteten, «die ganze griechische Nation aus den Händen der Ungläubigen zu befreien, allein sie konnten das heilige Werk nicht vollenden.... Es hat jedoch dem Allerhöchsten gefallen, diese Unternehmung durch die heilige und rechtgläubige Kayserin Katharina II. auszuführen, die aus brünstigem Eifer für den heiligen Glauben ... dem Großsultan den gegenwärtigen Krieg angekündigt hat.»[62] Wie die konfessionelle Interventionspolitik gegenüber Polen diente auch das «griechische Projekt» der Kaiserin dem Zweck, sich gegenüber ihren russischen Untertanen als fromme orthodoxe Herrscherin darzustellen. Zugleich ging es ihr auch darum, Anschluss an die europäische Öffentlichkeit zu finden. Die Befreiung der christlichen Griechen vom «türkischen Joch» war ein populäres Thema, Philhellenismus eine europaweit verbreitete Stimmung. Katharina knüpfte mit dem Plan der Restauration des griechischen Kaisertums daran an und benannte Städte auf der Krim und in der Schwarzmeerregion mit griechischen und byzantinischen Namen.[63]

Das griechische Projekt lag nicht in der Hand Potemkins, sondern des aus der Ukraine stammenden Oleksandr Bezborodko (1747–1799), der nach der Auflösung des Hetmanats aus der Staršyna in den Hochadel des Zarenreichs und an den Hof Katharinas aufgestiegen war. In seiner Person spiegelte sich die Assimilationsfähigkeit des Imperiums für nicht-russische Eliten wie auch der koloniale Charakter der russisch-ukrainischen Beziehungen wider. Vom Kaiserreich Russland übernahm der Ukrainer nicht nur seinen Adelsrang, sondern auch das imperiale Selbstverständnis. Von ihm stammt eine der prägnantesten Rechtfertigungen der imperialen Autokratie: «Russland ist ein autokratischer Staat. Im Hinblick auf die Größe, die Vielfalt seiner Bevölkerung und Gebräuche sowie aus vielen anderen Gründen erscheint die Autokratie als die einzige natürliche Regierungsform für Russland. Alle Gegenargumente sind vergeblich, und die geringste Schwächung der autokratischen Macht würde zu dem Verlust vieler Provinzen, der Schwächung des Staates und zu vielfachem Unglück des Volkes führen.»[64]

Bezborodko gehörte, ähnlich wie Potemkin, zur Staatsspitze des Zarenreichs. Er hatte seine Güter mit vielen Tausenden Leibeigenen in der Ukraine und baute Palais in Moskau und Petersburg, die zu den größten seiner Zeit in Russland gehörten.[65] Dennoch war er kein Akteur mit eigenem Spielraum, sondern das willige Werkzeug der Kaiserin, was auch die Zeitgenossen erkannten. Joseph II. betrachtete ihn als Emporkömmling, der «einige Geschicklichkeit und eine gewisse Geschäftsführung» besitze,

Abb. 5 • «Ein imperialer Schritt»: französische Karikatur zu dem phantastischen «griechischen Projekt» Katharinas II., nach 1791.

aber «nichts vom großen Style der Politik» wisse.[66] Bezborodko hatte die Eigenständigkeit des ukrainischen Adels gegen den Glanz des imperialen Hofs eingetauscht und war an der Staatsspitze zu einem Apparatschik geworden.

Das griechische Projekt blieb eine Phantasie, die offizielle Politik Russlands kehrte bald wieder auf den Boden der Tatsachen zurück. Der Traum von der Restauration des griechischen Kaiserreichs entfaltete aber im 19. Jahrhundert neue Wirksamkeit. In der Zeit Katharinas bildete es einen Illusionsraum, in dem der reale Plan der Krim-Annexion geräuschlos vollzogen werden konnte. Die Einnahme der Krim folgte einer Strategie, die das Zarenreich in früheren Jahrhunderten bereits gegenüber anderen annektierten Regionen erprobt hatte. Die Bevölkerung der Krim war polyethnisch, die Tartaren – Muslime mit einer Turksprache – bildeten seit dem Mittelalter die vorherrschende Gruppe, daneben gab es kleinere Ethnien wie Griechen, Armenier, Georgier, die im Wirtschaftsleben der Krim spezifische Funktionen einnahmen, so lag z. B. der Fernhandel in griechischer Hand. Russland nutzte die bestehenden religiösen Spannungen zwischen der muslimischen Mehrheit und den christlichen Minderheiten aus und warb Griechen, Armenier und Georgier massenhaft nach Russland ab. Der Zweck war die Schwächung des Krim-Khanats, das sich tatsächlich innerhalb von wenigen Jahren ohne Schwierigkeiten einnehmen ließ.[67]

Auf der Krim sind spezifische koloniale Muster der russischen Politik erkennbar. Anders als bei früheren Annexionen hatte Russland keine unmittelbare Berührung mit der dortigen Bevölkerung gehabt. Bei der Einnahme erhielten die russischen Soldaten die Weisung, die Halbinsel nicht als Feindesland zu betrachten und sich gegenüber den Einheimischen korrekt zu verhalten. Den tartarischen Bewohnern der Krim wurde es freigestellt, die Halbinsel in Richtung Osmanisches Reich zu verlassen. Viele verkauften ihre Güter und wanderten in die Türkei aus. Dies schuf die Voraussetzung für die koloniale Aneignung: Russische Offiziere und Beamte, darunter Potemkin selbst, wurden mit Grundbesitz ausgestattet, mit den Russen hielten neue Vorstellungen von Zivilisation und ein europäisch geprägter Lebensstil Einzug. Auch Albaner, Griechen und Italiener wurden auf der Krim angesiedelt.[68]

Grundsätzlich vollzog sich das russische Vorrücken nach Süden im Zusammenwirken von militärischen Maßnahmen wie der Anlage von Festungen und der Stationierung von Garnisonen mit dem wirtschaftlichen Ausbau des Landes, etwa durch die Gründung von Städten. In Städten wie Mariupol, Cherson und Odesa siedelten sich dabei viele Griechen an, die von der Krim oder anderen Orten in die südliche Ukraine kamen. Die Stadtgründungen und -entwicklungen, die Potemkin zu seiner Sache machte, bilden ein weiteres Element. Bezeichnend ist die Geschichte von Cherson, das durch ein Dekret Katharinas 1778 als Stadt am rechten Ufer des Dnipro gegründet wurde und als zentrale Festung für die russische Flotte diente. Es war die erste Siedlung in dem «griechischen Projekt» Potemkins und erhielt einen griechischen Namen (Χερσόνησος, chersonesos). 1783 wurde eine Schiffswerft in Cherson eröffnet, am Ende des 18. Jahrhunderts hatte die Stadt Handelsbeziehungen mit Frankreich, Italien, Spanien und anderen Ländern etabliert. Zwischen 1783 und 1793 wurde auch der polnische Schwarzmeerhandel durch die Kompania Handlowa Polska über Cherson geleitet.[69]

Mit der Gründung von Hafenstädten wie Cherson und Odesa war eine Umorientierung des russischen Außenhandels verbunden. Während zu Beginn des 18. Jahrhunderts der Ostseehandel mit Schiffbau-Rohstoffen wie Holz und Hanf den russischen Export dominierte, trat nun der Agrarexport über das Schwarze Meer an dessen Stelle. Eine entsprechend herausgehobene Bedeutung erlangte die Absicherung der Schifffahrtswege über das Schwarze Meer.

Die Entwicklung Chersons war zweifellos schwunghaft, doch die Visionen Potemkins gingen weit darüber hinaus. In einem Brief an Katharina entwarf er die verlockende Perspektive, Cherson zu einer neuen Hauptstadt des russländischen Imperiums auszubauen, die den Ruhm der Kaiserin verewigen würde: «Petersburg, an der Ostsee gelegen, ist Russlands nördliche Metropole, Moskau ist die Metropole im Zentrum, und Cherson möge die südliche Hauptstadt meiner Herrscherin werden.»[70] Wie das griechische Projekt blieb auch dieser Plan eine Chimäre.

Mythenproduktion wurde zum Signum der Epoche Katharinas. Die «Potemkinschen Dörfer», mit denen der Feldherr angeblich der Reisegesellschaft Katharinas II. und Josephs II. Siedlungen vorgaukelte, wo nur Steppe war, sind eine Erfindung, die doch Aspekte der Herrschaft Katharinas gut trifft. Dem Stil ihrer Herrschaft entsprach es, sich selbst als prometheische Kraft darzustellen. Die imperiale Meistererzählung stellte die eroberten Gebiete zwischen dem Nordkaukasus und dem Dnjestr als weitgehend unbesiedelt dar, die Gründung von Städten und der Aufbau von staatlichen Strukturen erschienen somit als *creatio ex nihilo*.[71] Dazu passte es, dass die Gebiete nördlich des Schwarzen Meers mit dem Namen «Neurussland» (Novorossija) zusammengefasst wurden. Dabei handelte es sich um Gebiete, die ihre eigenen Traditionen hatten: Neurussland bestand aus Territorien des Hetmanats der Zaporoger Kosaken, aus dem ehemaligen Krim-Khanat, es war auch von dem nomadischen Turkvolk der Chasaren besiedelt gewesen. Der neue Name ließ diese Vergangenheit und die Heterogenität der Region verschwinden zugunsten der Vorstellung einer Tabula rasa, auf der eine neue Zivilisation errichtet wurde. Tatsächlich war die Anwerbung von neuen Siedlern eine erfolgreiche Praxis zur Entwicklung der nördlichen Schwarzmeerregion; Neurussland wurde rasch zum

Zentrum der internen und internationalen Migration. Am Ende des 18. Jahrhunderts bildeten Ausländer mit 20 Prozent einen beträchtlichen Teil der Bevölkerung. Die Mehrheit stellten, ethnisch gesehen, die Ukrainer, außerdem wanderten auch Russen, vor allem die in Russland verfolgten Altgläubigen, in den Süden. Die Provinz war ein neuartiger Schmelztiegel. Aber die Politik der gezielten Peuplierung war keineswegs beispiellos, wie die zarische Mythenproduktion glauben machte. Auch die Zaporoger Kosaken hatten schon das Land gezielt entwickelt, indem sie flüchtige Leibeigene dafür gewannen, sich auf ihrem Territorium niederzulassen.[72]

Russlands militärischer Triumph gegen das Osmanische Reich und die weiterreichenden Eroberungspläne des «griechischen Projekts» riefen internationale Gegenkräfte auf den Plan. Erneut war es Großbritannien, das sich, wie schon in der Schlussphase des Nordischen Kriegs und im russisch-türkischen Krieg 1768–1774, gegen das Zarenreich stark machte, um eine russische Hegemonie zu verhindern. London verbündete sich mit dem Osmanischen Reich und versuchte auch Preußen auf seine Seite zu ziehen. Dieser Ost-West-Konflikt mit seinen Polen in London und Petersburg verlief strukturell genauso wie zuvor: Dem Kreml gelang es erneut, Preußen aus dem antirussischen Bündnis zu lösen, das unter englischer Führung zustande gekommen war. Das Mittel, mit dem Russland den preußischen Verbündeten an sich binden konnte, war erneut das antipolnische Interesse, diesmal die Bereitschaft, Preußen an der zweiten und dritten Teilung Polens (1793 und 1795) zu beteiligen.[73]

Bevor es dazu kam, versuchte Russland die Adelsrepublik Polen von innen zu steuern, indem es auf ihre Reichstage Einfluss nahm. Eine bemerkenswerte Verknüpfung zwischen dem ukrainischen und dem polnischen Schauplatz bildete dabei das Engagement Potemkins in Polen. Katharinas Statthalter in der Provinz Neurussland förderte auch die Politik der Einmischung der Zarin in die inneren Angelegenheiten der Adelsrepublik, indem er vom Gatten seiner Nichte, dem Grafen Franz Xaver Branicki (1730–1819), große Güter erwarb. Auf diese Weise wurde Potemkin polnischer Magnat und begann, seine neue Rechtsstellung im Sinne der Polenpolitik Katharinas einzusetzen. Katharina selbst wies die russische Staatskasse an, ihrem Statthalter die Mittel für den riesigen Landkauf zur Verfügung zu stellen. Potemkins Verbindung mit Branicki erwies sich als wirkungsvoll, um den polnischen Sejm zu Beginn der achtziger Jahre im russischen Sinne zu manipulieren.[74]

Gleichwohl gelang es Petersburg nicht, die Reformbestrebungen Polens zu verhindern. Die «Schockwirkung der ersten Teilung» ging, so der Historiker Klaus Zernack, «rasch in eine Aufbruchstimmung eigener Art» über.[75] Als Russland 1788 in einen Zweifrontenkrieg gegen Schweden und das Osmanische Reich verstrickt war, bot sich dem polnischen König die Gelegenheit zu einem neuen Reformanlauf. Am 3. Mai 1791 legte er den Abgeordneten des Reichssejms einen Entwurf für eine neue polnische Konstitution vor, dem der Reichstag nach kurzer Beratung zustimmte. Polen gab sich die erste moderne Verfassung Europas. Die reformierte Rzeczpospolita besaß das Potential, wieder zu einem starken Staat in der Mitte Europas aufzusteigen. Dies zu verhindern war für Russland und Preußen ausgesprochen wichtig.

Seit der Französischen Revolution 1789 standen die Auseinandersetzungen um Polen unter neuen Vorzeichen. Die Nachrichten aus Paris alarmierten Katharina II., die aufgrund ihrer Kriege gegen Schweden und das Osmanisches Reich dem französischen König nicht zu Hilfe kommen konnte. Während Preußen und Österreich sich für die Restauration der alten Ordnung in Frankreich engagierten, konzentrierte sich Russland auf die beunruhigende Entwicklung in seiner unmittelbaren Nachbarschaft. Die politische Mobilisierung in Polen, die zur Verfassung vom 3. Mai geführt hatte, war in den Augen der russischen Politik nichts anderes als ein Ableger der Französischen Revolution vor der eigenen Haustür. Mit dem Ziel, die Revolution niederzuschlagen, gab Katharina II. der russischen Armee den Befehl zur Invasion Polens und leitete damit die zweite Teilung des Landes ein. Drei Millionen Einwohner Polens, vor allem Ukrainer und Belarussen, wurden Untertanen Russlands. Russische Truppen besetzten Ost-Podolien und Teile Wolhyniens. Die lang bestehende Grenze zwischen Russland und Polen, die die Ukraine 120 Jahre geteilt hatte, bestand nicht mehr. Damit waren die Gebiete der Kosaken, die rechts- und die linksufrige Ukraine, wieder vereint, allerdings unter russischer Herrschaft.

Eine andere Folge des Doppelereignisses der Französischen Revolution und der Teilung Polens war es, dass ein Ost-West-Konflikt neuer Art entstand, in dem Paris, nicht mehr London, der Gegenspieler Russlands war.

Erst jetzt erhielt der Antagonismus eine ideologische Dimension. Dem revolutionären Frankreich stand ein Russland gegenüber, das sich bereits unter Katharina II. als Vormacht der legitimen monarchischen Ordnung verstand. Als Ludwig XVI. im Januar 1793 hingerichtet wurde, war die Zarin zusammen mit den anderen Monarchen Europas entschlossen, die alte Ordnung auf dem Kontinent zu restaurieren. Zunächst ging es aber um die Wiederherstellung der Herrschaft in Polen. Als im Mai 1794 ein von General Tadeusz Kościuszko (1746–1817) geführter Aufstand gegen die russische Herrschaft ausbrach, eroberten russische Truppen unter General Aleksandr Suvorov (1730–1800) Warschau mit dem Einsatz brutaler Gewalt. Die Unterdrückung des Aufstands leitete die dritte Teilung ein. Wie zuvor das ukrainische Hetmanat verschwand jetzt Polen von der politischen Landkarte. Am 26. Januar 1797 schlossen Russland, Preußen und die Habsburgermonarchie einen Teilungsvertrag, der der Habsburgermonarchie die Kontrolle über Westgalizien und südliche Masovia-Gebiete gab, während Preußen Podlachien, den Rest von Masowien und Warschau erhielt. Russland annektierte Teile Litauens und das westliche Wolhynien. Die drei Mächte kamen überein, auch den Namen «Polen» zu löschen: «Angesichts der Notwendigkeit, alles abzuschaffen, was die Erinnerung an die Existenz des Königreichs Polen wiederbeleben könnte, sind die hohen Vertragsparteien einverstanden und verpflichten sich, sie niemals in ihre Politik aufzunehmen ... den Name oder die Bezeichnung des Königreichs Polen, die ab heute und für immer unterdrückt bleiben soll ...»[76]

Wie bei der Propagierung des «griechischen Projekts» stellte sich Katharina auch bei der Teilung Polens als Vollenderin eines historischen Testaments dar: «Verlorenes habe ich zurückgewonnen», lautete die Inschrift einer Medaille, die Katharina nach den Teilungen prägen ließ.[77] Damit bezog sie sich auf die lange zurückliegende Vergangenheit der Kyiver Rus, als die Ostslaven, also Russen, Ukrainer und Belarussen, in einem Herrschaftszusammenhang gelebt hatten. Die proklamierte «Wiedervereinigung» war jedoch eine herrschaftliche Legitimationsstrategie, der kaum ein protonationales Zusammengehörigkeitsgefühl entsprach. Dieses war seit der Zeit Elisabeth Petrovnas geschürt worden, es richtete sich vornehmlich gegen die Deutschen, die am Zarenhof seit der Zeit Peters I. Karriere gemacht hatten. Paradoxerweise galt den Vertretern dieser protonationalen Sichtweise, die auch von aus der Ukraine kommenden ortho-

Abb. 6 · «Verlorenes habe ich zurückgewonnen»: Medaille von 1793, die Katharina II. nach den Teilungen Polens prägen ließ.

doxen Theologen unterstützt wurde, ausgerechnet Peter I. als Symbol einer patriotischen russischen Herrschaft. Auch Katharina trug zum Peter-Kult bei, als sie 1782 das berühmte Reiterdenkmal für ihren großen Vorgänger in Petersburg an der Neva errichten ließ und mit der Inschrift versah «Petro Primo Caterina Secunda».[78]

Neben der Integration ukrainischer Eliten in die russländische Herrschaftsklasse war es die Orthodoxie, die eine gelegentlich auch politisch aufgeladene Verbindung zwischen Russen und Ukrainern schuf. Nicht integrierbar war hingegen das ukrainische Gedächtnis des Hetmanats, das viele Elemente des polnischen Verfassungslebens – die Ideen von Partizipation und Autonomie – in sich aufgenommen hatte und damit im Gegensatz zur imperialen Ordnung Russlands stand.

1772, 1793 und 1795 bedeuteten keine Wiedervereinigung, sondern einen Anschluss der belarussischen und ukrainischen Gebiete an Russland. Ob es gelingen würde, daraus eine gemeinsame Identität zu formen, war am Ende des 18. Jahrhunderts offen. Dabei konkurrierten verschiedene Konzepte der Herrschaftsintegration. Serhii Plokhy unterscheidet ein «nativistisches Konzept», das in die Idee einer russischen Nation die Eliten Russlands und der Ukraine integrierte, von einem «imperialen Konzept», das auch die Eliten der nicht-slavischen Ethnien Russlands umfasste.[79] Am Ende des 18. Jahrhunderts arbeiteten Intellektuelle in den beiden Reichshauptstädten Petersburg und Moskau daran, das westeuropäische Konzept der Nation in der einen oder der anderen Form auf Russland zu übertragen. Neben Russen spielten dabei auch im imperialen Sinne russifizierte Ukrainer und russifizierte Deutsche eine Rolle. Erst im 19. Jahrhundert wurde die Kluft offenbar, die diese Integrationsideen von der Wirklichkeit trennte.[80]

Der proklamierten «Wiedervereinigung» der Russen, Belarussen und Ukrainer stand die Teilung Polens gegenüber. Dass dieser Akt eine Hypothek für Russland bedeuten würde, war bereits am Vorabend der dritten Teilung angesichts des Kościuszko-Aufstands erkennbar, als sich patriotische Polen erhoben, bei Racławice einen Sieg über russische Truppen errangen und erst durch das koordinierte Vorgehen der Teilungsmächte geschlagen wurden. Als Russland, Preußen und Österreich 1797 die Aufteilung Polens vertraglich bekräftigten, brachen noch im selben Jahr Aufstände im österreichischen Galizien und im zu Russland gehörenden Vilnius und in Wolhynien aus. Die polnische Frage, im 18. Jahrhundert ein Gegenstand der internationalen Diplomatie, stellte sich in einer für das beginnende 19. Jahrhundert spezifischen Weise neu: Aus den polnischen Teilungsgebieten wurden revolutionäre Provinzen der Teilungsmächte.

Heute wird die große politische Hypothek, die sich Russland mit den Teilungen Polens auflud, im russischen Gedächtnis nicht mehr reflektiert. In den neunziger Jahren war dies zumindest in der wissenschaftlichen Öffentlichkeit noch anders.[81] *Die Eroberung der Krim und die russische Expansion nach «Neurussland» erregen dagegen die politisch-historische Phantasie in Russland. Sinnfällig wird dies in jüngster Zeit z. B. durch die zunächst auf prorussischen Telegram-Kanälen kursierenden, dann offiziell eingeführten neuen Wappen für Cherson: ein schwarzer Doppeladler auf gelbem Grund, ein historisches Symbol, das auf die Zugehörigkeit von Cherson zu Russland seit Katharina II. verweist, auch wenn es erst 1803 unter Alexander I. eingeführt wurde.*

Katharina II. inspiriert die Annexionen Putins. Für diese Annahme findet man eine Reihe von Anhaltspunkten, wenn man die politischen Strategien der Zarin und Putins vergleicht: Der konfessionellen Interventionspolitik Katha-

rinas II. zugunsten der orthodoxen Minderheit in Polen in den 1760er/1770er Jahren entspricht in auffälliger Weise die Interventionspolitik Putins zugunsten der ethnischen Russen in der Ukraine.[82] Dabei ähnelt Putins Drehbuch dem Katharinas: Hilfsappelle einer orthodoxen bzw. ethnisch-russischen Minderheit aus Polen-Litauen im 18. Jahrhundert bzw. der Ukraine heute legitimieren russische staatliche Hilfe für die «eigenen» Minderheiten jenseits der Grenze, wodurch die russische Staatsführung gegenüber der eigenen Öffentlichkeit Prestige zu gewinnen versucht. In beiden Fällen ist die Unterstützung der Minderheiten der erste Schritt zur Intervention und Annexion, die von der russischen Führung als Wiedervereinigung gefeiert wurde. Während Katharina II. ihre Intervention gegenüber der europäischen Öffentlichkeit als Eintreten für konfessionelle Toleranz darstellte, gibt Putin sich als Verteidiger gegen einen vermeintlichen Faschismus. Ausdrücklich bezog sich Putin in seinem Essay über die historische Einheit der Russen und Ukrainer auf Katharinas Formel, dass sie «Entrissenes zurückgebracht» habe, während er die Kolonisation Neurusslands als koloniales Werk von Siedlern «aus allen russländischen Gouvernements» verklärte.[83] Die historisierende Rahmenerzählung mit ihrer russozentrischen Perspektive ist gleich geblieben. Doch gibt es auch Unterschiede: Katharina griff in einen tatsächlich bestehenden Religionskonflikt ein, den sie zwar verschärfte und instrumentalisierte, aber nicht in dem Maße selbst hervorbrachte, wie dies im Fall von Putins Rolle in Bezug auf ethnische Russen und Ukrainer im Donbas der Fall ist. Während das «Neurussland»-Projekt Katharinas tatsächlich mit Landesentwicklung und Städtegründungen verbunden war, hat Putins Krieg jedoch zur Verheerung der nördlichen Schwarzmeerregion geführt. So ist Mariupol, eine auf einem bestehenden kosakischen Lager aufbauende Stadtgründung der Katharina-Zeit, heute weithin vernichtet.

Kapitel 2

Imperiale Ordnung und nationale Herausforderung (1796–1856)

Russlands Imperium im Zeitalter Napoléons

Am Ende des 18. Jahrhunderts waren das ukrainische Hetmanat und die Rzeczpospolita Polen von der politischen Landkarte gelöscht. Während die Eingliederung des Hetmanats in das Russische Reich in Europa nur sporadische Aufmerksamkeit hervorrief, gab es beim Verschwinden Polens von Anfang an keinen Zweifel an der epochalen Bedeutung. Es prägte die Beziehungen der Teilungsmächte zu Polen langfristig und hatte indirekt auch Wirkungen auf die russisch-ukrainischen Beziehungen. Die Teilungen waren die grundlegende Tatsache, das *opus operatum*, des 18. Jahrhunderts, das im 19. Jahrhundert die Vorgehensweise, den Modus Operandi, der russischen, preußischen und österreichischen Politik bestimmte. Dies bedeutet nicht, dass es für die drei Teilungsmächte nur eine Art und Weise gab, mit «ihren» Polen umzugehen. Es bestanden Alternativen, und diese wurden im 19. Jahrhundert von Russland, Preußen und Österreich erprobt. Insbesondere Russland und Preußen-Deutschland fanden aber keinen Ausweg aus den Problemen, die sie sich mit den Teilungen aufgeladen hatten. Darin beruhte im Kern die «polnische Frage». Diese bildete eine Hypothek für die internationalen Beziehungen und prägte auch die imperialen und nationalen Identitäten, die sich in den Teilungsmächten im 19. Jahrhundert entwickelten.

Als Russland sich anschickte, die gewonnenen Territorien Polens zu inkorporieren, hatte das Reich bereits eine lange Geschichte der Expansion und viel Erfahrung mit der Eingliederung fremder Gebiete. Doch passten die Erfahrungen nicht zu der neuen Herausforderung. Im Unterschied z. B. zum Anschluss des ukrainischen Hetmanats, aber auch der baltischen Länder oder Bessarabiens gelang es Russland im polnischen Fall nicht, die Eliten des Landes für das Russische Imperium zu gewinnen. Die ukrainischen wie auch die deutsch-baltischen, finnländischen oder rumänisch-bessarabischen Adligen hatten für sich einen Vorteil im Übertritt in das Zarenreich gesehen, das ihnen einen russländischen Rang, Aufstiegsmöglichkeiten im Dienst des Imperiums und eine Gutswirtschaft mit Leibeigenen garantierte. Dagegen blieb die Assimilationskraft des Imperiums im Fall Polens weitgehend unwirksam. Die übliche imperiale Praxis des Zarenreichs war es, im Zuge der Eroberung mit den Eliten des Landes zu verhandeln. «Die Teilungen Polens hingegen», so der Historiker Jörg Ganzenmüller, «waren ein Akt der Unterwerfung. Der Verlust der Eigenstaatlichkeit war das Ergebnis rücksichtsloser Großmachtpolitik und der Kościuszko-Aufstand ließ keinen Zweifel an dem Widerstand, auf den die Teilungspolitik in Polen stieß … Die Rückkehr zur Eigenstaatlichkeit blieb … während des gesamten 19. Jahrhunderts die zentrale Perspektive des polnischen Adels, selbst jener Adligen, die sich im Russischen Reich gut eingerichtet hatten.»[1]

Für die Ukraine ergab sich aus den Teilungen Polens eine komplexe Lage. Sie hatte ein ähnliches Schicksal erlitten wie Polen, beide waren im 18. Jahrhundert im Zuge der russischen Expansion zu großen Teilen in das Zarenreich eingegliedert worden. Zu Russland gehörte die überwiegende Mehrzahl der ukrainisch besiedelten Gebiete, nur Galizien war an Österreich gefallen, das aus dem Teilungsgewinn ein neues Kronland schuf. Die Territorien der Rzeczpospolita Polen von 1772 waren zu mehr als sechzig Prozent Russland zugeschlagen worden, aber ein polnisches Kerngebiet wie Mazowien mit der Hauptstadt Warschau war zunächst von Preußen annektiert worden. Für polnische und ukrainische nationale Eliten knüpfte sich an die Erinnerung der eigenen Staatlichkeit die Hoffnung auf eine «Wiedergeburt» als unabhängige Nation, die nur in Abgrenzung zu Russland zu verwirklichen war. «Noch ist Polen nicht verloren», die Zeile aus der Dąbrowski-Mazurka wurde schon 1797, unmittelbar nach den Teilungen, geschrieben. «Noch ist die Ukraine nicht verloren», lautete die entsprechende Losung in der ukrainischen Hymne, die allerdings erst 1862 verfasst wurde, als die Auflösung des Hetmanats etwa hundert Jahre zurücklag.[2] Die polnische und die ukrainische Frage wurden also zeitversetzt akut, und wichtiger noch, sie enthielten einen Antagonismus: Die Idee der ukrainischen Wiedergeburt stellte den polnischen Anspruch in Frage, den eigenen Staat in den Grenzen von 1772 wiederherzustellen, die auch die ukrainisch besiedelten Gebiete westlich des Dnipros umfasst hatten. Die Teilungen Polens und der Ukraine schufen also eine Gemeinsamkeit gegenüber Russland, aber auch eine Belastung zwischen Ukrainern und Polen, denn Polen war an der Teilung der Ukraine beteiligt gewesen. Aus der Sicht ukrainischer Patrioten war Polen nicht nur Mit-Opfer, sondern auch Schuldiger: Die Teilung Polens geschah, so der ukrainische Historiker Mykola Kostomarov 1846, weil Polen nicht auf die Ukraine gehört und seine Schwester zerstört hatte. Die Teilung der Ukraine sei «das schlimmste Ereignis, das man in der Geschichte finden kann», es stellte gewissermaßen den Sündenfall Polens dar.[3]

Aus der Aufeinanderfolge der beiden Teilungen entstanden ein strukturell ähnlicher Typus des Wiederauferstehungs-Nationalismus von Polen und Ukrainern, aber auch die Problematik von überlappenden politischgeographischen Räumen und konkurrierenden territorialen Ansprüchen. Besonders deutlich zeigt sich dies am Beispiel des Gebiets, das von den Kosaken westlich des Dnipro beherrscht worden war, der sogenannten rechtsufrigen Ukraine. Das Russländische Imperium verwendete für diese Gebiete den Terminus «Süd-West-Gouvernements» (Jugo-Zapadnye gubernii), in der Sprache der polnischen Patrioten des 19. Jahrhunderts handelte es sich immer noch um die «südöstlichen Palatinate der Republik Polen» (wojewódstwa wschodnio-południowe Rzeczy Pospolitej), während das Gebiet mit Kyiv den ukrainischen «nationalen Erweckern» als Kernregion ihres Landes galt.

Aufgrund dieser Gemengelage entwickelte das Russländische Imperium für Polen und für die Ukraine unterschiedliche Strategien. Die Ukraine, von Russland zunächst erfolgreich integriert, wurde zu einem Thema der russischen Innenpolitik, und die ukrainischen Akteure, die sich national engagierten, wurden dementsprechend als Insider gesehen, als Bürger des Zarenreichs. Die polnische Frage war dagegen seit dem Beginn des 19. Jahrhunderts international geprägt. Sie betraf die Außenpolitik des Zarenreichs. Es waren vor allem polnische Emigranten, die seit den 1830er Jahren die Wiederherstellung ihres Landes betrieben. Sie ließen sich in Westeuropa nieder und nutzten ihre Kontakte zu westlichen Regierungen und Öffentlichkeiten, um die polnische Frage auf die Tagesordnung der internationalen Politik zu bringen.

Zuerst war es Napoléon, der die Ordnung auf dem Kontinent und damit auch die Legitimität der Teilungen Polens herausforderte. Denn die revolutionäre Idee der Volkssouveränität stellte die monarchisch beherrschten Imperien vor die Frage, ob sie sich weiter durch das Gottesgnadentums legitimieren oder nach neuen Grundlagen für ihre Politik suchen sollten. In globaler Perspektive brachte die Französische Revolution die Einführung von Menschenrechten und allgemeinem Wahlrecht sowie die Abschaffung von Sklaverei und Leibeigenschaft auf die Agenda.[4] In Europa stieß sie einen Konflikt an, der zwischen den Großmächten ausgetragen wurde. Im Ergebnis entstand ein neuer Ost-West-Gegensatz, der anders als der zwischen Russland und England in der Schlussphase des Nordischen Kriegs auch ideologisch aufgeladen war. Um einen Ost-West-Konflikt handelte es sich auch deshalb, weil er die Mitte Europas polarisierte. Wie im Nordischen Krieg ging es in der napoleonischen Epoche erneut darum, wie sich Preußen und Polen positionieren würden.

Zu Beginn des 19. Jahrhunderts gab es Anzeichen dafür, dass Russland den im 18. Jahrhundert eingeschlagenen Weg der imperialen Kontrolle Mitteleuropas verlassen würde. In Petersburg schien sich ein Kurswechsel anzukündigen. Denn die Regierungseliten an der Neva waren zu der Überzeugung gelangt, dass die Kabinettspolitik im Stil des 18. Jahrhunderts nicht genügte, den revolutionären Umbrüchen auf dem Kontinent zu begegnen. Auch in Russland wurde Außenpolitik jetzt mehr als zuvor an Maßstäben gemessen, die eine internationale Öffentlichkeit setzte.[5] Alexander I. (1777–1825), der 1801 auf den Zarenthron gelangte, plante einen Traditionsbruch speziell in der russischen Polenpolitik. Er verdammte «das Verbrechen» seiner Großmutter Katharina II. an Polen und versprach, die Wiedergutmachung zu seiner Lebensaufgabe zu machen. Solche Pläne schmiedete er zusammen mit seinem liberalen Freundes- und Beraterkreis, der aus den Grafen Nikolaj Novosil'cev (1761–1838) und Grigorij Stroganov (1770–1857) sowie dem Fürsten Adam Jerzy Czartoryski (1770–1861) bestand. Czartoryski, Spross einer mächtigen polnischen Magnaten-Familie, gelangte nach dem Scheitern des polnischen Kościuszko-Aufstandes von 1794 als Geisel an den russischen Hof. Dort freundete er sich mit Alexander I. an. Erneut hatte eine Wendung in der russischen

Außenpolitik auch eine emotionale Dimension. Czartoryski wurde zum Geliebten von Alexanders Frau Elisabeth, Alexander wusste davon und ließ ihn gewähren. Elisabeth und die jungen Fürsten führten eine Art Ehe zu dritt.[6] Die Impulse für den neuen Kurs in Russland gingen von Alexander aus, ihr Architekt war Czartoryski. Der Zar betraute ihn mit den Planungen für eine Staatsreform Russlands und ernannte ihn 1804 zum Außenminister. Ein Pole an der Spitze der russischen Diplomatie, allein diese Personalie war ein Programm. Der demonstrative Bruch mit der Tradition traf auf eine Stimmung unter russischen Politikern, die der speziellen Beziehungen zwischen Petersburg und Berlin überdrüssig waren, die die Bündnisfreiheit Russlands begrenzte und einen starken Nachbarn an der Westgrenze geschaffen hatte. Preußen müsse reduziert werden, um auf diese Weise «die Fehler von fast hundert Jahren» der russischen Politik zu korrigieren, so der russische Altkanzler Aleksandr Voroncov (1741–1805).[7]

Czartoryski entwarf das Programm einer fundamental neuen Außenpolitik, die die napoleonische Herausforderung aufnahm und ein System für die russische Europapolitik formte. Er proklamierte eine europäische Friedensordnung und verband diese, erstmals auf dem Kontinent, mit dem Prinzip des Selbstbestimmungsrechts der Nationen. Europa sollte durch große Nationalstaaten geprägt werden, deren Souveränität durch die Verpflichtung zum Schutz der kleineren Staaten einzuschränken sei. Das «neue Europa» sollte aus drei großen Nationen bestehen: Frankreich, eine deutsche Föderation und einem Zusammenschluss der slavischen Völker mit Russland an der Spitze.[8] Czartoryski strebte die Wiederherstellung Polens in den Grenzen vor den Teilungen an, das heißt im Osten bis zum Dnipro. Es sollte mit Russland verbunden sein, aber Autonomie genießen. Die Ukraine kam in seinem Programm als Faktor der Staatenpolitik nicht vor. Selbst in Czartoryskis radikal revisionistischem Programm war die Auflösung des ukrainischen Hetmanats östlich des Dnipro, wie sie von Katharina II. vorgenommen worden war, eine akzeptierte Tatsache.

Der russische Außenminister plante eine Aufkündigung des Bündnisses mit Preußen und Österreich. Seit den Teilungen Polens, so Czartoryski, seien Preußen und Österreich in die Klasse der «natürlichen Feinde» Russlands eingetreten, von denen Preußen der gefährlichere sei – «eine Macht, die keinen anderen Gedanken hat, als sich ständig zu vergrößern».[9] Deshalb entwickelte der russische Außenminister Szenarien, wie Preußen einzuhegen sei, die später in der preußisch-deutschen Geschichtsschreibung übertrieben als «Mordplan gegen Preußen» bezeichnet wurden. Czartoryski ging es tatsächlich nicht um die Vernichtung der Hohenzollernmonarchie, sondern um die Absicherung von Russlands Hegemonie in Ostmitteleuropa ohne die speziellen Beziehungen mit Berlin.[10]

Diese Pläne gerieten durch die Napoleonischen Kriege in eine gänzlich neue Konstellation der europäischen Politik. Gegen die Revolution und gegen Napoléons Hegemonialstreben schloss sich eine Reihe von europäischen Staaten in Koalitionen zusammen. Bestehende Konflikte und Rivalitäten zwischen ihnen traten angesichts der revolutionären und mächtepolitischen Herausforderung durch Frankreich zurück. Russland engagierte sich 1805 im dritten Koalitionskrieg gegen Napoléon und spielte damit an der Seite Großbritanniens, Schwedens und Österreichs eine mächtepolitisch neue Rolle zur Verteidigung des europäischen Gleichgewichts. Der Koalitionskrieg scheiterte in einer spektakulären Niederlage: Die österreichischen und russischen Truppen wurden von Napoléons Armee im Dezember 1805 bei Austerlitz geschlagen. Preußen erlitt sein Debakel im Oktober 1806 in den Schlachten von Jena und Auerstedt.

Dies schuf eine offene Situation, in der ein Bruch mit der Tradition der russischen Hegemonie über Ostmitteleuropa möglich erschien. Preußen entfiel als Faktor zur Absicherung des russischen Einflusses. Czartoryski schlug jetzt vor, Polen als antinapoleonischen «Vorposten» wiederherzustellen, hinter dem Russland «mit allen seinen Kräften intakt bleiben» solle. Seit Jena und Auerstedt sei von Preußen, «das nicht mehr existiert und dessen zweifelhafte und unbedachte Politik so viel Unheil auf uns gebracht hat», keine Unterstützung mehr zu erwarten.[11] Doch weder die Anspielung auf die abenteuerliche Politik Friedrichs II. in den Schlesischen Kriegen noch die Tatsache, dass Preußen kein militärisch handlungsfähiger Partner mehr war, machten auf Alexander I. Eindruck. Vielmehr bekannte er sich zu der Tradition der speziellen Beziehungen mit Berlin und ernannte Andrej Budberg (1750–1812) zum Außenminister, der 1807 mit dem preußischen Minister Karl August von Hardenberg (1750–1822) den Bartensteiner Vertrag aushandelte, in dem Russland sich verpflichtete, Preußen bei der Rückgewinnung seiner verlorenen Territorien zu unterstützen und ihm «den Vorteil einer besseren Militärgrenze» zu verschaffen.[12]

Dass nach der preußischen Niederlage nicht die Stunde Czartoryskis schlug, ist nicht mit Logiken der internationalen Politik zu erklären. Die Situation war offen, und doch bekräftigte der Zar das traditionelle System der russischen Hegemonie im Bündnis mit Preußen. Was Russland selbst 1806/07 auf dem eingeschlagenen Pfad der speziellen Beziehungen zu Berlin hielt, war offenbar der Umstand, dass der Zar und sein neuer Außenminister Budberg die Tradition der Beziehungen, anders als Czartoryski, positiv deuteten oder sich einen Systemwechsel nicht vorstellen konnten.

Der Bartensteiner Vertrag band den Zaren, als er 1807 in Tilsit einen Friedensvertrag mit dem französischen Kaiser verhandelte. Napoléon schlug ihm eine Teilung Europas in zwei Einflusssphären entlang der Weichsel vor. Für den Zaren kam dies nicht in Frage, da er auf das traditionelle Muster der russischen Politik mit Preußen festgelegt war.

Czartoryski wurde in dieser Übergangszeit vor der französischen Invasion zum machtlosen Mahner für eine propolnische Politik, die es Napoléon unmöglich machen sollte, die Sympathien Polens zu gewinnen. Doch der Zar überließ es ebendiesem, Polen als selbständigen Staat wiederherzustellen. So entstand das französisch dominierte Herzogtum Warschau, das im Wesentlichen aus den preußischen Teilungsgebieten bestand. Folglich kämpften viele polnische Soldaten an der Seite Napoléons gegen Russland, als dieser am 24. Juni 1812 die Memel überschritt und mit seiner Grande Armée ins Zarenreich einfiel.

Mit dem Debakel, das Napoléon 1812 in Russland erlitt, kehrte sich die Situation um: Alexander I. ließ die Gründung des Königreichs Polen zu, das wie das von Napoléon geschaffene Herzogtum Warschau aus den preußischen Teilungsgebieten bestand. Polen wurde dynastisch in einer Personalunion mit Russland verbunden und zu einem Königreich aufgewertet. De facto nahm ein Bruder des Zaren, Konstantin Pavlovič, in Warschau die Rolle eines Vizekönigs ein. Die von Russland in den Teilungen erworbenen Gebiete wurden nicht Teil des Königreichs; die ukrainischen Territorien blieben also, abgesehen vom habsburgischen Galizien, beim Zarenreich.

Die Heilige Allianz

Vertraglich verankert wurde die neue Ordnung durch die Heilige Allianz, ein Vertragswerk, das von fast allen europäischen Staaten unterzeichnet, aber im Kern von den drei Imperien im östlichen Europa Russland, Österreich und Preußen getragen wurde. Alexander I. persönlich entwarf den Text der Heiligen Allianz, die einen Bruch mit der herkömmlichen Diplomatie sichtbar machte. Die Monarchen bekundeten durch den Vertrag feierlich ihren Willen, ein neues Kapitel der Menschheitsgeschichte aufzuschlagen.[13] Für Alexander war, so der russische Historiker Andrej Zorin, «gerade die Perspektive der umfassenden und totalen Erneuerung» wichtig,[14] nur so meinte er dem universalistischen Pathos der Französischen Revolution begegnen zu können. Die Allianz sollte nicht nur die Grundlage für einen ewigen Frieden bilden, sondern auch ein religiöses Signal aussenden. Der Zar betrachtete den Sieg über Napoléon als Ende der Geschichte und blickte, inspiriert durch die Apokalypse nach dem Johannesevangelium, gebannt auf den Wechsel von der «alten» zur «neuen» Welt. Auf seine Initiative war es zurückzuführen, dass die Heilige Allianz auch einen Aufruf zur Vereinigung der Christen aller Konfessionen zu einem «christlichen Volk» darstellte, das «in Wahrheit keinen anderen Herrscher hat als Gott unseren göttlichen Erlöser Jesus Christus, das Wort des Allerhöchsten, das Wort des Lebens».[15]

Ging es nur um die religiöse Verbrämung von Machtinteressen? So hat es die ältere Literatur gesehen,[16] aber tatsächlich fanden die hehren Grundsätze der Heiligen Allianz einen realen Niederschlag in der Konfessionspolitik des Russischen Imperiums, was auch für die russisch-ukrainischen Beziehungen relevant war. Denn in den Jahren zwischen 1812 und 1824 betrieb Sankt Petersburg eine Politik der Anerkennung auch gegenüber den nicht-orthodoxen Konfessionen. Dieser «Regierungsökumenismus» bedeutete für die Ukraine wie auch für die belarussischen Gebiete des Zarenreichs, dass konfessionelle Gegensätze zwischen den Unierten und den Orthodoxen in dieser Zeit vom Staat nicht verstärkt und politisch instrumentalisiert wurden.[17] Bemerkenswert ist es auch, wie das Russländische Imperium unter Alexander I. mit den innerkonfessionellen Differenzen innerhalb der unierten Kirche zwischen einer lateinischen und einer orthodoxen Orientierung umging. Die Differenz trat zum Beispiel in der hochsymbolischen Frage zutage, ob Priester Bärte tragen sollten, wie es die östlich orientierten Kleriker der unierten Kirche praktizierten, oder sich entsprechend des katholischen Vorbilds rasierten. Der kirchenpolitischen Praxis des Russländischen Imperiums entsprach es, sich in solche Fragen einzumischen, was der Festigung der staatlichen Position in Religionsfragen diente. In den 1820er Jahren hingegen betrieb Sankt Petersburg in Belarus und der Ukraine eine indifferente Politik, die man als tolerant bezeichnen kann.[18] Im Sinne einer christlichen Gemeinsamkeit sahen die staatlichen Behörden davon ab, inter- und intrakonfessionelle Gegensätze zu instrumentalisieren.

Alexanders religiöse Toleranz war also nicht pure Ideologie, sondern ein integraler Teil eines neuen Konzepts, in dem Innen- und Außenpolitik aufeinander bezogen waren. Auf der Ebene der internationalen Politik diente der ökumenische Ansatz auch dazu, einen Strukturwandel des europäischen Mächtesystems zu befördern. An die Stelle des klassischen Systems der «balance of power» sollte eine Bändigung zwischenstaatlicher Konflikte durch ein Mächtekonzert treten. Heute gibt es einflussreiche Deutungen der Allianz, die dieses Ziel als zumindest vorübergehend erreicht ansehen.[19] Zur Zeit des Vertragsschlusses überwog die Skepsis: Ein außenpolitischer Realist wie der österreichische Staatskanzler Clemens von Metternich (1773–1859) betrachtete die Vertragsidee der Heiligen Allianz gerade wegen ihrer religiösen Aufladung reserviert, sie war ihm ein «lauttönendes Nichts».[20] Damit bezog er sich auch auf die massive öffentliche Inszenierung des Friedensschlusses. Zwei Wochen vor der Unterzeichnung des Vertrags gedachte man am 11. September 1815 mit einem gemeinsamen Gottesdienst bei Vertus in der Nähe von Paris des Siegs über Napoléon. An der Veranstaltung nahmen die alliierten Monarchen teil und mit ihnen 150 000 Soldaten der verbündeten Armeen sowie Tausende Zuschauer verschiedener Konfessionen.[21] Die Selbstdarstellung der Heiligen Allianz war tatsächlich «lauttönend», aber man kann sie wohl kaum als ein «Nichts» beschreiben. Denn solche Inszenierungen sind selbst schon politische Handlungen. Die Messe der Heiligen Allianz war ein ökumenischer Gegenkult zu den revolutionären Feiern der Französischen Revolution und Religion eine Legitimationsquelle, die sich gegen die Berufung der Politik auf die Volkssouveränität richtete. Der Überschuss an

Abb. 7 · Geeint im Glauben: zeitgenössische Darstellung der «Heiligen Allianz», links Alexander I., in der Mitte Franz I. und rechts Friedrich Wilhelm III.

monarchischer Selbstermächtigung, der im Text der Heiligen Allianz und ihrer Siegesfeier zum Ausdruck kam, richtete sich weniger gegen den Liberalismus und konstitutionelle Ideen als gegen nationales Selbstbestimmungsrecht. Die kurze Periode, in der Adam Czartoryski auf die russische Politik Einfluss genommen hatte, war damit zu Ende. Der einstige Außenminister Russlands hatte dem Zaren noch auf dem Wiener Kongress als Berater gedient und kehrte dann nach Polen zurück, ohne in dem neuen

Königreich ein wichtiges Amt zu bekleiden. Czartoryskis Machtverlust war symptomatisch für den antinationalen Kurs, den die Heilige Allianz einschlug. Durch besondere Konsequenz zeichnete sich dabei Alexander I. aus, der 1822 ungeachtet der philhellenistischen Stimmung, die in ganz Europa und insbesondere in Russland selbst verbreitet war, die Bestrebungen der Griechen, sich aus der Herrschaft des Osmanischen Reichs zu lösen, strikt unterband. Russland war in dieser Zeit ein anationaler, ja antinationaler Staat.

Der Fluchtpunkt der Überlegungen Alexanders war die polnische Frage, was in der neueren Literatur über die Heilige Allianz kaum gesehen wird. Der Zar kam Polen zwar insofern entgegen, als er dessen Staatlichkeit bestätigte und sogar eine Verfassung für das mit Russland verbundene Königreich Polen zuließ. Dennoch kann kein Zweifel daran bestehen, dass die Heilige Allianz aus der Sicht Sankt Petersburgs vor allem Schutz vor einem Wiederaufleben polnischer Unabhängigkeitsbestrebungen bieten sollte. Die auf dem Wiener Kongress geschaffene Konstruktion konnte gerade in Bezug auf Polen nur dann tragfähig sein, wenn die Monarchien des östlichen Europa den neuen Ideen von Nation und Volkssouveränität eine eigene neue Politikbegründung entgegensetzten und mit einem Kult ihre Gemeinsamkeit sichtbar werden ließen. Beides lieferte die ökumenische Christlichkeit, die Alexander zum Grundgedanken der Allianz machte.

Mit dem Sieg über Napoléon war Russland erstmals eine gesamteuropäische Rolle zugefallen, und Alexander I. hatte daraus eine universalistische Mission abgeleitet. Je stärker diese von Alexander geschaffene Ordnung von nationalen Separatismen herausgefordert wurde, desto mehr nahm der offizielle Diskurs des Zarenreichs einen manichäischen Charakter an. Auf dem Kongress von Verona 1822 formulierte Alexander im Gespräch mit dem französischen Chefdelegierten François-René de Chateaubriand (1768–1848): «Halten Sie es für richtig, dass unser Bündnis, wie es unsere Feinde behaupten, nur dazu dient, unsere Ambitionen zu verschleiern? ... Kann man heute, wo die gesamte zivilisierte Welt in tödlicher Gefahr ist, noch von Einzelinteressen sprechen?»[22] Die Gefahr lauerte demnach im Partikularismus der Nationalbewegungen, aber auch in einer angeblichen freimaurerischen Weltverschwörung, als deren Zentrum Alexander Paris ausmachte. Der Zar beschwor Geheimlogen und nationalen Aufruhr als universellen Feind der legitimen Ordnung, dagegen setzte er auf das feste Bündnis der Mächte.

Das Zarenreich hatte die Herausforderung Napoléons militärisch triumphal gemeistert, es war mit einer Armee von 800 000 Soldaten der mächtigste Staat auf dem europäischen Kontinent. Ideologisch hatte es entgegen den anfänglichen Bestrebungen Alexanders nur einen offiziellen Legitimismus hervorgebracht, der beim Zaren zu einem missionarischen Exzeptionalismus tendierte. Russland wurde so zum Bollwerk für Legitimität, Konservativismus und Stabilität.[23] Auch die Herrschaftsform des Zarenreichs hatte sich nicht wesentlich gewandelt. «Aus dem Krieg gegen Napoléon ging Russland», wie Valerie Kivelson und Ronald Suny schreiben, «noch imperialer hervor, als es im 18. Jahrhundert gewesen war. Es war nicht die mobilisierte Nation, sondern es war das Russland des ancien régime, das den Krieg gewonnen hatte, ein multinationales Empire, das von einem Autokraten geführt wurde.»[24]

In Polen hatte Alexander immerhin ein von Russland abhängiges, doch formal selbständiges Königreich mit eigener Verfassung geschaffen. Viel problematischer stellte sich die Entwicklung in der Ukraine dar. Der Gründung von Universitäten 1804 in Charkiv, gefolgt 1834 von Kyiv, standen die Bürokratisierung und Militarisierung der russischen Herrschaft gegenüber. Die Eingliederung der Ukraine in das Zarenreich, in den 1770er Jahren begonnen, gewann seit 1816 einen militärisch-bürokratischen Charakter, als der Zar den Aufbau von Militärsiedlungen befahl, in denen etwa militärisch geschulte Bauern mit ihren Familien angesiedelt wurden. Feldarbeit und Armeedienst wurden so fusioniert, es entstanden «hybride Soldaten-Sklaven», deren Leben bis ins Detail des Alltagslebens durch Vorschriften geregelt wurde.[25] Hunderttausende Soldaten wurden auf diese Weise in der Ukraine, in Belarus und Russland angesiedelt. In der Ukraine allein gab es zwanzig Militärsiedlungen, die jeweils die Größe eines Regiments erreichten. Statt als Reserve für die Niederschlagung von Aufständen zu dienen, erwiesen sie sich wegen der unerträglichen Lebensbedingungen selbst als Unruheherde. In der Sloboda-Ukraine kam es in der Stadt Čuhujiv im Juli 1819 zum Aufstand von Armee-Bauern, die die Abschaffung der Militärsiedlungen verlangten und zu ihrer vorherigen bäuerlichen Tätigkeit zurückkehren wollten. Der Aufruhr griff auf andere Siedlungen in der Gegend über. Die russische Regierung entsandte dar-

Die Heilige Allianz 83

aufhin vier Infanterie-Regimenter und zwei Artillerie-Batterien, die den Aufstand unter dem Befehl des Armeeministers General Aleksej Arakčeev nach einem Monat niederwerfen konnten. 2000 Bauern-Soldaten wurden verhaftet und streng bestraft, zwanzig hingerichtet. 1820 ereigneten sich ähnliche Revolten in der Ukraine in etwa 200 Dörfern.[26] Die Militärsiedlungen erwiesen sich als dysfunktional und wurden 1857 abgeschafft. Überdeutlich zeigen sie die generelle Neigung des Zarenreichs, das zivile Leben militärischen Formen zu unterwerfen. Sie stellen eine Form der kolonialen Herrschaft über ukrainische, aber auch belarussische und russische Bauern dar, durch die der Staat versuchte, landwirtschaftliche und militärische Ressourcen zugleich zu gewinnen.

Neben dem offiziellen christlichen Universalismus des Zarenreichs entwickelte sich in der Gesellschaft Russlands wie auch in Polen und in der Ukraine ein Interesse an nationaler Identität. Der Diskurs der westeuropäischen Aufklärung hatte dafür konzeptionelle Grundlagen geschaffen. Voltaire hatte die Abschaffung der Autonomie des ukrainischen Hetmanats durch Peter I. mit einem Satz kommentiert: «Die Ukraine hat immer frei sein wollen.» Dies sprach den Ukrainern eine nationale Identität von überzeitlicher Gültigkeit zu. Rousseau schrieb über die erste Teilung Polens und machte dabei die nationale Identität der Polen zu einer Aufgabe der Pädagogik. Das vierte Kapitel seiner «Betrachtungen über die Regierung in Polen» (Considérations sur le gouvernement de Pologne, 1772) handelte von der Erziehung und begann mit den Sätzen: «Dies ist ein wichtiger Artikel. Es ist die Erziehung, die den Seelen die nationale Form geben und ihre Meinungen und Vorlieben so sehr lenken muss, dass sie aus Neigung, Leidenschaft und Notwendigkeit patriotisch sind.» Seine Empfehlung an die Polen lautete, sie sollten, wenn sie die Russen schon nicht daran hindern könnten, sie zu verschlucken, zumindest dafür sorgen, dass sie nicht in der Lage wären, sie zu verdauen. Der Schlüssel dafür lag für Rousseau in der Erziehung zu einer nationalen Identität.[27]

Rousseaus «Betrachtungen über die Regierung in Polen» bildeten den Gipfelpunkt seiner antirussischen Publizistik. In Russland riefen sie lebhaftes Interesse hervor, das sich allerdings nicht unmittelbar öffentlich äußern konnte.[28] Sie beeinflussten eine patriotische Wende in Russland, die ebenfalls volkspädagogisch argumentierte und sich gegen die Imitation des Fremden, insbesondere der französischen Kultur, aussprach. Ihr

Exponent war der Literaturkritiker Aleksandr Šiškov (1754–1841), der sich 1803 in einer patriotischen Denkschrift alarmiert über den westlichen Einfluss in Russland äußerte: «Alles, was unser Eigenes ist, wird in unseren Augen arm und verächtlich. Die Franzosen lehren uns alles, wie zu gehen, wie zu stehen, wie sich zu verneigen, wie zu singen, wie zu sprechen und sogar wie zu nießen und zu spucken.» 1812 trat er, mittlerweile zum Staatssekretär ernannt, mit einer weiteren patriotischen Schrift an die Öffentlichkeit, die das Leitmotiv aufnahm: «Wenn uns fremde Sitten beginnen zu erfreuen, ... verringert sich die existenzielle Grundlage der Liebe zum Vaterland, der Geist des nationalen Stolzes.»[29] Šiškov bildete in dem russischen Diskurs der napoleonischen Zeit nur eine unter mehreren Stimmen. Bemerkenswert ist sie, weil sie den national-pädagogischen Ansatz Rousseaus aufgriff, den dieser zur Stärkung der polnischen Nation gegen Russland verwendet hatte. Šiškovs Erziehungskonzept für Russland wies einen xenophoben und isolationistischen Weg.

Der Historiker Nikolaj Karamzin (1766–1826), weit gereist, literarisch erfolgreich und sprachlichen Neuerungen gegenüber aufgeschlossen, bildete in vieler Hinsicht die Gegenfigur zu Šiškov. 1803 von Alexander I. zum Reichshistoriographen ernannt, widmete er sich ganz der wissenschaftlichen Erforschung der Geschichte Russlands und legte eine Darstellung vor, die bis an den Beginn des 17. Jahrhunderts führte. Auch wenn seine Geschichte die neuzeitlichen Kernthemen der russisch-ukrainischen und russisch-polnischen Geschichte nicht berührte, weist das Werk Karamzin als Staatshistoriker aus, der dem imperialen Status des Zarenreichs huldigte. Es trägt den Titel «Geschichte des russischen Staates» und handelte in der Tat nur von Staatsgeschäften – das Volk, auch das russische, kam nicht vor. In weiteren publizistischen Werken und Denkschriften profilierte sich Karamzin als Apologet der Teilungen Polens und des politischen Status quo der Alexander-Zeit. Mit den Teilungen hätten die Polen, so Karamzin in seiner «Historischen Ode», ihren Namen verloren, «doch Frieden und Ruhe unter der Herrschaft der drei verbündeten Staaten gefunden».[30] Damit waren Preußen und die Habsburgermonarchie gemeint, denen es Karamzin auch hoch anrechnete, dass sie Russland vom revolutionären Einfluss Frankreichs abschirmten. Eng verknüpft mit den außenpolitischen Betrachtungen war Karamzins Vorstellung von Russland. Die Französische Revolution habe «unsere Ideen geklärt ... Nicht die Freiheit, die oft unheilvoll ist, sondern Ordnung, Gerechtigkeit und Sicherheit ... sind die Säulen einer glücklichen Gesellschaft.»[31]

Viel mehr als Šiškov war Karamzin der Historiker seiner Zeit, vom Publikum gefeiert und von der politischen Elite bis hin zum Zaren respektiert. Er schuf eine Geschichte für den Staat, der Napoléon besiegt hatte. Der epochale Krieg, in Russland der «Vaterländische Krieg» genannt, bildete die Grundlage für die neue Staatsgeschichtsschreibung wie auch für den klassizistischen Geist der Zeit. Deren Ausdruck war auch das heroische Geschichtsinteresse, das sich nicht auf das russländische Imperium, sondern auch auf Heldentaten bezog, die russisch konnotiert wurden, wie etwa die Verteidigung Moskaus gegen die Polen 1612 durch den Novgoroder Bürger Kuz'ma Minin (1570er Jahre–1616) und den Fürsten Dmitrij Požarskij (1577–1642). Ihnen wurde 1818 ein Denkmal auf dem Roten Platz in Moskau gewidmet.

Der Krieg gegen Napoléon war allerdings nicht nur von Russen, sondern auch von Ukrainern und vielen anderen Nationalitäten gewonnen worden. Die in Petersburg und Moskau geschriebene Geschichte bezog, ob unter staatlichen oder volksbezogenen Vorzeichen, die Ukraine nicht ein. Dort begann, etwa zeitgleich und in Konkurrenz mit dem russischen Geschichtsinteresse, die intellektuelle Arbeit an den Grundlagen der ukrainischen Geschichte und Kultur. Der Dichter Ivan Kotljarevs'kyj (1769–1838), der 1812 selbst ein Kosaken-Kavallerie-Regiment aufgestellt hatte, um gegen Napoléon zu kämpfen, formte das Ukrainische als moderne Literatursprache. Bereits 1794 hatte er begonnen, an seinem Hauptwerk, der «Eneïda», einer Travestie von Vergils «Aeneis», in Ukrainisch zu schreiben. Zu seiner Zeit war die Erinnerung an das Kosaken-Hetmanat noch lebendig, Kotljarevs'kyj zeichnet eine Satire des sozialen Lebens der Kosaken, die viele ethnographische Beobachtungen und umgangssprachliche Formen in sich aufnahm. Das Hetmanat war auch der Raum, auf den sich die einflussreiche «Geschichte der Rus» (Istorija rusov) bezog, deren Autorenschaft nicht geklärt ist, wahrscheinlich wurde sie von Nachfahren von Kosaken-Offizieren des ehemaligen Hetmanats verfasst.[32] Sie stellte die Kosaken als eine eigene Nation dar und glorifizierte die Taten ihrer Hetmane. Nicht die Russen, sondern die Polen erscheinen als die ärgsten Feinde der Ukrainer, aber es gab auch eine Abgrenzung von den Russen: Die Freiheitsliebe der Ukrainer wird dem Geist der Sklaverei gegenübergestellt, der auch in den höchsten Rängen des Moskauer Staates verbreitet sei.³³ Für die Nationalbewegung, die sich seit den 1830er Jahren mit dem Zentrum in Kyiv entwickelte, schuf die «Geschichte der Rus» die Welt der Kosaken des Hetmanats als zentralen Imaginationsraum.

Der «history turn» in der Ukraine knüpfte an allgemeine Strömungen der Romantik an, um im Sinne Herders die «natürliche» Individualität der Völker gegen die vermeintliche Unpersönlichkeit der Imperien hervorzuheben. Daneben gab es einen spezifischen Grund für das neue Geschichtsinteresse in den Gebieten des ehemaligen Hetmanats. Es ging um die von Katharina zugesicherten Rechte des Adels, der Staršyna. Um 1800 begann das Kaiserliche Heraldische Amt in Sankt Petersburg, den Adelsstatus ihrer Nachfahren in Frage zu stellen. Ein Beamter verstieg sich zu der Behauptung «In Kleinrussland gab es nie einen genuinen Adel» und löste damit ein nie dagewesenes Geschichtsinteresse in den Adelsfamilien aus. Zwischen 1801 und 1808 schrieben deren Mitglieder eine Fülle von Essays über die ruhmreichen Taten ihrer Vorfahren. Erst in den 1830er Jahren wurde der Streit überwiegend zugunsten der ukrainischen Adligen entschieden. Einige der Adligen aus den Staršyna-Familien bewahrten ihr protonationales Geschichtsinteresse.³⁴ Die Hinwendung zur ukrainischen Geschichte begründete eine entstehende nationale Identität und diente dem adligen Statuserhalt. Sie enthielt aber im ersten Viertel des 19. Jahrhunderts kein umfassendes politisches Programm.

Anderen Zuschnitt hatte der adlige Protest, der sich 1825 nach dem Tod Alexanders I. gegen die zarische Herrschaft manifestierte. Er hatte seinen Schwerpunkt in den Hauptstädten des Reiches, in Petersburg und Moskau, an ihm waren aber auch Adlige aus der Ukraine beteiligt. Unerträglich erschienen einer jungen Generation von Adligen die bürokratisch-militärischen Herrschaftsformen der Autokratie. Als sich die kaiserlichen Truppen am 14. Dezember 1825 auf dem Senatsplatz in Petersburg sammelten, um dem neuen Kaiser Nikolaus I. (1796–1855) den Treueeid zu schwören, verlangte eine Gruppe von Offizieren die Thronfolge von Nikolaus' Bruder Konstantin (1779–1831) und die Einführung einer Verfassung: *«Konstantin i Konstitucija!»* Nikolaus erbleichte, befahl seinen loyalen Offizieren aber, auf die Aufständischen zu schießen. Einige von ihnen starben auf dem Senatsplatz, viele wurden später in einem aufwendigen strafrechtlichen Verfahren zum Tode oder langjähriger Verbannung verurteilt.

Die sogenannten Dekabristen, deren Name vom Monat des Aufstands Dezember abgeleitet war, strebten den Bruch mit der Autokratie an, insofern kann man von Russlands erster Revolution sprechen. In Bezug auf die Regierungsform wollten sie einen radikal neuen Weg beschreiten, der Russland den westeuropäischen Ländern angeglichen hätte. Das Imperium hingegen stellten die adligen Offiziere keineswegs so grundsätzlich in Frage. Zwar sprach sich ihr wichtigster programmatischer Kopf Pavel Pestel' (1793–1826) gegen weitere Eroberungen des Zarenreichs aus und verfolgte die jakobinische Idee einer einheitlichen Staatsnation. Für Pestel' folgte daraus die Bereitschaft, Polen die völlige Unabhängigkeit von Russland zu geben. Für die Ukraine sollte es aber keine Rückkehr zu der im 18. Jahrhundert verlorenen Staatlichkeit geben. Das «Recht auf die Nationalität» war ihm zufolge beschränkt auf die Nationen, die die «Fähigkeit besitzen, diese zu bewahren». Diese «historischen» Nationen, zu denen er neben den Polen auch die Juden rechnete, unterschied Pestel' von nationalen und ethnischen Gruppen, die aus seiner Sicht die Fähigkeit zur Staatsbildung nicht besaßen. Finnland, Livland, Estland, Kurland, Belarus, Kleinrussland, Neurussland, die Krim, Georgien und der Kaukasus «haben niemals und können niemals souveräne Unabhängigkeit besitzen», sie sollten daher für immer dem Recht auf eine separate Nationalität abschwören. Pestel's Programm lief darauf hinaus, die Politik zu beschleunigen und zu intensivieren, die Sankt Petersburg seit dem Beginn des 18. Jahrhunderts gegenüber der Ukraine betrieben hatte: sie in die bestehenden Staats- und Gesellschaftsstrukturen einzugliedern und autochthone Traditionen und Privilegien zu beseitigen. Den Kern der herrschenden Nation des Imperiums bildete die sogenannte ursprüngliche russische Nation (korennoj russkij narod), unter der Pestel' – wie Putin heute – die orthodoxen Ostslaven, also die Russen, Belarussen und Ukrainer gemeinsam, verstand. Um diesen Kern herum gruppierten sich die nicht-slavischen Völker des Zarenreichs, eine dritte Gruppe bildeten verschiedene Kategorien von «Fremden».[35] Es ging Pestel' also nicht um einen Bruch mit der imperialen Politik, sondern um deren radikale Fortführung als Politik der Assimilation und Russifizierung. Für die Ukraine enthielt dieses Reformprogramm keine andere Perspektive als das Aufgehen in der russischen Nation. Ein anderer Dekabrist, Sergej Murav'ev (1795–1826), entwarf hingegen ein föderatives Reformprogramm, das der Ukraine einen eigenen administrativen Platz im Reichszusammenhang zuwies. Mit der Niederschlagung des Aufstands wurden beide Pläne zum Umbau des Imperiums zur Makulatur. Sie sind ein Zeugnis dafür, dass das Imperium in Russland auf dem Gipfelpunkt seiner Machtentfaltung auch als Hypothek erkannt wurde. Dabei wiesen die Reformpläne der Dekabristen in unterschiedliche Richtungen: Föderalisierung oder Russifizierung.

Am Ende der Epoche Alexanders I. war die imperiale Ordnung des Zarenreichs nicht gefährdet, aber sie wurde doch von verschiedenen Seiten als problematisch angesehen. Es war vor allem die polnische Frage, die während der ganzen Regierungszeit Alexanders offen oder latent die bestehende Ordnung herausgefordert hatte. Sofort nach der Gründung des Königreichs Polen entstand in Warschau eine Opposition aus polnischen Militärs und jungen Intellektuellen, die sich in aufgeklärten Klubs zusammenschlossen.[36] Nicht zuletzt im Hinblick auf die Gefahr eines polnischen Aufstands hatte der Zar mit den anderen Monarchen Europas die Heilige Allianz geschlossen, die der gegenseitigen Absicherung gegen nationalistische und revolutionäre Angriffe diente. Zugleich hatte er Polen ein dynastisch mit Russland verbundenes Königreich und sogar eine Verfassung gegeben, der zufolge der russische Kaiser zugleich das Amt des polnischen Königs innehatte. Doch ließ sich Alexander I. nie zum König von Polen krönen. Die polnische Frage war vielfältig präsent. An ihr entzündete sich seit der Aufklärung westliche Kritik am Zarenreich, sie schwang mit, wenn von der Staatsspitze neue religiöse Sinngebungen der monarchischen Herrschaft oder im öffentlichen Diskurs xenophobe Identitätsentwürfe für Russland ersonnen wurden.

Dagegen wurde die Zugehörigkeit der Ukraine zum Zarenreich nicht in Frage gestellt, obwohl die Beseitigung der Autonomie des Kosaken-Hetmanats für die Zeitgenossen nicht lange zurücklag. Weder der russische Außenminister Czartoryski noch später die Dekabristen interessierten sich eingehend für die Ukraine. Auch die ukrainischen Schriftsteller dieser Zeit akzeptierten den Status quo, sie begriffen ihre Werke nicht als Elemente einer zu schaffenden separaten Nationalliteratur, sondern als einen Beitrag zur Kultur des Reiches. Weithin wurde es akzeptiert, dass die gemeinsame Zugehörigkeit von Russen und Ukrainern zur Orthodoxie, die Verwandtschaft ihrer Sprache und Ethnizität und ihrer historischen Herkunft aus der Kyiver Rus eine auf Dauer angelegte Verbindung im Zarenreich schaffe.

Eine bemerkenswerte Ausnahme in diesem Mainstream bildete der Kritiker und Journalist Nikolaj Polevoj (1796–1848), der als Autor der sechsbändigen «Geschichte des russischen Volkes» (1829–1833) einen Kontrapunkt zu Karamzins staatsfixierter Historiographie setzte. Seit 1825 gab er ein eigenes Journal, den «Moskauer Telegraph» (Moskovskij Telegraf), heraus. Darin publizierte er 1830 einen Essay, der mit den Denkgewohnheiten seiner Zeit brach.[37] Polevoj betrachtete Russland nicht als ein Imperium, das wie ein *melting pot* seine Nationalitäten im Lauf der Zeit assimilieren würde, sondern als Kolonialreich mit einem herrschenden russischen Zentrum und kolonisierten Peripherien. Russland bestehe aus verschiedenen Teilen und verfüge nicht über die «wundersame Kraft, verschiedene Völker zusammenzuschweißen», wie er «eifrigen russischen Patrioten» entgegenhielt. Kolonialismus war aus seiner Sicht die Entwicklungsachse des Zarenreichs: «Wir haben das getan, was Sieger normalerweise mit kolonisierten Ländern machen.» Diese Länder verfügten aber über eigene Traditionen, deren Differenz zum ethnischen Russland Polevoj betonte. Besonders die Ukraine hatte er im Blick: «Gehen Sie von Moskau südwärts ... und Sie werden eine Nation finden, die von uns reinen Russen ganz verschieden ist. Ihre Sprache, Kleidung, Physiognomie, Alltagsleben, Häuser, Sitten und Überlieferungen sind völlig andere als unsere! ... Bis auf den heutigen Tag schauen sie auf uns sogar unfreundlich. ... Das ist Kleinrussland.» Polevoj griff russische Historiker wie Nikolaj Karamzin dafür an, dass sie die Ukrainer als eigenständige Nationalität nicht anerkannt hätten. Sein Vorwurf traf sogar Intellektuelle, die selbst aus der Ukraine stammten, diese aber vergessen hätten, wie zum Beispiel die Reichsideologen Peters I., Feofan Prokopovič oder Stefan Javorskij: «Kleinrussland existierte in ihnen nicht.» Russen und Ukrainer bildeten für Polevoj zwei unterschiedliche ethnolinguistische Gemeinschaften mit ihren eigenen, separaten Geschichten. Polevojs Essay, der am Vorabend des polnischen Novemberaufstands erschien, erreichte die intellektuelle Elite der russischen Hauptstädte Moskau und Petersburg und wurde von dieser schmalen Schicht sicherlich rezipiert. Die Publikation zeigte, was in Russland sagbar war, aber sie war nicht repräsentativ. In intellektuellen Kreisen Russlands übte Polevoj als Herausgeber Einfluss aus, aber er blieb ein Außenseiter.

Der polnische Novemberaufstand als europäisches Ereignis

1830 war ein europäisches Epochenjahr. Die Juli-Revolution in Frankreich und Belgien sowie der polnische Aufstand im November veränderten die politische Landkarte Europas. Politisch und ideologisch vertiefte das Doppelereignis die Spaltung des Kontinents. Die Absetzung legitimer Dynastien in Frankreich und Belgien und die Einführung von Verfassungen machten deutlich, dass der Versuch der Heiligen Allianz, einheitliche Legitimationsgrundlagen und Herrschaftsformen in ganz Europa durchzusetzen, gescheitert war. Zar Nikolaus signalisierte seinen Willen zur Restauration der entmachteten Dynastien in Westeuropa. Doch schon bevor im November der Aufstand in Polen ausbrach, war es die polnische Frage, die den Zaren davon abhielt, eine europäische Rolle zu spielen. Wie der preußische Minister Christian von Bernstorff (1769–1835) erkannte, war eine russische Intervention in Westeuropa kaum durchführbar, da Polen «unstreitig jedenfalls durch eine bedeutende Militärmacht bewacht bleiben müsse.»[38]

Der Ausbruch des polnischen Aufstands lag in der Luft. Alexander I. hatte seinen Bruder, Großfürst Konstantin, als Statthalter eingesetzt, der de facto die Position eines Vizekönigs spielte. Obwohl mit einer Polin, der Prinzessin Joanna Grudzińska von Łowicz (1795–1831), verheiratet, galt Konstantin allgemein als Feind der polnischen Nation. Die Verfassung, die Polen 1815 erhalten hatte, erwies sich unter seiner Herrschaft immer mehr als leere Hülse. Auch polnische Adlige, die die Personalunion zwischen dem Zarenreich und dem Königtum Polen bislang unterstützt hatten, wandten sich ab. Den Ausschlag für die polnische Erhebung gegen die russische Oberherrschaft gaben schließlich Gerüchte, dass Russland polnische Truppen im Kampf gegen die Revolution in Frankreich einsetzen wolle, um diese in Polen durch russische Truppen zu ersetzen. Junge Kadetten der Warschauer Offiziersschule griffen zu den Waffen und nahmen am 29. November den Sitz des Großfürsten, den Belvedere-Palast in Warschau, ein. Konstantin gelang in Frauenkleidung die Flucht. Der Aufstand weitete sich schnell zu einem regelrechten Krieg aus, in dem reguläre Armeen in großen Schlachten den Sieg zu erringen versuchten. Im Januar 1831 standen etwa 120 000 russische Soldaten, darunter 30 000 Kavalleristen, einer polnischen Armee mit 55 000 Mann, darunter 15 000 Reiter, gegenüber. Am 25. Januar erklärte der polnische Sejm die Absetzung Nikolaus' I. als polnischer König und schuf einige Tage später eine nationale Regierung unter der Führung des ehemaligen russischen Außenministers Adam Jerzy Czartoryski. Der Aufstand griff auch auf die von Russland annektierte rechtsufrige Ukraine über, dort unterstützte der landbesitzende polnische Adel die Erhebung. Die Polen wandten sich an die ukrainische Bevölkerung und beschworen die Solidarität von Polen und Ukrainern. «Deine Brüder sind Polen», hieß es in einer für die Ukrainer formulierten Propagandainstruktion, die dazu aufforderte, «Hand in Hand zu gehen», um «die Moskoviter herauszuschmeißen», «weil Ihr alle Polen seid, obwohl Ihr Russisch sprecht.» Die Ukrainer schlicht zu Polen zu erklären erwies sich nicht als geeignete Strategie, um eine polnisch-ukrainische Solidarität herzustellen. So zerschlugen sich die Hoffnungen auf einen Massenbeitritt der Ukrainer zur polnischen Befreiungsbewegung.[39] Auch auf dem Schlachtfeld wendete sich das Blatt gegen die Aufständischen. Nachdem sie zunächst in einer Reihe von Schlachten gegen die russische Armee erfolgreich gewesen waren, endete die Erhebung im September 1831 mit der Kapitulation Warschaus.

Der ungleiche Kampf der polnischen Aufständischen gegen die russische Armee löste eine Welle der Sympathie mit Polen in den Öffentlichkeiten Westeuropas und Nordamerikas aus, die einige Ähnlichkeiten mit der westlichen Ukraine-Solidarität heute hat. In Paris entstanden Komitees, die französische Militärhilfe für Polen forderten, in den Vereinigten Staaten wurde Geld für die polnische Sache gesammelt, Liberale in vielen deutschen Städten bekundeten ihre Solidarität, gründeten Vereine und leisteten vielfältige Unterstützung. Die Freiheit Europas werde in Polen verteidigt, diese Überzeugung einte die Kundgebungen, die den Polen ihre Sympathie bezeugten. In der Zeitschrift «Allgemeine politische Annalen» des liberalen Politikers Karl von Rotteck (1775–1840) schrieb der Journalist Friedrich Giehne (1807–1879): «In Polen ist die Handlung dieser Zeit, in Polen ist der stellvertretende Krieg der europäischen Gegensätze, die Angel, um welche sich alles dreht, die concentrirte europäische Krisis.»[40] Von den Zeitgenossen wurde die polnische Erhebung gegen Russland als ein Stellvertreterkrieg zwischen europäischer Revolution und Reaktion, zwischen konstitutioneller Nationalstaatlichkeit und Autokratie gedeutet.

Dieser Prinzipienkonflikt verlief, wie Karl von Rotteck schrieb, im Deutschen Bund «nicht nach den Ländern, sondern mitten durch alle Länder, Provinzen, Gemeinden und Familien ... in constitutionell Gesinnte und Absolutisten, Liberale und Servile, oder wenn man will, Anhänger der Revolution und jene der Reaktion.»[41] Im russisch-polnischen Krieg erhielt der Prinzipienkonflikt eine geographische Dimension. Russland wurde in den *mental maps* der Liberalen jetzt zum Gendarm Europas, zum autokratischen Pol auf der politischen Landkarte des Kontinents.

Berlin lieferte Waffen, allerdings nicht an Polen, sondern an die russischen Truppen, die den Aufstand bekämpften. Darüber hinaus erlaubte die preußische Regierung die Nutzung von Weichselübergängen für russische Truppen, fror polnische Bankguthaben ein und beschlagnahmte Militärgut, das über preußisches Gebiet an Polen geliefert werden sollte. Die Berliner Regierung war nicht die einzige, die sich 1830/31 auf der Seite Russlands positionierte, auch London und selbst der Vatikan unterstützten Russland als legitime Ordnungsmacht. Aber im Falle Preußens blieb es nicht bei Worten. Ohne die preußische Hilfe hätten die russischen Truppen nur um einen wesentlich höheren Preis den Krieg für sich entscheiden können.[42] Preußen wie auch die Habsburgermonarchie knüpften mit ihrer Unterstützung für Russland an eine bestehende Tradition an. Das Bündnis zur Teilung Polens erfuhr nun eine Fortsetzung als Allianz zur Unterdrückung von nationaler Unabhängigkeit und Verfassungsstaatlichkeit. Der polnische Aufstand gab so den entscheidenden Impuls zur mächtepolitischen und ideologischen Blockbildung Russlands, Preußens und Österreichs.[43] Den Gegenpol im neuen Ost-West-Konflikt bildete 1834 eine Staatenkoalition von Großbritannien, Frankreich, Spanien und Portugal. Die vier Staaten stellten sich im Carlistenkrieg (1833–1839), der um die absolutistische oder liberale Ordnung Spaniens geführt wurde, auf die Seite von Liberalismus und Verfassungsstaatlichkeit.

Die liberale Polenbegeisterung in Deutschland blieb, was die konkrete Beeinflussung des Kriegsgeschehens betrifft, weitgehend wirkungslos. Sie hatte aber einen erheblichen mobilisierenden Effekt auf die Verfassungsbewegung in Deutschland selbst, die bis auf die lokale Ebene reichte. «Auch die kleinsten Landstädtchen hatten ihren Polenklub mit besonderem Klublokal, in dem sich die sogenannten Honoratioren des Ortes, die Geistlichen und Lehrer nicht ausgeschlossen, allabendlich zusammenfanden. In diesen Polenklubs wurden Polenreden gehalten, Polenhochs ausgebracht, Polenlieder gesungen, aus Polenhumpen getrunken und aus Polenpfeifen tapfer dazu geraucht», so beschrieb Johann Philipp Glock nicht ohne Ironie das bürgerliche Engagement.[44] Tatsächlich gelten die Männer- und Frauenvereine zur Unterstützung Polens als Schlüsselorganisationen der liberalen Bewegung im Deutschen Bund. Nicht nur die Julirevolution in Frankreich, sondern auch der Aufstand in Polen bereitete die deutsche Revolution von 1848 vor.[45]

Der russisch-polnische Krieg war für die deutschen Liberalen auch ein Anlass, über die Russlandbindung nachzudenken, die damals schon 130 Jahre bestand, mächtepolitisch von Preußen und Österreich getragen, aber kulturell und wissenschaftlich in vielen deutschen Territorien verwurzelt. Der Leipziger Schriftsteller Richard Otto Spazier (1803–1854) legte bereits 1832 eine gedankenreiche «Geschichte des Aufstands des polnischen Volkes in den Jahren 1830 und 1831» vor, in der er die intellektuellen Versäumnisse in der deutschen Osteuropawahrnehmung thematisierte. Seit den Teilungen sei die polnische Kultur weitgehend aus dem Blickfeld der deutschen Öffentlichkeit verschwunden, während sich Russland in den Vordergrund geschoben habe. Über Faszination und Verführung durch das Zarenreichs schrieb er: «Die Reisen Peters des Großen, sein und seiner Frau romanhaftes Wesen, die schnell angeknüpften Verwandtschaften mit europäischen Fürsten, das streng monarchische legitime System, der glänzende Petersburger Hof, die strahlende Hauptstadt, ein Eldorado für Künstler und Abenteurer, die Unterstützung fremder Gelehrten, die Summen, die der Handelsstand in ganz Europa aus einem Lande zog, welches systematisch den Luxus zu verbreiten suchte, und dessen Industrie noch in der tiefsten Kindheit stand, — alles das zog eine angenehme Aufmerksamkeit auf Russland.»[46] Der russisch-polnische Krieg markierte für ihn die Notwendigkeit zum Bruch, allzu lange hatte sich nicht nur die Politik, sondern auch der Handel sowie zahlreiche Vertreter von Kultur und Wissenschaft von Sankt Petersburg blenden lassen. Spazier propagierte den Volkskrieg gegen das Zarenreich, um die Fehlentwicklung zu korrigieren. Enttäuscht über die halbherzige, weil nicht zur Tat drängende Unterstützung, die Polen in Deutschland erfuhr, emigrierte er 1833 nach Paris und kehrte erst kurz vor seinem Tode nach Leipzig zurück.[47]

Russlands Antwort an Europa

Auch für Russland war der Aufstand prägend. Seine Rezeption wurde im Zarenreich am stärksten durch das Gedicht Aleksandr Puškins «An die Verleumder Russlands» geprägt, das er noch während des Kriegs 1831 verfasste. Zu diesem Zeitpunkt war Puškin (1799–1837) bereits der renommierteste russische Schriftsteller seiner Zeit. Aus einem alten russischen Adelsgeschlecht stammend und um die Jahrhundertwende geboren, gehörte er demselben Milieu an wie die Dekabristen. Auch er war freiheitlich gesinnt. Respektlose Verse über den Gründer der Militärsiedlungen Arakčeev und den Zaren trugen ihm mehrjährige Verbannungen zunächst in die südlichen Gouvernements und später nach Pskov ein. Den Aufstand der Dekabristen beobachtete er deshalb aus der Ferne. Den verurteilten, nach Sibirien verbannten russischen Aufständischen widmete er 1827 einfühlsame Lyrik.

Puškins Gedicht über den polnischen Aufstand war hingegen nicht von Empathie, sondern durch eine scharfe Alternative gekennzeichnet: «Der Slawen Ströme, gehen sie ein ins russische Meer? / Versiegt das Meer? Das ist die Frage.» Die Metapher war unmissverständlich. Es ging um die Assimilation der Slaven in einer großrussischen Nation oder das Verschwinden des Russentums. Die Verteidigung der eigenen russischen Identität verlangte dieser Alternative zufolge die Vernichtung der polnischen Unabhängigkeitsbestrebung. Das Gedicht war polenfeindlich, aber nicht an Polen, sondern die liberale Öffentlichkeit Europas adressiert. Es spiegelte die ideologische Blockbildung auf dem Kontinent wider, die der polnische Aufstand bewirkt hatte.

«Was denn erzürnt euch so? daß Litauen meuternd brennt? / Hört auf: das ist ein Streit dem Slawenstamm entsprossen, / Ein Streit im eigenen Haus, vom Schicksal selbst beschlossen, / Ist eine Frage, seht, die ihr nicht lösen könnt.» Puškin empfahl den europäischen Beobachtern, die Finger von den internen Angelegenheiten der Slaven zu lassen, die sie nicht verstünden. Er versuchte erst gar nicht, den russischen Anspruch auf imperiale Herrschaft zu legitimieren. Sein Thema war vielmehr die Feindseligkeit der Europäer gegen Russland, die er psychologisch herleitete: Europa habe sich Napoléon gebeugt, Russland hingegen den Willen des Despoten gebrochen. Unerträglich sei es für die liberalen Wortführer, dass aus russischem Blut «Europas Freiheit, Ehre und, Frieden» blühe.

Europas Russophobie war für Puškin eine unabänderliche Tatsache. Dagegen setzte er einen Kult der russischen Stärke. «Kann Rußland sich mit euch nicht messen? / Sind wir der Siege schon entwöhnt? / Sind wenig wir? Erhebt vom Perm zu Tauris' Fluten / Von Finnlands eisigem Fels zu Kolchis' Sonnengluten, [...] /In stählern blankem Waffenstarren, / Sich voller Kraft nicht unser Land? ... / Schickt eure Söhne her zum Streite, / Ihr Redner, wenn ihr Zorn entbrennt: / Für sie ist Platz in Rußlands Weite / Bei jenen Gräbern, die ihr kennt.»[48]

Puškin hatte, wie Sonja Margolina schreibt, antieuropäisches Ressentiment mit den höheren Weihen des Genius gesegnet. «Es sollte fortan das Selbstverständnis der russischen Bildungsschicht als Kulturnation prägen.»[49] *Die russische Politik weiß dies heute zu nutzen: Der russische Außenminister Sergej Lavrov rezitierte Puškins Gedicht in einem offiziell verbreiteten einminütigen Video am 1. November 2022. Die Aufnahme in einem Biedermeier-Kabinett ist mit kurzen Filmsequenzen aus der Gegenwart, etwa vom Moskauer Auftritt der Führer der vier annektierten ukrainischen Provinzen, verknüpft. Das Video schlägt die Brücke vom polnischen Novemberaufstand zum russisch-ukrainischen Krieg heute. Dabei richtet sich die Warnung an die «Verleumder Russlands» in beiden Fällen an dieselbe Adresse: den Westen, der sich in eine fremde Familienangelegenheit einmische. Lavrov verzichtete allerdings auf die Rezitation der letzten Strophe des Gedichts, das westlichen Soldaten den Tod in Russland prophezeit.*[50]

In das kulturelle Gedächtnis der Ukraine ging ein anderes Gedicht ein, das Puškin nicht lange vor dem Aufstand geschrieben hatte. Das 1828 verfasste Poem «Poltava» greift die Geschichte von Mazepa und Peter I. auf, es handelt vom Verrat, den Mazepa durch seinen Wechsel auf die Seite des schwedischen Königs Karl XII. begeht. In «Poltava» ist Mazepas Revolte nur durch persönliche Eitelkeit motiviert und reißt viele unschuldige Menschen, auch Marie, die junge Geliebte des Hetmans, ins Verderben. Ihr Vater Kočubej versucht die Liaison Maries mit dem Hetman zu verhindern, er informiert deshalb Peter I. über Mazepas geplanten Verrat. Peter glaubt dem Informanten nicht und liefert ihn an Mazepa aus, der den Vater seiner Geliebten umgehend töten lässt. Mazepa zieht an der Seite des schwedischen Königs gegen den Zaren in die Schlacht von Poltava, die mit seiner Niederlage und Flucht endet. Am Dnipro angekommen, erscheint Marie, die dem Wahnsinn verfallen ist.

Aus historischer Sicht stellt Puškin die Geschichte von Mazepas politischem Seitenwechsel sehr einseitig als «Verrat» dar. Diese Deutung hat das russische Bild von Mazepa langfristig geprägt. Das eigentliche Thema des Poems ist aber die prinzipielle Sinnlosigkeit der Erhebung gegen die Zarenmacht. Mazepas Illusion und Verfehlung bestehen darin, dass er in die Geschichte eingreifen will, dabei ist diese Sphäre dem Zaren vorbehalten. Für die Anmaßung, eine historische Rolle spielen zu wollen, zahlt er mit seinem persönlichen Glück. Das Motiv der sinnlosen Rebellion des Einzelnen gegen das Zarentum hat Puškin auch im innerrussischen Kontext in seinem Poem «Der eherne Reiter» (1833) entfaltet, hier geht es um die Empörung eines Petersburger Kleinbürgers gegen die Zarenmacht, symbolisiert durch Falconets Reiterstandbild von Peter I. Der «eherne Reiter» verfolgt den Kleinbürger und stürzt ihn in den Wahnsinn.

In den politischen Gedichten «An die Verleumder Russlands» und «Poltava» geht es um nicht weniger als um die kollektive Identität Russlands, Polens, der Ukraine und Europas. Russland und das Zarentum sind in Puškins Poemen von unangreifbarer Rechtmäßigkeit gekennzeichnet, die von den Europäern einschließlich der Ukraine nur um den Preis des eigenen Verderbens herausgefordert werden kann.

Polnische und ukrainische Befreiungsideen

Auch in Polen und in der Ukraine wurden zu dieser Zeit nationale Identitäten neu formuliert, die weit über die dreißiger Jahre hinaus wirksam blieben. In Polen war es Adam Mickiewicz (1798–1855), der mit der «Ahnenfeier» ein zentrales Kulturmuster Polens schuf, das auch für die Ukraine einflussreich wurde. Mit den Arbeiten an dem Drama hatte er bereits 1823 in seiner litauischen Heimat in Wilna (Vilnius) begonnen. Die ursprüngliche Idee des Stücks war die Konfrontation eines verstorbenen romantischen Helden, der als angerufener Geist oder Vampir präsent wird, mit einer als feindlich beschriebenen Gesellschaft. Mickiewiczs Arbeit an dem Drama wurde jäh unterbrochen, als die zarischen Behörden von seiner Mitgliedschaft im Geheimbund der Philomaten erfuhren. Zusammen mit anderen Inhaftierten wurde er ein Jahr lang im Basilianer-Kloster in Wilna festgehalten und Verhören unterzogen. Wegen «Verbreitung eines unvernünftigen Patriotismus» wurde er dann zusammen mit 19 anderen Beteiligten in das Landesinnere des Zarenreichs verbannt. Er gelangte nach Petersburg, aber auch nach Odesa und auf die Krim, wo er 1826 seine Odesaer Sonette bzw. Krim-Sonette schrieb. Mickiewicz hatte bereits das Zarenreich verlassen und sich ins europäische Exil begeben, als 1830 die Novemberrevolution ausbrach. Mit der Absicht, für Polens Freiheit zu kämpfen, brach er in seine Heimat auf und begab sich in die Provinz Posen im preußischen Teil des geteilten Polen, um die Grenze zu Russland zu überqueren. Dazu fehlte ihm aber, wie aus seinen Briefen hervorgeht, der Mut, er begab sich stattdessen nach Dresden, nahm die Arbeit an der «Ahnenfeier» wieder auf und gab ihr eine vollkommen neue Wendung. Aus dem Drama des ins Leben zurückgerufenen romantischen Dichters wurde das Drama des polnischen Messianismus mit der zentralen Idee, «dass das polnische Volk in dieser Welt eine historische Sendung habe, die mit dem stellvertretenden Leiden Christi für die Menschheit vergleichbar, ja verbunden sei, so als sei die Heilsmission Christi weiterwirkend dem polnischen Volk anvertraut worden, das für die Sünden der gesamten Menschheit zu leiden habe.»[51] Kurz darauf veröffentlichte Mickiewicz in Paris zwei Bücher, die diese Idee weiterentwickelten, die «Bücher vom polnischen Volk» (Księgi narodu polskiego) und die «Bücher von der polnischen Pilgerschaft» (Księgi pielgrzymstwa polskiego).

Auch die ukrainische Kultur begann sich in den dreißiger und vierziger Jahren zu politisieren. Wie im russischen und polnischen Fall ist dies in der Person und dem Werk eines Nationaldichters fassbar, der wie Puškin und Mickiewicz bereits zu Lebzeiten einen legendären Ruf erwarb und bis heute den nationalen Kanon bestimmt. Taras Ševčenko (1814–1861) stammte anders als Puškin nicht aus einem Adelsgeschlecht, sondern wurde als Leibeigener geboren. Sein Leben bewegte sich im Rahmen des Zarenreichs, es führte aus dem ukrainischen Dorf Morynci in der rechtsufrigen Ukraine in den kosmopolitischen Raum des Russländischen Imperiums und von dort in die Verbannung an die imperiale Peripherie: Als persönlicher Lakai eines deutsch-russischen Gutsbesitzers ging der junge Taras Ševčenko mit seinem Herrn wiederholt auf Reisen, die ihn nach Wilna führten, wo er 1831 Zeuge des polnischen Nationalaufstands wurde.

In Sankt Petersburg übergab ihn sein Gutsherr ein Jahr später einem Malermeister zur Lehre. Als Geselle lernte Ševčenko, der sich zuvor autodidaktisch im Kopieren von Lubki (Volksbilderbögen) und Ikonen geübt hatte, Portraits zu malen, und begann zu dichten. Er bewegte sich in den Künstler- und Dichterkreisen an der Neva, begegnete hier aber auch den ukrainischen Dichtern Ivan Kotljarevs'kyj und Jevhen Hrebinka (1812–1848), die an einer Erneuerung des Ukrainischen arbeiteten. Den Kontakten zu Malern und Schriftstellern in der Hauptstadt verdankte er seinen Freikauf aus der Leibeigenschaft, für den sein Gutsherr den stolzen Preis von 2500 Rubel verlangte, etwa fünfmal so viel wie sonst üblich. Ševčenkos Gönner finanzierten den Freikauf durch eine Lotterie, viele Literaten und Künstler leisteten einen Beitrag. Selbst die zarische Familie steuerte 1000 Rubel bei. Im April 1838, im Alter von 24 Jahren, war Taras Ševčenko ein freier Mann. Er hatte jetzt die Möglichkeit, an der Petersburger Akademie Malerei zu studieren, absolvierte die Klassen mit Auszeichnung und gewann zwischen 1839 und 1841 dreimal die Silbermedaille der Akademie. Er veröffentlichte 1840 seinen Gedichtband «Kobzar», der dem Ukrainischen als Literatursprache zum Durchbruch verhalf. Ševčenko wurde schlagartig berühmt und bald auch im Ausland gedruckt, zuerst in Leipzig, wo 1859 ein Band erschien, der seine Gedichte zusammen mit Puškins Lyrik enthielt.[52] 1843 bis 1847 verbrachte er literarisch produktive Jahre in der Ukraine und schloss sich der patriotischen geheimen Kyrill-und-Method-Gesellschaft an, der auch andere führende ukrainische Intellektuelle wie der Historiker Mykola Kostomarov (1817–1885) angehörten. Die Gesellschaft wurde im April 1847 entdeckt, nach der Durchsicht der konfiszierten Manuskripte Ševčenkos schrieb der Chef der Geheimpolizei Graf Aleksej Orlov (1786–1861) an den Zaren: «Mit der Verbreitung seiner Gedichte in der Ukraine könnten Ideen über die Möglichkeit des Bestehens der Ukraine als eines selbständigen Staates Wurzeln schlagen.» Nikolaus selbst befürchtete eine Ansteckung der Ukraine durch das Vorbild der polnischen Nationalbewegung.[53] Ševčenko wurde härter bestraft als alle anderen Mitglieder der Geheimgesellschaft, unter den beschlagnahmten Schriften befanden sich auch satirische Gedichte über den Zaren. Nach Orenburg an den Aralsee verbannt, musste er Militärdienst in einem Regiment leisten. Nikolaus persönlich ordnete an, dass ihm das Schreiben und Zeichnen verboten wurden. Mehr als zehn Jahre verbrachte Ševčenko

Polnische und ukrainische Befreiungsideen 99

Abb. 8 · Ukrainische Ikone: Portrait Taras Ševčenkos des russischen Künstlers Ivan Kramskoj, 1871.

in der Verbannung. 1859 erhielt er die Erlaubnis, in die Ukraine zu fahren, wurde erneut verhaftet, dann nach Petersburg geschickt. Dort verstarb er 1861, eine Woche nach der allgemeinen Aufhebung der Leibeigenschaft in Russland.

Taras Ševčenkos Leben kann man als eine imperiale Biographie lesen –

nicht nur seine Verfolgung, sondern auch sein Aufstieg zum Nationaldichter war untrennbar mit dem Raum des Russländischen Reichs verbunden. Aufgrund seiner Gewalt- und Ohnmachtserfahrungen lässt sich sein Leben zugleich als eine exemplarische koloniale Biographie deuten. Er selbst wählte diese Perspektive, als er kurz vor seinem Tod seine Autobiographie verfasste. Deren Leitmotiv bildeten Erniedrigungen, die er in seinem Leben erfuhr, und sein Behauptungswille. Seine Lage als jugendlicher Lakai seines Gutsherrn schildert Ševčenko so:

«Mein Gutsherr wies mir ein Plätzchen in der Ecke des Vorzimmers an und machte mir regungsloses Schweigen zur Pflicht, damit ich auf seinen Ruf jederzeit zur Stelle wäre, wenn es galt, ihm die Pfeife zu reichen oder ein Glas Wasser vor seiner Nase zu füllen. Bei der mir angebornen Unzähmbarkeit des Charakters durchbrach ich bald das Gebot meines Herrn, indem ich mit vernehmbarer Stimme kopfhängerische Hajdamaken-Lieder sang oder verstohlenerweise Gemälde der susdalischen Schule kopierte, mit denen die herrschaftlichen Zimmer geschmückt waren. Ich zeichnete mit einem Stift, den ich – es sei hier ohne Gewissensbisse eingestanden – im Kontor gestohlen hatte.»[54]

Schikanen durch die gutsherrliche und die imperiale Obrigkeit, die der junge Ševčenko seit seiner Jugend erfuhr, reihten sich aneinander, im Rückblick erschien ihm sein Leben wie ein «wilder, zusammenhangloser Traum». Seine Hoffnung war, dass es den «Angehörigen des russischen Volkes» einst möglich sein werde, «meine Biographie mit meinen Augen anzusehen».[55]

Gerade dies hatte er in seiner Petersburger Zeit anders erfahren. Die russischen Literaten, denen er in der imperialen Hauptstadt begegnete, waren zwar an ihm wegen seiner ukrainischen und leibeigenen Herkunft interessiert. Aber selbst Schriftstellerkollegen, die mit ihm sympathisierten, sahen durch eine koloniale Brille auf ihn. Kurz vor seinem Lebensende wurde Ševčenko in der Kunstakademie mit dem für soziale Fragen sensiblen russischen Dichter Ivan Turgenev (1818–1883) bekannt, der als Sohn einer Gutsbesitzerfamilie mehrere Tausend Leibeigene geerbt hatte, die er in den vierziger Jahren freigab. Der Meister des russischen Realismus beschrieb den ukrainischen Dichterkollegen so: «Breitschultrig, untersetzt, von knorrigem Wuchs, hatte er ganz das Aussehen eines Kosaken mit deutlichen Spuren soldatischen Drills. Der kantige Schädel zeigte eine

Glatze; die hohe Stirn war gefurcht, die Nase breit, ein dichter Schnurrbart bedeckte die Lippen; die grauen Augen waren nicht groß; ihr zumeist finstrer und misstrauischer Blick zeigte selten den freundlichen, fast zarten Ausdruck, dessen sie fähig waren, von einem schönen und gütigen Lächeln begleitet ... Mit einer hohen Schaffellmütze auf dem Kopfe, in einem langen dunkelgrauen Pelzrock mit einem Kragen aus schwarzem Lammfell, sah er wie ein echter Kleinrusse, ein stattlicher Bauer aus ...»[56] Als Turgenev dieses ethnographisch geprägte Portrait zeichnete, war Ševčenko bereits Mitglied der Petersburger Akademie. Dies veränderte aber nicht Turgenevs exotisierenden Blick. Für seinen russischen Schriftstellerkollegen blieb Ševčenko ein «echter Kleinrusse», ein bäuerlicher Autodidakt aus der Peripherie des Reiches. Noch typischer für die koloniale Sichtweise der Petersburger Hochkultur auf den ukrainischen Dichter waren die Zeilen, die Nikolaj Gogol' (1809–1852) ihm widmete. Dieser stammte selbst aus einer kosakischen Familie aus der Nähe von Poltava, hatte aber als Schriftsteller einen anderen Weg eingeschlagen als Ševčenko. Seine frühen Erzählungen spiegeln zwar Beobachtungen und Erinnerungen aus seinem Leben auf dem Gebiet des einstigen Hetmanats wider und verwenden lexikalische und syntaktische Ukrainismen, weshalb Gogol' als der erste Vertreter der sogenannten ukrainischen Schule der russischen Literatur gilt. Er schrieb sich aber bewusst in die russische Kultur ein. Die patriotische Motivation Ševčenkos oder Kotljarevs'kyjs teilte er nicht, die ukrainische Frage blieb ihm gleichgültig.[57]

Für Ševčenko hatte Gogol' nur paternalistische Herablassung übrig: «Sein Los verdient Sympathie und Mitleid. Ich kenne und liebe ihn als talentierten Landsmann und Künstler, und ich habe selbst zur Besserung seiner Lage beigetragen; doch unsere ‹Intelligenz› hat ihn verdorben, indem sie ihn zu dichterischem Schaffen antrieb, das seinem Talent fremd war.» Gogol's Hinweis auf sein eigenes Verdienst, die Lage Ševčenkos verbessert zu haben, bezog sich auf seine Beteiligung am Freikauf des Leibeigenen. Darin lag eine Problematik: Die russischen Künstler, die sich an der Lotterie beteiligten, kauften damit nicht nur den Leibeigenen Ševčenko, sondern auch ihr eigenes Gewissen frei. Der Freikauf berechtigte gewissermaßen dazu, Dankbarkeit zu erwarten. Grundsätzlich ähnelte diese Disposition der des Zaren, der persönlich das perfide Mal- und Schreibverbot gegen den verbannten Ševčenko verhängt hatte, weil er, der 1000 Rubel zum Freikauf beigetragen hatte, offenbar verbittert über dessen vermeintlichen Undank war.

Gogol's Verhältnis zu Ševčenko kommt noch deutlicher in seiner Feststellung zum Ausdruck, die russische Intelligenzija habe ihn zu einem dichterischen Schaffen verleitet, das seinem Talent fremd sei. Gogol' mag geahnt haben, dass das Aufblühen einer ukrainischen Hochkultur ihn, den Protagonisten der «ukrainischen Schule der russischen Literatur», von der Heimat kulturell abschneiden würde.[58]

Aus seinem individuellen Leben wollte Ševčenko, als er kurz vor seinem Tod seine Autobiographie schrieb, keinen Sinn gewinnen: «Welch' dunkle Reihe verlorener Jahre! Und was habe ich endlich durch meine Bemühungen dem Schicksal abgerungen? Beim nackten Leben geblieben zu sein! Höchstens die schreckliche Einsicht in meine Vergangenheit.»[59] Die Vergeblichkeit der individuellen Existenz erkannte Ševčenko im Kollektiv der «Brüder und Schwestern» der Ukraine wieder, die er als Nation in Ketten begriff. An seine «toten, lebenden und noch nicht geborenen Landsleute in und außerhalb der Ukraine» schrieb er 1845 ein Sendschreiben: «Geht in euch, ihr halben Menschen / Ihr kleinmüt'gen Toren! / Blickt doch einmal nach der Heimat / Paradiesesweite, / Liebt sie, öffnet eure Herzen / Ihrem tiefen Leide. / Macht euch frei und werdet Brüder! / Nicht in fremden Landen / Sollt ihr suchen gehen nach Dingen, / Die doch nicht vorhanden, / Auch im Himmel nicht, geschweige / Denn auf fremder Erde. / Eure Wahrheit, Freiheit, Stärke / Liegt beim eignen Herde!»[60]

Anders als im nostalgisch geprägten ukrainischen Geschichtsinteresse des ersten Viertels des 19. Jahrhunderts stand bei Ševčenko nicht mehr die Vergangenheit, «die große Ruine», im Vordergrund, sondern der Appell zur Selbstermächtigung. Während frühere poetische Darstellungen des Kosakentums meist mit einer antipolnischen Haltung verbunden waren, zielte Ševčenko gegen den Staat, der Polen und die Ukraine vernichtet hatte, das russische Zarenreich.

Das Zarenreich bildete einen imperialen Raum, der transkulturelle Begegnungen insbesondere in seiner Hauptstadt ermöglichte. In Petersburg trafen sich Puškin, Mickiewicz und Ševčenko. Dem physischen Raum, den man teilte, entsprach aber kein gemeinsamer Imaginationsraum mehr. Während die ukrainischen Schriftsteller des ersten Viertels des 19. Jahrhundert ihre Werke als Beitrag zu einer allgemeinen russländischen Literatur verstanden, schrieb Ševčenko für seine ukrainische Nation. Wenn er über Russland schrieb, verwendete er fast ausschließlich den Begriff «Moskau» oder «Moskowien» (Moskovščina), um die Ukraine von dem fremden und feindlichen (ethnischen) Russland zu trennen. Ševčenkos Moskowien lag «am Ende der Welt» und war von «einem fremden Volk» besiedelt. Das Imperium war für Ševčenko ein Völkergefängnis – eine Sichtweise, die er mit polnischen Intellektuellen seiner Zeit teilte. Es wurde repräsentiert durch die Hauptstadt Sankt Petersburg, das «von Moskauern und Deutschen» besiedelt wurde, wie er 1841 schrieb – ein später Reflex auf die dominierende Position, die Deutsche am imperialen Hof innegehabt hatten.[61]

Symbol der Zarenherrschaft war für ihn – wie auch für Puškin – Falconets Reiterstandbild, das Katharina II. ihrem Vorgänger Peter I. mit der Inschrift «Petro Primo Caterina Secunda» gewidmet hatte. In einer bizarren Satire, die eine phantastische Reise durch eine irdische Hölle, eine im Traum unternommene Fahrt von der Ukraine nach Petersburg schildert, blickt er auf das Denkmal: «Ist das etwa …? / Doch ich frag' nicht weiter, / Les' die Inschrift auf dem Felsen: / Dem Ersten – die Zweite. / Sie hat ihm das hingestellt hier, / Ja, das will ich meinen! / Der Erste hat gekreuzigt / Unsre Ukraine! / Und die Zweite hat die Ärmste / Vollends dann geschunden! / Henker, Henker, Menschenfresser! / Ihr habt euch gefunden! / Räuber ihr! Und wieviel habt ihr / Mit ins Grab genommen?»[62]

Zum Bau Sankt Petersburgs in den Sümpfen an der Neva-Mündung hatte Peter I. auch kosakische Soldaten herangezogen. Der Dichter klagt Peter an: «O du Zar, verdammter! / Menschenschinder, hinterlist'ger, / Scheusal, ausgekochtes! / Wohin tatst du die Kosaken? / Ihre edlen Knochen / Hast du in den Sumpf geworfen / Und auf ihren jungen / Leichen aufgebaut die Hauptstadt! / Auf immer schmieden / Deine schweren Ketten / Mich an dich! An dich gekettet / Muß ich ewig leben. / Gott selbst kann uns nicht mehr trennen!»[63]

Die Fahrt durch die irdische Hölle kennt keine Erlösung. In seinem «Vermächtnis» (1845) eröffnet Ševčenko jedoch schließlich die Perspektive auf die Wiederauferstehung der Nation, die aufs Engste mit der Person des Dichters verknüpft wird: «So begrabt mich und erhebt euch! / Die Ketten zerfetzet! / Mit dem Blut der bösen Feinde / Die Freiheit benetzet! / Meiner sollt in der Familie, / In der großen, ihr gedenken, / Und sollt in der freien, neuen / Still ein gutes Wort mir schenken.»[64]

Abb. 9 · Peter-Kult: das Reiterdenkmal an der Neva mit der Inschrift Katharinas II.

Der Sinn der individuellen Existenz des Dichters und der Sinn der nationalen Existenz kommen im Akt der Selbstbefreiung zusammen. Die zu erringende Freiheit ist nicht zu trennen von der Rötung durch «schlimmes Feindesblut». Messianische Vorstellungen von der Auferstehung der Nation waren in der Romantik verbreitet, am einflussreichsten in der Dichtung Adam Mickiewiczs. Bei Ševčenko bricht die neue Zeit an, indem sie durch Kampf errungen wird. Es gibt an dieser Stelle eine komplementäre

Entsprechung von Puškins imperial-nationalistischer Gewaltlyrik von Bajonetten und Gräberfeldern in Ševčenkos Befreiungslyrik.

Der polnische Aufstand von 1830/31 prägte die Ideen, die Russen und Ukrainer von ihrer eigenen Identität entwickelten. Dies hatte eine ungewöhnlich weitreichende Wirkung, da diese Ideen von Dichtern formuliert wurden, die bereits zu Lebzeiten zu Inkarnationen ihrer Nation erklärt wurden. Als Nationaldichter wurden sie klassisch. Was es bedeutete, «russisch» oder «ukrainisch» zu sein, war ohne Puškin bzw. Ševčenko nicht zu erklären. In Russland konnten sich imperiales Überlegenheitsgefühl, Ressentiments gegen Polen und Europa auf Puškin berufen, in der Ukraine waren soziale Emanzipation, antikoloniales Engagement wie auch das Bekenntnis zur Nation untrennbar mit Ševčenko verbunden. Für die Semiotikerin Anna Makolkin ist «Ševčenko» die Namensmetapher, die die vielfältigen Bedeutungen der Nation in einem einzigen Zeichen verdichtet.[65]

Identitätspolitik des Zarenreichs

Die nationalen und imperialen Identitätsentwürfe nach dem Aufstand von 1830/31 waren in eine bestimmte mächtepolitische Situation eingebettet. So spiegelte Puškins antieuropäische Haltung die Teilung des Kontinents in politisch-ideologische Blöcke wider. Umgekehrt ließen sich aus neuen Entwürfen kollektiver Identität auch Folgerungen für die Politik ableiten. Dass sein antieuropäischer und antiemanzipatorischer Identitätsentwurf nach einer bestimmten geopolitischen Strategie verlangte, war Puškin selbst bewusst. In einem Gedicht über die Einnahme des rebellischen Warschau fragte er: ««Und sollen wir aus Kiew weichen, / Der Russenstädte Ahn und Ruhm, / Und muß ihm nicht auch Warschau gleichen / Durch unser Gräber Heiligtum.»[66] Der polnische Aufstand eröffnete die ideologische und politische Konkurrenz Petersburgs und Warschaus um die Ukraine. Puškins Sichtweise wurde von der russischen Regierung geteilt, die in den kommenden Jahrzehnten die Abschirmung von polnischem Einfluss zum Leitmotiv ihrer Ukrainepolitik machte.[67]

Dies trat zuerst im Bereich der Religionspolitik zutage. Der russische Bildungsminister Sergej Uvarov (1786–1855) legte 1833 eine offizielle Definition russischer imperialer Identität vor. Diese sollte aus dem Dreiklang von «Orthodoxie, Autokratie, Nationalität (narodnost')» bestehen. Uvarov bemühte sich damit, Merkmale zu bestimmen, die Russland einschließlich der Ukraine und Belarus von Europa abgrenzten, es ging ihm um einen ideellen Damm gegen die nationalen und revolutionären Bestrebungen in Europa und speziell in Polen.[68] Die Triade begann mit dem Merkmal der Orthodoxie und wies Religion damit einen hervorragenden Stellenwert zu. Nationalität erschien erst an dritter Stelle. Wie diese «Nationalität» beschaffen war, wurde durch die zuerst genannten Merkmale Orthodoxie und Autokratie bestimmt. Uvarov dachte an eine durch Religion und monarchische Herrschaft konstituierte Nationalität, an die orthodoxe und zarisch beherrschte Gemeinschaft von Russen, Ukrainern und Belarussen.

Auch Alexander I. hatte Politik auf der Grundlage von Religion betrieben. Sein «Regierungsökumenismus» hatte eine allgemeine europäische Gegenmacht zur Revolution schaffen wollen. Im Zarenreich wirkte sie im Sinne religiöser Toleranz. Uvarovs Konzept verkehrte dies. Ihm ging es nicht um die Stützung der monarchischen Herrschaft durch christliche Ökumene, sondern durch eine bestimmte Konfession, die russische Orthodoxie. Damit übte er einen Druck speziell auf die Untertanen aus, die ostslavisch, aber nicht orthodox waren, nämlich die griechisch-katholischen Gläubigen. Dass ihre Kirche einen Ritus ähnlich der orthodoxen Kirche pflegte, aber den Papst als Oberhaupt anerkannte, versetzte sie in eine prekäre Position. Sie erschienen uneindeutig in einer Zeit, die Ambivalenz immer weniger zuließ. Pläne für eine Vereinigung mit der russisch-orthodoxen Kirche entstanden schon vor dem Novemberaufstand in der griechisch-katholischen Kirche selbst, eifrig betrieben vom Prälaten Joseph Semaško (1798–1868), der 1832 zum Bischof in einer der beiden unierten Diözesen des Zarenreichs aufstieg. Unterstützung fand er beim russischen Minister für fremde Konfessionen, Dmitrij Bludov (1785–1864), und beim Zaren selbst. Die Verstärkung der Orthodoxie durch eineinhalb Millionen Gläubige der griechisch-katholischen Kirche entsprach genau Nikolaus' Vorstellung von einer religiös-ideellen Einheit des Zarenreichs. Auch wenn das Projekt schon vor 1830 von verschiedenen Seiten erwogen und geplant worden war, gab erst der polnische Aufstand der Vereinigungspolitik den nötigen Schub zur Realisierung. Er verlieh dem Projekt der konfessionellen Union von Orthodoxen und Griechisch-Katholischen einen politischen Charakter und damit viel größere Dringlichkeit. Der amerikanische Religionshistoriker Paul Werth kommt zu dem Fazit, dass die kirchliche Vereinigung durch den polnischen Aufstand «viel stärker in die breiter angelegten Pläne der Regierung verankert wurde, den Einfluss von Katholiken und Polen in den westlichen Provinzen zurückzudrängen.»[69]

Auf dem Feld der Religionspolitik konnte die russische Regierung klare Linien ziehen, in anderen Bereichen war dies nicht möglich. In der westlich des Dnipro gelegenen Ukraine, die bis zu den Teilungen zu Polen gehört hatte, stellten polnische Adlige weiterhin die Gutsbesitzerklasse. Die Rolle der zarischen Herrschaft als Garant der sozialen Ordnung begrenzte die Möglichkeiten, gegen den polnischen Adel vorzugehen. Es blieb bei einzelnen Aktionen wie der Schließung des Lyzeums Kremjanec (Kremenec) in Wolhynien, das seit 1805 die wichtigste Ausbildungsstätte für Söhne polnischer Adliger in der Region gewesen war.[70]

Trotzdem ließ sich die russische Politik in den Jahrzehnten nach dem Aufstand von der Idee leiten, dass Russland in der Ukraine und Belarus in Konkurrenz zu Polen stand. Als 1847 die Kyrill-und-Method-Gesellschaft in Kyiv von den zarischen Behörden entdeckt wurde, war Nikolaus I. sofort davon überzeugt, dass die geheime Gründung von polnischen Emigranten inspiriert gewesen sei, die sich nach der Niederschlagung des polnischen Aufstands nach Paris begeben hätten. «Dies ist ein Ergebnis der Pariser Propaganda, an das wir für lange Zeit nicht geglaubt haben. Jetzt haben wir keine Zweifel mehr.»[71]

Geopolitik im Exil

Mit dieser Annahme lag der Zar falsch, doch tatsächlich versuchte die polnische Emigration in Paris, in der Ukraine Einfluss zu nehmen. Als Adam Czartoryski nach der polnischen Niederlage 1831 Warschau verließ, zuerst in London, dann in Paris ein Domizil fand und dort eine «Polnische Nationale Aufstandsregierung» anführte, verfolgte er eine neue Politik gegenüber der Ukraine. Bestrebt, historische Zerwürfnisse zu heilen, hielt er im November 1845 in Paris eine Rede, in der er mit den polnischen Vorurteilen gegen die Ukrainer Schluss machen wollte: «Die Ruthenen haben unter den schwersten Verfolgungen unseres Unterdrückers gelitten, und sie haben an vielen Orten eine Standhaftigkeit gezeigt, die eines Märtyrers würdig ist [...] Respektieren wir also ihre Riten, ihre Bräuche, ihre ursprüngliche Sprache, die der unseren so ähnlich ist.» Zwischen Polen und Ukrainern wie auch Litauern bestünden enge historische und kulturelle Verbindungen, zusammen bildeten sie aus der Sicht Czartoryskis ein Volk, das durch Schicksal und Willen zusammengehalten werde: «Die Ukrainer sind ebenso wie die Litauer unsere Brüder und ein Volk; sie leiden gleichermaßen unter dem fremden Joch; da gibt es keine Unterschiede, es gibt keinen Unterschied, es gibt eine gemeinsame Sache und brüderliche Kraft, ... um sie alle zu befreien.»[72]

Czartoryskis Rede diente zunächst nur der Selbstverständigung des polnischen politischen Exils. Sie enthielt einen neuen Akzent, denn er hatte vor dem Novemberaufstand der Ukraine wenig Aufmerksamkeit gewidmet. So spielte die Ukraine kaum eine Rolle, als er 1804–1806 die Idee einer slavischen Föderation entwarf. Erst seit den 1840er Jahren zog er die Ukraine näher in Betracht. Die Unterdrückung Polens erforderte aus seiner Sicht eine Ukraine-Strategie. Für eine Exilregierung konnte dies nur bedeuten, die europäische Öffentlichkeit auf eine «ukrainische Frage» hinzuweisen und für den Fall eines neuen Aufstands eine Koalition zu schmieden, die auch ukrainische Kräfte einbezog. Zwei Personen spielten für Czartoryski die Rolle von Ukraine-Beratern, Michał Czajkowski (1804–1866), der ein aktives Vorgehen gegen Russland im Bündnis mit der Ukraine, der Türkei und den Nationen des Kaukasus propagierte, und Franciszek Henryk Duchiński (1816–1893), ein ukrainophiler Geschichtsdenker, der weniger in aktuellen politischen Strategien als in langen historischen Linien dachte. Er formulierte die Theorie, dass die «Moskowiter», also die ethnischen Russen, keine richtigen Slaven, sondern oberflächlich slavisierte «Turanier» seien, während es sich bei den Ukrainern um genuine Slaven und damit um nahe Verwandte der Polen handle.[73]

Sehr viel dichter als die Kontakte zwischen der polnischen Emigration und der Ukraine waren die ukrainisch-ukrainischen Kontakte zwischen dem habsburgischen Galizien und den ukrainischen Territorien des Zarenreichs. In der Habsburgermonarchie konnte sich ukrainische Kultur sehr viel freier entwickeln: Es gab ein freies Vereinswesen, und der griechisch-orthodoxen Kirche gelang es hier, sich unbehindert von der staatlichen Obrigkeit zu einer ukrainischen Nationalkirche zu entfalten, die zum Rückgrat der Nationalbewegung wurde. Die Habsburgermonarchie wählte also einen anderen Umgang mit dem Nationalitätenproblem als das Zarenreich. Zwar stellte auch in Österreich die polnische Nationalbewegung die größte Herausforderung für den Staat dar. Wien zog daraus aber eine Schlussfolgerung, die konträr zu dem Kurs Sankt Petersburgs war: Man ließ die ukrainische nationale Kultur gewähren und förderte sie sogar, weil man in ihr ein Gegengewicht zu den polnischen Bestrebungen erkannte. Aus der habsburgischen Divide-et-impera-Strategie entstand ein innergalizischer Konflikt zwischen Polen und Ukrainern um die politische Ordnung im Kronland, der zeitweise vom Reichszentrum ausgenutzt werden konnte. Allerdings wetteiferten nicht alle Ukrainer mit den Polen um ihren Platz im Habsburgerreich. Eine Gruppe von Ukrainern, die sogenannten Russophilen, wählten eine andere Option. Sie entwarfen für sich eine neue Identität, indem sie sich nicht mehr als Vertreter der kleinen Gruppe der galizischen Ukrainer oder Ruthenen betrachteten, sondern als westlicher Zweig des großrussischen Volkes. So übernahmen sie das Russische als Literatursprache und propagierten eine politische Verbindung zum Zarenreich, eine Verbindung von den Karpaten in der Westukraine bis Kamtschatka im fernen Osten. Dieser geopolitische Identitätsentwurf wurde von russischen Panslavisten wie dem Historiker Michail Pogodin eifrig gefördert und erreichte in Galizien eine gewisse Attraktivität, da er sich gegen Polen und speziell gegen die Vorherrschaft des polnischen Adels und den Einfluss der römisch-katholischen Kirche richtete. Die Russophilen wurden vom Zarenreich finanziell unterstützt, konnten aber ihr nation-building-Projekt nicht gegen die konkurrierende Strömung, die sogenannten Ukrainophilen behaupten, die sich mit ihrer gesellschaftlichen Organisationsfähigkeit und kulturellen Produktivität letztlich als überlegen erwiesen.

Österreich, das die Russophilen zunächst als nützliches Gegengewicht gegen den polnischen Nationalismus in Galizien betrachtet hatte, erkannte in der zweiten Hälfte des 19. Jahrhunderts, als Russland vom Alliierten zum Rivalen wurde, die Bewegung als eine Gefahr für den Zusammenhalt des Imperiums. Die habsburgische Justiz führte eine Reihe von Hochverratsprozessen gegen bekannte Vertreter der Russophilie, und versuchte damit die ganze Bewegung zu diskreditieren.[74]

Russland dagegen wählte den Weg eines nationalisierenden Imperiums: Es hatte einen Herrschaftsanspruch gegen Polen und einen weitergehenden Assimilierungsanspruch gegen die Ukraine, die als Teil einer umfassenden, staatstragenden russischen Nation begriffen wurde. Daraus folgte ein repressiver Kurs gegen die polnische wie die im Entstehen begriffene ukrainische Nationalbewegung. Dass dieses Konzept imperialer Beherrschung nach innen einer flankierenden Absicherung durch internationale Politik, das heißt des Bündnisses mit Preußen und Österreich, bedurfte, wurde in den 1840er Jahren sichtbar.

Europäische Revolution und der Krieg um die Krim

Die russische Regierung machte sich zu dieser Zeit keine Illusionen mehr darüber, dass sie sich mit den Teilungen Polens ein langfristiges Problem eingehandelt hatte. Das Zarenreich war außenpolitisch durch die polnische Frage an Preußen und Österreich gebunden. Nur im gemeinsamen Vorgehen, so die Überzeugung von Nikolaus I., würde man «in vielleicht hundert Jahren den aufständischen Geist der Polen bezwingen».[75] Die Hypothek, die Sankt Petersburg sich mit den Teilungen aufgeladen hatte, ging auch aus dem Vortrag hervor, den der russische Spitzendiplomat Philipp von Brunnow (1797–1875) dem Thronfolger hielt: «Es ist die Politik von 1772, die Russland, Österreich und Preußen schwerwiegende Probleme hinterlassen hat, die durch die Teilungen Polens entstanden sind. Diese Probleme sind uns in ihrem ganzen Ausmaß erst in unseren Tagen bewusst geworden, und nur durch die Energie des Kaisers, unseres Herren, ist es gelungen, sie zu meistern.»[76]

Diese Einsicht der russischen Außenpolitik, die von der Erfahrung des Novemberaufstands geprägt war, beschnitt erheblich die strategische Souveränität des Zarenreichs in der europäischen Politik. Es war an ein Bündnis mit zwei Staaten gekettet, die durch die Teilungen ihrerseits an Russland gebunden waren. Das System der russischen Außenpolitik konnte nur so lange funktionieren, wie Berlin und Wien selbst eine Politik betrieben, die eine Wiederherstellung Polens ausschloss, das heißt, solange sie den demokratischen und nationalen Forderungen des Vormärz widerstanden. Die Säulen der imperialen Politik Russlands erhielten Risse, als der preußische König im Februar 1847 die Einberufung eines allgemeinen Landtags ankündigte. «Was wir befürchteten, ist geschehen», schrieb der

Zar aufgebracht an seinen General Ivan Paskevič, (1782–1856) «Preußen hat unsere Reihen verlassen. Wir waren drei, jetzt sind wir höchstens zwei, das ist sicher.»[77] Der weitere Verlauf schien Nikolaus recht zu geben. Als im März 1848 in Berlin die Revolution begann, kündigte sich in Preußen auch außenpolitisch eine Zeitenwende an. Der Außenminister der neuen liberalen Regierung Heinrich von Armin-Suckow (1798–1861) erklärte, die Grundlage seiner Politik seien die Wiederherstellung «des alten Polen» «als Vormauer gegen Russland» und die Vertiefung der Beziehungen zu Frankreich und England. Preußen, noch 1830/31 treuester Verbündeter des Zarenreichs, bereitete eine 180-Grad-Wende seiner Politik vor. Der Zar deutete öffentlich die Möglichkeit eines Interventionskriegs gegen den Hohenzollernstaat an, doch sein Kanzler Karl von Nesselrode (1780–1862) riet zu einer Politik des nüchternen Kalküls: In der polnischen Frage seien das russische und das preußische Interesse identisch. «Wenn die Polen triumphieren, verliert Preußen Posen, Danzig und Thorn.» Seinem Botschafter in Berlin empfahl er, die nationalen Spannungen zwischen Deutschen und Polen in Preußen systematisch zu verschärfen.[78] Tatsächlich war Berlin an dieser Stelle empfindlich. Bereits im April 1848 erhielt Sankt Petersburg von der preußischen Regierung die Zusicherung, dass sie in der mehrheitlich polnischen besiedelten Provinz Posen die Bildung von national-polnischen Truppenkontingenten nicht zulassen würde. Sie begann, in das alte System der russisch-preußischen Beziehungen wieder einzuschwenken. Die Tradition der Russlandbindung erwies sich auch 1848 stärker als der Versuch eines Neuanfangs.

Im Revolutionsjahr vertiefte sich sogar die antipolnische Ausrichtung der preußisch-deutschen Politik. Was bislang in der Zuständigkeit des Kabinetts gelegen hatte, wurde nun zu einer öffentlichen Angelegenheit. Der junge Abgeordnete Otto von Bismarck (1815–1898) malte in der «Magdeburger Zeitung» das Schreckbild von einer Revision der Teilungen Polens. Für den Fall, dass Preußen seine polnischen Territorien zur Gründung eines wiederhergestellten polnischen Nationalstaats abgeben würde, sah Bismarck fatale Folgen: «Dann würden Preußens beste Sehnen durchschnitten und Millionen Deutscher der polnischen Willkür überantwortet sein, um einen unsicheren Verbündeten zu gewinnen, der lüstern auf jede Verlegenheit Deutschlands wartet, um Ostpreußen, polnisch Schlesien, die polnischen Bezirke von Pommern für sich zu gewinnen.»[79] In der Paulskirchenversammlung warnte der liberale Abgeordnete Wilhelm Jordan (1819–1904) vor der Wiederherstellung Polens. Der liberale Politiker begründete seine Position nicht mehr im Sinne der traditionellen Doktrin preußischer Außenpolitik, sondern mit dem «Recht auf Eroberung» und dem «Recht des Stärkeren». Die Annexion polnischer Gebiete entsprach aus seiner Sicht einem «gesunden Egoismus» Deutschlands.[80]

Jordan bewegte sich in der Tradition preußischer Ostmitteleuropa-Politik, und zugleich sprengte er sie. Zwar hatte auch Friedrich II. eine koloniale Einstellung gegenüber Polen gehabt. Jordan ging aber über traditionelle Stereotype hinaus, indem er eine rassische Überlegenheit der Deutschen gegenüber den Polen als slavischem Volk behauptete. Wenn Deutschland ein unabhängiges Polen zulasse, werde dieses zusammen mit Russland einen Angriff «auf Leben und Tod» gegen Deutschland führen. Dies war bereits in den Kategorien des Rassenkriegs, nicht der traditionellen Staatenpolitik gedacht.[81] Als die Revolution von 1848 niedergeschlagen wurde, war Deutschland nicht nur um eine demokratische Chance, sondern auch um eine Illusion ärmer: Die Solidarität von deutschen Liberalen mit Polen, wie sie sich in der Polenbegeisterung der dreißiger Jahre manifestiert hatte, gehörte der Vergangenheit an.

Mächtepolitisch befestigten die Revolutionsjahre 1848/49 das bestehende Staatensystem. Russland behauptete seinen Rang als osteuropäische Hegemonialmacht, indem es Preußen auf den Kurs antipolnischer Politik zurückführte und der Habsburgermonarchie bei der Niederschlagung des Aufstands in Ungarn 1849 durch die Entsendung russischer Truppen beistand. Wie schon im polnischen Aufstand von 1830/31 standen sich eine russisch dominierte Einflusszone im östlichen Europa und das westliche Europa mit Paris als Zentrum gegenüber. Von der europäischen Gemeinsamkeit der Heiligen Allianz war nur so viel geblieben, dass Russland und die westeuropäischen Mächte den Krieg gegeneinander vermieden.

Zur direkten Konfrontation kam es, als 1853 der Krimkrieg ausbrach, in dem Russland gegen eine Koalition aus Frankreich, England, Piemont-Sardinien und dem Osmanischen Reich stand. Eisenbahn und Telegraphie revolutionierten die Logistik und Kommunikation. Nie zuvor wurde ein Krieg durch Fotografie und Reportagen so ausführlich dokumentiert. Es handelte sich um den ersten «europäischen Medienkrieg», in dem die

Beobachtung des Kriegsgeschehens durch weit entfernte nationale Öffentlichkeiten einen erheblichen Einfluss auf strategische Entscheidungen auf dem Schlachtfeld hatten.[82] Keine Kriegspartei hatte den Krieg so geplant, wie er sich entwickelte. «Erstmals seit 1815», so Jürgen Osterhammel, «wurde Krieg soweit in Kauf genommen, dass er tatsächlich geschah.»[83] Am Anfang ging es um einen regionalen Konflikt, der sich an einer religiösen Frage entzündete. Russland beanspruchte im Osmanischen Reich die Rolle einer orthodoxen Schutzmacht für alle christlichen Minderheiten. Dies konnte Konstantinopel nicht akzeptieren, ohne seine Souveränität und seinen imperialen Status einzubüßen. Bereits zu dieser Zeit galt das Osmanische Reich vielen Zeitgenossen als «kranker Mann am Bosporus». Diese innere Krise lud Russland dazu ein, seine Macht im Südosten Europas auszudehnen. Es strebte die Kontrolle über die Meerengen des Bosporus und der Dardanellen an und damit den Zugang zum Mittelmeer. Der einfachste Weg dahin führte über ein Teilungsbündnis mit anderen Mächten. Solch ein Bündnis bot die russische Diplomatie Österreich und Großbritannien an, die es aber ablehnten. An der Stützung des Osmanischen Reichs hatte vor allem Großbritannien ein geopolitisches Interesse. Zu gefährlich erschien es, nach dem Muster Polens ein weiteres Machtvakuum im östlichen Europa entstehen zu lassen, das von Russland ausgenutzt werden würde. Der russisch-osmanische Krieg weitete sich deshalb zu einem europäischen Krieg aus, als Großbritannien, Frankreich und später Piemont-Sardinien dem Osmanischen Reich beisprangen und Russland angriffen, während Preußen und die Habsburgermonarchie neutral blieben. Der Name «Krimkrieg» täuscht darüber hinweg, dass es Kampfhandlungen an vielen Orten gab: Auch in der Ostsee führten die britische und französische Marine Krieg gegen Russland, griffen russische Festungen an und planten die Bombardierung Sankt Petersburgs. An der Küste des Weißen Meeres beschossen sie das Soloveckij-Kloster. Der Krieg fand auch im Kaukasus, sogar an der russischen Pazifikküste statt.

Die entscheidenden Handlungen dieses globalen Kriegs spielten sich aber auf der Krim ab. Seit der Annexion durch Katharina II. 1783 hatte sich ihr Charakter – abgesehen vom Ausbau der Hauptstadt Simferopol und der Anlage Sevastopols als Marinehafen – nicht wesentlich verändert. Weiterhin war sie mehrheitlich von einer tatarischen Bevölkerung besiedelt, daneben lebten hier 50 000 Griechen und Armenier. Mit Kriegsbeginn veränderte sich das Leben aber schlagartig. Die Zahl der Menschen, die sich auf der Halbinsel aufhielten, deren Fläche in etwa der Mecklenburg-Vorpommerns entspricht, verdoppelte sich, alle Ressourcen der Krim wurden für den Unterhalt der riesigen Armeen verbraucht. In diesem Krieg mit seinen enormen Versorgungsproblemen war die Haltung der Bevölkerung zu den Armeen entscheidend. Viele russische Beamte und Militärs verdächtigten die muslimischen Tataren, dass sie Sympathien für das Osmanische Reich hegten. Sie wurden vielfach unter einen Generalverdacht des Verrats gestellt und Tausende von ihnen vertrieben. Am Ende des Kriegs hatten 200 000 Tataren, etwa zwei Drittel ihrer Bevölkerung, die Krim verlassen. Die ökonomischen Einbußen für die Halbinsel waren kaum zu überschätzen.

Der Krieg veränderte in Russland Kultur und Politik. Der militärische Konflikt mit dem Osmanischen Reich heizte anti-islamische Emotionen an. Seit der Zeit Katharinas hatte eine Übereinkunft zwischen Russland und seinen Muslimen gegolten, die ihnen Kulturautonomie für Loyalität gegenüber dem Staat gab. Ja, der Staat schützte die Muslime sogar, indem er es der russisch-orthodoxen Kirche untersagte, unter ihnen zu missionieren. Über dieses Verbot konnte sich die Staatskirche nicht einfach hinwegsetzen. Doch entdeckten ihre Würdenträger das Gouvernement Taurien mit der Krim als heilige Landschaft; im benachbarten Cherson war der Nestor-Legende zufolge Vladimir, der russische Staatsgründer und Nationalheilige, im 9. Jahrhundert getauft worden. Auf diesen Mythos baute die russisch-orthodoxe Kirche auf und begann, die Krim systematisch zu einem christlichen Ort, zu einem russischen Athos, umzugestalten. Dazu gründete sie auf der Krim orthodoxe Klöster und legte eine umfassende religiöse Infrastruktur neu an. Dieser Prozess gipfelte 1860 in der Errichtung einer russisch-orthodoxen Diözese auf der Krim.[84]

Die Legierung des Imperiums mit russischem Nationalismus und orthodoxer Religion wirkte, mehr als zuvor, in eine breite Öffentlichkeit. Die Kriegsziele wurden zur «Mission» des Reichs verklärt, das einen Verteidigungskrieg für das Slaventum und die Orthodoxie führe. Die russische, slavische und christliche Bestimmung sei es, die Türken aus Europa zu vertreiben und der Hagia Sophia ihr christliches Kreuz zurückzugeben, lehrte der Moskauer Geschichtsprofessor Michail Pogodin (1800–1875).[85]

Ungleich hitziger setzten sich Kleriker der russisch-orthodoxen Kirche für Russlands religiöse Sendung ein. Je länger der Krieg dauerte, desto mehr entschwand jedoch das phantastische Ziel der «Befreiung» Konstantinopels aus dem Blickfeld. Die Krim selbst wurde nun zu einem heiligen Ort verklärt. Im Juni 1855 besuchte der orthodoxe Erzbischof Innokentij das belagerte Sevastopol und las in der Nähe der Befestigungen eine Messe. Die Christianisierung der Krim und die religiöse Deutung des Kriegsgeschehens stellten gewissermaßen die zweite Annexion der Krim durch Russland dar. Erst mit der religiösen Aufladung wurde die an der Peripherie des Zarenreichs gelegene Halbinsel zu einer symbolischen Kernregion Russlands.

Unter diesen Vorzeichen gab es für die traditionelle staatliche Toleranz gegenüber den Muslimen wenig Platz. Die Krim-Tataren wurden im Zuge der orthodoxen Kriegspropaganda immer stärker über ihre Religionszugehörigkeit wahrgenommen und als Muslime kategorisiert. Sie dienten als Sündenböcke für Versorgungsengpässe im Krieg.[86] Zusammen mit der Vorstellung vom «inneren Feind» hinter der Front führten solche Zuschreibungen zu neuen administrativen Diskursen und Praktiken, die ins 20. Jahrhundert wiesen. Der Begriff des «Kulaken», mit dem in der Stalinzeit die bäuerlichen Klassenfeinde der sozialistischen Gesellschaft bezeichnet wurden, entstand während des Krimkriegs, um Bauern zu stigmatisieren, die Lebensmittel zurückhielten, um zu einem günstigen Zeitpunkt höhere Preise zu erzielen.[87] Auch die administrative Praxis, ethnischen Bevölkerungsgruppen, die in Grenznähe oder in der Nähe des Militärgeschehens siedelten, als innere Feinde zu behandeln, des Verrats zu bezichtigen und kollektiv umzusiedeln, geht auf den Krimkrieg zurück. Bereits jetzt identifizierten zarische Beamte die Tataren als Staatsfeinde und empfahlen die Deportation der gesamten Bevölkerung. Zu konsequenten ethnischen Säuberungen in dem Ausmaß, wie Alexander II. sie später im Kaukasus vornahm, kam es allerdings auf der Krim nicht. Im Ersten und vor allem im Zweiten Weltkrieg griff die russische bzw. sowjetische Staatsmacht auf diese Handlungsmuster zurück. Unter Stalin betraf dies u. a. erneut die Krimtataren.[88]

Der Krieg wurde von Russland wie den Westmächten mit nie gekannter ideologischer Aufladung geführt. Für die englische und französische Öffentlichkeit war er auch ein Feldzug gegen die zarische Despotie, die im polnischen Aufstand geprägten antirussischen Stereotype lebten mit neuer Vehemenz wieder auf. In der russischen Öffentlichkeit verstärkte der Krimkrieg die antiwestlichen Deutungsmuster, die ebenfalls auf 1830/31 zurückgingen. Anders als im polnischen Aufstand gab es jetzt eine Massenpresse im Zarenreich, die russische Öffentlichkeit nahm an dem hochemotionalisierten Konfliktgeschehen teil. Das Interesse der Medienöffentlichkeiten konzentrierte sich auf die 349 Tage währende Belagerung der Hafenstadt Sevastopol durch die Alliierten, deren Verteidigung durch die russischen Truppen zu einem bis heute wirksamen Helden- und Opfermythos Russlands wurde.[89] In den Hintergrund trat, dass Russland auf anderen Kriegsschauplätzen durchaus erfolgreich war. An der Pazifikküste schlug es den Angriff der britischen und französischen Marine auf Petropavlovsk zurück, und in Ostanatolien nahm es im November 1855 die bedeutende osmanische Festung Kars ein. Territorial gesehen, hatte Russland zu diesem Zeitpunkt mehr gewonnen als verloren.

Russland und die Westmächte führten den Krieg jeweils gegen einen dämonisierten Feind und erlitten hohe Opfer. Auf russischer Seite fielen im August 1855 täglich tausend Soldaten. Der Konflikt schien, auf das 20. Jahrhundert vorausweisend, den Charakter eines totalen Kriegs anzunehmen. Doch wurden im Zusammenstoß der europäischen Mächte keineswegs alle Eskalationsmöglichkeiten ausgeschöpft. Der Krimkrieg weitete sich nicht zu einem antikolonialen Krieg zur Befreiung der vom Russischen Reich beherrschten Nationen aus. Dies war das Programm, das Adam Czartoryski von seinem Pariser Exil aus energisch verfolgte. Seine Strategie bestand darin, den Krieg zu einem umfassenden europäischen Krieg zu machen, der bei einer Niederlage Russlands auch zum Untergang der imperialen Ordnung in Ostmitteleuropa führen würde. Dazu sollten die polnische und die ukrainische Frage miteinander verbunden werden. Czartoryskis Berater Michał Czajkowski stellte eine kosakische Truppeneinheit unter osmanischem Oberbefehl auf. Unterstützt wurde er von Adam Mickiewicz, der im Auftrag der französischen Regierung im September 1855 nach Konstantinopel reiste und dort Czajkowski traf. Der Plan war, mit der Kosaken-Einheit durch die Ukraine nach Polen zu ziehen und so einen Aufstand in beiden Ländern auszulösen. Doch scheiterten die Polen an der internationalen Politik. Keine europäische Macht unterstützte wirkungsvoll Czartoryskis Strategie. Die französische Regierung

Abb. 10 • «Eine zweiköpfige Krähe auf der Krim. Sie hat einen grausamen Schlag erhalten! Verfolge sie!»: Karikatur aus dem britischen «Punch» vom 29. September 1855.

hatte zwar zu Beginn des Kriegs propolnische Bekenntnisse abgelegt und ließ den Kontakt zur Exilregierung Czartoryskis nie ganz abreißen. Den Schritt der Eskalation zu einem nationalen Befreiungskrieg wollte aber auch Paris nicht gehen. Der Grund dafür lag vor allem in Preußen. Die Berliner Politik wahrte Neutralität, doch war es unschwer abzusehen, dass ein nationaler Befreiungskrieg in Ostmitteleuropa, wie Czartoryski ihn plante, Preußen an die Seite Russlands führen würde. Berlins Neutralität verdeckte ein weiterbestehendes gemeinsames Interesse mit Russland, und die französische Rücksicht darauf verhinderte die Ausweitung des Krimkriegs zu einem umfassenden nationalen Befreiungskrieg – eine mögliche, doch ungeschehene Geschichte des Krimkriegs.[90] Paradoxerweise lebte selbst in dem Krieg, den die Westmächte und Russland erstmals in postnapoleonischer Zeit direkt gegeneinander führten, ein Restbestand der Heiligen Allianz fort, deren eigentlicher Zweck für Sankt Petersburg darin bestand, die polnische Frage ruhigzustellen.

Die Niederlage, die Russland im Krimkrieg erlitt, war, so gesehen, nur eine begrenzte. Der Friedensvertrag, den die russische Regierung unter dem Druck eines österreichischen Ultimatums am 30. März 1856 in Paris unterzeichnete, stärkte das Osmanische Reich, dem u. a. Kars und die Donaufürstentümer zurückgegeben wurden. Russland erhielt die Krim zurück. Es musste den Südosten Bessarabiens abtreten, das strategisch wichtige Donaudelta fiel an das Osmanische Reich. Eine politisch und psychologisch weitreichende Bestimmung des Pariser Vertrags sah die Demilitarisierung der Krim und der russischen Schwarzmeerküste vor. Russland konnte in Sevastopol danach keinen Marinehafen mehr unterhalten. Eine vergleichbare Sanktion war bislang gegenüber keiner europäischen Großmacht verhängt worden.[91]

Polens Aufstand und die russische Furcht vor der ukrainischen Frage

Es war mehr diese Symbolik als die tatsächliche Einbuße, die die russische Reaktion auf die Niederlage im Krimkrieg bestimmte. Die Öffentlichkeit war sich weitgehend einig, dass Russland eine Katastrophe erfahren hatte. Niederlagen können, wie Wolfgang Schivelbusch gezeigt hat, Gesellschaften lang anhaltende Traumata zufügen, sie können aber auch zu einem Aufbruch motivieren.[92] Russlands Debakel im Krimkrieg war, was die Bereitschaft zum politischen Neuanfang betrifft, das Musterbeispiel für eine positiv genutzte Niederlage. In den beiden Dekaden nach dem Krimkrieg reformierte das Zarenreich praktisch alle Bereiche des öffentlichen Lebens, von der Befreiung der Leibeigenen über die Einführung einer allgemeinen Wehrpflicht bis hin zu einer Justizreform. Das verbindende Motiv der Reformen war es, die «Rückständigkeit» Russlands gegenüber den Staaten und Gesellschaften Westeuropas zu überwinden. Dass das Zarenreich zurücklag, bildete eine Grundannahme der reformwilligen Kräfte in Sankt Petersburg, die dabei Westeuropa als Maßstab nahmen – ungeachtet des Ost-West-Gegensatzes, der die internationale Politik bis zum Krimkrieg prägte.

Die Reformen veränderten auch die Ukraine, was für einen bestimmten Sektor der Modernisierung in besonderem Maße gilt. Im Krimkrieg hatten gravierende Mängel in der Infrastruktur des Zarenreiches maßgeblich zur Niederlage beigetragen. So gab es keine Eisenbahnlinie, die Russland mit der Krim verband, um den Truppennachschub zu gewährleisten. Die Regierung in Sankt Petersburg beschloss den Bau einer Verbindung, die von Moskau über Kursk und Charkiv nach Sevastopol führen sollte. Doch ließ sich diese Strecke, deren Planung vor allem militärstrategischen Erwägungen folgte, in den sechziger Jahren nicht finanzieren. Die erste Eisenbahnverbindung in der Ukraine verband 1865 Odesa mit der Stadt Balta in Podolien. Sie war ökonomisch motiviert. Die Ukraine stellte in dieser Zeit einen erheblichen Teil der Exporte des Zarenreiches, Weizenausfuhr hatte daran den größten Anteil, Podolien war eines der produktivsten Anbaugebiete. Die Eisenbahnverbindung an die Schwarzmeerküste bildete den Auftakt für einen infrastrukturellen Ausbau der Ukraine, der die russischen Handelsströme, die im 18. Jahrhundert vor allem durch die Ostsee verlaufen waren, in den Süden verlegten. Der Export von Getreide trat dabei an die Stelle der Ausfuhr von Holz und anderen Schiffbaumaterialien, die die Außenhandelsstruktur im 18. Jahrhundert geprägt hatten.[93]

Der Wille zum Neuanfang, der die russischen Staats- und Gesellschaftsreformen und den Ausbau der Infrastruktur prägte, war auch kennzeichnend für den Anlauf, den die russische Regierung hin zu einer «nationalen» Politik nahm. Damit war keine Beendigung der territorialen Expansion des Zarenreichs gemeint. Im Gegenteil, gerade in den sechziger Jahren unterwarf Russland riesige Gebiete in Asien, vollendete die Eroberung des Kaukasus und dehnte seine Grenzen in Zentralasien aus. Als «national» wurde eine Politik bezeichnet, die die «inneren Ressourcen des Landes» entwickeln wollte. Zu diesem Ziel bekannte sich Außenminister Fürst Aleksandr Gorčakov (1798–1883) nach dem Krimkrieg.[94] Gemeint war damit auch eine Absage an die imperialen Verflechtungen des Reichs in Europa, die in Russland zunehmend als Hypothek gesehen wurden. Gorčakov suchte die Verständigung mit dem polnischen Adel und einen Neuanfang in der Ostmitteleuropapolitik. Zugleich strebte er im Bruch mit den Traditionen der russischen Mächtepolitik ein Bündnis mit Frankreich an. Die Zäsur war umso schärfer, als Napoléon III., der sich 1852 zum Kaiser Frankreichs proklamiert hatte, eine Politik der nationalen Befreiung in Italien betrieb, die den französischen Einfluss in Mitteleuropa stärken sollte. Russlands liberale Polenpolitik und Frankreichs nationale Befreiungspolitik gegenüber Italien schienen ähnlichen politischen Prinzipien zu folgen. Otto von Bismarck, damals preußischer Botschafter in Sankt Petersburg, warnte die russische Politik vor «liberalen Zugeständnissen» an die Polen. Gorčakov antwortete öffentlich in einem Zeitungsartikel: Die polnische Frage sei eine Angelegenheit der russischen Innenpolitik und dulde keine Einmischung von außen.[95]

Als Angelegenheit der «russischen Innenpolitik» setzte der russische Minister die polnische Frage auf eine Stufe mit Nationalitäten-Fragen innerhalb des Zarenreichs, etwa gegenüber der Ukraine. Tatsächlich verflochten sich polnische und ukrainische nationale Bestrebungen in dieser Zeit auf sehr komplexe Weise. Zu Beginn der 1860er Jahre bildete sich in der westlichen, rechts des Dnipro gelegenen Ukraine eine kleine Gruppe von jungen Angehörigen der polnischen Adelsschicht, die die Ausbeutung ukrainischer Leibeigener durch ihre Klasse als schuldhaft ansahen und sich dem ukrainischen Volk kulturell annäherten. Sie lernten Ukrainisch, kleideten sich auf ukrainische Weise und brachen offen mit der polnischen Gesellschaft, indem sie sich der ukrainischen Kyiver gebildeten Gesellschaft Hromada anschlossen und sich selbst als Ukrainer bekannten. Die Gruppe, die von Volodymyr Antonovyč (1834–1903) angeführt wurde, wandte sich in einem offenen Brief an die russische Öffentlichkeit: «Als Individuen, die von einer höheren Bildung profitiert haben, sollten wir alle unsere Anstrengungen darauf richten, dem Volk die Gelegenheit zu geben, Bildung zu erhalten ...» Polnische Kritiker warfen den «Chlopomany» (Liebhaber der Bauern) Verrat vor, Antonovyč antwortete darauf in einem in der ukrainischen Zeitschrift «Osnova» veröffentlichten «Bekenntnis», dass die polnischen Adligen nur zwei Optionen hätten: zum ukrainischen Volk «zurückzukehren» und Kompensation für die jahrhundertelange Ausbeutung der Bauern zu leisten oder verhasste Parasiten zu bleiben, die früher oder später gezwungen würden, nach Polen zu gehen.[96]

Nach dem Vorbild der Kyiver Hromada gründeten ukrainische Intellektuelle ähnliche Gesellschaften in Poltava, Černihiv, Charkiv und Odesa. Es entstand ein Netzwerk von ukrainischen Sonntagsschulen mit fast hundert Standorten, in denen ukrainische Geschichte und Literatur unterrichtet und ukrainische Alltagskultur gepflegt wurden.

Diese Entwicklungen, die sich in Politik und Gesellschaft im Zarenreich und speziell in der Ukraine seit dem Ende des Krimkriegs beobachten lassen, wurden im Januar 1863 durch einen neuerlichen Aufstand im russisch beherrschten Polen jäh unterbrochen. Die Erhebung, die vor allem vom polnischen Adel und vom städtischen Bürgertum getragen wurde, verfolgte das Ziel, die Unabhängigkeit, zumindest die 1830/31 aufgehobene Autonomie Polens wiederzugewinnen. Eine Inspiration für den Aufstand waren die 1860/61 errungenen Erfolge des italienischen Risorgimento. Auslöser der Erhebung war ähnlich wie im Novemberaufstand eine bevorstehende Einberufung von polnischen Soldaten zu einem zwanzigjährigen Militärdienst in Russland. Anders als 1830/31 verfolgten die Aufständischen jetzt eine Guerillastrategie, doch gelang es auch diesmal nicht, die bäuerliche Bevölkerung für den Aufstand zu mobilisieren. Er erfasste auch die litauischen und belarussischen Gebiete, in minderem Maße auch die Ukraine, in der Region von Kyiv kam es zu 35 Zusammenstößen mit russischen Truppen.

Berlin stand erneut an der Seite Sankt Petersburgs. Im Aufstand erkannte Bismarck seine Chance, den Liberalisierungstendenzen in der russischen Polenpolitik einen Riegel vorzuschieben. Preußen leistete Russland nicht nur, wie schon im Novemberaufstand, militärpolizeiliche Unterstützung und gewährte Durchmarschrechte für die russischen Truppen. Bismarck kam es jetzt darauf an, dass die Unterstützung, anders als 1830/31, demonstrativ geleistet wurde. So schickte er im Februar 1863 einen bevollmächtigten General nach Sankt Petersburg, der mit der russischen Regierung eine Konvention über die russisch-preußische Kooperation bei der Bekämpfung des Aufstands schloss. Auch wenn das Abkommen bald wieder annulliert wurde, hatte es genau die diplomatische Wirkung, die sich Bismarck von ihr erhoffte: Die polnische Frage war nun keine innere Angelegenheit Russlands mehr, sondern kehrte auf die Agenda der internationalen Politik zurück. Die französische Politik positionierte sich auf der Seite des polnischen Aufstands, umso mehr bedurfte Russland der Unterstützung Preußens. Gegen alle Bestrebungen des russischen Ministers Gorčakov, die Innen- und Außenpolitik Russlands auf eine neue Basis zu stellen, erwies sich das alte System der russisch-preußischen Sonderbeziehungen als resilient. Dies hatte Konsequenzen in der internationalen Politik, die über das Aufstandsjahr hinausreichten: «Die Ausnutzung des russisch-polnischen Gegensatzes», so der polnische Historiker Henryk Wereszycki, «ermöglichte den Erfolg Preußens. Die Bedrohung Russlands

Abb. 11 · Wirkungslose Protestnoten: französische Karikatur zur westlichen Haltung während des polnischen Aufstands von 1863.

durch Polen führte dazu, dass Russland Preußen bei der Vereinigung Deutschlands unterstützte.«[97]

Dies war 1863 noch nicht abzusehen. Für die Zeitgenossen offensichtlich war aber der Umbruch, den der Aufstand für die Verhältnisse im östlichen Europa bedeutete. Die zaghaften Versuche einer Verständigung zwischen der russischen Politik und der polnischen Gesellschaft waren mit dem Aufstand gescheitert. Die äußerst brutale Form der Niederschlagung vertiefte eine Abneigung, die zwischen Russen und Polen seit den Teilungen entstanden war. Nach dem Aufstand wurden etwa 400 Polen hingerichtet und fast 20 000 Polinnen und Polen nach Sibirien verbannt. Insgesamt wurden 70 000 Personen inhaftiert und ins Zarenreich deportiert. Im offiziösen Diskurs Russlands wurden Polen mit den Begriffen «Aufrührer» und «Verschwörer» gleichgesetzt, was sich, wie der Historiker Mikhail Dolbilov feststellt, im russischen Bewusstsein zu einem Begriff des «polnischen Erbfeinds» verdichtete und nach dem Aufstand zu einer ideologischen Grundlage der Russifizierungspolitik in den westlichen Gouvernements des Zarenreichs wurde.[98]

Diese Politik setzte auch an der veränderten Sozialstruktur in den ukrainischen, belarussischen und litauischen Gebieten an, die einst zur Rzeczpospolita Polen gehört hatten und immer noch über einen polnischen Adel als herrschende gesellschaftliche Schicht verfügten. Die Abschaffung der Leibeigenschaft Anfang 1864 war eine gezielte Maßnahme, um die polnische Szlachta, den Kleinadel, zu ruinieren. Als Entschädigung für die Verheerungen des Aufstands wurde auf alle Güter eine Einkommenssteuer von zehn Prozent erhoben. Erst 1869 wurde die Steuer auf fünf Prozent aller Einkünfte gesenkt. Mit der gegen die Szlachta gerichteten Politik beanspruchte die Petersburger Regierung, die Interessen der ethnisch ukrainischen oder belarussischen Bauern zu vertreten, die in ihrem Verständnis zur russischen – weil ostslavischen und orthodoxen – Bevölkerung gehörten.[99]

Die Russifizierung hatte auch eine religiöse Komponente. Die Stadt Chełm (ukrainisch: Cholm), die seit dem Wiener Kongress zum Russischen Reich gehörte und am westlichen Rand der ukrainischen Provinz Wolhynien lag, bildete die letzte katholische Hochburg im Zarenreich. In ihrem Umland lebten ein polnischer Adel, der der römisch-katholischen Kirche angehörte, und eine ukrainische Bauernschaft, die sich zum griechisch-katholischen Glauben bekannte. Die griechisch-katholische Diözese mit etwa einer Viertelmillion Gläubigen war 1839 der «Wiedervereinigung» mit der russisch-orthodoxen Kirche entgangen. Nach dem polnischen Aufstand bereiteten die russischen Behörden die konfessionelle Vereinheitlichung der Grenzregion vor. Wo sich griechisch-katholische Gemeindemitglieder der geplanten Union mit den Orthodoxen widersetzten, initiierten die russischen Behörden scheinbar freiwillige Petitionen von Gemeindemitgliedern, in denen diese um die Aufnahme in die Orthodoxie baten. Im Mai 1875 wurde der kollektive Übertritt vollzogen, insgesamt 300 000 griechisch-katholische und römisch-katholische Gläubige waren nun orthodox.[100] Der Zusammenhang dieser Aktion mit dem polnischen Aufstand liegt auf der Hand, aber es gab auch einen weiteren Kontext des religiösen Konflikts der russischen Orthodoxie mit dem Katholizismus. Der «neue Katholizismus», der im 19. Jahrhundert seine pastoralen Strukturen verbesserte, eine neue Volksfrömmigkeit schuf und medial an Schlagkraft gewann, wurde vom Heiligen Synod als Gefahr eingestuft. Auch deshalb ging der russische Staat gegen die Katholiken vor. Der deutsche Kulturkampf, den Bismarck nach seiner eigenen Aussage «hauptsächlich wegen der Polen» führte, stieß in dieselbe Richtung wie die russischen Religionsbehörden. So hatten die deutsch-russischen Beziehungen, deren mächtepolitische Kohäsion nach der Reichseinigung von 1870/71 nachließ, im Antikatholizismus ein neues gemeinsames Thema.[101]

In der Ukraine begann 1863 auch eine repressivere Kulturpolitik. Die bislang tolerierten ukrainischen patriotischen Bildungsgesellschaften erregten jetzt den Verdacht der staatlichen Behörden. Zarische Beamte verdächtigten die Sonntagsschulen, ukrainische separatistische Propaganda zu betreiben, und sahen in ihnen eine Gefahr für den Zusammenhalt des Imperiums. Die ultrapatriotischen Teile der russischen Presse führten eine Kampagne gegen die national gesinnten Intellektuellen in der Ukraine und warfen ihnen vor, den russischen Staat zu unterminieren.[102] Die russischen Behörden fürchteten am meisten, dass sich nationale Bildung unter den ukrainischen Bauern verbreiten würde. Deren Ukrainisierung bedrohte das Konzept einer einheitlichen imperial-russischen Nation, die aus Russen, Belarussen und Ukrainern bestand. Auf dem Höhepunkt des polnischen Aufstands untersagte der russische Innenminister Petr Valuev (1815–1890) Veröffentlichungen in ukrainischer Sprache, ausgenommen war nur der damals geringfügige Bereich der fiktionalen Literatur. In einem regierungsinternen Schreiben erklärte Valuev, dass es «eine eigene kleinrussische Sprache nie gegeben hat, es sie nicht gibt und ... nicht geben wird und dass es sich bei dem Dialekt, der vom einfachen Volk gesprochen wird, um die russische Sprache handelt, nur verdorben durch polnische Einflüsse.»[103] Dem Minister ging es vor allem darum, die Übersetzung der Bibel ins Ukrainische zu verhindern. Damit würde dem Ukrainischen, wie Valuev fürchtete, dieselbe Erhabenheit und stilistische Vielfalt wie dem Russischen zuteil, was den Rang des Russischen als Lingua franca des Imperiums und in weiterer Konsequenz auch die politisch-territoriale Einheit des Reichs gefährdete.[104] Das Verbot zeitigte Wirkung: Innerhalb von fünf Jahren, zwischen 1863 und 1868, fiel die Zahl der jährlichen ukrainischen Veröffentlichungen von 33 auf eine. Diese Maßnahme, die zunächst zeitlich begrenzt sein sollte, wurde 1876 verstetigt. Das neue Verbot erstreckte sich auf alle ukrainischen Publikationen und untersagte auch die Einfuhr ukrainischer Literatur. In den 1880er Jahren wurde es teilweise aufgehoben, das Importverbot allerdings blieb für weitere 25 Jahre bestehen.[105]

Die Problematik der russischen Sprachenpolitik wurde von Kritikern von Anfang an erkannt und dem Innenminister vorgetragen. Der ukrainische Historiker Mykola Kostomarov (1817–1885) flehte diesen an: «Ich bitte Eure Exzellenz, auf alle Verdächtigungen zu verzichten, die für jeden Kleinrussen extrem beleidigend sind, nämlich die Verbindung der heiligen Sache der [ukrainischen] Volksbildung mit subversiven Ideen.»[106] In der Tat stellte Valuev mit seinem Edikt die ukrainische Sprache, das wichtigste Identitätsmerkmal der ukrainischen Nationsvorstellung, unter einen politischen Generalverdacht. Er offenbarte damit, dass die russische Politik die Beherrschung der Ukraine keineswegs mehr als eine Selbstverständlichkeit ansah. Aus der Sicht Sankt Petersburgs ging von der ukrainischen Nationalbewegung eine langfristig ebenso große Bedrohung für die Einheit des Imperiums aus wie von der polnischen.

Der Januaraufstand hatte eine ähnlich einschneidende Bedeutung für die Lage des Imperiums wie der Novemberaufstand dreißig Jahre zuvor. War damals das Verhältnis von Russland zu Polen und Europa nachhaltig negativ bestimmt worden, so vertiefte sich 1863 das russisch-polnische Zerwürfnis. Auch westlich gesinnte russische Intellektuelle bewerteten den Aufstand als Ausdruck polnischen Undanks. Die Erhebung von 1863 hatte mehr als ihr Vorgänger den Charakter eines Volksaufstands, wodurch sich der russisch-polnische Antagonismus in sozialer Hinsicht vertiefte. Die ukrainische Frage stellte erstmals in den Augen der Petersburger Behörden und der russischen nationalen Öffentlichkeit eine existenzielle Bedrohung dar. Die polnischen Aufstände brachten in Russland einen Diskurs einer scharfen, existenziellen Alternative hervor: Entweder würde sich Polen Russland anschließen, oder Russland würde untergehen, so formulierte Puškin sinngemäß 1830. Gut dreißig Jahre später wurde diese

Alternative von der Sprachpolitik Valuevs auf die Ukraine übertragen. Der Ukraine wurde eine eigene nationale Kultur versagt, weil deren Entwicklung, wie die Petersburger Politik fürchtete, das Imperium zerstören würde.

Kapitel 3

Die Idee von der russischen Exzeptionalität und das Ende des Zarenreichs (1856–1917)

Das imperiale Ideen-Set nach dem Krimkrieg und dem polnischen Aufstand

Der polnische Novemberaufstand von 1830/31 hatte die geopolitischen Vorstellungen in Russland und der Ukraine geprägt. Eine ähnlich nachhaltige Wirkung übte die Periode vom Krimkrieg bis zum polnischen Januaraufstand aus. Die internationalen und imperialen Beziehungen führten in Russland an vielen Punkten gleichzeitig zu Gefühlsaufwallungen: antitürkische Emotionen und die Empörung über die österreichische Neutralität im Krimkrieg, die Vertiefung polenfeindlicher Stimmungen 1863 und die Entdeckung der ukrainischen Frage als neue Bedrohung des Zarenreichs. Jede einzelne dieser Entwicklungen war relevant, noch wichtiger war aber die Erfahrung des Widerspruchs zwischen versuchten Neuanfängen und der Trägheit der imperialen Tradition. Aus der Niederlage des Krimkriegs heraus hatte die russische Regierung das Programm eines Aufbruchs entwickelt, der fast alle Bereiche der Gesellschaft umfasste und bis in die 1870er Jahre die innenpolitische Agenda der russischen Politik bestimmte. Mit dieser als «national» deklarierten Reformpolitik war auch ein neuer Kurs in der Außenpolitik verknüpft gewesen, der die Selbstbindung des Zarenreichs an die legitimistischen Ziele der Heiligen Allianz, konkret das Bündnis mit Preußen und Österreich, als Hypothek betrachtete, die zugunsten einer Politik der strategischen Souveränität, des «Russland zuerst», überwunden werden sollte. Das war die Politik des Kanzlers Gorčakov. Zwar brachen sich auch die einzelnen innen- und gesellschaftspolitischen Reformen an den sozialen Realitäten, aber sie veränderten doch Schritt für Schritt das Zarenreich. Demgegenüber sah sich Russland 1863 außenpolitisch auf das alte System seiner internationalen Politik zurückgeworfen, um seinen imperialen Status im Westen, das heißt in Polen, und auch im Hinblick auf die ukrainischen, belarussischen und litauischen Westgebiete zu wahren. Gleichzeitig erschien die russische Herrschaft über die Ukraine kulturell gefährdet. Zwischen dem nationalen Aufbruch einer nach innen gerichteten Entwicklung und dem Rückfall in das von Preußen und Österreich abhängige internationale System entstand im politischen Denken Russlands eine kognitive Dissonanz.

Für russische und ukrainische Intellektuelle ging es in der zweiten Jahrhunderthälfte um die Frage, was «russisch» und «ukrainisch» zu sein bedeutete, wie sich nationale Politikentwürfe zum Konzept des Imperiums verhielten und welche (geo)politischen Konsequenzen daraus folgten. Diese Architekten der Nation, die im Folgenden betrachtet werden, entwarfen «Wir-Gemeinschaften», deren Grenzen nicht vorgegeben waren. Für das politische Denken in der Ukraine ging es um die Abgrenzung vom Imperium und das Finden einer Ordnung, die eigene nationale Ansprüche mit dem Gehäuse des Imperiums kompatibel machte. Für das russische Denken stellte sich die Frage, ob eine russische Nation im Imperium eine eigene Grenze hatte oder mit diesem identisch war. Damit waren dynamische Zukunftskonzepte verbunden. Neue Vorstellungen von der Aufgabe oder der Mission Russlands rückten in den Vordergrund. Die geopolitischen Erfahrungen der fünfzehn Jahre zwischen 1848 und 1863 bildeten den Hintergrund für Geschichts- und Zukunftskonzepte.

Antworten auf die Fragen nach dem Verhältnis von Nation und Imperium wurden nicht zuletzt von Historikern gegeben. Den einflussreichsten Beitrag lieferten die Großnarrative der russischen Geschichte, die in den 1850er und 1860er Jahren von Sergej Solov'ev (1820–1879) und Vassilij Ključevskij (1841–1911) verfasst wurden. Bei allen Unterschieden zwischen der mehr staatszentrierten Geschichte Solov'evs und der auch sozialökonomisch und kolonialgeschichtlich argumentierenden Darstellung Ključevskijs verlief das Narrativ in beiden Fällen in ähnlichen russozentrischen Etappen: von der mittelalterlichen Rus über das frühneuzeitliche Moskauer Zarenreich zum Petersburger Imperium des 18. und 19. Jahrhunderts. Die Ukraine wurde in beiden Werken als «westrussisches Territorium» definiert, das von Polen polonisiert und katholisiert wurde und das um seine nationale, ostslavische und orthodoxe Identität kämpfen musste. Ukrainische Geschichte, so der kanadische Historiker Zenon E. Kohut, erschien aus dieser Sicht als «lokaler Ableger der russischen nationalen Geschichte».[1] Ukrainische Geschichte zu ignorieren war zu diesem Zeitpunkt, anders als zur Zeit Karamzins, bereits ein auffälliges Verschweigen. In ukrainischen Städten wie Kyiv und Charkiv gab es schon ein etabliertes Interesse an ukrainischer Geschichte, es bestanden entsprechende Forschungsprojekte und Lehrstühle. Entgegen ihrer Intention waren Solov'evs und Ključevskijs Großerzählungen für den imperialen Zusammenhalt Russlands langfristig problematisch. Im russischen Geschichtsdiskurs sind sie jedoch kanonisch geworden, sie prägen in ihren Grundannahmen noch heute Putins politisch-historische Äußerungen.

Neben den einflussreichen akademischen Großunternehmungen Solov'evs und Ključevskijs gab es auch eine gezielte Debatte um die Fragen von russischer und ukrainischer Identität. Der philosophisch-politische Streit im Russland des 19. Jahrhunderts wird oft mit dem Gegensatzpaar von «Westlern» und «Slavophilen» beschrieben. In Bezug auf Nation und Imperium führt dies jedoch nicht weit. Wer um die Mitte des 19. Jahrhunderts ein Westler war, hegte nicht unbedingt Sympathie für die Unabhängigkeit von Russland beherrschter Nationen. Orientierung am Westen konnte auch die Bewunderung für erfolgreiche kolonisatorische Praktiken und Assimilation bedeuten. Gerade der Universalismus der Westler erwies sich oft als hinderlich, die Ansprüche von Polen oder Ukrainern anzuerkennen, handelte es sich dabei doch um partikulare, auf eine spezielle Kultur und Geschichte bezogene Bestrebungen. Der Literaturkritiker und Publizist Vissarion Belinskij (1811–1848), der Prototyp des russischen Westlers, konnte in den Ukrainern nur «eine Art seltsamer Gemeinde asiatischer Art» sehen, die ihren Zugang zur universalen westlichen Kultur lediglich ihrer Zugehörigkeit zum russischen Imperium und speziell der Modernisierungspolitik Peters I. verdankten. Ihr Festhalten an eigenen kulturellen Traditionen bremse den Fortschritt. Belinskij hegte mit fast allen Verfolgten des Zarenreichs Sympathie, in Bezug auf die Mitglieder der ukrainischen Kyrill-und-Method-Gesellschaft ist ein entsprechendes Mitgefühl jedoch nicht überliefert.[2] Das Überlegenheitsgefühl des westlerischen Fortschrittsdenkens verstärkte die kulturelle Überheblichkeit gegenüber der Ukraine.

Vielschichtiger und widerspruchsvoller war das slavophile Nachdenken über die Verheißungen und die Hypotheken des Imperiums. Slavophile nahmen bis etwa zur Mitte des Jahrhunderts oft eine distanzierte Position zum imperialen Staat ein, ihr Denken in den Kategorien von Volksgeist sprengte die staatlichen Grenzen und suchte nach Zusammenhängen mit den West- und Südslaven jenseits der russischen Grenzen. Tendenziell wandelte sich dies zwischen den fünfziger und siebziger Jahren, ein staatsfixierter Panslavismus trat an die Stelle der partiell emanzipatorischen Slavophilie. Dieser Wandel führte in die Vorstellung einer panslavischen und orthodoxen Mission Russlands. Strukturell war er keineswegs außergewöhnlich, sondern grundsätzlich etwa mit der Transformation des deutschen Vormärzliberalismus zu dem staatshörigen Liberalismus des Kaiserreichs vergleichbar.

Am Beispiel des Moskauer Historikers Michail Pogodin (1800–1875) ist der Übergang von einer slavophilen in eine panslavistische Weltanschauung ablesbar. Sohn eines leibeigenen Haushälters, hatte er von seinem Herrn, dem Fürsten Stroganov, die Möglichkeit zur Schulbildung und zu einem Geschichtsstudium in Moskau erhalten. Er schlug eine erfolgreiche akademische Laufbahn ein und wurde 1836 in die Russische Akademie der Wissenschaften aufgenommen. Sein Forschungsinteresse galt den Ursprüngen der mittelalterlichen Rus, daneben pflegte er ein Interesse für internationale Beziehungen. Das Thema Ukraine spielte bei dem russischen Historiker eine signifikante Rolle, seitdem der russische Bildungsminister Sergej Uvarov (1786–1855) in der Folge des polnischen Novemberaufstands nach Gelehrten suchte, die die offizielle These der Zugehörigkeit der Ukraine und Belarus zu Russland wissenschaftlich stützen würden. Er stieß auf Pogodin und beauftragte ihn im November 1834 mit einer Ausarbeitung. Die Studie, die Pogodin ein Jahr später vorlegte, enttäuschte jedoch den Minister wie auch den Zaren. Pogodin machte in seinem historischen Abriss deutliche Unterschiede zwischen den Entwicklungen in den ethnisch russischen und den ethnisch ukrainischen Gebieten. Er verfehlte damit den Kern des Auftrags.[3] Aus der Sicht der russischen Behörden rückte Pogodin in den vierziger Jahren sogar in die Nähe der geheimen ukrainischen Kyrill-und-Method-Gesellschaft, denn er unterminierte die offizielle These von der Einheitlichkeit der Russen, Ukrainer und Belarussen mit der schlichten Feststellung: «Die Großrussen leben Seite an Seite mit den Kleinrussen, sie bekennen einen Glauben, teilen ein Schicksal und für viele Jahre eine Geschichte. Aber es gibt viele Unterschiede zwischen Großrussen und Kleinrussen.»[4] Diese Unterschiede entdeckte Pogodin bereits in den mittelalterlichen Ursprüngen der Rus: Schon damals habe es linguistische Unterschiede zwischen den Bevölkerungen in Kyiv, Černihiv und Halyč einerseits und in Moskau und Vladimir andererseits gegeben. Pogodin negierte, was hochbrisant war, die ursprüngliche Gemeinsamkeit von Russen und Ukrainern und beraubte damit, wie Serhii Plokhy schreibt, die großrussische Erzählung ihres wertvollsten Elements.[5]

Am Ende des Krimkriegs änderte Pogodin seine Meinung, jetzt betrachtete er die Kyiver Rus als eine eindeutig großrussische Staatsbildung. Worauf war Pogodins Sinneswandel zurückzuführen? Vielleicht spielte es eine Rolle, dass die Ukraine durch Unruhen in den Jahren 1853 und 1856 als unsicherer Kantonist zu erscheinen begann. Wahrscheinlicher ist es, dass seine Meinungsänderung ein gestiegenes Interesse Pogodins an geopolitischen Fragen widerspiegelte. In den dreißiger Jahren hatte er von einer russischen Universalmonarchie geschwärmt und eine russische Führungsrolle für alle slavischen Völker, auch die vom Osmanischen Reich, der Habsburgermonarchie und Preußen beherrschten, prognostiziert.[6] Die halbdeutschen, halbslavischen Staaten der Bündnispartner Preußen und Österreich, mit denen Russland seine Herrschaft in Ostmitteleuropa bislang abgesichert hatte, würden zerfallen. Mit diesem Geschichtsoptimismus, den Pogodin in den dreißiger Jahren pflegte, war eine Anerkennung der Differenz zwischen Russen und Ukrainern vereinbar.

Bereits in den vierziger Jahren begann Pogodin jedoch bedrohliche Perspektiven zu entwerfen: Preußen und Österreich könnten die slavische Bewegung spalten und gegen Russland richten. In einer Denkschrift an die russische Regierung malte er das Schreckbild aus, dass sich Böhmen, Polen, Galizien und selbst die Ukraine unter den Schutz Preußens begeben und sich gegen Russland stellen könnten. Viel realistischer war die Befürchtung, die er hinsichtlich der Habsburgermonarchie hegte: Von Galizien aus würden im österreichischen Interesse ukrainische Schriften im lateinischen Alphabet in der Ukraine verbreitet.[7] Schon in den vierziger Jahren war sich Pogodin also der geopolitischen Schwäche Russlands bei der Absicherung seiner imperialen Besitzungen in Europa bewusst. Im

Krimkrieg kippten die Befürchtungen Pogodins in den Duktus der Bestimmtheit. Die Heilige Allianz war endgültig gescheitert, das Bündnis Russlands mit Preußen und Österreich seiner Überzeugung nach auf Sand gebaut. Insbesondere Österreich überzog er, wie fast alle russischen Publizisten dieser Zeit, wegen seiner ambivalenten Haltung im Krimkrieg mit dem Vorwurf des Undanks. «Hinter Österreich ging Preußen einher, hinter Preußen Deutschland.»[8] Letztlich war diese Entwicklung, wie Pogodin einsah, auf liberale Strömungen zurückzuführen, die Österreich und Preußen zunehmend mit dem Westen verbanden. Pogodin zeichnete ein eindrucksvolles Bild von der Isolation Russlands, nicht nur in der internationalen Politik, sondern auch in der öffentlichen Meinung Europas: «Zeitungen und Journale fließen von Galle über, Bücher richten ihr schweres Geschütz gegen uns. So hat sich die Legion der öffentlichen Meinung gegen Rußland gesammelt als Ergänzung der feindlichen Flotten und Armeen. Ich will jetzt nicht untersuchen, wie weit diese Vorwürfe gerecht oder ungerecht sind ... Genug, Rußland ist der Mehrheit in Europa wirklich verhaßt geworden – das ist ... die allerbitterste Frucht der russischen Politik in den letzten fünfzig Jahren.»[9]

Die letzten fünfzig Jahre waren von der Heiligen Allianz geprägt gewesen, die aus der Sicht Pogodins ein von Russland betriebenes altruistisches Projekt darstellte, Europa legitime Herrschaften und Frieden zu garantieren. An der unentschiedenen bzw. feindseligen Haltung der bisherigen Verbündeten Preußen und Österreich und am Hass der europäischen Öffentlichkeit war es gescheitert. Dass Russland selbst mit der Heiligen Allianz machtpolitische Ziele in Polen verfolgte und durchaus eigennützig den Status quo gegenüber dem Osmanischen Reich in Frage gestellt hatte, kam in seinen politischen Kommentaren nicht vor.

Pogodin griff Puškins Thema der Russophobie Europas wieder auf und machte aus der internationalen Isolation des Zarenreichs eine Tugend. Die russische Politik sollte, befreit von der Bindung an Preußen und Österreich, ihre strategische Souveränität wiedergewinnen. Deshalb begrüßte Pogodin die tiefe Zäsur des Krimkriegs, er forderte den harten Schnitt gegenüber den bisherigen Verbündeten Österreich und Preußen und fürchtete, dass die russische Politik den Bruch mit den legitimistischen Verpflichtungen der Heiligen Allianz nicht entschlossen genug vollziehen und in die gewohnten Bahnen der internationalen Politik zurückkehren würde. Nötig war aus seiner Sicht die Fähigkeit Russlands zu einer *critical rupture*, verstanden als absichtsvolle Zerstörung bestehender Traditionen und Bedingungen, was eine positive Dynamik der Erneuerung erst ermöglichen würde.[10] Diese Sehnsucht nach Eindeutigkeit und die Fiktion von der Rückgewinnung strategischer Souveränität entsprachen einer weitverbreiteten Stimmung in Russland nach dem Krimkrieg.

Doch scheiterte der Versuch Russlands, im Bündnis mit Frankreich eine neue Rolle in der europäischen Politik zu spielen, als im Januar 1863 der polnische Aufstand ausbrach und Russland bei dessen Unterdrückung wieder auf die Unterstützung Preußens zurückgriff. Der Aufstand demonstrierte die Aporie Russlands: Es musste seinen Traum von der strategischen Souveränität in Europa aufgeben, um seine imperiale Herrschaft über Polen zu wahren. Gleichzeitig wurde deutlich, dass es nicht mehr nur um Polen ging. Der einflussreichste Publizist des Zarenreichs, Michail Katkov (1818–1887), publizierte am 21. Juni 1863 einen Zeitungsartikel mit bezeichnendem Titel: «Die Koinzidenz der ukrainophilen Interessen mit den polnischen Interessen». Katkov ging es darum, die ukrainische nationale Identität zu vernichten, bevor sie sich kulturell entfalten und zu einer ähnlichen Gefährdung wie die polnische Nationalbewegung emporwachsen konnte. Er negierte daher konsequent die Existenz der ukrainischen Geschichte und Kultur: «Die Ukraine hat niemals ihre eigene Geschichte gehabt, sie war nie ein eigenständiger Staat, die Ukrainer sind authentisches russisches Volk, indigenes russisches Volk, ein essentieller Teil des russischen Volkes, ohne den dieses kaum bleiben kann, was es heute ist.»[11] Katkov, der im engen Kontakt mit Innenminister Valuev stand, bereitete ideologisch das Sprachenverbot vor, das einen Monat später erlassen wurde.[12] Was Pogodin im Bereich des außenpolitischen Systems Russlands anstrebte, propagierte Katkov auch für die Kulturpolitik: eine scharfe Zäsur.

Einen Einblick in die Widersprüche des Imperiums gab auch ein vielbeachteter Essay, den der Publizist Nikolaj Strachov (1828–1896) auf dem Höhepunkt des polnischen Aufstands in der russischen Zeitschrift «Vremja» veröffentlichte. Der Aufsatz war von einer nationalen Selbstverachtung geprägt, wie es für westlerische Publikationen in Russland nicht untypisch war. Zu Recht, so Strachov, werde Russland von Polen und Europa mit Geringschätzung bedacht, weil es außer der Staatsbildung keine Leistungen europäischen Formats vollbracht habe. Der Autor zog jedoch nicht die Schlussfolgerung, dass Russland Europa umso mehr nacheifern solle, im Gegenteil forderte er einen radikalen Kurswechsel. Russland solle aufhören, «sich mit dem allgemeinen europäischen Maß zu messen», und sich seinen «nationalen Grundlagen» zuwenden. Nur so könne es seinen Anspruch auf die Westgebiete, also die Ukraine, Belarus und Litauen, begründen.[13] Isolationismus gegenüber Europa und das Beharren auf imperialer Herrschaft gegenüber der Ukraine gingen hier eine Verbindung ein.

Neben der *critical rupture* war die These von der Unvergleichlichkeit Russlands ein zweites kennzeichnendes Thema. 1866 veröffentlichte der slavophile Lyriker und russische Diplomat Fëdor Tjutčev (1803–1873) ein berühmtes Gedicht, das mit folgenden Zeilen schloss: «Verstand wird Russland nie verstehn / Kein Maßstab sein Geheimnis rauben / So wie es ist, so laßt es gehn – /An Russland kann man nichts als glauben».[14] Wie kaum ein anderes Gedicht prägten sich Tjutčevs Verse in das kulturelle Gedächtnis Russlands ein. Auch in der Russland-verklärenden Publizistik Deutschlands wurde das Gedicht zum Topos.[15] Im Ausland weniger bekannt wurde ein Poem, das Tjutčev während des Aufstands im August 1863 schrieb und die russische Zeitung «Den'» binnen Tagen veröffentlichte. Sein Thema ist die schicksalhafte Bedeutung des heraufziehenden Kriegs zwischen Russland und dem Westen um Polen. Ohne das Wort «Polen» zu benutzen, dämonisierte er die aufständischen Polen als Wiedergänger: «Ein furchtbarer Traum belastet uns / ein furchtbarer, monströser Traum: in Blut getränkt kämpfen wir mit Leichen / die auferstanden sind, um erneut beerdigt zu werden». Tjutčevs Poem, so die amerikanische Slavistin Olga Maiorova, schrieb sich in einen politischen Diskurs ein, der den polnischen Adel und die Idee der polnischen Staatlichkeit als todgeweiht betrachtete und dagegen die Ukraine, Litauen und Belarus als «heiliges russisches Land» verklärte. Der polnische Aufstand erschien so als frevelhafter und zum Scheitern verurteilter Versuch, die Länder der mittelalterlichen Rus auseinanderzureißen.[16]

In Tjutčevs Poem ist dieses Thema mit einem anderen Topos verknüpft: der Russophobie des Westens und der Sakralität Russlands: «Die ganze Welt, wie betrunken von Lüge / Alle Formen des Bösen, jeder hinterhältige Trick! .../ Nein, niemals hat menschliche Falschheit / so schamlos die göttliche Wahrheit zum Kampf herausgefordert». Bereits 1848 hatte

Tjutčev Polen als Faktor in einem west-östlichen und zugleich religiösen Kampf von Zivilisationen gesehen, als er von dem «aufrührerisch-katholischen Polen, dem fanatischen Jünger des Westens und Verräter seiner Brüder» schrieb.[17] Tjutčev verklärte den russischen Monarchen quasi als Messias und fragte, ob «der orthodoxe Imperator des Ostens ... sein Kommen noch hinauszögern würde. Nein, das ist unmöglich ... Eine tausendjährige Vorahnung kann nicht trügen. Russland, dem Land des Glaubens, wird es im entscheidenden Augenblick nicht an Glauben fehlen. Es wird vor der Größe der Aufgabe nicht zurückschrecken und seine Bestimmung erfüllen.»[18]

Die religiöse Aufladung hatte eine doppelte Funktion: Einerseits wies sie der orthodoxen Ukraine einen Platz an der Seite Russlands zu, indem sie ein Raum- und Gemeinschaftskonzept etablierte, in dem die orthodoxen und ostslavischen Nationen untrennbar miteinander verbunden waren. Der Primat der Russen in dieser Gemeinschaft ergab sich aus der Sprache, nur das Russische war – nach dem Verbot von Bibelübersetzungen ins Ukrainische – das Medium, in dem die orthodoxe Gemeinschaft mit Gott kommunizieren konnte. Andererseits wurde hier eine heilsgeschichtliche Dimension deutlich. Russland hatte demnach eine Mission für die ganze Menschheit. Mit diesem transzendentalen Universalismus überwand der russische Diskurs den Partikularismus, der Russland in seinen Konflikten vor allem mit Polen, aber auch der entstehenden ukrainischen Nationalbewegung anhaftete. In der transzendenten Rahmung der russischen Identität konnte es grundsätzlich nicht um Herrschaftsinteresse gehen, sondern nur um die Erfüllung einer sakralen Mission.

Panslavistische Kulturtheorien schlossen an die Literatur und die journalistischen Debatten der 1840er bis 1860er Jahre an. Nikolaj Danilevskij (1822–1885) veröffentlichte 1869 in der Zeitschrift «Zarja» sein Werk «Russland und Europa», das als Bibel des Panslavismus gilt und in seinem geschichtstheoretischen Ansatz mit Oswald Spenglers «Untergang des Abendlands» von 1918 verglichen worden ist. Es formuliert eine Dichotomie von Russland als rechtgläubiger Zivilisation und dem Westen als einer auf Lüge basierenden Gegenzivilisation. Danilevskijs Verständnis von Orthodoxie war, ähnlich wie bei Tjutčev, auf der Idee christlicher Brüderlichkeit gegründet, die in die Welt zu bringen dem ostslavischen Russland vorbehalten sei. In seiner Schrift spiegeln sich die Aporien, in die sich das

Zarenreich seit dem 18. Jahrhundert hineinmanövriert hatte. Russland befand sich, wie Danilevskij einsah, in einer verfahrenen Situation: Die Teilungen Polens waren aus seiner Sicht einerseits ein unvollendetes Projekt, denn Russland hatte Galizien der Habsburgermonarchie überlassen. Galizien war ein ukrainisches Territorium, das aus Danilevskijs Sicht wie die gesamte Ukraine untrennbar zu Russland gehörte. Andererseits hatte Russland «zu seinem Unglück» polnische Gebiete erworben, die sich trotz ihres slavischen Charakters als nicht integrierbar erwiesen. Polen war aus der Sicht Danilevskijs «verdorbenes Slaventum», und der Grund dafür lag in der polnischen Intelligenz, die in ihren katholischen, aristokratischen und revolutionären Spielarten immer antirussisch gewesen sei. So erschien Polen als die Crux des russischen Imperiums, das konstruktive wie repressive Mittel im Umgang mit Warschau vergeblich erprobt habe. Es blieb aus Danilevskijs Sicht nur der verschärfte Druck: Wenn «schädliche Elemente» in Polen die Oberhand behielten und «diese Wunde» ewig schwären ließen, würde die «russische Faust» wieder den «eisernen Handschuh anziehen» und Polen «immer fester zusammenpressen».[19] Vor allem die sogenannten russischen Westgebiete, also die Ukraine sowie Belarus und Litauen, sollten unbedingt von polnischem Einfluss abgeschirmt werden. Den defensiven und eher pessimistischen Grundton dieser Überlegungen überdeckte Danilevskij mit einem hochfliegenden Projekt, einer «allslavischen Föderation», die allerdings nicht als Bund von Gleichen, sondern «unter der politischen Führung und Hegemonie Russlands» gedacht war.[20] Die Ukraine war nicht einmal ein eigenständiges Glied dieser Föderation, sondern dem Föderationssubjekt «Russisches Imperium» untergeordnet, zu dem auch das österreichische Galizien und die ungarische Karpatho-Ukraine gehören sollten. Weitere Mitglieder der Föderation waren ein tschechoslowakisches Königtum, ein südslavisches Königtum, aber auch Griechenland und Rumänien, während Polen in der slavischen Föderation nicht vorgesehen war. Die Neuordnung des östlichen Europa sollte durch die Eroberung von Konstantinopel gekrönt werden, das Danilevskij zum politischen Zentrum der Föderation machen wollte.[21]

«Russland und Europa» ist für die Versuche, dem russischen Imperium einen nationalen Sinn zu geben, symptomatisch. Es sieht keine Möglichkeit, den spezifischen imperialen Weg weiterzuverfolgen, den Russland seit Peter I. eingeschlagen hatte. Selbst die territorialen Gewinne, die

Russland auf dieser Bahn durch die Teilungen Polens erzielt hatte, waren zutiefst ambivalent und für Russland teilweise schädlich. Danilevskij sah Polen als Pfahl im Fleisch einer erträumten allslavischen Gemeinschaft. Dabei hatte seine Darstellung Polens auffällige Gemeinsamkeiten mit dem offiziellen Ukraine-Diskurs in Russland heute. Polen wurde als fünfte Kolonne des Westens und als Brutstätte antirussischer Agitation dargestellt. Letztlich zielte Danilevskij auf einen grandiosen neuen Anlauf imperialer Politik, der sich diesmal nach Süden wenden und Konstantinopel zur neuen Reichsmetropole machen sollte. Man kann darin einen Eskapismus sehen, der die strukturellen Belastungen des russisch-polnischen Verhältnisses vergessen machen sollte, ohne eine Lösung für das Problem anzubieten

Im zweiten Drittel des 19. Jahrhunderts entstand eine Reihe von Ideenformationen, die im ausgehenden Zarenreich, das heißt in der Regierungszeit der Zaren Alexander III. und Nikolaus II., politisch an Relevanz gewannen und langfristig – bis heute – die russische Vorstellungswelt geprägt haben: die Erwartung von *critical ruptures*, die Vorstellung einer orthodoxen und ostslavischen Gemeinschaft mit einem eigenen Territorium, das Konzept der Unvergleichlichkeit Russlands, gepaart mit der Überzeugung, dass Europa «russophob» sei, sowie die Idee einer transzendentalen Aufgabe Russlands. Alle diese Muster bildeten sich in einem politischen Kontext heraus, der durch mächtepolitische Fragen, sei es in der polnischen, der ukrainischen oder der orientalischen Frage, definiert war. Russlands neues Set von Ideen war aus den konkreten Kontexten der Mächtepolitik heraus entstanden, als eine Antwort auf Aporien, die Russland in der internationalen Politik erfahren hatte.

Ukrainische Alternativen

Zum Komplex slavophiler und orthodoxer Ideen, die im Kontext der Revolution von 1848, des Krimkriegs und des polnischen Januaraufstands entstanden, gab es Alternativen. Diese wurden vor allem in der Ukraine und im russischen Exil formuliert. Im russischen politischen Denken war es in erster Linie Alexander Herzen (Aleksandr Gercen) (1812–1870), der außenpolitische Analyse und politische Ideen miteinander verband und außerdem ein beeindruckendes Memoirenwerk schuf. Herzen war der Sohn der aus Stuttgart stammenden Henriette Haag und des russischen Adligen Ivan Jakovlev. Seine Eltern schlossen keine rechtsgültige Ehe und gaben ihrem Sohn den Familiennamen Herzen, weil er das Kind ihres Herzens sei. Nach dem Studium an der mathematisch-naturwissenschaftlichen Fakultät der Moskauer Universität bewegte sich Alexander Herzen in oppositionellen Studentenkreisen, wurde zeitweise verbannt, unterhielt später Kontakte zu russischen Westlern wie Belinskij. 1847 verließ er Russland, die prägenden fünfziger und sechziger Jahre erlebte er im Exil in Paris. Dort gründete er u. a. die russische Zeitschrift «Kolokol», die zwischen 1857 und 1867 erschien und Wege nach Russland fand, wo sie von Intellektuellen intensiv rezipiert wurde.

Wie kein anderer russischer Intellektueller hatte Herzen einen scharfen, kritischen Blick auf die imperiale Geschichte des Zarenreichs. Ursprünglich ein Bewunderer der Reformen Peters I., erkannte er seit den 1850er Jahren die Problematik der nachpetrinischen Geschichte Russlands, das sich aus seiner Sicht mit den Teilungen Polens und der Bindung an Österreich und Preußen auf die schiefe Bahn begeben hatte. Bei einem Fortschreiten auf dem petrinischen Weg – gemeint waren Bürokratismus und Militarismus – drohe Russland zu einem «schlechten Preußen» zu werden, schrieb Herzen 1859 in einem Aufsatz über «Russland und Polen». In dem Essay ging es ihm darum, die Wirkungen der Heiligen Allianz endgültig zu überwinden, also um die Lösung Russlands vom Bündnis mit Österreich und Preußen. Dies könne nur durch die Wiederherstellung Polens geschehen, wodurch der «Sündenfall Russlands», die Teilungen, wiedergutgemacht werden sollte.[22] Die Abneigung gegen die Heilige Allianz teilte er mit staatsnahen Autoren wie Michail Pogodin. Aber nur Herzen zog die radikale Konsequenz, die Wiederherstellung Polens als Voraussetzung für eine tatsächliche *critical rupture* zu fordern: «Nur ein freies Polen reißt Russland aus der deutschen Umarmung. Hat sich die Rus davon gelöst, kann sie friedlich und frei ihrer Zukunft entgegengehen, sie wird nicht mehr diplomatischen Winkelzügen, nicht mehr internationalen Akten des Raubs [...] folgen – und den offenen Pfad der Freiheit und der inneren Entwicklung beschreiten.»[23] Für die russische gebildete Gesellschaft war es symptomatisch, dass Herzens Einfluss schlagartig nachließ, als er auch während des Aufstands von 1863 für Polen eintrat.

Den radikalen Ausstieg aus der Pfadabhängigkeit, in die sich Russland seit dem 18. Jahrhundert bezüglich Polens begeben hatte, forderte Herzen auch hinsichtlich der Ukraine. Er anerkannte sie als eine eigene Nation, sah in der vorpetrinischen «Kosaken-Republik» gar ein Vorbild für Russland. Wenn die Ukraine, die eine schlechte Erinnerung an die Verfolgung durch Russland und auch an die Herrschaft der Rzeczpospolita Polen habe, weder polnisch noch russisch sein wolle, gebe es für sie eine einfache Lösung: «In diesem Fall sollte die Ukraine als freies und unabhängiges Land anerkannt werden.»[24] Unter den russischen Intellektuellen bildete er auch mit dieser Einsicht eine Ausnahme. In der Zeitschrift «Sovremennik», die in Russland dem «Kolokol» am nächsten stand, äußerte der revolutionäre Demokrat Nikolaj Dobroljubov (1836–1861) seine spöttischen Zweifel, dass «Haidamaken-Erinnerungen ausreichen, eine ukrainische Literatur zu entwickeln».[25]

Während das russische politische Denken im zweiten Drittel des 19. Jahrhunderts vor allem um das Thema kultureller Identität kreiste, beschäftigte man sich in der Ukraine in dieser Zeit vor allem mit dem Konzept des Föderalismus. Der Historiker Mykola Kostomarov (russ.: Nikolaj Kostomarov, 1817–1885) hinterließ Spuren in der ukrainischen und der russischen Geschichtsschreibung. Er wuchs auf als Sohn eines russischen Gutsbesitzers, der seine Ahnen bis in die Zeit von Boris Godunov, also ins späte 16. Jahrhundert, zurückführte, und einer Ukrainerin, die eine Leibeigene seines Vaters war. Mykola war folglich de jure selbst dessen Leibeigener. Als sein Vater 1828 von Leibeigenen ermordet wurde, waren er und seine Mutter nicht erbberechtigt, wurden aber abgefunden. Mykola Kostomarov erhielt die Freiheit, studierte in Charkiv Geschichte und Literatur und wurde 1846 zum Professor für russische Geschichte an der Universität Kyïv berufen. Mit Taras Ševčenko gehörte er zu den Gründern der geheimen Kyrill-und-Method-Gesellschaft, wurde 1847 verhaftet und büßte eine Gefängnisstrafe in der Peter-und-Pauls-Festung und eine Verbannung in Saratov ab.[26] In den 1840er Jahren veröffentlichte er Schriften, die wie Mickiewiczs und Ševčenkos Werke dieser Zeit von einem romantischen Messianismus geprägt waren. Seine «Bücher der Genesis des ukrainischen Volks» entwarfen eine Geschichte der Ukraine, die dem Land als Hort slavischer Brüderlichkeit und Demokratie eine exzeptionelle Rolle zuschrieb. Nur die Ukrainer hätten eine wahrhaft christliche Gemeinschaft geschaffen, ihr werde einst die Aufgabe zufallen, eine Union autonomer slavischer Nationen anzuführen.[27]

In den 1860er Jahren veröffentlichte er Texte, die sich vom visionären Stil der Schriften der 1840er Jahre unterschieden und eine Lösung der ukrainischen Frage durch Föderalismus suchten. In den Aufsätzen «Gedanken über die föderalen Prinzipien der Alten Rus» und «Zwei Völker der Rus» begründete er die Unterschiedlichkeit von Russen und Ukrainern historisch. Die alte Rus sei von sechs verschiedenen Nationalitäten bevölkert gewesen, darunter Ukrainer, Russen, Belarussen, aber auch Pskover, Novgoroder und Sibirier. Sie hätten in einer Föderation zusammengelebt, die Kostomarov als die natürliche politische Form der Ostslaven begriff, die erst durch die mongolische Invasion und dann durch die Moskauer Autokratie zerstört worden sei.[28] Die russisch-ukrainische Geschichte interpretierte er als einen Widerstreit zwischen Föderalismus und Autokratie, wobei er der Ukraine den föderativen und freiheitsbewussten Part zuschrieb. Föderalismus war aus seiner Sicht ein universales Prinzip, das man überall dort antreffen könne, wo «moralische Stärke nicht durch gewaltsame Vereinigung unterdrückt» werde.[29]

Auf Kostomarovs Föderalismuskonzepten baute in den 1880er Jahren der ukrainische Historiker und Publizist Mychajlo Drahomanov (1841–1895) auf. Er entstammte einer kosakischen Adelsfamilie, ein Onkel hatte an der Dekabristenbewegung teilgenommen und war zu einer Haftstrafe verurteilt worden. Drahomanov studierte in Kyiv und wurde dort 1873 zum Professor für alte Geschichte ernannt. Wie Kostomarov und Antonovič gehörte er zu den Vordenkern der ukrainischen Nation, dabei griff er als Erster auch sozialistisches Gedankengut auf.

Drahomanov war der erste ukrainische Publizist, der sich umfassend mit der polnischen Frage beschäftigte und daraus Lehren für die Ukraine zog. Die polnischen Aufstände von 1830/31 und 1863 hatten auch die westlich des Dnipro gelegene, «rechtsufrige» Ukraine betroffen, die vor den Teilungen zu Polen gehört hatte. Polnische Adlige, die hier nach wie vor Güter besaßen, hatten ukrainische Bauern für den Aufstand aufzustacheln versucht – mit geringem Erfolg, in einigen Fällen hatten ukrainische Bauern die polnischen Gutsherren den russischen Behörden ausgeliefert. Die Aufstände ließen in der linksufrigen Ukraine Konkurrenzen zwischen polnischen, russischen und ukrainischen Intellektuellen entstehen, wobei die

Ukrainer oft auf russischer Seite standen. Auch Drahomanov wies polnische Vorstellungen von einer vollständigen Restauration des alten Polen einschließlich seiner ukrainischen, litauischen und belarussischen Gebiete zurück, unterstützte aber die Idee der polnischen Befreiung. Sein 1871 veröffentlichter Essay «Die Ostpolitik Deutschlands und die Russifizierung» identifizierte zwei Prinzipien, die im östlichen Europa wirksam waren: das Prinzip der Zentralisierung, das er im russischen Zarenreich beobachtete, und das Prinzip der Föderation, dem die Slaven zwischen Deutschland und Russland folgten.[30]

Drahomanov verband seine akademische Karriere mit politischem Engagement für die Emanzipation der Ukraine. Er übernahm die Leitung der gebildeten Gesellschaft der Kyiver Hromada und verwandelte die dortige Filiale der Kaiserlichen Russischen Geographischen Gesellschaft in ein Zentrum für Ukraine-Studien. In ihrem Auftrag unternahm er Reisen in die Habsburgermonarchie und nahm Kontakt zu den Ukrainern in Galizien auf. Diese Reisen hinterließen Spuren in seinem Nationskonzept. Im Kontakt mit den galizischen Ukrainern suchte er nach Gemeinsamkeiten, aber auch Unterschieden zwischen Angehörigen der Nation diesseits und jenseits der imperialen Grenzen. Er kritisierte den Klerikalismus, der das öffentliche Leben der habsburgischen Ukrainer prägte. In der Tat hatte in Galizien der Klerus der griechisch-katholischen Kirche eine führende Rolle in der ukrainischen Nationalbewegung übernommen. In der russischen Ukraine war diese Kirche seit den 1830er Jahren verboten, und der orthodoxe Klerus unterlag hier dem Selbstverständnis, das die russische orthodoxe Kirche insgesamt prägt: Verteidigerin des rechten Glaubens und der Einheit der Ostslaven zu sein. Im Gegensatz zu Galizien spielte Religion in der Nationalbewegung der Ukraine in Russland kaum eine Rolle.[31] Neben dem galizischen Klerikalismus nahm Drahomanov an der sozialen Unterdrückung der galizischen Ukrainer durch den polnischen Adel Anstoß, und er hielt an der Gemeinsamkeit von Russen und Ukrainern in einem übergeordneten Nationsbegriff fest. Aus der Sicht galizischer Nationalisten war er damit ein «Russifizierer».[32]

Valuevs Verbot, Texte in ukrainischer Sprache zu publizieren, stellte für Drahomanov eine biographische Zäsur dar. Er verließ das Zarenreich, ließ sich in Genf nieder und lehrte die letzten zehn Jahre seines Lebens in Sofia.[33] In der Emigration entwickelte er seine Föderalismus-Ideen weiter und entwarf einen Plan für eine Neuordnung des Zarenreichs. Sein Manifest «Freie Union» (1884) sah eine Dezentralisierung des Russischen Reiches vor, einschließlich einer föderalen Gliederung der ukrainischen Territorien. Die Ukraine sollte in drei sich selbst regierende Regionen aufgespalten werden: Kyiv (rechtsufrige Ukraine), Odesa (südliche Ukraine einschließlich Bessarabiens und der Krim) und Charkiv (linksufrige Ukraine). Innerhalb der Regionen würden die ethnischen Minderheiten Rechte genießen. Alle Konflikte zwischen den Ebenen sollten durch ein höchstes Gericht entschieden werden. Mit dem Föderalisierungsplan, der die Souveränität zwischen der gesamtstaatlichen Ebene und den Regionen aufteilte, fand Drahomanov internationale Anerkennung. Max Weber lobte den Entwurf und stimmte zu, dass die zentrale Struktur des Russischen Imperiums ein Hindernis bei seiner liberalen Transformation sei.[34]

Föderalismus war für Drahomanov eine Bedingung von Freiheit, und Freiheit sowie individuelle und soziale Emanzipation waren der Nationalität übergeordnet. In dem Essay mit dem bezeichnenden Titel «Exzentrische Gedanken über die ukrainische nationale Angelegenheit» rief er zum gemeinsamen Kampf der Russen und Ukrainer gegen die repressive Zarenherrschaft auf und warnte dabei vor einem nationalen Bias: «Die Hauptsache ist der Fortschritt des Individuums und der Gemeinschaft, politischer, sozialer und kultureller Fortschritt, während Nationalität nur der Boden ist, eine Form und ein Weg», um die Erziehung und den Wohlstand eines Volkes zu erhöhen.[35]

In der Emigration wurde er zum ersten europäischen Intellektuellen der Ukraine, der die europäische Öffentlichkeit als Ressource für die nationalen und sozialen Fragen seiner Heimat entdeckte. Er veröffentlichte Artikel über die Unterdrückung der Ukraine unter der Zarenherrschaft in der französischen, italienischen und schweizerischen Presse.[36] Als Sozialist war er mit zahlreichen polnischen, jüdischen, serbischen, bulgarischen und rumänischen Intellektuellen durch Briefwechsel verbunden. Drahomanov internationalisierte die ukrainische Frage als europäische Angelegenheit, so wie dies unter ganz anderen Umständen Adam Czartoryski in den 1830er Jahren für die polnische Frage geleistet hatte.

Das zweite Drittel des 19. Jahrhunderts war auch für das politische Denken in der Ukraine eine prägende Zeit. Der Unterschied zum russischen Diskurs ist auffällig: Die führenden russischen Intellektuellen bearbeiteten implizit oder explizit die Aporien, in die Russland durch sein System der imperialen Außenpolitik in Europa hineingeraten war. Isolationismus und Exzeptionalismus, die Vorstellung von europäischer Russophobie und die religiöse Aufladung des imperialen Herrschaftsanspruchs waren die markanten Kennzeichen. Die Vordenker der ukrainischen Nation waren stärker als die maßgeblichen russischen Philosophen und Schriftsteller an politischen Konzepten interessiert und gründeten ihre Verfahren weniger auf Spekulation als auf empirische Beobachtung. Selbstverständlich gab es auch unter den Russen Denker, die sich von Geschichtsspekulation fernhielten. Aber diese wurden im 19. Jahrhundert nicht zu den prägenden Vordenkern ihrer Nation. Die ukrainischen Denker nahmen intensiv am russischen Diskurs teil. Kostomarov war auch ein renommierter russischer Historiker, Drahomanov pflegte enge Kontakte zu sozialistischen Denkern in Russland. Den Protagonisten der russischen imperialen Nation fehlte dagegen eine tiefere Verbindung zur Ukraine.

Zarische Symbolpolitik und die Suche nach einer außenpolitischen Doktrin

Der russische Nationalmythos als Set von exzeptionalistischen und europafeindlichen Ideen, die im zweiten Drittel des 19. Jahrhunderts von verschiedenen russischen Denkern entworfen wurden, wurzelte nicht zuletzt in der Erfahrung mächtepolitischer Aporien. Diese Ideen wirkten dann wieder zurück auf die Politik, sie beeinflussten das Selbstverständnis der Herrschaft sowie die Innen- und Außenpolitik des Reiches. Diese Dialektik wurde in der Regierungszeit Alexanders III. (1881–1894) und Nikolaus' II. (1894–1917) sichtbar.

Alexander III. brach demonstrativ mit der Reformpolitik seines Vaters Alexander II., der 1881 Opfer eines Attentats wurde. Seine Herrschaft löste symbolisch das ein, was im politischen Denken Russlands zwischen den 1840er und 1870er Jahren immer wieder gefordert worden war: eine *critical rupture*. Auf der Ebene der konkreten Politik betraf dies den Reformkurs seines Vaters, von dem dieser sich in seinen späten Regierungsjahren selbst abgewandt hatte. Es ging Alexander III. aber um mehr, er wollte das Imperium auf eine neue Grundlage stellen. Der amerikanische Kulturhistoriker Richard Wortman hat anschaulich gezeigt, dass die Herrschaftssymbolik des neuen Zaren von Anfang an auf einen umfassenden Bruch mit der Tradition seines Vaters, ja der gesamten modernen Entwicklung Russlands angelegt war.[37] Während Alexander II. eine Nationalisierung des Imperiums durch die Entwicklung der inneren Ressourcen Russlands angestrebt hatte, verfolgte Alexander III. eine Symbolpolitik, die den Begriff der nationalen Politik anders füllte. Sie war darauf angelegt, den Zaren und seine Dynastie im kulturellen Sinne als russisch darzustellen. Zwei Monate nach der Ermordung seines Vaters ließ Alexander III. ein Manifest veröffentlichen, das nicht vom russischen Imperium oder vom russischen Staat sprach, sondern den altertümlichen Begriff des «russischen Lands» (russkaja zemlja) verwendete und damit eine slavophile Vorstellung von der widerspruchsfreien Einheit von Zar und Volk aufgriff. Sein Ideal autokratischer Herrschaft ließ lang zurückliegende Geschichte wiederaufleben, es verklärte das Moskauer Zarentum des 17. Jahrhunderts. Der Rückgriff auf die Vorvergangenheit entwertete die gesamte moderne Geschichte des russischen Imperiums: die Verrechtlichung und Bürokratisierung des Zarenreichs, die Einbindung Russlands in europäische Politik und die soziale Differenzierung der Gesellschaft. Sichtbar wurde die neue Symbolpolitik im Krönungszeremoniell Alexanders III. wie auch in vielen Äußerlichkeiten wie dem offiziellen Kleidungsstil, der das vormoderne Russland feierte. Für die Gendarmerie wurden nun altrussische Kaftane eingeführt.

Herrschaftssymbolik war für die Regierung Alexanders III. von grundlegender Bedeutung. Der Zar selbst verkörperte das Ideen-Set von russischem Exzeptionalismus, religiösem Sendungsbewusstsein und ideologischer Abgrenzung gegen den Westen. Seine Krönung war ein anschaulicher Beleg für die innige Verbindung, die die Romanov-Dynastie und die russische orthodoxe Kirche im Zeichen des neuen russischen Nationalmythos eingingen.[38] Wie tief Alexander III. den politischen Ideen verbunden war, die in den Dekaden vor seiner Regentschaft formuliert worden waren, offenbart ein Schreiben an seine Frau, die Zarin Maria Feodorovna, zum ersten Jahrestag der Krönung: Das große Ereignis habe, so Alexander, «einem überraschten und moralisch korrupten Europa gezeigt, dass Russland immer noch dasselbe heilige, orthodoxe Russland ist, wie es unter den Moskauer Zaren bestand und, wenn Gott will, für immer bestehen wird».[39]

Zarische Symbolpolitik

Abb. 12 · Putins *role model*: der russische Präsident bei der Einweihung des Denkmals für Alexander III. auf der Krim am 18. November 2017.

Alexander III., der in seiner Regierungszeit Halt und Orientierung in der vormodernen Geschichte des Zarentums und den ewigen Wahrheiten der Orthodoxie suchte, wird in der russischen Erinnerungskultur heute selbst zur Projektionsfläche für Sehnsüchte nach Stabilität und imperialer Dominanz. Am 18. November 2017, kurz nach dem hundertsten Jahrestag der Oktoberrevolution, brach Präsident Putin zu einem Kurzbesuch auf die Krim auf, um auf der annektierten Halbinsel eine vier Meter große Statue Zar Alexanders III. zu enthüllen. Der Bildhauer Andrej Koval'čuk hatte sie als urrussische Darstellung eines riesenhaften, uniformierten, Stiefel tragenden und mit Fellmütze bedeckten Zaren geschaffen, der sich in Sitzhaltung auf einen Säbel stützt.

Putins Ansprache bei der Eröffnung des Denkmals gab einen Einblick in sein eigenes Herrschaftsverständnis. Alexander III. habe stets, wie Putin hervorhob, «eine ungeheure persönliche Verantwortung für das Schicksal des Landes gefühlt» und «alles für den Fortschritt und die Stärkung der Nation getan, um sie vor Unruhen, vor inneren und äußeren Bedrohungen zu bewahren.» Russlands Einfluss und Autorität in der Welt steigerte der Zar «nicht durch Nachgeben, sondern durch eine faire und unerschütterliche Festigkeit». Eine ausführliche Passage widmete Putin dem Rüstungsprogramm Alexanders III. Nicht von ungefähr trägt das Denkmal als Inschrift das (vermeintliche) Zitat des Zaren: «Russland hat nur zwei Verbündete, seine Armee und seine Flotte».[40] *Alexander III. ist Putins vielleicht wichtigste historische Vorbildfigur. Eingeschrieben in diese Rollenauffassung sind der Verzicht auf multilaterale Politik und ein Kult russischer Stärke.*[41]

Die Idee russischer Exzeptionalität, die in den 1850er und 1860er Jahren als irrationale Antwort auch auf die Rückschläge, Niederlagen und Aporien in der russischen Europapolitik entwickelt worden war, prägte unter Alexander III. die außenpolitische Doktrin. Wenn man Europa eine grundsätzliche Russophobie unterstellte, was eine politisch wie kulturell verzerrte Wahrnehmung war, verlor Diplomatie einen großen Teil ihrer Funktion. Alexander III. folgte der Idee, dass Russland im Besitz strategischer Souveränität sei und allein über Krieg und Frieden entscheiden könne. Ein Korrespondent der «New York Times» formulierte seine Beobachtungen so: «Die Russen scheinen zu glauben, dass sie es allein und ohne Verbündete mit ganz Westeuropa aufnehmen können.»[42] Mit keinem Zitat wird Alexander III. so häufig verbunden wie mit dem Ausspruch: «Russland hat nur zwei Verbündete, die Armee und die Flotte», das nicht nur in Putins Rede, sondern auch in journalistischen Publikationen von Wissenschaftlern auftaucht.[43] Der Spruch trifft genau die Maxime des russischen Zaren, dass internationale Allianzen nur die eigene Souveränität schwächen, weil man sich nicht frei entscheiden kann. Kein anderes Zitat beschreibt besser die geopolitische Einsamkeit des Zaren, der von der Vorstellungen russischer Exzeptionalität und europäischer Russophobie gefesselt war. Es hat nur ein Manko: Alexander III. hat die Äußerung nie getätigt, jedenfalls gibt es dafür keinen Beleg. Es ist eine intelligente Erfindung, die die Grundeinstellung Alexanders III. auf den Punkt bringt.

Für Alexanders Kurs gab es in der russischen Öffentlichkeit und in der Diplomatie Unterstützer, es finden sich aber auch Gegenstimmen. An der Spitze des russischen Außenministeriums stand Nikolaj Girs (1820–1895), der aus der ukrainischen Kleinstadt Radyvliv stammte und deutsche und schwedische Vorfahren hatte. Mit seiner Herkunft hätte er in die kosmopolitisch geprägte Gruppe hoher Staatsdiener in der Zeit Alexanders I. gepasst, im nationalisierten Zarenreich Alexanders III. wirkte er wie eine unzeitgemäße Figur. Durch Fleiß und unbedingte Loyalität gegenüber dem Zaren konnte er sich von 1882 bis 1894 im Ministeramt halten. Girs wurde in der Regierung zum Fürsprecher des traditionellen Systems der russischen Politik, die im Bündnis mit Preußen und Österreich die imperiale Kontrolle über Polen sicherte. Auf seinen Einfluss war es zurückzuführen, dass 1884 das sogenannte Dreikaiserbündnis zwischen Russland, Deutschland und Österreich-Ungarn noch einmal verlängert wurde. Doch hatten sich die russisch-deutschen Beziehungen seit der preußisch-deutschen Reichsgründung von 1870/71 verkompliziert und ließen sich nicht mehr auf die Funktion der gemeinsamen Kontrolle Polens reduzieren. Selbst aus der Sicht von Girs stellte Preußen-Deutschland seit der Reichseinigung die Macht dar, von der Russland am meisten zu befürchten hatte. Zugleich brauchte die russische Diplomatie die Beziehungen zu Berlin in vielen Fragen, vor allem in der russisch-britischen Konkurrenz im Orient und im Great Game um den Einfluss in Zentralasien.[44]

Es war ein Bündel von Ursachen, das zum Bruch zwischen Sankt Petersburg und Berlin – und damit des Systems der russischen imperialen Hegemonie in Ostmitteleuropa – führte. Eine wichtige Etappe auf dem Weg dorthin war der Berliner Kongress von 1878, auf dem Bismarck eine für Russland schmerzhafte Friedensordnung für den Balkan vermittelte. Die Emotionen der russischen Politik und Öffentlichkeit wandten sich jetzt gegen Deutschland. Der Abschluss des Zweibunds zwischen Deutschland und Österreich-Ungarn (1879), mit dem Bismarck auf den deutsch-russischen Zwist reagierte, richtete sich ausdrücklich gegen Sankt Petersburg. Das erste Mal seit dem Siebenjährigen Krieg schlossen sich damit zwei Ostmächte gegen die dritte zusammen. Zwar gelang es Bismarck 1881 mit der Unterzeichnung des Dreibunds, Russland in das alte Bündnis zurückzuholen, doch fehlte es der Verbindung an Stabilität.

Das System der gemeinsamen Beherrschung Polens, das die Teilungsmächte am Ende des 18. Jahrhunderts miteinander verbunden hatte, ging nicht einfach zu Ende, sondern es kippte: Aus der Mächtesolidarität wurde schlagartig Mächterivalität in Polen. Die deutsche Ansiedlungspolitik in Posen, die die überwiegend polnische Provinz germanisieren sollte, rief in Petersburg Argwohn hervor. Der von Bismarcks Nachfolger Leo von Caprivi (1831–1899) betriebene Versuch einer Verständigung mit den preußischen Polen wie auch die erneute Wendung des Reichskanzlers Bernhard von Bülow (1849–1929) zu einer antipolnisch-assimilatorischen Politik übten eine desintegrative Wirkung auf die deutsch-russischen Beziehungen aus. Umgekehrt vertiefte auch die Petersburger Russifizierungspolitik in Polen den Gegensatz zu Berlin.[45] Sowohl Ansätze zur Integration der Polen wie auch zur Assimilierung verstärkten zwischen Deutschland und Russland die Befürchtung, dass der jeweils andere mit «seinen» Polen die eigene Macht vergrößerte. Es waren aber vor allem finanz- und zollpolitische Fragen, die schließlich zur Auflösung des Dreikaiserbündnisses und 1894 zur Unterzeichnung eines russisch-französischen Allianzvertrags führten. Damit ging ein fast zwei Jahrhunderte bestehendes System der imperialen Kontrolle Polens zu Ende, ohne dass Alexander III. aber ein neues Konzept an seine Stelle setzte. Das machte den Unterschied zu seinen Vorgängern Alexander I. und Alexander II. aus, die einen entsprechenden Bruch mit einem Neuanfang in den russisch-polnischen Beziehungen verbinden wollten.

Nationale und soziale Dynamik in der Ukraine

Der exzeptionalistische Politikstil prägt nicht nur die Außenpolitik, sondern auch die inneren Verhältnisse. Der Nationalmythos vom ewigen orthodoxen Russland veränderte das Selbstverständnis des Imperiums. Die Tendenz zur Nationalisierung des Imperiums war nicht neu, aber sie wurde von Alexander III. konsequent zu Ende geführt. Das symbolische Bündnis des russischen Zaren mit dem ethnisch und religiös geeinten russischen Volk rückte andere Ethnien und Konfessionen an den Rand. Aufschlussreich für das neue Verhältnis von Zentrum und Peripherie war die Reise, die Alexander III. vom August bis Oktober 1888 unternahm. Es handelte sich um die einzige ausführliche zeremonielle Reise in seiner Regierungszeit, die ihn zusammen mit seiner Familie in einem von zwei Dampflokomotiven gezogenen Hofzug durch die Südukraine nach Elizavetgrad (heute Kropyvnyc'kyj), dann nach Polen, in den Kaukasus und nach Sevastopol führte. Die Reiseroute war so gewählt, dass sie Randgebiete des Imperiums durchfuhr und damit zeremoniell die Zugehörigkeit der Peripherien zum Reich betonte. Zu den Stationen gehörte auch das ehemalige Zentrum der griechisch-katholischen Kirche Chełm im äußersten Westen der Ukraine. Die Botschaft des Besuchs war der erfolgreiche Vollzug der «Wiedervereinigung» der griechisch-katholischen mit der russischen Orthodoxie. Die russische Presse, die von der Zarenreise berichtete, stellte das konfessionell gesäuberte Chełm als eine ursprünglich russische Region dar.[46]

Auf der Strecke von der Krim nach Petersburg in der Nähe des Bahnhofs Borki bei Charkiv entgleiste der kaiserliche Hofzug, ein Teil der Waggons stürzte von einer steilen Böschung, 23 Menschen aus der kaiserlichen Reisebegleitung starben. Die Zarenfamilie, die zum Zeitpunkt des Unfalls ein Frühstück im Salonwagen einnahm, blieb unverletzt. Es war ein Unfall, Spekulationen über einen terroristischen Anschlag erhärteten sich nicht. Die russische Presse stilisierte die «wundersame Rettung des Kaisers und seiner Familie» zu einem Zeichen göttlicher Gnade. Am Unfallort wurde eine Kathedrale errichtet.[47]

Nur in Bruchstücken bekam der Zar die rapide Modernisierung zu sehen, die in dieser Zeit die Ukraine erfasste. Das Land, vor allem der Süden und der Osten, war in Bewegung, auf dem Land und vor allem in den Städten. Die agrarischen Gebiete erlebten einen starken Zuzug russischer Bauern, die aus den weniger ertragreichen südrussischen Territorien in die ukrainischen Schwarzerde-Regionen umsiedelten. Als Migrationsmagneten fungierten aber vor allem die neuen industriellen Zentren, unter denen Donec'k hervorragte. Kern der Siedlung war eine metallurgische Fabrik, die der Waliser John Hughes (1815–1889) mit 100 Facharbeitern 1869 gegründet hatte. Aus der Siedlung, nach ihrem Schöpfer «Juzovka» genannt, entwickelte sich in kurzer Zeit ein Industriezentrum mit um die Jahrhundertwende 50 000 Einwohnern. Auch in Kyiv und Odesa verlief die Entwicklung rasant. Kyiv zählte 630 000, Odesa sogar 670 000 Einwohner und war damit die größte Stadt der Ukraine.[48] Die Wirtschaftsdynamik veränderte die sozialen Verhältnisse und die ethnische Bevölkerungsstruktur. Die russischen Bauern wurden zu einem Rückgrat der Industrialisierung. Russen, Juden und Polen waren überproportional in der neuen Unternehmerklasse vertreten. Im Handel spielten Juden eine prägende Rolle. Sie stellten zwischen 12 und 14 Prozent der Bevölkerung von Wolhynien und Podolien und der südlichen Ukraine. In den kleineren Städten bildeten sie oft die Mehrheit und in den größeren Städten eine signifikante Minderheit. 37 Prozent der Bewohner Odesas waren jüdisch.⁴⁹ Auch die regionale Ordnung der Ukraine veränderte sich: Hatte traditionell der agrarische Norden dem nomadischen Süden der Zaporoger Kosaken gegenübergestanden, so entwickelte sich jetzt der Süden zum Motor des industriellen Fortschritts, er wurde ethnisch und konfessionell diverser als jede andere Region der Ukraine.⁵⁰

Die rasante Transformation stand in einem scharfen Kontrast zum archaischen, anti-modernen Selbstverständnis der zarischen Herrschaft, wie es sich unter Alexander III. entwickelte. Antijüdische Pogrome, die 1881 zuerst in Kyiv und dann an vielen Orten in Podolien und Wolhynien sowie in Černihiv und Katerynoslav (heute Dnirpo) ausbrachen, wurden von russischen Gewerkschaften und Zeitungen mit Stereotypen von jüdischen Ausbeutern und Blutsaugern befeuert. Die Regierung dagegen erblickte in den Unruhen eine Gefahr für die öffentliche Ordnung und war deshalb, wie der englische Historiker John D. Klier gezeigt hat, weit davon entfernt, die Pogrome wohlwollend geschehen zu lassen. Sie versuchte vielmehr vergeblich, die Unruhen zu unterdrücken.⁵¹

Zum vollständigen Bild gehört es allerdings auch, dass die russische Regierung die Pogrome nutzte, um das zarische Programm der Abrechnung mit der liberalen Vergangenheit voranzutreiben. Eine Schlüsselfigur war dabei der von Alexander III. neu berufene Innenminister Nikolaj Ignat'ev (1832–1908), der in idealer Weise den Komplex von außenpolitischer Frustration und imperialem Exzeptionalismus verkörperte. Als Diplomat hatte er auf internationalen Kongressen die Erfahrung der russischen Unterlegenheit gemacht, deshalb stand er multilateraler Politik ablehnend gegenüber und befürwortete wie der Zar eine Politik der eigenen Stärke, etwa durch Flottenhochrüstung im Schwarzen Meer. Den Westen und das katholische Polen dämonisierte er als erklärte Feinde Russlands, wobei er meinte, dass die Zeit gegen Russland arbeite: Der Geist der Jugend wende sich dem Westen, nicht Russland zu.⁵² Dem Zaren war Ignat'ev von konservativer Seite als Innenminister wegen seiner «gesunden Instinkte und russischen Seele» empfohlen worden.⁵³ Der neue Innenminister sah in den Ausschreitungen eine gute Gelegenheit, sich von der Toleranz der vorangegangenen Epoche zu distanzieren. Das eigentliche Problem Russlands bestand aus seiner Sicht aus einer mächtigen Gruppe von Polen und Juden, die in Petersburg alles kontrollierten.⁵⁴ Negative Integration, also die Schaffung eines russischen Wir-Gefühls in Abgrenzung von Juden und

Polen, war von der russischen nationalistischen Presse seit den sechziger Jahren betrieben worden. Jetzt wurde sie zu einer Praxis an der Spitze des Staates.

Dies war der Rahmen, in dem sich in der Ukraine Politik als Massenphänomen zu entfalten begann, etwa in der Form von Studentenunruhen, die nicht nur die Hauptstädte des Russischen Reichs, sondern Ende der 1880er Jahre auch Charkiv erreichten. Von studentischer Seite ging auch die Initiative zur Gründung der ersten politischen Partei in der Ukraine aus: Die Revolutionäre Ukrainische Partei bekannte sich zu sozialistischen und nationalen Ideen und proklamierte die Unabhängigkeit der Ukraine als Ziel. Das Gründungsmanifest, das 1900 von dem Kyiver Juristen Mykola Michnovs'kyi (1873–1924) verfasst und in Galizien gedruckt wurde, prangerte den «Großmächte-Antagonismus» an und formulierte die nationalen Ziele der Ukraine aus der kolonialen Perspektive einer «versklavten Nation», die sich gegen «jede Form der Beherrschung» erheben wolle. Die Partei spaltete sich bald an der Frage, ob Nationalismus oder Sozialismus zu priorisieren seien.[55] Die meisten ukrainischen Politiker zogen eine Autonomie innerhalb des Russischen Reichs vor, so etwa die polyethnisch geprägte sozialdemokratische Partei Spilka, die sich von der Revolutionären Ukrainischen Partei abspaltete und Verbindungen zu den russischen Sozialdemokraten und dem Jüdischen Bund unterhielt.

Eine völlig neue Dynamik erhielt die nationale und soziale Mobilisierung, als im Januar 1905 in Petersburg die Revolution ausbrach. Ihren Hintergrund bildete soziale und politische Unzufriedenheit, aber auch der enorme Prestigeverlust, den Russland 1904/05 im verlustreichen Krieg gegen Japan erlitten hatte. Den Anstoß zur Revolution gab eine Prozession von Arbeitern, die dem Zaren im Winterpalast eine Petition übergeben wollten. Angeführt wurde sie von dem aus Charkiv stammenden orthodoxen Priester Georgij Gapon, der eine staatlich finanzierte «gelbe» Gewerkschaft leitete. Der friedliche Protest wurde vom zarischen Militär niedergeschossen, der «Blutsonntag» des 9. Januar wurde augenblicklich zum Fanal für eine Revolution, die sich in vielen Regionen des Reichs verbreitete, insbesondere in Polen. So brach z. B. in Łódź im Juni ein Aufstand aus, der nur mit massivem Einsatz von russischer Polizei und Militär niedergeschlagen werden konnte und zu Hunderten von Toten und Verletzten führte. Über 90 Prozent der Industriearbeiter Polens traten in den

Streik. Man kann von einem vierten polnischen Aufstand gegen das Russische Imperium sprechen, der aber diesmal synchron mit einem russischen Aufbegehren verlief.[56]

In der Ukraine kam die Revolution zwei Tage nach dem Blutsonntag an. Am 12. Januar streikte die Belegschaft einer Maschinenfabrik in Kyiv, denen sich Arbeiter im Donbas bald anschlossen, auf dem Land war es schon vor den Streiks zu gewaltsamen Protesten gegen die Gutsbesitzer gekommen, die Bauern erwarteten die Zuteilung von Land. Einen ikonischen Ausdruck fand der Protest gegen die herrschende Ordnung in der Meuterei auf dem Panzerkreuzer «Potemkin» der Schwarzmeerflotte im Juni 1905. Der Auslöser war die Verpflegung der Matrosen mit Borschtsch, der mit verfaultem Fleisch zubereitet war. «Wie lange wollen wir Sklaven sein?», fragte der Unteroffizier Hryhorii Vakulenčuk die Matrosen nach einigen Berichten in ukrainischer Sprache. Der Aufrührer wurde von einem Offizier erschossen, die Matrosen töteten daraufhin die Offiziere und lenkten das Schiff nach Odesa, um die Arbeiterproteste zu unterstützen. Ihre Ankunft im Hafen mit der Leiche Hryhorii Vakulenčuks an Bord stachelte den Aufruhr in der Stadt weiter an. Polizei- und Armee-Einheiten schossen den Protest zusammen.[57]

Sergej Ėjzenštejns Film «Panzerkreuzer Potemkin» (1925) verlegt den Zusammenstoß von städtischem Protest und russischem Militär auf die Potemkinsche Treppe, die mit 192 Stufen die Innenstadt Odesas mit dem Schwarzen Meer verbindet und symbolisch zwischen dem imperialen Odesa der Puškin-Zeit mit seinen Palästen und dem Opernhaus einerseits und dem Hafen mit der von Arbeitern, Matrosen und Kriminellen geprägten Gegenkultur andererseits liegt. Auf dieser Freitreppe versammeln sich bei Ėjzenštejn die mit den Matrosen sympathisierenden Bewohner Odesas, gegen sie rücken von oben – aus der imperialen Stadt – mit aufgepflanzten Bajonetten zarentreue Soldaten vor. Von Zeit zu Zeit halten die Soldaten inne, feuern eine Salve in die Menge und setzen ihren maschinenartigen Gang die Treppe hinunter fort. Kurze Sequenzen zeigen einzelne Menschen, die fliehen oder fallen, einen Kinderwagen, der die Treppe hinunterrollt, eine Frau, der ins Gesicht geschossen wird, zerbrochene Gläser und immer wieder die Stiefel der Soldaten, die sich im Gleichschritt bewegen. Sergej Ėjzenštejn (1898–1948) schuf einen Mythos, an dem auch sowjetische Schriftsteller wie Aleksandr Kuprin (1870–1938) und der in Odesa geborene Isaak Babel (1894–1940) mitschrieben. Sie etablierten

Odesa als einen mythischen Ort, der die Geschichte von 1905, ja der Revolution insgesamt repräsentierte. *Aus einer lokalen Geschichte in der Ukraine wurde eine sowjetische und globale Chiffre.*[58] Einige Monate später stand das Zarenreich vor dem Kollaps. Im Oktober 1905 lähmte ein Generalstreik, der über zwei Millionen Arbeiter und Angestellte erfasste, die Wirtschaft weitgehend. Nikolaus II., seit neun Jahren auf dem Zarenthron, hatte bislang an der Herrschaftsauffassung seines Vaters Alexander III. festgehalten. Nun stellte ihm der Vorsitzende seines Ministerkomitees, Graf Sergej Vitte (1849–1915), die Aussichtslosigkeit der Situation dar. Für eine Militärdiktatur verfügte das Zarenreich nicht über eine ausreichende Zahl an verfügbaren Truppen. Es war unausweichlich, dem Protest entgegenzukommen. Der Zar unterzeichnete also eine Urkunde, das sogenannte Oktobermanifest, durch die er bürgerliche Freiheiten und die Einberufung eines Parlaments, der Duma, versprach. Dieser Schritt spaltete die Protestbewegung. Die Liberalen sahen ihre Forderungen als erfüllt an, Sozialisten radikalisierten den Protest, Monarchisten und Ultranationalisten betrieben die Revision der Entwicklung.

Dies war der vom politischen Zentrum gesetzte Rahmen, in dem sich in Kyiv und anderen Städten im Süden des Zarenreichs antisemitische Pogrome entfalteten. Den Ausgangspunkt bildeten in Kyiv radikale Ausschreitungen – die Befreiung von Häftlingen, die Entfernung imperialer Herrschaftszeichen –, die nicht unter national-ukrainischen, sondern sozialistischen Vorzeichen geschahen. Monarchisten, radikalisierte Orthodoxe und Gangs von zugewanderten russischen und in geringerem Maße auch ukrainischen Arbeitern nahmen dies zum Anlass für Plünderungen und Mordaktionen an Juden. Im Oktober und November 1905 kam es in der Ukraine auch in Kam'janez-Podils'kyj, Katerynoslav, Kremenčuk, Mykolaiv, Odesa, Romny, Černihiv, Simferopol und Kropyvnyc'kyj (bis 1924 Jelisavetgrad) zu antijüdischen Ausschreitungen, insgesamt wurden 700 Pogrome gezählt.[59]

Das Versprechen bürgerlicher Freiheit und politischer Partizipation hatte in der Ukraine vielfältige Wirkungen. Die Zahl der Presseveröffentlichungen explodierte, und die politische Landschaft spaltete sich zwischen Sozialdemokraten und anderen «all-russischen» sozialistischen Parteien, der liberalen Intelligenz, die sich in einer ukrainischen Partei sammelte, und der «Union des Russischen Volkes», die eine ultranationalistische russische Orientierung vertrat.⁶⁰ Nach den Duma-Wahlen im Frühjahr 1906, die von den Liberalen gewonnen wurden, bildete sich in der Duma ein Ukrainischer Klub, um die kulturellen und politischen Belange der Ukraine zu fördern. Mit der Gründung des Klubs trat der Historiker Mychajlo Hruševs'kyj (1866–1934) in das politische und intellektuelle Leben der zu Russland gehörenden Ukraine. Er hatte als Schüler von Antonovič das Geschichtsstudium in Kyiv abgeschlossen und war 1894 auf den ersten Lehrstuhl für ukrainische Geschichte im habsburgischen Lviv berufen worden. Vier Jahre später veröffentlichte er den ersten Band seiner monumentalen «Geschichte der Ukraine-Rus», neun weitere Bände folgten bis 1937. Es war die erste große Synthese der ukrainischen Geschichte, der Kontrapunkt zu den umfassenden russischen Geschichten, die Solov'ev und Ključevskij geschrieben hatten. Ein Jahr vor der Revolution legte er seinen wichtigsten Aufsatz als Veröffentlichung der Russischen Akademie der Wissenschaften vor, in dem er zeigte, dass die Geschichte der ukrainischen Nation auf die mittelalterliche Kyiver Rus zurückging und sich die ukrainische in ihrem Ursprung und in ihrer Entwicklung von der russischen Geschichte unterschied.⁶¹ Das Schema bildete den Ausgangspunkt für eine bis heute andauernde Auseinandersetzung zwischen russischer und ukrainischer Geschichtswissenschaft. Russische Historiker wiesen den ukrainischen Anspruch zurück, die Kyiver Rus als Vorläufer der ukrainischen Nation zu reklamieren, ukrainische Historiker dagegen folgten dem Schema, auch in der sowjetischen Ukraine (bis 1929), in der Emigration und im ukrainischen Nationalstaat heute.⁶²

Hruševs'kyj förderte mit allen Mittel ukrainische Bildungs- und Wissenschaftsprojekte in Galizien. Als in Russland die Revolution ausbrach, verschob sich für ihn jedoch die Bühne der ukrainischen Politik ins Zarenreich. Er erfuhr von der Gründung des Ukrainischen Klubs der russischen Duma und unterbrach seine Arbeit in Lviv, um als dessen Redakteur und Berater zu wirken. Die ukrainische Befreiung war nur gemeinsam mit der russischen Befreiung zu erreichen, dieser Leitlinie folgte Hruševskij und dachte dabei an eine Autonomie der Ukraine innerhalb Russlands. Vor dem Hintergrund seiner Erfahrungen in der Habsburgermonarchie, in der nationale Spannungen durch «Ausgleiche» manchmal zulasten Dritter gelöst worden waren, befürchtete er eine Vereinbarung zwischen Russen und Polen, die die polnische Sprache und Kultur in den Regionen der ehemaligen Rzeczpospolita Polen und damit auch in der Ukraine eingeführt hätte. Im Zarenreich kam eine solche Einigung nach dem Vorbild des österreichisch-ungarischen Ausgleichs von 1867 aber nicht zustande.[63] Hruševs'kyj und die ukrainischen Liberalen kämpften für ein «Imperium der Nationen». Den Erfolg trug aber zunächst das nationalisierende Imperium davon, also das Gegenkonzept zu einer Föderation von Gleichberechtigten. Wie Hruševs'kyjs politisches Engagement erhielt auch der imperial geprägte russische Nationalismus einen wesentlichen Anstoß aus der Revolution. Dabei waren es nicht nur die Ultranationalisten der «Union des russischen Volkes», sondern auch liberale Parteien wie die Kadetten, die Russland im Kern als Staat der russischen Nation und alle anderen Nationen und Ethnien des Reiches als Minderheiten ansahen. Gerade die liberalen Kräfte waren für radikale Einheitsvorstellungen besonders empfänglich, wie schon das Beispiel Vissarion Belinskijs in den 1840er Jahren gezeigt hatte. Dementsprechend warnte der liberale Politiker Petr Struve (1870–1944) 1912: «Wenn die ‹ukrainische› Idee der Intelligenz das Volk mit ihrem Ukrainertum anstecken wird, dann wird dies zu einer gigantischen und präzedenzlosen Spaltung der russischen Nation führen.» Struve fürchtete eine «Zweiteilung und – sollten die Weißrussen dem Vorbild der Ukrainer folgen – eine Dreiteilung der russischen Kultur».[64] Unterschiede zwischen Liberalen und Rechts-Nationalisten gab es hinsichtlich der Art und Weise, wie man mit den Minderheiten umgehen wollte. Durch das Ideen-Set der 1850er bis 1870er Jahre, verbunden mit extremem Antipolonismus und Antisemitismus, zeichnete sich die rechtsradikale «Union des russischen Volkes» aus. Es ist bemerkenswert, dass sie weniger in den ethnisch russischen zentralen Gebieten des Reiches als in den westlichen und südwestlichen Gebieten des Zarenreichs Fuß fasste. Dort hatte sie zwei Drittel ihrer Mitglieder.[65] Ein Viertel aller Mitglieder der «Union des russischen Volkes», nämlich 100 000 Personen, stammten aus einem einzigen Regionalverband, nämlich aus Počaev in Wolhynien. Die Mehrheit dieses größten Regionalverbands der «Union des russischen Volkes» bestand aus ukrainischen Bauern.[66] Warum beteiligten sich Ukrainer massenhaft an der russischen nationalistischen Bewegung? Ein Teil der Antwort liegt in dem Identitätskonzept, das die russischen Nationalisten den Ukrainern anboten, als «Kleinrussen» zur größeren Einheit der Familie von ethnischen Russen und Belarussen dazuzugehören. Dieses Konzept war auch in der ersten Hälfte des 19. Jahrhunderts anzutreffen, aber es erlangte unter den politisierten Bedingungen der Revolutionszeit eine andere Bedeutung. Es hatte jetzt eine «hässliche Seite», indem es die Einheit von Russen und Ukrainern nicht nur positiv auf einer gemeinsamen Identität, sondern auch negativ auf einer gemeinsamen Feindschaft gegen Polen und Juden begründete.[67] Für diese negative Identifizierung war es hilfreich, dass die orthodoxe Konfessionszugehörigkeit Russen und Ukrainer miteinander verband und es seit dem Verbot der griechisch-katholischen Konfession keine Glaubensalternative für die Ukrainer im Zarenreich mehr gab. In die Erinnerungskultur der Orthodoxie war aber die Abwehr gegen Katholizismus und Polonismus tief eingeschrieben, wodurch die Orthodoxie als Brücke zwischen Ukrainern und Russen und nicht als Rückgrat einer eigenständigen ukrainischen Nation wirkte. Schließlich verstand es die «Union des russischen Volkes», sich gegenüber den ukrainischen Bauern als Interessenanwalt für eine Land-Umverteilung darzustellen. Aus diesen Gründen verloren die ukrainischen Liberalen den Kampf um die ukrainische Sache nicht nur in Petersburg, sondern auch zu Hause. Hinter diesem ersten Paradox verbirgt sich ein zweites, das erst nach dem Zusammenbruch der Zarenmacht sichtbar wurde. Die organisatorischen Strukturen, die durch die «Union des russischen Volkes» aufgebaut worden waren, ließen sich jetzt sehr schnell auch für eine ukrainische politische Mobilisierung nutzen.[68]

Auf dem «Weg nach Europa» hatte sich das Zarenreich seit Peter I. in seiner Gesellschaftsstruktur tiefgreifend verändert. Wenn man die geopolitische Geschichte des Zarenreichs in den Vordergrund rückt, erkennt man Veränderungen, aber auch Kontinuität: Russlands Exportwege hatten sich von der Ostsee an das Schwarze Meer verlagert, und damit waren auch neue Expansionsrichtungen und Einflusszonen verbunden: Die Beherrschung des Bosporus war jetzt wichtiger als die des Öresunds. Aber Russland blieb ein Rohstoff-Imperium, und die Wege des Exports waren nach wie vor von geopolitischer Bedeutung. Die russische Herrschaft über Polen war eng mit der über die Ukraine verflochten, zunehmend galt dies auch für den Widerstand gegen sie. Der Ost-West-Konflikt, der sich in der Peter-Zeit innerhalb des Mächtesystems abgespielt hatte, verwandelte sich in einen weltanschaulichen Gegensatz von verschiedenen Ordnungssystemen, der selbst dann bestehen blieb, als sich Russland und Frankreich am Ende des 19. Jahrhunderts diplomatisch annäherten. Die polnische Unabhängigkeitsbewegung und danach auch die ukrainische Nationalbewegung operierten in diesem Spannungsfeld, prägten es aber auch. Russland war noch zum Beginn des 19. Jahrhunderts ein anationales, ja ein antinationales Imperium gewesen. Seit dem ausgehenden 19. Jahrhundert verwandelte es sich in ein nationalisierendes Imperium mit der Absicht, eine imperialistische Nation zu werden.

Der Erste Weltkrieg

Als die Petersburger Regierung am 18./31. Juli 1914 die Generalmobilmachung verkündete, ließ sie sich auf einen Krieg ein, der Russland überforderte. Wie schon im Russisch-Japanischen Krieg 1904/05 waren es am Ende militärische Niederlagen, die die russische Gesellschaft ermutigten, ihrer Unzufriedenheit Ausdruck zu geben und einen politischen Neuanfang zu erzwingen. Russland kämpfte 1914 an der Seite der Westmächte gegen Deutschland und die Habsburgermonarchie. Dies kehrte die mächtepolitischen Traditionen um, die seit dem Beginn des 18. Jahrhunderts gegolten hatten. Dementsprechend veränderte sich nun auch die Logik der Ostmitteleuropapolitik Russlands sowie der Mittelmächte. An die Stelle von imperialer Kooperation zwischen den Monarchien trat mächtepolitische Konkurrenz. Statt Polen gemeinsam zu beherrschen, versuchten Russland, Deutschland und die Habsburgermonarchie jetzt, das Land durch Entgegenkommen, durch das Angebot von Autonomie, für sich zu gewinnen. Bereits im August 1914 erließ der Zar eine Proklamation an Polen, in der es hieß, dass die geteilte Nation unter seiner Herrschaft in der dreifachen Freiheit von Glauben, Sprache und Selbstverwaltung wiedervereinigt werden solle. Im April 1916 legte Außenminister Sergej Sazonov (1860–1927) einen Plan vor, der die Wiedererrichtung eines polnischen Staats unter der Romanov-Dynastie mit eigener Regierung und eigener Gesetzgebung vorsah. Das Projekt wurde von konservativen Gegnern angefochten, doch wurde es auch nach Sazonovs Entlassung im Juli 1916 nicht zurückgenommen, sondern blieb in der Schwebe. Die Habsburgermonarchie und das Deutsche Reich entwickelten ihrerseits Pläne für die Wiederherstellung Polens als Satellitenstaat unter Wiener oder Berliner

Hegemonie.⁶⁹ 1916 wurde auf Betreiben der deutschen Obersten Heeresleitung ein «Königreich Polen» gegründet, bei dessen territorialem Zuschnitt allerdings deutsche militärische und siedlungspolitische Interessen im Vordergrund standen.⁷⁰

Während die russische Regierung den polnischen Bestrebungen entgegenkam, war ihre Ukrainepolitik von den ideologischen Vorgaben geprägt, die sich seit dem zweiten Drittel des 19. Jahrhunderts im russischen Diskurs etabliert hatten. Russland verfolgte das Kriegsziel, sich mit Galizien ein Territorium einzuverleiben, das es als Teil der eigenen russischen Nation betrachtete, zu der man neben ethnischen Russen auch Belarussen und Ukrainer zählte. Die Annexion Galiziens hatte eine geschichtspolitische Dimension: Sie sollte den Prozess des vom Großfürstentum Moskau im 14. Jahrhundert begonnenen «Sammelns der russischen Erde» vollenden. Diese historische Mission rechtfertigte gewaltige militärische Anstrengungen. Russland gelang es im Weltkrieg zweimal, das österreichische Kronland teilweise zu besetzen und eine russische Verwaltung zu etablieren. Symbolisch hoch aufgeladen und ideologisch in den Debatten des 19. Jahrhunderts verwurzelt war auch das Kriegsziel, Konstantinopel und die Meerengen zu erobern.

Im Krieg um Galizien hegten Russland wie auch die Habsburgermonarchie Misstrauen gegenüber «ihren» Ukrainern. In Petersburg verhängte man scharfe Restriktionen gegen ukrainophile Organisationen, die als potentielle Verbündete des Habsburgerreichs betrachtet wurden. Der mit Mazepa verbundene Verrats-Topos lebte wieder auf. Die Habsburgermonarchie inhaftierte mit bemerkenswerter Grausamkeit Tausende Ukrainer, die man der «Russenfreundlichkeit» verdächtigte.⁷¹ Ukrainische Bauern, die als russophil erschienen, wurden standrechtlich erschossen oder aufgehängt. In Thalerhof bei Feldkirchen südlich von Graz wurde ein Lager errichtet, in dem vermeintlich prorussische Ukrainer, meist politisch nicht aktive Bauern, inhaftiert wurden. Sie lagen bis zum Winter 1914/15 unter offenem Himmel, auch bei Regen und Schnee. Insgesamt gingen nicht weniger als 20 000 Ukrainer durch das Lager. Allein in den ersten einundhalb Jahren starben ca. 3000 von ihnen.⁷²

Die russische Armee eroberte im September 1914 große Teile Galiziens und konnte sich dort bis Juni 1915 halten. Ein Jahr später besetzte sie einen kleineren Teil des Kronlands erneut. Russland etablierte ein Besatzungs-

Abb. 13 · Misstrauen gegenüber der eigenen Bevölkerung: Hinrichtung eines Zivilisten durch österreichisch-ungarische Truppen in Galizien.

regime, in dem sich die imperial-nationalistischen Traditionen des ausgehenden 19. Jahrhunderts widerspiegelten. Die russischen Besatzer betrachteten das eroberte Galizien ungeachtet seiner von Russland unterschiedlichen historischen und religiösen Prägung als Teil des russischen Nationalterritoriums. Aus der Perspektive der russischen Geschichtspolitik stellte die Eroberung des habsburgischen Kronlands eine Wiedervereinigung dar, denn das Territorium hatte bis ins 13. Jahrhundert zu dem gemeinsamen ostslavischen Herrschaftsverbund der Kyiver Rus gehört. Die Ukrainer, Polen und Juden der galizischen Hauptstadt Lviv (Lemberg) sahen dem Einmarsch der Russen dagegen mit Furcht entgegen. Griechisch-katholische Ukrainer stellten Heiligenbilder ins Fenster, die trotz der konfessionellen Differenz zur russischen Orthodoxie an eine christliche Gemeinsamkeit erinnern sollten. Für andere war der Einmarsch ein Spektakel: Als die russischen Truppen Anfang September 1914 mit Musik und Gesang in Lviv einrückten, fesselte die multikulturelle Zusammensetzung der Armee die Aufmerksamkeit der städtischen Schaulustigen. Nicht Gefühle von Zusammengehörigkeit, sondern alte antirussische Stereotype wurden wach. Der Einmarsch, so wurde berichtet, sei «ohne militärische Disziplin» geschehen, nach einigen Stunden hätten die Straßen wie ein großer Viehstall ausgesehen. Tatsächlich vollzog sich die russische Übernahme Lvivs aber weitgehend geordnet.[73]

Der Anspruch, Galizien als russisches Land zu annektieren, stand im Konflikt mit der multikulturellen Prägung der Region und insbesondere Lvivs, das von der ukrainischen wie von der polnischen Nationalbewegung als ihr «Piemont», das heißt als Kerngebiet einer nationalen Vereinigung, beansprucht wurde und zugleich ein Zentrum des Zionismus war.[74] Dagegen strebten die russischen Behörden die Assimilation der ukrainischen Galizier an, was sie mit einer geschichts-, schul- und religionspolitischen Transformation des Landes zu bewerkstelligen versuchten. Dieses Programm, das einem Kulturkampf gegen ukrainische Nationalität und griechisch-katholische Konfessionalität gleichkam, wurde allerdings nur in der ersten Besatzungsphase 1914/15 durch den russischen Generalgouverneur Georgij Bobrinskij (1867–1921) konsequent verfolgt. Als Russland einen Teil Galiziens 1916/17 ein zweites Mal besetzte, nahmen die Behörden von der Russifizierungspolitik Abstand. Sie tolerierten nun Ukrainisch in den Schulen und nahmen Gesetze zurück, die sich gegen die griechisch-katholische Konfession gerichtet hatten.[75]

Auch Deutschland verfolgte eine Ukrainepolitik. Während des Kriegs strebte es eine Revolutionierung des Zarenreichs an und suchte in diesem Sinne auch in der Ukraine Einfluss zu nehmen. Dmytro Doncov (1883–1973), der damals einflussreichste ukrainische Nationalist, war vor dem

Krieg in Sankt Petersburg politisch aktiv gewesen und dort als Sozialist politisch verfolgt worden, 1914 ließ er sich in Lviv nieder. Mit Unterstützung aus Berlin veröffentlichte er 1915 Schriften, in denen er den nationalen Charakter der Ukraine in Gegensatz zu Russland stellte. Die Differenz beschrieb er als eine psychologisch-historische, die Ukrainer seien Europäer und keine von buddhistischen Einflüssen geprägten Orientalen wie ihre russischen Nachbarn.[76] Nachweisbare Wirkungen hatten diese auf Deutsch veröffentlichten Schriften nicht. Doncov hatte aber später maßgeblichen Einfluss auf die 1929 in Wien gegründete Organisation Ukrainischer Nationalisten (OUN).

Andere Möglichkeiten ergaben sich für Deutschland, als es nach dem Ausscheiden Russlands aus dem Weltkrieg im Separatfrieden von Brest-Litowsk im März 1918 zur Hegemonialmacht in der Ukraine aufstieg. Es anerkannte den ukrainischen Staat, der sich nach der Oktoberrevolution von 1917 in Kyiv gebildet hatte, und installierte später mit Pavlo Skoropads'kyj (1873–1945) als «Hetman der Ukraine» ein Marionettenregime. Für die Ukraine hatte dies ambivalente Folgen: Einerseits bedeutete die Anerkennung der Ukraine als Staat eine Zäsur in der auf Russland fixierten deutschen Osteuropapolitik.[77] In der deutschen Öffentlichkeit wurde dies vom Applaus einer kleinen Gruppe von Intellektuellen begleitet. So schrieb der kulturprotestantische Journalist Paul Rohrbach (1869–1956) am 12. Februar 1918 im «Stuttgarter Neuen Tageblatt» einen Artikel mit dem Titel «Frieden mit der Ukraine». Er feierte die neue «Freundschaft» mit der Ukraine, deren «Name und Bedeutung bis vor kurzem unter uns unbekannt» gewesen seien. Bislang habe es «Russlandkenner» gegeben, die «noch unlängst mit autoritativer Miene behaupteten, die ukrainische Bewegung habe keine Zukunft ... und überhaupt gäbe es kein ukrainisches Volk.»[78] Rohrbach wollte die «Randvölker» des Russischen Imperiums stärken, um dessen Zerfall zu befördern.

Andererseits ging es bei der deutschen Ukrainepolitik um die Ausbeutung von Ressourcen, das heißt um Getreidelieferungen, die die Ukraine im Gegenzug für die militärische Unterstützung, die sie von Berlin erfuhr, leisten musste. Durch die Person Rohrbachs waren beide Aspekte miteinander verknüpft. Der Fürsprecher einer deutschen Freundschaft mit der Ukraine hatte sich im Weltkrieg als Anwalt der deutschen Kolonialpolitik profiliert. Die deutsche Armee machte in der Ukraine erstmals Erfahrungen mit der

Abb. 14 • Das Deutsche Reich als Hegemonialmacht der Ukraine: Der neue Hetman Pavlo Skoropads'kyj bei Kaiser Wilhelm II., Aufnahme von 1918.

Beherrschung großer Räume. Mit nur 300 000 Soldaten versuchte sie ein Gebiet zu beherrschen, das die Größe des eigenen Nationalterritoriums weit überstieg. Dies erwies sich als unmöglich, schon bevor Deutschland gegenüber den Westmächten die Kapitulation erklären musste.[79]

Nationalstaatsgründung in Kyiv

Während die deutsche Geopolitik militärisch scheiterte, platzten die russischen Illusionen über das «Sammeln der russischen Erde» nicht nur an der Unfähigkeit, Galizien dauerhaft zu erobern, sondern auch an dem innerstaatlichen Gegensatz zwischen dem Petrograder Reichszentrum und der politischen Entwicklung in der Ukraine. Als streikende Arbeiter in Petrograd, wie die russische Hauptstadt Sankt Petersburg seit 1914 hieß, die Februarrevolution auslösten und die Zarenherrschaft stürzten, entfachte dies eine ungeahnte Dynamik mit unabsehbaren Folgen. Russland wurde eine demokratische Republik, die Bürgerrechte und die Gleichbehandlung der Nationalitäten versprach. Doch es entstand eine fragile Ordnung, die auch nach dem Umbruch keine Stabilität gewann. Neben der Provisorischen Regierung und der Duma, dem russischen Parlament, beanspruchten auch die Arbeiter- und Soldatenräte die Macht. Aus den konkurrierenden Kompetenzansprüchen resultierte eine Doppelherrschaft der Regierung und des Exekutivkomitees der Räte. Trotz der schwierigen inneren Lage hielt die Regierung an der Koalition mit Frankreich und England fest und setzte den schon drei Jahre andauernden Krieg gegen die Mittelmächte fort. Dass die deutsche kaiserliche Regierung es Vladimir Lenin (1870–1924) ermöglichte, im plombierten Eisenbahnwaggon aus dem Schweizer Exil nach Petrograd zurückzukehren, trug nicht unerheblich zum Scheitern von Russlands erstem demokratischen Experiment bei. Nach nur acht Monaten war die Provisorische Regierung am Ende und wurde durch die Oktoberrevolution der Bolschewiki beseitigt.

In der Ukraine begann die Februarrevolution fast gleichzeitig mit dem demokratischen Umsturz in der Hauptstadt. Die Entwicklung verlief hier noch komplizierter als in Petrograd, denn neben den Kräften der Doppelherrschaft, der Provisorischen Regierung, die ihren Rückhalt vor allem in der russischen und jüdischen Stadtbevölkerung hatte, und den Sowjets, die vor allem die russische Arbeiterschaft vertraten, kamen hier weitere Faktoren hinzu: Die Bauern betrieben ihre eigene Revolution zur Umverteilung des Landbesitzes, und in Kyiv trat die ukrainische Nationalbewegung an die Öffentlichkeit. Als ihre politisch-kulturelle Dachorganisation bildete sich die Ukrainische Zentralrada (Zentralrat), die den Historiker Mychajlo Hruševs'kyjs zu ihrem Vorsitzenden wählte. Am 9. März 1917 gab sie eine erste Erklärung «an das ukrainische Volk» ab, in der sie es als Ziel ausgab, für eine Ukraine «in einer Familie freier Völker» zu kämpfen.[80] Als sich vier Tage später in Petrograd 25 000 Studenten und Soldaten mit ukrainischen Flaggen versammelten, rief die Rada in Kyiv zu einer nationalen Manifestation auf. Dort feierten am 16. März 250 000 Menschen den «Tag der Revolution» mit roten und ukrainischen Fahnen. Nur drei Tage später fand ebenfalls in Kyiv ein nationaler «Freiheitstag» statt. Auf den Bannern waren Losungen zu lesen, die zu einer revolutionären Solidarität der Ukrainer und Russen aufriefen: «Eine freie Ukraine für ein freies Russland». Der Tag war, wie die ukrainische Historikerin Olena

Palko schreibt, «die wahre Feier des nationalen Erwachens».[81] Viele Demonstranten erschienen in nationalen Kostümen, legten sich ein kosakisches Outfit zu, an jeder Straßenecke wurde «Noch ist die Ukraine nicht verloren» gesungen – das Lied, das bald zur Staatshymne werden sollte. In einer Stadt wie Kyiv, in der die Ukrainer mit einem Bevölkerungsanteil von nur 16 Prozent gegenüber den Russen mit 50 Prozent in der Minderheit waren, stellten die Demonstrationen einen beachtlichen Erfolg der ukrainischen Nationalbewegung dar.[82] Aus der Sicht ihres Wortführers Hruševs'kyj zeigten sie, dass «Ukrainertum keine Fiktion in den Köpfen einiger Romantiker und verrückter Intellektueller» mehr war, sondern vielmehr «eine lebendige Energie mit einer wahren Kraft, die Massen zur Handlung zu mobilisieren.»[83]

Die ukrainische Zentralrada und die russische Regierung in Petrograd verfolgten 1917 gegensätzliche politische Ziele, an denen die Spuren des politischen Denkens des 19. Jahrhunderts ablesbar waren. Die Zentralrada, die erst mit den revolutionären Ereignissen die Rolle einer politischen Vertretung der ukrainischen Nation übernahm, legte die Grundlagen der neuen Staatlichkeit durch vier Fundamentalgesetze, die sogenannten Universale. So entstand prozesshaft die erste ukrainische Verfassung. Das erste Universal vom 23. Juni 1917 proklamierte die ukrainische Autonomie; die zweite vom 16. Juli erklärte das Abkommen und die gegenseitige Anerkennung zwischen der Zentralrada und der Provisorischen Regierung; die dritte vom 20. November schuf die Ukrainische Nationale Republik (UNR); und die vierte erklärte die Unabhängigkeit und Souveränität der UNR am 25. Januar 1918. Auf der Sitzung der Zentralrada am 29. April 1918 wurde auf der Grundlage der Universale die Verfassung der Ukrainischen Nationalen Republik ratifiziert.

Die Universale orientierten sich an dem Gedankengut, das Hruševs'kyj selbst und andere Vordenker der ukrainischen Nation wie Kostomarov und Drahomanov entwickelt hatten, um die ukrainische Frage im Zarenreich zu lösen. Seit den 1860er Jahren hatten sie Schriften über die Frage vorgelegt, wie die ethnische und kulturelle Vielfalt Russlands politisch besser zu organisieren sei. Aus ihrer Sicht lag der Schlüssel zur Lösung der nationalen Probleme des Zarenreichs in der Gewährung von Autonomie. Die Verschiedenartigkeit der historischen Traditionen und nationalen Identitäten erforderte die Föderalisierung des Imperiums. Die Zentralrada stellte sich in diese Kontinuität und forderte Autonomie, die nicht an Personen ukrainischer Nationalität (Personalautonomie), sondern an das Territorium der Ukraine (Territorialautonomie) geknüpft sein sollte. Damit beanspruchte sie auch die Zuständigkeit für die nicht-ukrainischen Minderheiten, die auf dem ukrainischen Nationalterritorium lebten, das allerdings durch die Verfassung nicht endgültig definiert wurde.[84]

Mit der Veröffentlichung ihrer Universale eröffnete die ukrainische Rada einen Dialog mit der russischen Provisorischen Regierung, in dessen Verlauf die grundsätzliche Differenz zwischen Kyiv und Petrograd deutlich wurde. Am 23. Juni erklärte die Rada in ihrem ersten Universal: «Ukrainisches Volk! Volk der Bauern, Arbeiter, Werktätigen! ... Deine Abgeordneten haben ihren Willen verkündet: Ukraine, sei frei! Ohne sich von Russland abzutrennen, ohne aus dem Vaterland des russischen Staates auszuscheiden, soll das ukrainische Volk in seinem Land das Recht haben, selbst über sein Leben zu bestimmen ...» Mit dem Begriff des «Vaterlands des russischen Staats» enthielt das Universal ein rhetorisch starkes Bekenntnis zur Verbundenheit mit Russland. «Selbstbestimmung» bedeutete im föderativen Konzept der Zentralrada Subsidiarität – alle Angelegenheiten, die auf der nationalen ukrainischen Ebene entschieden werden konnten, waren als Belange der Kyiver Regierung anzusehen. Auch wenn sich die Zentralrada zur Zugehörigkeit zum russischen Staat bekannte, proklamierte sie zugleich, dass sich die Ukraine «stolz und würdig neben jedes organisierte Staatsvolk stellen» könne, als «Gleiche unter Gleichen».[85]

Auf die einseitige Autonomie-Erklärung antwortete die Petrograder Regierung eine Woche später. Ihr Aufruf thematisierte die Gemeinsamkeit des Schicksals von Russen und Ukrainern in der Revolution. Die Emanzipation aus der Herrschaft des Zarenreichs sollte in eine neue Verbundenheit beider Völker münden. «Ist das Schicksal der Ukraine nicht untrennbar mit dem Schicksal des gesamten befreiten Russland verbunden?» Die russische Regierung verknüpfte die revolutionäre Vision von russisch-ukrainischer Einheit mit einem dystopischen Geschichtskonzept, das seit dem 19. Jahrhundert im politisch-historischen Denken Russlands fest verankert war: «Brüder Ukrainer! Wählt nicht den verhängnisvollen Weg der Zersplitterung der Kräfte des befreiten Russland! Reißt Euch nicht vom gemeinsamen Vaterland los!»[86] «Zersplitterung» (razdroblenie) war durch die russische Nationalgeschichtsschreibung Solov'evs im 19. Jahrhundert zu einem populären Topos geworden, der den Zerfall der mittelalterlichen Rus beschrieb, der erst durch die Reintegration der ehemaligen Teilfürstentümer im Moskauer Staat geheilt worden sei. Dieser im 14. Jahrhundert begonnene Prozess des «Sammelns der russischen Erde» hatte durch den Anschluss der Ukraine und von Belarus im 17./18. Jahrhundert seinen Höhepunkt erfahren. Jetzt sah die russische Regierung diese Entwicklung durch die nationalen Bestrebungen der ukrainischen Zentralrada bedroht. Es zeichnete sich, so die Befürchtung in Petrograd, ein Rückfall in den alten Zustand der «Zersplitterung» ab. Dagegen wollte die russische Regierung die traditionelle Zentralstaatlichkeit behaupten.

Trotz der Gegensätzlichkeit der Positionen erzielten Petrograd und Kyiv einen Kompromiss. Im Juni 1917 erreichte die ukrainische Regierung unter Volodymyr Vynnyčenko (1880–1951) von Russland die faktische Anerkennung ihrer Autonomie. Eine endgültige Entscheidung sollte durch die Verfassunggebende Versammlung des revolutionären Russland getroffen werden. Das imperiale Zentrum trat damit erstmals Macht an eine ukrainische Körperschaft ab, was in Petrograd eine Regierungskrise zur Folge hatte, denn die meisten national-liberalen Minister wollten sich mit diesem Kompromiss nicht zufriedengeben.[87] Innerhalb des Reiches übernahm die Ukraine eine führende Rolle im Vergleich zu den anderen Nationalbewegungen. «Die einzige Nationalität, die 1917 die Provisorische Regierung direkt herausforderte und den Verlauf der Politik wesentlich beeinflusste, waren die Ukrainer», stellt Andreas Kappeler fest.[88] Die Petrograder Regierung konnte die politische Entwicklung in der Ukraine nicht ignorieren, zu groß war ihre Bevölkerungszahl, zu wertvoll ihre Ressourcen, zu heikel ihre geopolitische Lage an der Grenze zu Polen und der Türkei.

Revolution und Bürgerkrieg

Die weiteren Schritte in der Entwicklung der ukrainischen Staatlichkeit vollzogen sich im Zeichen der russischen Oktoberrevolution. Auf die Machtergreifung der Bolschewiki reagierte die ukrainische Zentralrada am 7./20. November 1917 mit der Ausrufung der Ukrainischen Volksrepublik, die sich selbst noch als Bestandteil einer russländischen Föderation betrachtete. Darauf antworteten die Bolschewiki mit der Gründung einer Ukrainischen Volksrepublik der Sowjets in Charkiv, die beanspruchte, die gesamte Ukraine zu repräsentieren. Damit gab es zwei konkurrierende ukrainische Staaten, dazu kam im Oktober 1918 die Ukrainische Nationalrada, die auf dem Gebiet von Galizien, Nordbukowina und der Karpaten-Ukraine einen eigenen Staat proklamierte, der sich im Januar 1919 Kyiv anschloss. Die militärische Auseinandersetzung zwischen der Sowjetregierung in Charkiv und der Kyiver Zentralrada war aus der Sicht der Bolschewiki ein Klassenkampf: Die Arbeiterregierung der ukrainischen Sowjets rückte gegen die bürgerlichen Nationalisten in Kyiv vor. Erst als die sowjetischen Truppen in die Zentralukraine eindrangen, sagte sich die Zentralrada vom russischen Staatsverband los und erklärte am 25. Januar 1918 die Unabhängigkeit der Ukraine. Einen Tag später eroberten die Bolschewiki die Hauptstadt Kyiv. Zur gleichen Zeit standen sie in Brest-Litowsk in schwierigen Friedensverhandlungen mit der deutschen Regierung. In dieser Situation konnte sich die ukrainische Regierung gegen die Bolschewiki nur behaupten, indem sie am 9. Februar Frieden mit den Mittelmächten schloss. Als Gegenleistung für die militärische Unterstützung verlangten die Mittelmächte von der ukrainischen Regierung umfangreiche Getreidelieferungen. Nach dem Abschluss des «Brotfriedens» mit der Ukraine rückten die Mittelmächte ab 18. Februar gegen die Bolschewiki vor und besetzten in wenigen Wochen weite Teile der westlichen Grenzgebiete im Baltikum, in der westlichen Ukraine, auf der Krim, im Gebiet von Donec'k und in Belarus. Am 3. März unterzeichnete die Sowjetregierung den Vertrag von Brest-Litowsk und verzichtete damit auf territoriale Ansprüche in Polen, Litauen und Kurland. Am 27. August anerkannte sie die Selbständigkeit der Ukraine und Finnlands. Insgesamt gab Russland in Brest-Litowsk ein Drittel seiner Bevölkerung und den größten Teil seines Rohstoff- und Industriepotentials preis. Deutschland verzichtete auf den Vorstoß nach Petrograd. An einem Sturz des kommunistischen Regimes hatte Deutschland kein Interesse. Trotz des ideologischen Gegensatzes kamen in Russland nur die Bolschewiki für die imperiale deutsche Politik als Partner in Frage. Es war der Anfang einer Koexistenz, die in der Weimarer Republik über weltanschauliche Grenzen hinweg zur Kooperation wurde.[89]

Auch die Verhältnisse innerhalb der Ukraine ließen sich nicht einfach in den Antagonismus von Revolution und Gegenrevolution einordnen.

Abb. 15 · Abhängig und unabhängig zugleich: Deutsche Truppen in den Straßen Kyivs, März 1918.

Zwar bestand der Gegensatz zwischen der Zentralrada in Kyiv und der sowjetukrainischen Regierung in Charkiv, doch folgte z. B. die Entwicklung in Odesa sehr lange einer eigenen Logik. In der Stadt, die nach dem Zensus von 1897 eine zu 50 Prozent russische, zu 40 Prozent jüdische und nur zu 10 Prozent ukrainische Bevölkerung hatte, aber von ukrainisch besiedeltem Land umgeben war, kam es relativ spät, erst im Dezember 1917/ Januar 1918, zu einer Machtübernahme der Bolschewiki in den Räten. Den Ton gaben die Roten Garden an, die relativ unabhängig von den Sowjets und den Bolschewiki agierten. Die Garden wie auch andere Akteure in der Stadt orientierten sich mit ihren sozialistischen und nationalen Agenden zwischen Petrograd und Kyiv.[90]

Auch die Gegner der Bolschewiki stellten keinen homogenen Block dar.[91] Im Bürgerkrieg, der von 1919 bis 1922 in Russland geführt wurde, bildete selbst die wichtigste antisowjetische Kraft, die Weiße Bewegung, ein Konglomerat verschiedener Kräfte. Von den Westmächten massiv unterstützt, hatte sie durchaus die Chance, die Sowjetmacht zu stürzen. Im Sommer 1919 beherrschte der weiße General Anton Denikin (1872–1947) die gesamte Region zwischen dem Schwarzen und dem Kaspischen Meer und schickte sich an, aus den ukrainischen Gebieten auf Moskau vorzustoßen. In dieser Situation hätte ein Bündnis der antisowjetischen Weißen Bewegung mit den bürgerlichen nationalen Kräften in der Ukraine nahegelegen. Die Weißen scheiterten aber an ihrer Unfähigkeit zum Kompromiss. Sie verstanden sich nicht nur als antibolschewistische Bewegung, sondern noch mehr als russisch-nationale Kraft, die sich unter der Losung des «einen unteilbaren Russland» gegen die föderativen und autonomistischen Ideen der Ukraine wandte. Denikin bezeichnete seinen Kampf als Heiligen Krieg «aller gläubigen Söhne um das eine Mutterland Russland». Eine Übereinkunft mit Symon Petljura (1879–1926), der 1919 die ukrainische Regierung führte, hätte für Denikin die «Anerkennung einer Nicht-Zugehörigkeit [der Ukraine] zu Russland» bedeutet, deshalb lehnte er die Kooperation ab.[92] Ganz in der Tradition der imperialen Politik des Zarenreichs ließ er in seinem Herrschaftsgebiet ukrainische Schulen, Bibliotheken und Zeitungen schließen. In seinem Umfeld sprach man verächtlich von Kleinrussland, wenn die Ukraine gemeint war. Neben Denikin selbst waren es gerade die national-liberalen Kräfte im Rat der Armee mit Petr Struve im Hintergrund, die eine Einigung mit der Ukraine kategorisch ausschlossen. Nach der Einschätzung der Historikerin Anna Procyk scheiterte Denikins Feldzug gegen die Bolschewiki gerade an der Unfähigkeit seiner Armee, eine tief verwurzelte antiukrainische Haltung zu überwinden. Lev Trockij (Leo Trotzki, 1879–1940), der den Oberbefehl über die Rote Armee innehatte, schloss hingegen ein Bündnis mit dem Führer der im Süden der Ukraine aktiven anarchistischen Revolutionären Aufstandsarmee, Nestor Machno (1888–1934), der die Nachschublinien der Weißen Armee angriff und sie zum Rückzug zwang.[93] Einige Monate später, im Oktober 1919, wurde sie in der Nähe von Orel, etwa 360 Kilometer südlich von Moskau, endgültig geschlagen. Die Langlebigkeit der imperial-nationalistischen Vorstellung von dem «einen Russland» und die Unfähigkeit zur Verständigung mit der Ukraine führten paradoxerweise geradewegs zum Scheitern des Versuchs, das Russische Reich zu bewahren. Selten wurde das selbstzerstörerische Erbe der Reichstradition, der Fluch des Imperiums, so offenkundig sichtbar wie in Denikins Untergang.

Kapitel 4

Das sowjetische Experiment und die imperiale Tradition (1917–1991)

Alte Grenzen, neue Grenzen

Der Friedensvertrag, der am 28. Juni 1919 in Versailles zwischen dem Deutschen Reich einerseits sowie Frankreich, Großbritannien, den Vereinigten Staaten und ihren Verbündeten andererseits geschlossen wurde, beendete völkerrechtlich den Ersten Weltkrieg. Im östlichen Europa war der Krieg damit aber noch lange nicht vorbei.[1] Die Kämpfe, die dort geführt wurden, hatten, sofern die Sowjetmacht betroffen war, eine neue ideologische Ebene. Doch sie schrieben zugleich alte mächtepolitische Gegensätze fort. Die Westmächte Großbritannien und Frankreich intervenierten im russischen Bürgerkrieg, um die Etablierung einer sozialistischen Ordnung zu verhindern, aber es ging ihnen auch darum, das Weltkriegsbündnis mit dem alten Russland zu retten. Den Polnisch-Sowjetischen Krieg (1919–1921) führten die Bolschewiki, um ihre Revolution nach Polen und von dort weiter nach Deutschland zu tragen, doch handelte es sich auch um einen Konflikt, der in alter Tradition um Grenzen geführt wurde.

In diesem Krieg, dem 1918/19 ein polnisch-ukrainischer Konflikt um den Besitz von Lviv und Ostgalizien vorangegangen war,[2] zeigten sich erneut die konkurrierenden territorialen Ansprüche, die zwischen Polen, Russland und der Ukraine seit der Frühneuzeit bestanden: Unter dem Feldmarschall Józef Piłsudski, der die polnischen Streitkräfte kommandierte, versuchte Warschau gemeinsam mit Litauen, der Ukraine und Belarus eine osteuropäische Konföderation unter polnischer Führung zu schaffen. Piłsudski strebte die Wiederherstellung der Ostgrenze Polen-Litauens vor der ersten Teilung Polens 1772 an. Dabei verfolgte er eine

Abb. 16 · «Der korrupte Petljura hat die Ukraine an die polnischen Herren verkauft»: Propagandaplakat gegen Petljuras Verständigung mit Piłsudski, Mai 1920.

geopolitische Strategie, die man auf die Überlegungen zurückführen kann, die im Umfeld von Adam Czartoryski während des Krimkriegs und des polnischen Aufstands von 1863 entwickelt worden waren, nämlich ungeachtet der polnisch-ukrainischen Konkurrenz um Galizien und Wolhynien ein Bündnis mit Kyiv gegen die imperialen Ansprüche Russlands zu schlie-

Alte Grenzen, neue Grenzen 173

ßen. In der Zentralukraine hatte sich im Februar 1919 Symon Petljura zum Alleinherrscher aufgeschwungen, dessen Macht vor allem von der Weißen Armee Denikins bedroht wurde, weshalb er sich vorübergehend sogar mit den Bolschewiki verbündete. Im Spätsommer 1919 suchte er aber die Allianz mit Polen und grenzte sich in einem Brief an Piłsudski scharf von der Sowjetmacht ab: «Die ukrainische Nation im Kampf gegen den Feind menschlicher Kultur und nationaler Staatlichkeit hat umso mehr das Recht auf Sympathie und Hilfe von seinen nächsten Nachbarn, als wir das Heimatland gegen die Vergewaltiger-Eindringlinge verteidigen, die der Ukraine einen ihr fremden Kommunismus auferlegen wollen.» Petljuras Schreiben an Piłsudski schloss mit einem Bekenntnis zu Demokratie und Nationalstaatlichkeit, die in Polen so hervorragend ausgeprägt seien.[3] Doch erlangte Petljura im Gegenzug keine Zugeständnisse Warschaus in den strittigen Grenzfragen, vielmehr musste er auf Wolhynien und Ostgalizien verzichten, um Polens Unterstützung gegen die Rote Armee zu erlangen.

Lenin setzte auf die Eroberung und den Anschluss der Ukraine an den Sowjetstaat. Bereits im Juli 1919 hatte die Rote Armee die Truppen der Sowjetukraine in Charkiv in die eigenen Einheiten eingegliedert und damit de facto die Existenz des Marionettenstaats beendet. Im Dezember 1919 besetzte sie einmal mehr Kyiv. Petljura ging nach Polen ins Exil, am 21. April 1920 unterzeichnete er als Chef einer ukrainischen Exilregierung ein Bündnis und eine Militärkonvention mit der polnischen Regierung. Einige Tage zuvor hatte Piłsudski den Befehl zum Angriff auf Kyiv gegeben. Polnische Truppen konnten Kyiv schon am 7. Mai einnehmen; die Stadt erlebte ihren 15. Herrschaftswechsel in nur drei Jahren. Zum ersten Mal seit einem Vierteljahrtausend war die Stadt wieder in polnischem Besitz. Doch hatte sich Piłsudski in der Annahme geirrt, dass die Ukrainer die polnischen Truppen als Befreier willkommen heißen würden. Die schnelle Eroberung Kyivs erwies sich als Pyrrhussieg, da die Polen keinen Rückhalt in der ukrainischen Bevölkerung fanden und die Aushebung von Truppen für eine neue ukrainische Armee unter Warschauer Regie nicht vorankam.

Piłsudskis Angriff mobilisierte an anderer Stelle. In Russland bescherte die polnische Invasion den Bolschewiki einen ungeheuren Popularitätsgewinn, die jetzt nicht als Klassenkämpfer, sondern als Wahrer nationaler Interessen und imperialer Traditionen erschienen. Kyiv galt im russischen

Geschichtsnarrativ des 19. Jahrhunderts als Keimzelle der eigenen Staatlichkeit. In der Welle der Empörung über die polnische Einnahme der Stadt liefen viele Stützen der alten zarischen Ordnung nun zu den Bolschewiki über. Das prominenteste Beispiel war General Aleksej Brjusilov (1853–1926), der im Weltkrieg die einzige erfolgreiche russische Offensive befehligt hatte.[4]

Als die Rote Armee im Mai 1920 zum Gegenangriff ansetzte und die polnischen Truppen bis zur Weichsel zurückdrängte, verfolgte sie geopolitische Ziele. Für Lenin ging es um den Revolutionsexport nach Europa mit militärischen Mitteln, für viele der neuen Anhänger der Bolschewiki jedoch um die Wiederherstellung der alten Grenzen des Russischen Imperiums.

Im März 1921 endete der Polnisch-Sowjetische Krieg mit dem Frieden von Riga. Nach diesem Friedensvertrag verlief die polnische Ostgrenze etwa 200 Kilometer östlich der 1919 vom damaligen britischen Außenminister vorgeschlagenen Curzon-Linie (siehe Karte S. 344). Die Wiederherstellung und Konsolidierung des 123 Jahre geteilten Polen war ein wesentliches Ergebnis der neuen Friedensordnung. Für die Ukraine hingegen war in dem neuen Europa kein Platz als unabhängiger Nationalstaat vorgesehen. In gewisser Hinsicht löste die Ukraine Polen ab: Nun war sie die größte Nation in Europa mit einer ungelösten nationalen Frage.[5] Sie hatte keinen eigenen Staat, und die ethnisch ukrainischen Territorien waren auf vier Staaten verteilt: Russland, Polen, Rumänien und die Tschechoslowakei.

Nationalisierung der Kultur, Zentralismus in der Wirtschaft

1917 übernahmen erklärte Anti-Imperialisten das Erbe des Imperiums. Die Revolution der Bolschewiki und ihr Sieg im Bürgerkrieg bedeuteten eine «critical rupture», die von den russischen Denkern des 19. Jahrhunderts unter ganz anderen Vorzeichen herbeigesehnt worden war. Der Bruch erschien absolut: Die Erzählungen des Zarenreichs, seine Festtage und Erinnerungsrituale, galten nichts mehr. Die Geschichte bestand jetzt aus dem universalen Kampf der Klassen. Spartakus und die Pariser Kommune erschienen wichtiger als die Aufreihung der Siege und Niederlagen des Zarenreichs. Es gab keinen Zweifel, dass die neuen

Machthaber den Fluch des Imperiums abschütteln wollten. Dass der großrussische Chauvinismus nicht fortgeführt werden dürfe, war eine Überzeugung, die die Revolutionäre verband. Es gab aber unterschiedliche Auffassungen, welche Ordnungsidee die Sowjetmacht sich zu eigen machen sollte. Einige Bolschewiki plädierten für radikalen Internationalismus, also die Negierung jeglicher nationaler Integrationsideologie. Der unbestrittene Führer der russischen Revolution Vladimir Lenin (1870–1924) entschied sich für einen anderen Weg. Noch vor dem amerikanischen Präsidenten Woodrow Wilson (1856–1924) verwendete er den Begriff «nationale Selbstbestimmung». Tatsächlich förderte die Sowjetregierung in den zwanziger Jahren das nationale Bewusstsein der nicht-russischen Gruppen und schuf für diese institutionelle Formen, die denen eines Nationalstaats ähnlich waren.[6] Darin kam der Wille zu einem radikalen Neuanfang zum Ausdruck, was auf einer richtigen Analyse und einem Kalkül beruhte: Ohne einen Ausgleich mit den nicht-russischen Nationen wäre die sowjetische Staatsbildung von Anfang an mit derselben Hypothek belastet gewesen wie das Zarenreich. Dies galt insbesondere für die russisch-ukrainischen Beziehungen, die 1917, als das ukrainische Nationalbewusstsein aufblühte und die russische Politik auf der Zentralstaatlichkeit beharrte, die ganze Problematik der imperialen Tradition Russlands zeigten. Die nationale Mobilisierung der Ukraine konnten die Bolschewiki nicht ignorieren.

In der Ukraine gab es einen besonderen Hintergrund für Lenins Absicht, die bolschewistische Partei und den Staat föderativ zu nationalisieren. Die Bolschewiki hatten hier speziell unter den Bauern eine starke Konkurrenz durch die Ukrainische Partei der Sozialrevolutionäre (UPSR), die das Prinzip der Selbstverwaltung vertrat. Deren linker Flügel, die sogenannten Borotbisten, war zur Zusammenarbeit mit den Bolschewiki bereit, trat aber weiter für eine Regierungsform auf der Grundlage von Arbeiter- und Bauernräten ein. Im August 1919 beantragten die Borotbisten die Aufnahme in die Kommunistische Internationale als unabhängige «nationalkommunistische» Partei. Ihr Antrag wurde jedoch abgelehnt. Da die Borotbisten zu diesem Zeitpunkt 15 000 Mitglieder hatten und speziell unter den Bauern über eine starke Anhängerschaft verfügten, schlug Lenin einen Kompromiss vor: Er versprach die Schaffung einer ukrainischen Sowjetrepublik, wenn die Partei der Borotbisten sich freiwillig auflöste und mit der Kommunistischen Partei der Bolschewiki der Ukraine fusionierte.

Im März 1920 traten die Borotbisten unter der Führung von Oleksandr Šums'kyj (1890–1946) der bolschewistischen Kommunistischen Partei der Ukraine KP(b)U bei.[7] Daher war die Schaffung einer ukrainischen Republik innerhalb der 1922 gegründeten Sowjetunion nicht – wie Vladimir Putin es in einer Rede suggeriert hat[8] – ein hochherziges Zugeständnis Lenins an die Ukrainer, sondern ein machtpolitisch wohlbedachter Schritt, der aus den Verwerfungen der russischen Nationalitätenpolitik herausführen sollte. Auch der Nationalitätenkommissar Iosif Stalin (1878–1953) stimmte der föderativen Ordnung zu, obwohl er zunächst eine andere staatsrechtliche Konstruktion, nämlich den Beitritt der Ukraine zur Russischen Föderation, angestrebt hatte. Auf dem 10. Parteitag der Kommunistischen Partei im März 1921 vertrat Stalin die Auffassung, dass die Nationalisierung ein historisches Gesetz darstelle: «Man kann nicht gegen die Geschichte gehen. Auch wenn das russische Element noch in den ukrainischen Städten dominiert, ist es doch klar, dass diese Städte im Laufe der Zeit unausweichlich ukrainisch werden.»[9] Mit der Sowjetunion schufen die Bolschewiki den ersten Staat, der sich aus territorialen Bestandteilen zusammensetzte, die als ethnische Einheiten definiert waren. Die Nationalitäten des Reichs verfügten über ihre eigenen Territorien und Bildungs- und Kultureinrichtungen in ihrer eigenen Sprache. Es handelte sich allerdings nur um eine Pseudo-Föderation, da der politische Wille von der Partei in Moskau, der neuen Hauptstadt des sowjetischen Vielvölkerstaats, gesteuert wurde.

Die neue Nationalitätenpolitik war eine Kulturrevolution. Die Bolschewiki wollten den seit dem 19. Jahrhundert eingeschliffenen Habitus des großrussischen Chauvinismus in kürzester Zeit durch das Prinzip der Brüderlichkeit zwischen den nationalen Gruppen der Sowjetunion ablösen. Im Zarenreich hatte es unterschiedliche Schattierungen in der Ukrainepolitik gegeben, die tendenziell aber auf Zentralisierung und Assimilierung hinauslief. Lenins Politik bedeutete dagegen eine 180-Grad-Wende. Ukrainische Nationalkultur sollte nicht nur geduldet, sondern gezielt gefördert werden. Die politische Elite in der Ukraine sollte künftig aus Ukrainern bestehen. Die neue Doktrin lautete «Verwurzelung» (korenizacija). Es handelte sich um eine Affirmative-Action-Politik (Terry Martin), mit der in der ganzen Sowjetunion die nicht-russischen Sprachen in den einzelnen Nationalterritorien einen offiziellen Status erhielten. Wo die Entwicklung von Schriftsprachlichkeit, wie in einigen zentralasiatischen Republiken, wenig fortgeschritten war, setzte eine elementare Sprachenförderung ein. Aber auch in der Ukraine begann nun eine gezielte Förderung der nationalen Kultur, selbst für die kleine polnische Minderheit in der Sowjetunion galt dies. Außerdem stand die Nationalisierung der einzelnen Parteigliederungen der Republiken auf der Tagesordnung.[10] Bei der Affirmative-Action-Politik machten die Bolschewiki in der Ukraine sichtbare Fortschritte. Betrug der Anteil der Ukrainer in der ukrainischen Kommunistischen Partei KP(b)U 1923 nur 23 Prozent, so stieg er in den folgenden Jahren kontinuierlich auf 47 Prozent (1926) und 52 Prozent (1927).[11] Der ehemalige Führer der Borotbisten Oleksandr Šums'kyj stieg in der KP(b)U ins Politbüro auf und wurde zum Kommissar für Kultur ernannt. Mit ihm verfügten die Bolschewiki über einen in der Ukraine prominenten Kader, der die Politik der «Verwurzelung» aus Überzeugung vorantrieb.[12]

Problematischer war die Förderung der ukrainischen Sprache und Kultur. Für die Bolschewiki hatte diese einen eindeutig politischen Zweck: Die ukrainische Sprache sollte der Verbreitung einer supranationalen proletarischen Sowjetkultur dienen. So klar die Revolutionäre von der Russifizierungspolitik des ausgehenden Zarenreichs Abstand nahmen, blieb die unifizierende Perspektive doch erhalten. Die Nationalität war aus der Sicht der Bolschewiki ein Attribut der bürgerlichen Gesellschaft, das im Sozialismus eine Zeit lang weiter existieren würde.[13] Durch die Unterstützung der nationalen Kulturen und Sprachen glaubte die Kommunistische Partei deren Attraktivität neutralisieren zu können. Diese Politik stieß in den zwanziger Jahren in der Ukraine auf eine lebhafte Literaturszene, die nicht ein instrumentelles, sondern ein substanzielles Interesse an der Entfaltung einer eigenen Nationalkultur hatte. Daraus ergab sich eine spannungsvolle Geschichte, die von der ukrainischen Historikerin Olena Palko beschrieben worden ist. Sie handelt nicht von einer einfachen Polarität zwischen der Parteizentrale in Moskau und der ukrainischen Nationalkultur. Vielmehr überkreuzten sich die Konfliktlinien. In der Parteiführung in Moskau war es zunehmend umstritten, ob die Politik der «Verwurzelung» weitergeführt werden sollte, und in der Ukraine gab es zwischen sowjetisch gesinnten und ukrainophilen Autoren heftige Auseinandersetzungen um die Frage, was die ukrainische Literatur leisten sollte. Der

Dichter Pavlo Tyčyna (1891–1967), der in den zwanziger Jahren symbolistische Dichtung schuf, wurde 1922 von dem futuristischen ukrainischen Dichter Mychajlo Semenko (1892–1937) verspottet, weil er nationale Anliegen hegte: «Pavlo Tyčyna saß ruhig in seiner kleinen Kammer und begnügte sich mit Onanie, übersetzte ‹schöne ukrainische Volkslieder› in die Sprache der Poesie, stilisierte ukrainische Teppiche, restaurierte alte Volksepen und andere nutzlose Dinge.»[14]

Die Rückständigkeit der ukrainischen Kultur war auch für den Dichter Mykola Chvyl'ovyj (1893–1933) ein Thema. Er war bereits 1919 der KP(b)U beigetreten und besaß die Unterstützung durch den ukrainischen Volkskommissar Šums'kyj. In Charkiv gründete er die Literaturgruppe VAPLITE. Seine «Gedanken gegen den Strom» (1925), so der Titel seiner Streitschrift, polarisierten die ukrainische Kulturszene. Chvyl'ovyj wandte sich gegen einen «Kult des Epigonentums», was gegen die Reproduktion von Literaturmustern des 19. Jahrhunderts gerichtet war. Explosiv war die Folgerung, die der Autor zog: Eine kulturelle Wiedergeburt der Ukraine könne nur dann gelingen, wenn sich ihre neuen Eliten aus der kulturellen und politischen Abhängigkeit von Russland lösten. Chvyl'ovyj forderte eine Orientierung an der europäischen Kunst. Schließlich argumentierte er auch politisch, indem er sich auf den formal freiwilligen Zusammenschluss der Föderationsstaaten der Sowjetunion berief: «In einem Wort, eine Union bleibt doch eine Union, und die Ukraine ist eine unabhängige Einheit ... Ist Russland ein unabhängiger Staat? Ja! In diesem Fall sind auch wir unabhängig.»[15]

Stalin persönlich nahm Chvyl'ovyj aufs Korn und warf ihm eine «antirussische Orientierung» und die Propagierung einer «messianischen Rolle der neuen ukrainischen Elite» vor. Chvyl'ovyjs Forderung, die Kunst Europas zum Vorbild zu nehmen, war für Stalin besonders schmerzhaft, kontrastierte das proeuropäische Bekenntnis des ukrainischen Dichters doch mit der Bewunderung, die zeitgenössische Intellektuelle aus Paris und London, überdrüssig der europäischen Kultur, der jungen Sowjetunion entgegenbrachten. Angesichts der zentripetalen Tendenzen in der ukrainischen Literatur forderte Stalin, «die Ukrainisierung unter genauere Parteikontrolle zu nehmen».[16]

An der «literarischen Diskussion», die 1925 bis 1928 in der Ukraine geführt wurde, lassen sich die Grenzen der Politik der «Verwurzelung» deutlich erkennen. Nationale Kulturautonomie räumte die Partei nur ein, sofern sie den zentralen Vorgaben nicht zuwiderlief. Verstöße dagegen beantwortete das Moskauer Zentrum mit einer Verstärkung der führenden Rolle der Partei. Ungeachtet der internationalistischen Losungen konnten ab der Mitte der zwanziger Jahre antieuropäische Haltungen, wie sie in Russland seit den 1830er Jahren verankert waren, wieder aufgerufen werden. Das Bestehen auf Autonomie war aus Stalins Sicht «antirussisch». Auch diese ethnisierende Verunglimpfung von Kritik führte in die imperialen Herrschaftsmuster des ausgehenden 19. Jahrhunderts zurück, die im 20. Jahrhundert allerdings eine ungekannte Schärfe annahmen. Das Schicksal der drei genannten ukrainischen Schriftsteller ist dafür bezeichnend: Mykola Chvyl'ovyj beging 1933 Suizid. Michailo Semenko wurde 1937 vom NKWD wegen «konterrevolutionärer Aktivitäten» verhaftet und in einem Kyiver Gefängnis erschossen. Pavlo Tyčyna rückte von seinen literaturpolitischen Positionen ab und wurde in den dreißiger Jahren zu einem Dichter des sozialistischen Realismus. Er veröffentlichte die Gedichtsammlungen «Die Partei führt» (Partiia vede, 1934) und «Die Gefühle einer vereinigten Familie» (Chuttia iedynoï rodyny, 1938), die Stalin und den Stalinismus verherrlichten. 1941 erhielt er den Stalin-Preis für Literatur.[17]

So scheiterte die Politik der Nationalisierung in der Kultur. Andere Bereiche wurden von dem neuen Kurs gar nicht erfasst. Weithin war es unstrittig, dass die Wirtschaft in einem gesamtstaatlichen Rahmen entwickelt werden sollte. Die all-sowjetische Ökonomie bildete die logische Konsequenz der Einheit der Arbeiterklasse, und der übergreifende Wirtschaftsraum sollte garantieren, dass die von Anfang an taktisch konzipierte national-kulturelle Differenzierung der «Verwurzelung» in eine größere, all-sowjetische Gemeinsamkeit münden würde.

Doch in der Ukraine wurden diese Axiome der bolschewistischen Politik von Politikern in Frage gestellt, die von den sozialrevolutionären Borotbisten in die KP(b)U gekommen waren. Schon bei den Vereinigungsverhandlungen mit den Bolschewiki hatte Hryhorii Hryn'ko (1890–1938) gefordert, dass die Ukraine nicht von der russischen Wirtschaft geschluckt werden dürfe. Anstelle der Ausdehnung der sowjetischen Wirtschaftslenkung auf die Ukraine forderte er eine Föderalisierung der volkswirtschaftlichen Steuerung.[18] Hrynko, ein ehemaliger Borotbist, war in der sowjetischen

Wirtschaftsbürokratie zum stellvertretenden Direktor der staatlichen Wirtschaftsplanungsbehörde Gosplan aufgestiegen. In seinen Schriften insistierte er, dass das ökonomische Interesse der Sowjetunion den Interessen ihrer Republiken entsprechen müsse. Die Ukraine spielte aus seiner Sicht die Rolle eines «westlichen Halts der Sowjetunion» (zapadnij upor SSSR).[19] In ukrainischen volkswirtschaftlichen Fachzeitschriften wurde Mitte der zwanziger Jahre der Nachweis geführt, dass die Ukraine einen deutlich höheren Anteil ihres Sozialprodukts an die Union abgab, als sie in vorrevolutionärer Zeit an das russische Imperium abgeführt hatte. Zwischen 1924 und 1927, so die Berechnung ukrainischer Ökonomen, wurden stolze 20 Prozent des ukrainischen Investitionskapitals in andere Republiken der Sowjetunion geleitet. Das erschien, im scharfen Kontrast zur antikolonialen Rhetorik, als ein eklatanter Fall von imperialer Ausbeutung.[20] Ein anderer Ökonom, Mychajlo Volobujev (1900–1972), betonte den Entwicklungsvorsprung, den die Ukraine vor Russland hatte. Die ukrainische Wirtschaft musste gegenüber der russischen nichts aufholen, etwas anderes sei nötig: «Unsere Aufgabe muss die Liquidierung der Verzerrung der Entwicklung unserer Produktivkräfte sein, ... eine Verzerrung, die aus einer völlig kolonialen Politik resultiert.»[21] Volobuiev wurde 1933 verhaftet und erst nach zehn Jahren wieder entlassen, Hrynko 1937 festgenommen und nach einem Schauprozess ein Jahr später als «faschistischer Spion» erschossen.[22]

Sowohl die Literaturdebatte als auch die ökonomischen Differenzen wurden machtpolitisch entschieden.[23] Der ukrainische Nationalkommunist Oleksandr Šums'kyj, der als Volkskommissar für Bildung den Kurs der «Verwurzelung» forciert und Chvyl'ovyj protegiert hatte, stand dabei gegen Lazar' Kaganovič (1893–1991), der zwar ursprünglich denselben Kurs verfolgt hatte, aber früh erkannte, dass Stalin, den er mit der Formel «unser Vater» ansprach, trotz seiner Bekenntnisse zur Überwindung des großrussischen Chauvinismus letztlich der Idee einer Überlegenheit der russischen Kultur anhing. Kaganovič positionierte sich also gegen Šums'kyj und damit für einen stärker zentralstaatlichen Ansatz in imperialer Tradition.[24] In den Streit griff Stalin 1925 ein, als er in einem Brief an die Mitglieder des Politbüros des Zentralkomitees der KP(b)U Šums'kyj die Verantwortung für die Verbreitung antirussischer Gefühle in der Ukraine zuschob. Im Mai 1926 wurde dieser auf einem Plenum des Zentralkomitees gezwungen, seinen Fehler offiziell einzugestehen, was ihn jedoch nicht davor bewahrte, dass das Gremium im Februar 1927 seine «nationale Abweichung», einen sogenannten «Šums'kyjismus», feststellte. Das Ergebnis des Plenums stand schon fest, als überraschend Gäste aus Polen, nämlich ukrainische Kommunisten aus Galizien, für Šums'kyj Partei ergriffen. Gerade diese Intervention aus Polen verstärkte aber die Entscheidung gegen den ukrainischen Nationalkommunismus. Die Gäste aus Galizien wurden belehrt, dass Šums'kyjs Position «Piłsudskis Regierung und ihrer nationalen Politik in der Westukraine Vorschub leistet, die sich mit ganzer Macht gegen die Sowjetunion richtet und Kriegsvorbereitungen gegen die UdSSR unter der Flagge einer wirklich ‹unabhängigen› Ukraine verdeckt.»[25] In der Befürchtung, dass die Ukraine zum verlängerten Arm Polens gegen Moskau werden könnte, wurden alte russische Rezeptionsmuster wieder wach, die die Wende von einem föderalen Ansatz zu einem neuen Zentralismus in imperialer Tradition verstärkten.

Polen und der Prometheismus

Dass Polen einen Angriff auf die Sowjetunion vorbereitete, war ein Hirngespinst. Aber es wurden in Polen geopolitische Planspiele entwickelt, die auf eine Zurückdrängung des Sowjetimperiums zielten. Der Sogwirkung, die die sowjetische Ukrainepolitik zeitweise auf die Ukrainer in Polen ausübte, stellte sich eine Bewegung entgegen, die von Warschau aus ebenfalls grenzüberschreitend versuchte, die Ukrainer auf die eigene Seite zu ziehen, der sogenannte Prometheismus. Der Begriff bezog sich auf den griechischen Mythos von Prometheus, der den Menschen das Geschenk des Feuers machte, sich damit gegen den mächtigen Zeus auflehnte und so zum Symbol für Aufklärung wie auch für den Widerstand gegen despotische Autoritäten wurde. In diesem Sinne hatten die polnischen Nationaldichter des 19. Jahrhunderts, Adam Mickiewicz und Juliusz Słowacki, gegen die Teilungsmächte aufbegehrt und ihrer Nation die universalistische Mission eines «Messias» der Völker zugeschrieben. Daran knüpften polnische, aber auch ukrainische Intellektuelle und Politiker im 20. Jahrhundert an, indem sie die Befreiung Polens mit der Idee der Befreiung anderer Völker verbanden, die unter russischer Herrschaft standen. In Polen verfolgten vorwiegend Anhänger der Polnischen Sozialistischen Partei (PPS) dieses Programm, ohne dass aus dem Prometheismus jemals die verbindliche Doktrin der Partei oder gar des polnischen Staates wurde.[26] Von grundlegender Bedeutung für die Bewegung war der Parteiführer der PPS Józef Piłsudski (1867–1935), der sich schon in einem Memorandum von 1904 zu der antirussischen Stoßrichtung einer nationalen Befreiungsstrategie bekannt hatte. Aus seiner Sicht musste die moderne imperiale Entwicklung Russlands rückgängig gemacht werden, um die Sicherheit Polens dauerhaft zu gewährleisten. Das Ziel müsse es sein, «den russischen Staat in seine Hauptbestandteile zu zerlegen und die Länder zu emanzipieren, die diesem Reich gewaltsam einverleibt wurden. Darin sehen wir nicht nur die Erfüllung des kulturellen Strebens unseres Landes nach selbständiger Existenz, sondern auch eine Garantie für diese Existenz, denn ein Russland, das seiner Eroberungen beraubt ist, wird so geschwächt sein, dass es aufhört, ein furchterregender und gefährlicher Nachbar zu sein.»[27]

Nach 1917 wurden die Ziele des Prometheismus konkret: Es ging darum, die Völker des Baltikums, des Schwarzen Meeres und des Kaspischen Meeres vom imperialistischen Russland zu befreien und ein Bündnis als gemeinsame Verteidigungsfront gegen Russland zu schaffen. Innerhalb Polens stand dieser Ansatz, einen großen, föderativ organisierten Raum zu schaffen, in Konkurrenz zu dem integralistischen Nationskonzept, das von Roman Dmowski (1864–1939) vertreten wurde. Die Bewegung des Prometheismus erhielt jetzt eine gewisse finanzielle Unterstützung vom polnischen Staat, sie wurde personell von einer Abteilung im Generalstab und in der Ost-Abteilung des Warschauer Außenministeriums gefördert. Sonst war sie ein loses Konglomerat ganz verschiedener Akteure, unter denen geopolitische Denker aus Warschau ebenso eine Rolle spielten wie die Vertreter des politischen Exils aus dem Kaukasus und der Ukraine.

Während im 19. Jahrhundert das Russische Imperium der Gegner war, richtete sich der Prometheismus der Zwischenkriegszeit auch gegen eine Ideologie. Er nutzte die Nationalitätenfrage als Hebel, um den Bolschewismus zu bekämpfen. Der großen Idee der kommunistischen Weltrevolution wollte er eine ebenso große Idee des antibolschewistischen Aufstands der Nationen entgegensetzen, mit dem auch die Großmachtgeschichte Russlands bzw. der Sowjetunion beendet werden sollte. Diesen hochfliegenden Ambitionen entsprachen jedoch nicht die Mittel, über die der Prometheismus verfügte. 1925 gewann er eine gewisse Struktur, als Piłsudski seinem Vertrauten Tadeusz Hołówko (1889–1931) den Auftrag gab, die Bewegung zu koordinieren. Nach dem Putsch, mit dem Piłsudski im Mai 1926 ein halb-diktatorisches, halb-parlamentarisches Regime der sogenannten Sanacja (Gesundung) etablierte, erhielt die Bewegung mehr staatliche Förderung. Nun arbeiteten Beamte aus vier Ministerien für den Prometheismus, doch erschöpften sich die Bemühungen oft in zeitraubender und aufwendiger Netzwerk-Arbeit. Hołówko pendelte zwischen Warschau, Paris und Ankara, seine Aktivitäten waren, wie er klagte, ebenso weitgespannt wie kleinteilig.[28]

Die ukrainische Emigration bildete ein eigenes Zentrum der Bewegung, wobei der Exil- Regierungschef Symon Petljura eine maßgebliche Rolle spielte. Auch nach seiner Entmachtung durch die Bolschewiki hielt die Warschauer Regierung an ihm als legitimem Oberhaupt der Ukraine fest. Petljura ging 1924 ins Pariser Exil und fiel dort 1926 einem Attentat durch den jüdischen Poeten und Anarchisten Samuel Schwartzbard (1886–1938) zum Opfer, der 1919 zum Augenzeugen der antijüdischen Pogrome in der Ukraine geworden war. Insgesamt hatten über tausend antijüdische Pogrome in den Jahren nach dem Zusammenbruch des Russischen Reiches die Ukraine erschüttert und weit über 100 000 Menschenleben gefordert. Die Gewaltdynamiken entstanden aus langwierigen Konflikten zwischen ukrainischen nationalistischen Kräften, der Roten Armee, lokalen Kriegsherren, der Weißen Armee und dem polnischen Militär.[29] Petljura selbst hatte als militärischer Oberbefehlshaber versucht, Pogrome zu verhindern, vor Antisemitismus hatte er öffentlich gewarnt. Aber er trug die politische Verantwortung für die Massaker in seinem Herrschaftsbereich.[30] Schwartzbard bezeichnete seine Tat selbst als Racheaktion. Zugleich gibt es Hinweise, dass er im Auftrag des sowjetischen Geheimdiensts handelte. Das Gericht in Paris, das die Verhandlung gegen ihn unter großer öffentlicher Anteilnahme führte, betrachtete die Tötung Petljuras als einen gerechtfertigten Homozid. Schwartzbard blieb straffrei.[31] Für den Prometheismus waren das Attentat wie auch das Urteil ein gravierender Rückschlag: Mit Petljura hatte der ukrainische Teil der Bewegung seinen wichtigsten Protagonisten verloren, und zugleich war in der westeuropäischen Öffentlichkeit die Verantwortung Petljuras für antijüdische Pogrome sichtbar geworden.[32]

Ungeachtet dieses Rückschlags verfolgten die polnischen Beamten und Intellektuellen die geopolitischen Ideenspiele des Prometheismus weiter.[33] 1932 gründete der Politikwissenschaftler und Mitarbeiter des Warschauer Ost-Instituts Włodzimierz Bączkowski (1905–2000) die Monatsschrift «Polnisch-Ukrainischer Bulletin» (Biuletyn Polsko-Ukraiński), die vom Nachrichtendienst des polnischen Generalstabs finanziert wurde und sich mit einer Auflage von 2500 bis 4000 Exemplaren ausschließlich den polnisch-ukrainischen Beziehungen widmete. Im programmatischen ersten Artikel nannte Bączkowski die nationalen Bewegungen in Georgien, Aserbaidschan, im Nordkaukasus und in Turkestan als mögliche Alliierte, die die politische Geographie Osteuropas verändern könnten. Dabei sei die Ukraine «das Schlüsselelement der gesamten Front», denn ihr Ressourcenreichtum stärke Moskau. Eine unabhängige und starke Ukraine hingegen würde dem *raison d'état* Polens dienen. Sie zu schaffen entspreche dem polnischen Geist, der polnischen Geschichte und der polnischen Mission im Osten.[34]

Neben dem weitausgreifenden internationalen Prometheismus, der den Bolschewismus als Fortsetzung der russischen Imperiumsidee bekämpfte, gab es den Versuch, eine polnisch-ukrainische Solidarität innerhalb Polens aufzubauen, deren Zweck es war, der sowjetischen Politik der nationalen «Verwurzelung» des Kommunismus in der Ukraine ein attraktives Projekt der polnisch-ukrainischen Verständigung gegenüberzustellen. Dessen wichtigster Akteur war Henryk Józewski (1892–1981), der als Kunstmaler bekannt wurde und zugleich Regierungsmitglied zuerst in Kyiv und dann in Warschau war. Józewski wurde in einer polnischen Familie in Kyiv geboren. An der dortigen Universität schloss er kurz vor dem Beginn des Weltkriegs ein Mathematik- und Physikstudium ab. Noch keine dreißig Jahre alt, wurde er von Petljura als stellvertretender Innenminister in die Kyiver Regierung berufen. Mit Petljura emigrierte er nach Polen, unterstützte im Mai 1926 Piłsudskis Staatsstreich und wurde ein Jahr später abermals Regierungsmitglied, diesmal in Warschau. 1928 vertraute Piłsudski ihm die Leitung der mehrheitlich ukrainischen Woiwodschaft Wolhynien (Wołyń) an, die wegen kommunistischer Streiks und eines starken sowjetischen Einflusses als Unruheregion galt. Die Kommunistische Partei Polens hatte hier viele ukrainische Mitglieder, was auch damit zusammenhing, dass die sowjetische Politik der nationalen Verwurzelung eine grenzüberschreitende Attraktivität entfaltete. Józewski legte ein Gegenprogramm auf. Er sprach sich für die Stärkung der ukrainischen Selbstverwaltung aus, beförderte Ukrainer in den regionalen Behörden und setzte sich für die Förderung der ukrainischen Sprache im Unterricht und als regionale Amtssprache ein.[35]

Mit seinem Angebot wollte Józewski die Wolhynier zu einer Loyalitätsentscheidung zwischen Moskau und Warschau zwingen. Strukturell waren seine Ukrainepolitik und der sowjetische Ansatz der «Verwurzelung» ähnlich, in beiden Fällen ging es um Innenpolitik, die eine Ausstrahlungskraft über die Grenzen hinaus auf die ukrainischen Territorien des jeweiligen Gegners haben sollte. In beiden Fällen schwang die Vorstellung mit, dass die «eigene» Ukraine zur Kernregion einer Nationalbewegung werden könnte, von der die Ukrainer auf der anderen Seite der Grenze erfasst werden könnten. Stalin, der Józewskis Politik genau beobachtete, scheint gefürchtet zu haben, dass das polnische Wolhynien eine ähnliche Rolle für eine ukrainische Nationalbewegung spielen könnte wie Piemont für das italienische Risorgimento.[36]

Bereits in der zweiten Hälfte der zwanziger Jahre beendete Stalin den autonomistischen Ansatz der sowjetischen Ukrainepolitik. Von einer Attraktivität der sowjetischen Ukraine konnte am Ende der zwanziger Jahre keine Rede mehr sein. Ungeachtet dessen erwies sich auch die polnische Wolhynienpolitik als Fehlschlag. Als Józewski im Frühjahr 1938 zum Rücktritt gezwungen wurde, galt die Region immer noch als die Hochburg linker Staatsfeinde Polens.[37]

Ein schlimmeres Desaster erlebte die polnische Ukrainepolitik in Galizien, wo sie nicht von Kommunisten, sondern von der ukrainischen Nationalbewegung herausgefordert wurde. Die nach dem Krieg vorübergehend errungene Eigenstaatlichkeit und eine 1923 versprochene, aber nie realisierte Autonomie blieben die wesentlichen Bezugspunkte des ukrainischen Diskurses in Galizien. Die Unzufriedenheit der Ukrainer entzündete sich z. B. an Bildungsfragen. Hatten sie in der Habsburgermonarchie über 2450 ukrainische Grundschulen verfügt, so sank diese Zahl aufgrund der polnischen Schulreform von 1925 auf 500 im Jahr 1937. Hochsymbolisch war auch, dass die polnische Politik nie ihr Versprechen einlöste, eine ukrainische Universität in Lviv zu gründen. Gegen die Benachteiligung im Bildungswesen richtete sich die 1929 gegründete Organisation Ukrainischer Nationalisten (OUN). Sie forderte Autonomie innerhalb Polens und bediente sich bald auch terroristischer Methoden. 1931 erschossen Mitglieder der OUN Tadeusz Hołówko und damit einen der exponiertesten Vertreter des föderalen Politikansatzes. Dieser und andere Terroranschläge der OUN boten der polnischen Regierung einen Anlass, mit Repressalien gegen die ukrainische Nationalbewegung vorzugehen. So wurden in den dreißiger Jahren neunzig griechisch-katholische Kirchengebäude abgetragen, die als Symbol des Ukrainertums galten.[38] Damit schlug die polnische Ukrainepolitik endgültig von einem föderativen in einen nationalintegralistischen Ansatz um.

Holodomor

Auch in der Sowjetunion fand eine Wende in der Ukrainepolitik statt, die allerdings einen völlig anderen Charakter hatte. Am Ende der zwanziger Jahre wurde die Ukraine von einer Hungersnot ergriffen, die ihre primären Ursachen nicht in der Nationalitätenpolitik, sondern in Stalins Kurs der forcierten Industrialisierung hatte. Um die Industrialisierung und Urbanisierung der Sowjetunion voranzutreiben, wurde der Agrarsektor einer Transformation und hohen Abgabequoten unterworfen. Millionen von Bauern und Bäuerinnen wurden gezwungen, in Kolchosen einzutreten. Als sich herausstellte, dass die eingeplanten Getreideabgaben nicht geleistet wurden, begann eine stalinistische Kampagne gegen die sogenannten Kulaken, womit wohlhabendere Bauern gemeint waren. Tatsächlich wurde der Klassenkampf auf dem Land auch gegen ärmere Bauern geführt – es konnte alle treffen, die sich verdächtig gemacht hatten oder auch lokalen Parteiakteuren aus irgendwelchen Gründen missliebig waren. Diese Kampagne verschärfte die Hungersnot dramatisch, zumal der sowjetische Staat Trupps in die Getreideanbaugebiete schickte und selbst Saatgut requirieren ließ. An einem dieser Trupps war auch der junge Lev Kopelev (1912–1997) beteiligt, der im Rückblick selbstkritisch geschildert hat, wie sie Getreide aufspürten und einzogen und damit die betroffenen Bäuerinnen und Bauern mit ihren Kindern einem sicheren Tod überließen. Das Motiv, das Kopelev nennt, war die stalinistische Verheißung, dass am Ende des Wegs der forcierten Modernisierung ein besseres Morgen

Holodomor

Abb. 17 · Dem sicheren Hungertod überlassen: Ein sowjetischer Suchtrupp konfisziert Getreide in einem Bauernhaus in der Ukraine während des Holodomors 1932/33.

winkte. So täuschten sich die Täter über das Leid hinweg, das die Kampagne über die Ukraine und andere Regionen in der Sowjetunion brachte.[39] Selbst als sich der Hunger 1932 schon ausgebreitet hatte, exportierte die Sowjetunion über Odesa noch Getreide und andere Lebensmittel in den Westen, um Investitionsgüter für die Industrialisierung und Aufrüstung importieren zu können. Der Wert der Exporte sank von 1931 auf 1932 um mehr als die Hälfte, aber immer noch wurden 1,7 Millionen Tonnen Getreide ausgeführt. Westliche Staaten importierten weiterhin Nahrungsmittel aus der Sowjetunion, obwohl Informationen über die Hungersnot vorlagen.[40] Ganze Familien und Dörfer starben qualvoll, es gab Fälle von Kannibalismus. In der Sowjetunion kam es zum Hungertod von etwa sieben Millionen Menschen, davon etwa vier Millionen in der Ukraine und weiteren Millionen in Südrussland und in Kasachstan, das im Verhältnis zur Gesamtbevölkerung am stärksten betroffen war.

Trotzdem greift es zu kurz, die Hungersnot nur als eine grausame Folge forcierter Modernisierung zu beschreiben, die eine gesamtsowjetische Erfahrung bildete. In Bezug auf die Ukraine nahm Stalin die Katastrophe auch durch die Brille der imperialen Geschichte wahr. Er wurde von der Befürchtung getrieben, dass die Ukraine aus dem Imperium wegbrechen könnte. Als die staatlichen Getreideforderungen in der Ukraine aus seiner Sicht nicht schnell genug Ergebnisse zeitigten, schrieb er im April 1932 wütend an den Generalsekretär der KP(b)U Stanisław Kosior (1889–1939). Die Sowjetmacht, so Stalin, habe «anscheinend an manchen Orten in der Ukraine aufgehört zu existieren». Einige Monate später entsandte er Kaganovič und Molotov in die Ukraine, die er am 2. Juli 1932 mahnte: «Werft ein noch strengeres Auge auf die Ukraine.» Stalin äußerte die Befürchtung, dass «die Ukraine am Ende noch verloren gehen» könne. Im August, als ihm detaillierte Geheimdienstberichte von der kritischen Stimmung unter einfachen ukrainischen Parteifunktionären vorgelegt worden waren, warnte er Kaganovič: «Die Hauptsache ist jetzt die Ukraine. Die Dinge in der Ukraine stehen schrecklich.» Damit meinte er nicht die sich anbahnende humanitäre Katastrophe, sondern die mangelnde Festigkeit der ukrainischen Partei bei der Aufgabe, die Getreideabgaben durchzusetzen. Erneut äußerte er die Befürchtung, die Ukraine zu verlieren. Diesmal beschwor er die Gefahr, die von Polen drohe: «Denk daran, dass Piłsudski nicht vor sich hinträumt ... Denk daran, dass die Ukrainische Kommunistische Partei nicht wenige verrottete Elemente enthält, bewusste und unbewusste Petljuristen sowie direkte Agenten Piłsudskis ... Am schlimmsten ist, dass die Ukrainer diese Gefahr einfach nicht sehen.»[41]

Für Stalin rief die Entwicklung in der Ukraine die Erinnerung an das Jahr 1920 wach, als die polnische Armee im Bündnis mit Petljura Kyiv eingenommen hatte. In Stalins Denken, das sich seit der Abwendung von der Politik der «Verwurzelung» wieder in großrussischen Bahnen bewegte, ging es auch um die Erhaltung des Imperiums in seiner neuen sowjetischen Form. Seine Ukrainepolitik war dabei der Schrittmacher einer allgemeinen Kehrtwende vom Internationalismus des Klassenkampfs hin zu einer Orientierung am eigenen Land, die Stalin zu Beginn der 1930er Jahre vollzog. Im Februar 1931 war er von der Formulierung des Kommunistischen Manifests abgerückt, dass der Proletarier kein Vaterland habe. Jetzt, da das Proletariat im Besitz der Produktionsmittel sei, habe es sehr wohl ein Vaterland und müsse dieses verteidigen.[42] Zugleich rehabilitierte die sowjetische Propaganda den Begriff des «Patriotismus», zunächst in ethnisch neutraler Form auf die Verteidigung des sozialistischen Vaterlands bezogen.[43] Stalin wies im Zuge dieser vaterländischen Wende seine Funktionäre an, die Ukraine in eine «wahre Festung» umzubauen.[44]

Dabei zeichnete sich Vsevolod Balyc'kyj (1892–1937) aus, der eine typisch imperiale Biographie hatte, wie sie unter anderen Vorzeichen unter Eliten im Zarenreich auch möglich gewesen wäre. Er war im ukrainischen Gouvernement Ekaterinoslav, dem heutigen Dnipro, geboren worden, schloss das Gymnasium in Luhans'k ab und studierte dann in Moskau. Er machte eine Partei- und Geheimdienstkarriere mit Funktionen in der sowjetischen Ukraine, wo er 1924 zum Volkskommissar für Innere Angelegenheiten aufstieg. 1930 wechselte er wieder nach Moskau als stellvertretender Chef des sowjetischen Geheimdiensts. Zwei Jahre später kehrte er mit nahezu unbegrenzten Befugnissen in die Ukraine zurück, um Stalins Plan für die Beschaffung von Getreide zu erfüllen.[45]

Balyc'kyj war einer der Haupttäter des Holodomor, der die Requirierungen befahl und vermeintliche Saboteure erschießen ließ. Zugleich betrieb er die Kampagne gegen eine angebliche polnische Verschwörung. Im Dezember enthüllte er die Existenz einer «polnisch-petljuristischen Aufstandsbewegung in 67 Distrikten der Ukraine». Bald vermutete er den polnischen Generalstab und eine polnische Militärorganisation sowie ihre ukrainischen Kollaborateure hinter dem Komplott.[46] Dabei handelte es sich um Hirngespinste, Petljura war tot, und die Polnische Militärorganisation, die im Weltkrieg Sabotageakte gegen die Besatzungsmächte verübt hatte und 1918 als Grundstock beim Aufbau der polnischen Armee diente, war nach dem polnisch-sowjetischen Krieg 1921 aufgelöst worden. Tatsächlich stellte Polen Anfang der 1930er Jahre keine ernsthafte Gefahr für die Sowjetunion dar, im Juli 1932 schlossen die beiden Staaten einen Nichtangriffspakt.[47] Mit der antipolnischen Kampagne motivierte Balyc'kyj die lokalen Täter des Holodomor zur rücksichtslosen Eintreibung von Getreidevorräten, zugleich präsentierte er einen Sündenbock für die katastrophale Entwicklung in der Ukraine. Entscheidend aber war, dass Balyc'kyj die imperiale Logik wieder bediente, derzufolge Unruhe in der Ukraine auf Anstiftung aus Polen zurückzuführen war und deshalb eine Bedrohung des Staates darstellte.

Dass in der Ukraine nicht nur ein Klassenkampf auf dem Dorf geführt wurde, sondern es auch um den Kampf gegen die ukrainische Nation ging, machten zwei Dekrete des Moskauer Politbüros deutlich, die am 14. und 15. Dezember 1932 die Politik der Ukrainisierung anprangerten. Sie waren die Grundlage für einen Kulturkampf, den Moskau während der großen Hungersnot gegen die ukrainische Intelligenz führte. Um die «nationalistische Konterrevolution» auszuschalten, entsandte Stalin im Januar 1932 Pavel Postyšev (1887–1939) in die Ukraine, der eine Säuberung innerhalb der Partei durchführte und die ukrainischen Intellektuellen verfolgte. Schon vorher unterlag die Ukrainische Orthodoxe Autokephale Kirche, die als Rückhalt der ukrainischen Nation galt, der Verfolgung. Zwischen 1930 und 1934 wurden 32 ihrer 34 Bischöfe verhaftet. Die Verfolgung richtete sich auch gegen die ukrainische Wissenschaft. Hruševs'kyj, der sich in der Phase der Verwurzelung hoffnungsvoll aus dem polnischen Galizien in die sowjetische Ukraine begeben hatte, wurde verhaftet und musste die Ukraine verlassen.[48]

Der Politik der nationalen Kulturförderung wurde nun zur Last gelegt, sie habe konterrevolutionären Elementen wie Kulaken, Ex-Offizieren und Petljuristen eine Tarnung verschafft, unter der sie ihre subversiven Ziele verfolgten.[49] Dem ukrainischen Politiker Mykola Skrypnyk (1872–1933), einem der führenden Protagonisten der Politik der «Verwurzelung», machten innerparteiliche Gegner den Vorwurf, die Jugend durch eine Ideologie zu verwirren, die dem Proletariat feindlich sei. «Die Ukrainisierung lag oft in den Händen von petljuristischen Schweinen.»[50]

So wurde die Nationalisierungsstrategie Lenins nicht etwa durch einen neuen Schub von universalistischem Klassenkampf, sondern durch eine ethnische Feindsetzung bekämpft, wie sie auch zum Repertoire des ausgehenden Zarenreichs gehörte. Die Polen und die nationalbewussten Ukrainer waren schuld. Allerdings zeitigte das konstruierte Feindbild nun Folgen, wie sie für die stalinistische Sowjetunion typisch waren. 1937 diente es als Vorwand für die Säuberung des NKWD von Polen und dann für eine breit angelegte ethnische Säuberung der Polen in der Sowjetunion. Unmittelbar wirkte sich die Kampagne auf die Ukraine aus. Sie bedeutete nicht nur das Ende einer staatlichen Kulturförderung etwa in der Form von universitären Literatur- und Sprachkursen auf Ukrainisch, sondern auch den Beginn einer umfassenden Kampagne. Das Moskauer Politbüro rief zu einer Aktion gegen «bürgerlich-nationalistische Elemente» in der Ukraine auf, Tausende Intellektuelle aus allen Bereichen – Kunst,

Journalismus, Wissenschaft, Geistlichkeit – wurden verhaftet und zum Teil deportiert. Bedroht waren alle Personen, die in ihrer Sprache schrieben und ihre nationale Kultur pflegten. Die willentliche staatliche Aushungerung der Ukraine, kombiniert mit der Verfolgung der nationalen Kulturelite, rechtfertigen es, den Holodomor als Genozid zu bezeichnen.

Der Kampf gegen die ukrainischen nationalen Intellektuellen setzte sich in den Jahren des großen Terrors 1937/38 unter dem Vorzeichen der sogenannten Kulakenaktion fort. Über 70 000 Bewohner der Ukraine wurden hingerichtet. In vielen Fällen handelte es sich um ukrainische Industriearbeiter mit einer tatsächlichen oder imaginären Kulakenherkunft, die wegen angeblicher Sabotage verhaftet und umgehend getötet wurden. Speziell in der Ukraine erfasste die Aktion aber auch «Nationalisten». Der inszenierte Klassenkampf ließ sich vom anti-ukrainischen Kulturkampf nicht trennen. Timothy Snyder hat es auf die Formel gebracht: «Wenn ukrainische Bauern ein ukrainisches Nationalbewusstsein entwickelten, war das gefährlich.»[51] Darin kam die Abwendung von der Politik der «Verwurzelung» zum Ausdruck. Die sowjetische Regierung knüpfte an die Nationalitätenpolitik des ausgehenden Zarenreichs an, als die Bauern in der Ukraine in den großrussischen Identitätskonstruktionen als national noch unbewusste Russen galten, die gegen polnischen Einfluss und die Einwirkung der ukrainischen Nationalbewegung abzuschirmen waren.

In Bezug auf die sowjetischen Polen stellten die Behörden den Zusammenhang von feindlicher Klasse und feindlicher Ethnie noch deutlicher her. In der Kulakenaktion galt für NKWD-Offiziere die Devise: «Einmal ein Pole, immer ein Kulak.»[52] Die bereits während des Holodomor beschworene Gefahr einer tatsächlich nicht existierenden «Polnischen Militärorganisation» wurde durch den Geheimdienstchef Nikolaj Ežov (1895–1940) im Juni 1937 auf die Spitze getrieben. Die Organisation, deren Gefährlichkeit gerade mit ihrer Unsichtbarkeit zusammenhinge, habe in der Sowjetunion von Anfang an alle staatlichen und parteilichen Strukturen unterwandert. Man konnte sie daher für alle Fehlschläge und Katastrophen beim Aufbau des Sozialismus verantwortlich machen. Schon im Sommer 1936 waren viele ethnische Polen aus der Ostukraine nach Kasachstan deportiert worden. 1938/39 diente die Geschichte von der Militärorganisation als Vorwand für eine Säuberung von ethnischen Polen aus dem NKWD, der eine breite ethnische Säuberung der Polen in der Sowjetunion folgte. Verdächtig waren alle, die polnische Namen trugen, Beziehungen nach Polen, zur polnischen Kultur und zum Katholizismus hatten. Die meisten sowjetischen Polen lebten in der Ukraine, von ihnen wurden über 47 000, das heißt mehr als 10 Prozent, erschossen.[53] Die Polen bildeten nur 0,4 Prozent der sowjetischen Bevölkerung, aber sie stellten ein Achtel der 680 000 Opfer des Großen Terrors. Es gab auch Kampagnen gegen weitere vermeintliche Verschwörungen, z. B. gegen japanische oder deutsche Komplotte. Unter dem Terror litten viele ethnische und nationale Gruppen der Sowjetunion. Keine Republik war aber im Verhältnis zur Einwohnerzahl so stark betroffen wie die Ukraine und keine nationale Minderheit in so hohem Maße wie die Polen.

Folge und Zweck des Holodomor und des Terrors war die Entukrainisierung der Ukraine, wenn man die Ziele der Politik der «Verwurzelung» als Maßstab nimmt. Ohne dass diese Doktrin jemals formal aufgehoben wurde, verkehrte sich die sowjetische Politik in Richtung Zentralisierung und Russifizierung. In der KP(b)U wurden im Zuge des Holodomor die nationalukrainischen Führungskader beseitigt, an ihre Stelle rückten Kommunisten in das Zentralkomitee ein, die nur zum Teil Ukrainisch sprachen und bedingungslos der zentralistischen Moskauer Parteiführung anhingen. Die ukrainische Nationalkultur verstummte als Folge der Kampagne gegen die ukrainischen Intellektuellen.

Mit der von Stalin betriebenen forcierten Industrialisierung waren jedoch Effekte verbunden, die statistisch den ukrainischen Bevölkerungsanteil stärkten. Der erste Fünfjahrplan beschrieb die Ukraine als Land mit reichen Rohstoffressourcen, die im gesamtsowjetischen Interesse auszubeuten waren. Die Kohleförderung sollte sich in drei Jahren von 27 Millionen (1929) über 53 Millionen (1930) auf 80 Millionen Tonnen (1931) verdreifachen, tatsächlich blieb sie mit 45 Millionen Tonnen (1933) weit dahinter zurück. Von 1500 Fabriken, die laut dem ersten Fünfjahrplan errichtet werden sollten, entfielen immerhin 400 auf die Ukraine. Doch verstärkte der erste Fünfjahrplan die Asymmetrie zwischen Russland und der Ukraine: 1932 erzeugte die Ukraine 70 Prozent der Kohle und des Roheisens in der Sowjetunion, aber nur 23 Prozent der Metallfertigprodukte. In den folgenden Plänen zwischen 1933 und 1941 wurden die Ungleichheiten teilweise durch die Entwicklung einer ukrainischen Chemie- und Maschinenbauindustrie korrigiert.⁵⁴ Die Industrialisierung brachte ukrainische Landbevölkerung in die Städte: Zwischen 1926 und 1939 stieg die städtische Bevölkerung von 5,4 auf 11,2 Millionen Menschen, 1939 stellten die Ukrainer die deutliche Mehrheit in den ukrainischen Städten.⁵⁵ Das Ergebnis der zwanziger und dreißiger Jahre war also für die Ukraine vielschichtig. Die Sowjetisierung der Ukraine, die in der Stalinzeit vollzogen wurde, bedeutete den Verlust nationaler Eliten und das Ende des ukrainischen Nationalkommunismus in der Tradition der Borotbisten. Das institutionelle Gefüge des ukrainischen Teilstaats blieb erhalten, wurde aber von Kadern geführt, die dem Zentrum hörig waren. Zum Gesamtbild gehört auch der paradoxe Befund, dass sich im Zuge der großen stalinistischen Transformation zugleich eine Ukrainisierung der Städte vollzog, wenn man nicht nationales Bewusstsein, sondern die ethnische Zugehörigkeit zum Maßstab nimmt.

Das große russische Volk kehrt zurück

Der Holodomor nimmt in der sowjetischen Verbrechensgeschichte nicht nur wegen seiner Opferzahl von fast vier Millionen einen herausragenden Platz ein. Mit dem Feindbild des «bourgeoisen» Nationalismus der Ukraine und dem Vorgehen gegen vermeintliche Intrigen Polens war er auch ein Markstein in der Ethnisierung des sowjetischen Gewaltregimes, das seit Beginn der 1930er Jahre «patriotische» Motive für sich beanspruchte. Die Definition von äußeren und inneren ethnischen Feinden und die Rückkehr von Konzepten wie «Vaterland» zu Beginn der dreißiger Jahre bildete die Voraussetzung dafür, dass in den Jahren des Massenterrors 1937/38 ein imperial geprägter Nationalismus in den offiziellen Diskurs zurückkehrte. Dies geschah in einer Sowjetunion, die mit der Annahme der sozialistischen Verfassung von 1936 den Klassenkampf offiziell für beendet erklärt hatte. Die Kategorie der Nationalität, die in jedem sowjetischen Pass vermerkt und von Eltern an ihre Kinder vererbt wurde, erhielt dadurch ein neues Gewicht.

Ein Kennzeichen für die Hinwendung zur imperial-nationalen Tradition waren die Feiern zu Puškins hundertstem Geburtstag 1937, die in ihrem Umfang alle früheren und späteren Jubiläen übertrafen. Zu Ehren des Poeten wurden nicht nur Tausende von Lesungen veranstaltet, sondern auch Straßen, Plätze und Ortschaften umbenannt. Der Leitartikel der «Pravda» vom Jubiläumstag, dem 10. Februar 1937, setzte schon in der Überschrift den Ton der Puškin-Würdigung, der sich von dem Sowjetpatriotismus der frühen dreißiger Jahre deutlich absetzte: «Der Ruhm des russischen Volkes». Russland habe der Welt den Genius Puškins gegeben. «Das russische Volk hat ein Recht, stolz zu sein auf seine Rolle in der Geschichte ebenso wie auf seine Schriftsteller und Dichter.»[56] Die Nationalisierung von Geschichte und Kultur kam mit einem universalen Anspruch daher, denn Puškin sollte nicht nur Nationaldichter sein, sondern Weltkultur repräsentieren. Ähnlich hatte bereits Fëdor Dostoevskij 1880 Puškin als Verkörperung der «grenzenlosen Aufnahmefähigkeit und Empfänglichkeit» der russischen Kultur gepriesen. Der Puškin von 1937 symbolisierte jedoch auch das Imperium. Die symbolische Landschaft, die mit der Puškin-Verehrung geschaffen wurde, hatte ihren Mittelpunkt in Moskau auf dem Strastnoj-Platz, der jetzt Puškin-Platz hieß. Puškin-Denkmäler, -Straßen und -Plätze entstanden im ganzen Imperium, im ukrainischen Odesa, wo der Dichter einen Teil seiner Verbannung verbracht hatte, aber auch an Orten in Zentralasien oder im Transkaukasus, die mit Puškin nichts zu tun hatten.[57] Der russische Nationaldichter stand für die zivilisatorisch-kulturelle Überlegenheit der Russen, sein Werk wurde 1937 in alle Sprachen der Sowjetrepubliken übersetzt. Wie Stalin wurde Puškin zum Gegenstand eines gigantischen Persönlichkeitskults.

In einer Zeit, in der die sowjetische Kultur russische und imperiale Inhalte aufsaugte, wurden Stoffe der ukrainischen Kultur tendenziell an den Rand gedrängt. Eine Ausnahme machte Taras Ševčenko. Der ukrainische Nationaldichter war schon in den zwanziger Jahren als «Poet der Rebellion» eine sowjetische Ikone gewesen. Wie schon im 19. Jahrhundert gelang es dem Symbol Ševčenko mühelos, sozialistische und nationale Interpretationen in sich zu vereinen. Bereits 1929, lange vor dem Puškin-Boom, wurde ein Allunionswettbewerb für ein Ševčenko-Denkmal ausgeschrieben, 1934 errichtete Charkiv ein Monument zum 120. Geburtstag des Dichters. Im März 1939 feierte die Sowjetukraine seinen 125. Geburtstag in einem Ausmaß, das es seit den Zeremonien zu Puškins 100. Geburtstag von 1937 in der Sowjetunion nicht gegeben hatte. Die neuen Gedächtnisorte lagen in einem vom Holodomor ausgezehrten Land.[58]

Die vaterländische Geschichte kehrte in die Kultur zurück und wertete auch das russische Imperium auf, dessen Symbolgestalt Peter I. war. In den 1920er Jahren hatte es noch zum guten Ton gehört, Peter als Tyrannen zu verachten, der seine Untertanen verarmen ließ, um kostspielige Eroberungen zu machen. Der tonangebende Historiker der frühen Sowjetperiode Michail Pokrovskij (1868–1932) sprach verächtlich von «Peter, den die kriecherischen Historiker den Großen genannt haben». Der sowjetische Schriftsteller Aleksej Tolstoj (1883–1945), der lange dieser Interpretation gefolgt war, veröffentlichte 1935 ein Schauspiel über Peter, das mit dieser Deutung brach und Peter als entschlossenen Modernisierer portraitierte. Stalin gehörte zu den Zuschauern der Theateraufführung, verließ die Vorstellung aber vor dem Ende, was als Missfallen gedeutet wurde. Folglich wurde das Stück in der sowjetischen Kritik verrissen, bis Stalin Tolstoj eine Notiz schickte, in der es überraschend hieß: «Ein großartiges Stück. Nur schade, dass Peter nicht heldenhaft genug dargestellt wird.»[59] Tolstoj folgte Stalins Rat, auf der Grundlage des Stücks einen Roman zu schreiben. «Peter der Große» wurde 1936 veröffentlicht und mit dem Stalinpreis ausgezeichnet. Auf der Grundlage des Romans drehte der sowjetische Regisseur Vladimir Petrov (1896–1966) 1937/38 einen zweiteiligen Film, der nicht den Modernisierer, sondern speziell die imperiale und expansive Politik Peters in Szene setzte: Der Film beginnt mit dem russischen Angriff auf die schwedische Festung Narva 1700 und endet mit der Erhebung Peters I. zum Imperator 1721. Die Schlacht von Poltava und der «Verrat» des Hetman Mazepa konnten in dieser Geschichte nicht fehlen. Der Film steigerte die in der russischen Tradition übliche Verurteilung des ukrainischen Hetmans, indem er eine Szene erfand, in der Mazepa Karl XII. auffordert, Peter mit eigener Hand zu töten, was der schwedische König ablehnt. Erfunden ist auch eine Szene, die eine russisch-preußische Gegenfolie zum russisch-ukrainischen Zerwürfnis darstellt: eine feierliche Audienz Peters am Berliner Hof Friedrich Wilhelms in Anwesenheit des Philosophen Gottfried Wilhelm Leibniz.

In der bolschewistischen Kultur setzte sich ein russozentrischer Etatismus durch, der «sowjetische patriotische Identität und russische nationale Identität» zusammenführte.[60] Stalin fand dafür in einem Toast zum zwanzigsten Jahrestag der Oktoberrevolution 1937 eine paradoxe Formulierung: «Das alte Russland ist in die heutige Sowjetunion verwandelt worden, in der alle Völker gleich sind. ... Unter diesen gleichen Völkern, Staaten und Ländern der Sowjetunion ist das russische Volk das sowjetischste und das revolutionärste.»[61] Das waren in der Sowjetunion neue Töne, die mit der Legierung von Supranationalem und Russischem an einen alten Diskurs des ausgehenden Zarenreichs anknüpften.

In der Geschichtsschreibung und -kultur konnte die Ukraine nicht mit dem *historical turn* in Russland mithalten. Zwar hatte Hruševs'kyj an seiner Geschichte der Ukraine weitergearbeitet, aber er sah sich mit dem Vorwurf konfrontiert, eine «klassenlose» ukrainische Geschichte zu schreiben oder gar ein «bourgeoiser Nationalist» zu sein.[62] In der Regel waren ukrainische Historiker marginalisiert und verfolgt oder unsicher darüber, wie ukrainische Geschichte zu konzipieren war. Bei einigen Themen kam es aber auch in der Ukraine zur Rückbesinnung auf Geschichte. Bohdan Chmel'nyc'kyjs Ausrufung des kosakischen Hetmanats erfuhr eine Aufwertung, weil sie sich gegen Polen richtete. Gegenüber der Abhängigkeit von Polen erschien die Verbindung des Hetmanats mit dem Moskauer Zarentum als das «geringere Übel», so die Formulierung des sowjetischen Politbüros.[63]

Von Rapallo zum Hitler-Stalin-Pakt

Die Tatsache, dass Stalin die «Polenaktion» als größte Kampagne in seinem Nationalitätenterror durchführte, war auch außenpolitisch bedeutsam. Sowohl im Russischen Reich als auch in der frühen Sowjetunion hatte die Innenpolitik gegenüber Polen stets eine internationale Dimension gehabt: Czartoryskis Politik der Wiederherstellung Polens unter russischem Zepter diente auch dazu, das Zarenreich gegen Napoléon zu schützen; Gorčakovs Verständigungspolitik gegenüber Polen zu Beginn der 1860er Jahre hatte auch die Funktion, Russland aus der Tradition der Preußen-Bindung zu befreien; Lenins Politik der Verwurzelung gegenüber den sowjetischen Polen sollte in die Zweite Republik Polen hineinwirken und diese beeinflussen. Stalins Verfolgung der sowjetischen Polen war – zwei Jahre vor dem Hitler-Stalin-Pakt – ein starker Indikator dafür, dass er Polen als potentiellen Bündnispartner gegen das nationalsozialistische Deutschland nicht in Betracht zog.

Nicht nur in der Beherrschung des unmittelbaren sowjetischen Machtbereichs setzte Stalin, wie das Beispiel Ukraine zeigt, auf Politikmuster, die bei aller neuartigen Radikalität ihre Vorläufer im 19. Jahrhundert hatten. Auch bei der mächtepolitischen Hegemonialpolitik in Ostmitteleuropa knüpfte er an imperiale Vorbilder des Zarenreichs an. Allerdings hatte sich das ostmitteleuropäische Umfeld nach dem Ersten Weltkrieg dramatisch geändert: Mit der Unabhängigkeit der neuen Staaten vom Baltikum über Polen bis nach Südosteuropa war ein mit Frankreich verbundener *cordon sanitaire* entstanden, der das revolutionäre Russland an den Rand Europas drängte. Moskau hatte zwar seinen Besitz von der Ukraine und Belarus behauptet. Sonst aber waren die mächtepolitischen Verhältnisse annähernd wiederhergestellt, wie sie vor dem imperialen Aufstieg Russlands unter Peter I. galten: Russland hatte zwar nicht den Zugang zur Ostsee, wohl aber die baltischen Länder Estland und Lettland sowie Litauen verloren und die Herrschaft über Polen und Finnland eingebüßt.

Die bolschewistische Politik nach dem Krieg bereitete Stalins spätere Hegemonialpolitik vor, denn bereits zu Beginn der zwanziger Jahre zielte die sowjetrussische Regierung nicht nur auf die internationale Verbreitung der Revolution, sondern auch auf die Wiederherstellung alter Grenzen. Die Rückkehr Sowjetrusslands in die europäische Mächtepolitik vollzog sich in einem wesentlichen Punkt ähnlich wie «Moskaus Weg nach Europa» zu Beginn des 18. Jahrhunderts: Eine Schlüsselrolle spielte Berlin. Während Peter I. in der Schlussphase des Nordischen Kriegs 1719 gemeinsam mit Preußen den Versuch Großbritanniens abgewehrt hatte, Russland einzudämmen und damit der Hegemonialpolitik Russlands an der Ostsee und in Polen einen Riegel vorzuschieben, war es gut zwei Jahrhunderte später der deutsch-russische Vertrag von Rapallo, der die Wiederherstellung von sowjetisch-deutschen Einflusssphären in Ostmitteleuropa vorbereitete.

Rapallo vernichtete eine Chance Europas. Der Vertrag wurde am 16. April 1922 am Rande der großen internationalen Wirtschaftskonferenz von Genua geschlossen, auf der der britische Premierminister Lloyd George (1863–1945) das Ziel verfolgte, die strittige Frage der deutschen Reparationszahlungen mit einem Programm für den Wiederaufbau Europas zu verbinden. Erstmals seit dem Krieg waren Sowjetrussland und Deutschland zu einer europäischen Konferenz eingeladen worden. Dass diese stattfand, war auch ein Symbol für die Überwindung der internationalen

Isolierung des Kriegsverlierers Deutschland und des Revolutionsstaats Russland. Doch ließ sich die deutsche Delegation mit Außenminister Walther Rathenau (1867–1922) an der Spitze zu einem Separatvertrag mit Russland verleiten. Man fürchtete, dass Frankreich und Großbritannien sich zulasten Deutschlands mit Russland über die Reparationsfrage einigen könnten. Dem wollte die deutsche Diplomatie durch einen Vertragsschluss mit der russischen Delegation zuvorkommen. Unter konspirativen Umständen trafen sich die sowjetische und die deutsche Delegation in Rapallo und unterzeichneten den Vertrag, der auf der europäischen Konferenz in Genua und in der europäischen Öffentlichkeit wie eine Bombe einschlug. Die schon zuvor schwierigen Verhandlungen der europäischen Wirtschaftskonferenz waren damit gescheitert. Für Reichskanzler Joseph Wirth (1879–1956) und den Staatssekretär im Auswärtigen Amt Ago von Maltzan (1877–1927) stellte der Vertrag eine erwünschte Rückkehr zu alten preußischen Mustern der Russlandpolitik dar, während Außenminister Walther Rathenau mit seiner Unterschrift lange gezögert hatte.

Auf den ersten Blick enthielt der Vertrag nur harmlose Bestimmungen. Er sah den wechselseitigen Verzicht auf alle finanziellen Ansprüche vor, die Wiederaufnahme diplomatischer und konsularischer Beziehungen und im Handel das Prinzip der Meistbegünstigung. Mit dem Vertrag wurde jedoch auch die schon vor Rapallo angebahnte, streng geheim gehaltene militärische Zusammenarbeit diplomatisch abgesichert, die es Deutschland ermöglichte, sich bei dem Ausbau seines militärischen Potentials über die Bestimmungen des Versailler Friedensvertrags hinwegzusetzen. Russland eröffnete Deutschland die Möglichkeit, eine Flugschule nahe der zentralrussischen Stadt Lipeck, eine Chemiewaffenfabrik in Vol'sk sowie zwei Panzerfabriken in der Nähe von Moskau und Rostow am Don aufzubauen. Im Gegenzug wurden russische Offiziere verdeckt in deutschen Militärakademien ausgebildet.

Rapallo war für die russische Diplomatie ein Coup, weil sie damit sichtbar und durch aktives Handeln die internationale Isolation überwunden hatte. Erstmals schloss ein europäischer Staat mit dem bolschewistischen Regime einen völkerrechtlich wirksamen Vertrag. Deutschland war durch die Reparationen belastet, aber es war anders als das bolschewistische Russland kein Paria-Staat. Sehr wohl gab es aber in Deutschland ein weitverbreitetes Gefühl der Marginalisierung, mit der vor allem die Rechtsnationalen und phasenweise auch die Kommunisten Politik machten. Eine strategische Absicht Moskaus, das internationale Parkett für seine Zwecke zurückzugewinnen, traf sich mit einer deutschen Politik des Ressentiments, der westlich gesinnte Politiker wie der liberale Außenminister Walther Rathenau und der sozialdemokratische Reichspräsident Friedrich Ebert (1871–1925) wenig entgegenzusetzen hatten. Der Vertrag fand in der deutschen Öffentlichkeit und im Parlament als Symbol für eine «aktive» Außenpolitik einhelligen Beifall, mit einer gewissen Skepsis in der SPD. Von Rapallo führte keineswegs ein direkter Weg zum Hitler-Stalin-Pakt, aber der Vertragsschluss nahm, wie Gottfried Schramm es formuliert hat, «gleichsam in einer Vorblende vorweg, was sich ohnehin anbahnte, aber eben weder hüben noch drüben als sicher, als unausweichlich gelten konnte.»[64]

Bis heute scheint in der Deklassierung Deutschlands nach dem Ersten Weltkrieg ein Motiv zu liegen, um eine russisch-deutsche Wahlverwandtschaft erneut zu konstruieren. So widmete sich Putin in seinem im Juni 2020 veröffentlichten Geschichtsartikel über den Hitler-Stalin-Pakt ausführlich dem Unrecht, das die Westmächte Deutschland durch den Versailler Frieden zugefügt hätten.[65] *Wenn er mit viel Empathie für Deutschland von «tiefer Ungerechtigkeit», «nationaler Demütigung» und dem westlichen Bestreben, «das Land auszurauben», sprach, verwies er unausgesprochen, aber unverkennbar auf die ganz analoge offizielle Selbstbeschreibung Russlands nach der Niederlage im Kalten Krieg, das in den neunziger Jahren ähnliche Schmach vom Westen erdulden musste. Zugleich enthielt der Geschichtstraktat eine Fülle antipolnischer Argumente. Für das Münchener Abkommen und sogar für den Ausbruch den Zweiten Weltkriegs wird Polen mitverantwortlich gemacht. Doch hatte Putins rhetorisches Angebot, sich auf die gegen Polen gerichtete deutsch-russische Zweisamkeit nochmals einzulassen, in der deutschen Öffentlichkeit außerhalb der extremen Ränder keine positive Resonanz.*

In der Begeisterung für «aktive» Außenpolitik spiegelten sich 1922 die Frustration über die Auflagen der Versailler Friedensordnung und der Hass auf die Erfüllungspolitik wider, aber auch die deutsche Nostalgie nach dem Kaiserreich und das Verlangen nach alten Grenzen. Rapallo war, so Ferenc Fehér und Agnes Heller, «deutlich und bewußt gegen Polen gerichtet, gegen dessen Stärke, ja Existenz.»[66] Drei Monate nach dem Vertragsschluss äußerte Reichskanzler Joseph Wirth, der dem linken Flügel des Zentrums angehörte, in einer Unterredung mit dem Leiter der deutschen Delegation bei den Versailler Friedensverhandlungen und späteren deutschen Botschafter in Moskau Ulrich von Brockdorff-Rantzau (1869–1928) eine Auffassung, die offenbar der Meinung der regierenden Elite entsprach: «Ich sage es, ohne zu zögern: Polen muß erledigt werden. Das ist das Ziel, auf das meine Politik gerichtet ist ... in diesem Punkt bin ich völlig einer Meinung mit den Militärs, besonders mit General von Seeckt.»[67]

Hans von Seeckt (1866–1936) hatte in einem Memorandum vom Januar 1920, wenige Monate vor seiner Berufung zum Chef der Heeresleitung, die «politische und wirtschaftliche Einigung mit Groß-Rußland» als «unverrückbares Ziel» der deutschen Politik bezeichnet.[68] Mit diesem erklärten Revisionismus vertrat er eine radikale Richtung in der deutschen Politik, die insgesamt überwiegend an der Verständigung mit der Entente und der Integration in die multilateralen Institutionen wie dem Völkerbund interessiert war. Allerdings stand sie parteiübergreifend unter dem Vorbehalt, dass die Ostgrenze zu Polen nicht akzeptiert wurde – ein Revisionismus, mit dem die russische Außenpolitik fest rechnen konnte. Kein Politiker der Weimarer Republik hat je erwogen, gegenüber Polen eine Verständigungspolitik zu betreiben. Diese ostpolitische Konstante war von unschätzbarem Wert für die Moskauer Regierung, die selbst nicht unmittelbar eine neue Teilung Polens anstrebte, aber aufgrund der antipolnischen Festlegung Berlins Einfluss auf Mitteleuropa ausüben konnte. Sie wies Berlin in den zwanziger und frühen dreißiger Jahren immer wieder auf die langfristige Perspektive einer gemeinsamen Revisionspolitik gegenüber Polen hin, verhandelte aber gleichzeitig mit Warschau über ein Neutralitätsabkommen, um auf Deutschland Druck auszuüben.[69] Folglich gewann die Sowjetunion in ihrer Ostmitteleuropa-Politik größeren Spielraum als die Weimarer Republik. Als Deutschland und die Sowjetunion im April 1926 den Berliner Vertrag unterzeichneten, legte Berlin größten Wert darauf, dass die Sowjetunion die polnischen Grenzen nicht anerkannte. Moskau erkaufte dafür das Zugeständnis von Berlin, dass es sich aller Boykottmaßnahmen gegen die Sowjetunion enthalten würde.[70] Boykotte waren auch damals ein wirksames Mittel multilateraler Politik gegen Normverletzungen. Deutschland, das gerade Mitglied des Völkerbunds geworden war, schränkte in einer wichtigen Hinsicht seine Handlungsfähigkeit als Akteur der internationalen Politik ein, um sich die Option der Grenzrevision im Osten zu erhalten.

Beide, Deutschland und die Sowjetunion, wurden seit der Mitte der zwanziger Jahre in das Gesamtgefüge der internationalen Beziehungen eingebunden. Trotzdem blieben sie Anti-Status-quo-Mächte, wobei die Sowjetunion den längeren Atem hatte. Während die deutsche Politik von einer Obsession getrieben war, die alten Grenzen im Osten wiederherzustellen, nutzte Moskau die revisionistische Festlegung der Berliner Politik für eigene Zwecke. In dieser Zeit machte sich der Fluch des Imperiums in der deutschen Politik stärker bemerkbar als in der Sowjetunion, die flexibler agierte. Deren machiavellistische Politik diente ebenfalls der Erhaltung und Steigerung des Großmachtstatus, doch konzipierte Moskau seine Politik im größeren Rahmen des neuen Ost-West-Gegensatzes. Karl Radek (1885–1939), der in Lviv in eine jüdische Familie hineingeboren worden war und als Leiter des Deutschland-Sekretariats im Exekutivkomitee der Komintern prägenden Einfluss auf die Moskauer Außenpolitik hatte, definierte wenige Monate nach Rapallo die Doktrin der sowjetischdeutschen Beziehungen so: «Die Politik der Strangulierung Deutschlands impliziert faktisch die Vernichtung Russlands als Großmacht; denn wie immer Russland regiert wird, ist es immer daran interessiert, dass Deutschland existiert ... Ein durch den Krieg aufs äußerste geschwächtes Russland hätte weder eine Großmacht bleiben noch die ökonomischen und technischen Mittel für den Wiederaufbau gewinnen können, wenn es nicht in der Existenz Deutschlands ein Gegengewicht zur Übermacht der Alliierten gehabt hätte.»[71]

Diese Konstellation, in der Deutschland prinzipiell antipolnische Politik betrieb und die Sowjetunion die Fixierung der deutschen Politik für die eigene Einflusspolitik in Ostmitteleuropa sowie gegenüber den Westmächten nutzte, blieb im Prinzip bis zum Ende der Weimarer Republik bestehen. Erst Hitler scherte durch seinen radikalen Antibolschewismus aus dem Kurs der Weimarer Politik aus. Vor den Spitzen der Wehrmacht legte er am 3. Februar 1933 seine Absicht offen, in der Frist von sechs bis acht Jahren den Marxismus vollständig zu vernichten und den Lebensraum des deutschen Volkes durch einen Angriffskrieg auszuweiten. Die sowjetische Führung hatte diese Rede durch Nachrichtendienste zugespielt bekommen.[72]

Hitler schloss, um seine strategischen Möglichkeiten gegenüber der Sowjetunion zu erweitern, mit Polen 1934 einen Nichtangriffsvertrag. Damit verfolgte er, wie auch die Warschauer Regierung wusste, eine befristete Strategie. Eine Wirkung zeitigte der Vertrag sofort: Er sprengte die Russland-Bindung der Weimarer Revisionspolitik, was den Kreml zu einem Neuentwurf seiner imperialen Politik zwang. Die sowjetische Führung verhandelte selbst einen Neutralitätsvertrag mit Polen und fasste angesichts der deutschen Bedrohung ihr Verhältnis zur Ukraine neu: Am 12. Dezember 1936 erschien in der Parteizeitung «Pravda» ein Artikel über die «heilige Liebe zur Heimat», der – nur drei Jahre nach dem Holodomor – die Freundschaft zur Ukraine beschwor: «Die deutschen Faschisten strecken ihre Hand nach der Sowjetukraine aus. Aber hat das ukrainische Volk etwa vergessen, wie die deutschen Okkupanten im Jahre 1918 die Saaten zertrampelten und über Leichen gingen? Erinnern wir uns etwa nicht mehr an die zerstörten Städte und Fabriken des Donbas, die die Sowjetmacht wiederhergestellt und erneut aufgebaut hat? Jetzt blüht die wiederauferstandene Ukraine, ein ruhmreicher Teil unseres großen Bundes. Möge der Feind nur kommen, er wird die ganze Kraft unserer Liebe zur Heimat schon kennenlernen.»[73]

Auch außenpolitisch vollzog Moskau angesichts der Bedrohung durch das nationalsozialistische Deutschland einen Kurswechsel. Die Sowjetunion anerkannte nun das Prinzip kollektiver Sicherheit und wurde für einige Jahre zu einem wichtigen Mitglied im Völkerbund. Die Integration der Sowjetunion in eine multilaterale Struktur signalisierte einen entschlossenen Schritt heraus aus der Tradition russischer imperialer Politik. Dieser Spurwechsel hatte in Bezug auf die internationalen Beziehungen grundsätzlich eine ähnliche Bedeutung wie die Politik der nationalen «Verwurzelung» für die innere Ordnung des Imperiums. So wie diese die «Brüderlichkeit» der Nationen durch eine föderative Ordnung und proaktive Politik gegenüber den Nationalitäten herbeiführen sollte, stand die Politik der kollektiven Sicherheit für den Anspruch, auf Gewalt in den internationalen Beziehungen zu verzichten und die Souveränität und Integrität jedes Völkerbundmitglieds zu achten.

Ob dieser von Außenminister Maksim Litvinov (1876–1951) verkörperte Ansatz die Chance für eine dauerhafte Neuorientierung der sowjetischen Politik barg oder nur dem Umstand geschuldet war, dass ein System kollektiver Sicherheit angesichts der deutschen Bedrohung zeitweise den besten Schutz bot, ist kaum zu entscheiden. Die sowjetische Einbindung in die multilateralen Strukturen wurde durch das Münchener Abkommen vom September 1938 de facto beendet. Dass sich Deutschland, Italien, Großbritannien und Frankreich über die Abtretung der tschechoslowakischen Sudetengebiete an das Deutsche Reich verständigten, versetzte der multilateralen Ordnung Europas einen Stoß. Vier Mächte vereinbarten die Teilung der Tschechoslowakei, ohne den betroffenen Staat auch nur zu hören. In der Folge sicherten sich weitere Staaten territorialen Zugewinn: Polen besetzte das Olsagebiet mit Teschen, Ungarn erhielt südslowakische Gebiete und die Karpato-Ukraine. Das Prinzip kollektiver Sicherheit war durch diesen Teilungsakt diskreditiert, insbesondere aus der Sicht der Sowjetunion, die von der Konferenz ausgeschlossen blieb. Moskau erblickte in der Verständigung auch einen alarmierenden Beleg dafür, dass sich die westeuropäischen Demokratien über den Systemunterschied hinweg mit den Diktatoren Hitler und Mussolini verständigen konnten.

Doch arbeitete Litvinov weiter an einem Bündnis gegen die faschistischen Staaten. Sein Weggefährte war dabei Ivan Majskij (1884–1975), dessen Memoiren einen Einblick auch in den Stil der sowjetischen Diplomatie eröffnen. Der Spitzendiplomat entstammte wie Litvinov einer jüdischen Familie, beide hatten im Zarenreich eine revolutionäre Laufbahn eingeschlagen, die sie ins Londoner Exil führte, wo sie sich kennenlernten. Nach der Revolution stiegen Litvinov und Majskij im Außenkommissariat auf, und im Herbst 1932, kurz vor der «Machtergreifung» Hitlers, ernannte der Außenkommissar Litvinov Majskij zum Botschafter. Auf seinem Londoner Posten war Majskij alles andere als ein bloßer Befehlsempfänger. Er baute ein weit gespanntes Netzwerk von mehreren Hundert Personen auf, mit denen er regelmäßig korrespondierte. Um ein Zusammengehen Londons und Moskaus gegen die faschistischen Mächte zu befördern, setzte er auf die weichen Mittel der Diplomatie. Bezeichnend für den neuen Stil der sowjetischen Politik war eine «Abendgesellschaft für Freunde und Bekannte der sowjetischen Botschaft», zu der Majskij am 1. März 1939 einlud. Erstmals setzten bei dieser Gelegenheit Ministerpräsident Neville Chamberlain und mit ihm 13 Kabinettsmitglieder den Fuß über die Schwelle der sowjetischen Botschaft. Majskij notierte in sein Tagebuch: «So sieht eine Verschiebung in der internationalen Konstellation aus! So sieht eine Zunahme der sowjetischen Macht aus!»[74]

Majskij jubelte zu früh. Chamberlains Geste bedeutete keinen Politikwechsel, nach wie vor war der britische Premier gegenüber einem Bündnis mit Moskau skeptisch. In der englischen Politik erkannte nur Winston Churchill die Notwendigkeit einer Verständigung mit der Sowjetunion gegen die von Deutschland ausgehende Kriegsgefahr. Illusorisch war der Versuch einer Anbahnung eines britisch-sowjetischen Bündnisses aber auch im Hinblick auf die Entwicklung in Moskau. Stalin, ohnehin von paranoiden Einkreisungsängsten geplagt, befürchtete nach München ein analoges «Danziger Abkommen», mit dem sich die Westmächte womöglich mit Deutschland und Polen auf Kosten der Sowjetunion verständigen könnten. Ebenso misstrauisch betrachtete er die Option einer Allianz mit den Westmächten gegen Deutschland. Auf dem 18. Parteitag der KPdSU warnte er am 10. März 1939 vor denen, «die daran gewöhnt sind, dass andere für sie die Kastanien aus dem Feuer holen». Damit waren unverkennbar die kapitalistischen Westmächte gemeint, von denen sich die Sowjetunion nicht in einen Krieg ziehen lassen sollte.[75]

Bedrohlich waren aus sowjetischer Sicht vor allem die Avancen, die Hitler Polen machte. Wenige Monate nach dem Münchener Abkommen warb der deutsche Außenminister Ribbentrop in Warschau für den Eintritt Polens in den zwischen Deutschland, Japan und Italien geschlossenen Antikominternpakt. Der Versuch Hitlers, Polen in einen antisowjetischen Block einzubeziehen, scheiterte an den Forderungen, die er gewissermaßen in Weimarer Tradition gegenüber Polen erhob, u. a. ging es um die Eingliederung Danzigs in das Deutsche Reich und eine exterritoriale Verkehrsverbindung zwischen dem Reich und Ostpreußen. Ribbentrop versprach, dass die «Interessengemeinschaft ... in Bezug auf Russland» auch für Polen Vorteile bringen würde. Er meinte damit eine polnische Aneignung der Ukraine, an der, wie der Minister versicherte, das Deutsche Reich kein Interesse habe.[76]

Das war geheuchelt, was der polnischen Politik nicht entgangen sein wird. Auf ein Bündnis mit Hitler gegen die Sowjetunion ließ sie sich aber auch aus anderen Gründen nicht ein. Nach der Kündigung der deutsch-polnischen Nichtangriffserklärung am 28. April 1939 hatte sich die NS-Propaganda mit Vorwürfen gegen Polen überschlagen. Polen knickte aber nicht ein. Der polnische Außenminister Józef Beck (1894–1944) gab am 5. Mai in einer legendären Sejm-Rede den Ton vor, den Warschau gegenüber Berlin und Moskau in den kommenden Monaten durchhielt: «Der Frieden ist eine kostbare und erwünschte Sache. ... Doch der Frieden, wie fast alles in der Welt, hat einen hohen, aber doch berechenbaren Preis. Den Begriff des Friedens um jeden Preis kennen wir in Polen nicht. Im Leben der Menschen, der Völker und der Staaten gibt es nur ein Gut, das keinen Preis hat: die Ehre.»[77]

Die Sowjetunion hatte auch nach dem Münchener Abkommen nicht alle Verbindungen zu den Westmächten aufgegeben. Am 17. April sandte Litvinov den Vorschlag eines antideutschen Dreierpakts zwischen Moskau, London und Paris an die britische Regierung. Stalin beraumte jedoch am 21. April in Moskau eine Sitzung an, zu der die Politbüromitglieder Molotov, Mikojan, Vorošilov und Kaganovič sowie Außenkommissar Litvinov eingeladen waren. Aus London war Majskij herbeordert worden. Der Botschafter beobachtete das angespannte Verhältnis zwischen Stalin und Litvinov und die Tiraden Molotovs, der den Außenkommissar aller möglichen Todsünden bezichtigte. Nach seiner eigenen Meinung gefragt, gab Majskij eine Einschätzung ab, die Litvinovs Position schwächte: Die Appeaser in London würden ungeachtet der sowjetischen Offerte weiter bereit sein, mit Hitler zu verhandeln.[78] Am 3. Mai 1939 wurde Litvinov durch seinen schärfsten Kritiker Vjačeslav Molotov (1890–1986) im Außenamt abgelöst, was eine Weichenstellung in der Bündnisentscheidung darstellte.

Dennoch wurden die Verhandlungen mit London weitergeführt, die auch wegen einer sowjetisch-polnischen Differenz keine Fortschritte machten. Für den Kriegsfall forderte Moskau von der Warschauer Regierung Durchmarschrechte, die Polen aus Sorge um seine territoriale Integrität verweigerte.

Dies war nur eine Ursache für das Scheitern einer sicherheitspolitischen Westbindung Moskaus. Aus der Sicht Stalins enthielt das Bündnis, das Hitler ihm antrug, ohnehin die größeren Vorteile: Die Sowjetunion würde nicht sofort in einen großen Krieg involviert und erhielte Zeit aufzurüsten. Am 24. August 1939 unterzeichneten der deutsche Außenminister Joachim von Ribbentrop (1893–1946) und sein sowjetischer Amtskollege Molotov in Anwesenheit Stalins einen Vertrag, der in seinem geheimen Zusatzprotokoll die Teilung Ostmitteleuropas zwischen Deutschland und der Sowjetunion vorsah. Hitler vollendete und übertraf die Revisionsziele,

„Der nächste Herr bitte!"

Abb. 18 · «Täglich unentgeltliche Amputationen»: Karikatur auf die Konsequenzen des Hitler-Stalin-Paktes aus dem Schweizer Satireblatt «Der Nebelspalter» vom 27. Oktober 1939.

die in der Weimarer Republik von den Nationalkonservativen wie von Seeckt angestrebt worden waren. Stalin erreichte für die Sowjetunion durch den Pakt beinahe wieder die Grenzen, die das Zarenreich 1914 gehabt hatte. Dafür kehrte er zu einer Politik zurück, die in ihren Mustern und in ihren Zielen der imperialen Tradition des Zarenreichs verhaftet war. Der Hitler-Stalin-Pakt bedeutete eine erneute Teilung Polens. Die Sowjetunion paktierte mit NS-Deutschland, um einen Angriff zu führen.

Krieg gegen Polen

Danach durfte es aber nicht aussehen. In den gemeinsam geplanten Krieg gegen Polen trat Stalin am 1. September nicht zeitgleich mit Deutschland ein, sondern wartete ab. Der deutsche Außenminister Ribbentrop reagierte nervös und forderte Moskau ungeduldig auf, seine «Beute» zu nehmen. Dass dieser sich Zeit ließ, war einem politischen Kalkül geschuldet. Als der rücksichtslose Aggressor sollte Deutschland dastehen. Daneben gab es ein historisches Motiv: Dem Ansehen der Sowjetunion und ihrem Selbstverständnis als antikolonialer Friedensmacht war eine Neuauflage der Teilungen Polens abträglich. Deshalb wurde die Kriegshandlung rhetorisch als Fürsorge kaschiert. Als Stalin kurz vor der Kapitulation Warschaus am 17. September den Nichtangriffsvertrag mit Polen kündigte und den Befehl zur Invasion Ostpolens gab, betonte sein Außenminister Molotov in einer Rundfunkansprache den «Schutz», den die Sowjetregierung im «polnisch-deutschen (!) Krieg» den «blutsmäßig verwandten Ukrainern und Belorussen» gewähren müsse. Deren Schicksal könne die Sowjetregierung nicht gleichgültig lassen. «Die Ereignisse ... haben die innere Haltlosigkeit und offensichtliche Handlungsunfähigkeit des polnischen Staates bewiesen. Die herrschenden Kreise haben Bankrott gemacht ... In Anbetracht dessen hat die Sowjetregierung dem Oberkommando der Roten Armee die Verfügung erteilt, ... die Grenzen zu überschreiten und das Leben und das Eigentum der Bevölkerung der Westukraine und Westbelorusslands unter ihren Schutz zu nehmen.»[79]

Indem er den sowjetischen Angriff auf Polen als Akt der brüderlichen Hilfe darstellte, wiederholte Molotov die historischen Motive russischer imperialer Politik. Auch Katharina II. hatte für ihre Teilungen Polens Gründe der historischen Zusammengehörigkeit der russischen, belarussischen und ukrainischen Territorien angeführt, als sie davon sprach, «Entrissenes zurückgeholt» zu haben. Ein ähnliches, auf Identität basierendes Argument brachte nun Molotov vor, das sich allerdings mit dem Hinweis auf die «blutsmäßige» Verwandtschaft auf eine ethnische, wenn nicht rassische Ebene verschoben hatte. Die Teilung Polens sollte als Wiedervereinigung Russlands mit der Ukraine und Belarus erscheinen.

Dass mit der erneuten Teilung Polens eine Rückkehr in eine problematische Spur der russischen Imperiumsgeschichte verbunden war, zeigten insbesondere die Verhandlungen über den Deutsch-Sowjetischen Grenz- und Freundschaftsvertrag, den die beiden Mächte am 28. September, am Tag der Kapitulation Warschaus, schlossen. Anders als bei der Unterzeichnung des Hitler-Stalin-Pakts vorgesehen, verzichtete Moskau auf den Besitz Warschaus und Mittelpolens bis zum Bug und beanspruchte stattdessen Litauen. Stalins Argumentation offenbarte, dass sich die sowjetische Politik sehr wohl der Aporien imperialer Herrschaft des Zarenreichs über

Polen bewusst war. Die Geschichte, so Stalin, habe bewiesen, dass die polnische Bevölkerung immer wieder nach Vereinigung strebe. Eine Teilung der polnischen Bevölkerung werde daher leicht zu Unruheherden führen, woraus vielleicht eine Zwietracht zwischen Deutschland und der Sowjetunion gesät werden könnte.[80]

Wie schon in Molotovs Rundfunkansprache kamen in Stalins Argumentation politisches Kalkül und historische Motive zusammen. Die sowjetische Führung rechnete realistischerweise damit, dass Warschau zum Zentrum des polnischen Widerstands gegen die Besatzungsherrschaft werden würde. Diesen Herd des Aufruhrs wollte sie Deutschland überlassen. Zugleich spiegelte sich in Stalins Argument ein Bewusstsein für die Belastungen wider, die die imperiale Herrschaft über Polen im 19. Jahrhundert für Russland bedeutet hatte. In der postnapoleonischen Zeit waren die Grenzen der Teilungsmächte quer durch die ethnisch polnisch besiedelten Gebiete der ehemaligen Rzeczpospolita Polen verlaufen – Warschau hatte zum Zarenreich, Posen zu Preußen gehört. Damals war es gerade die Komplizenschaft bei der Teilung gewesen, die Russland und Preußen auf Gedeih und Verderb aneinandergebunden hatte, insbesondere wenn es darum ging, einen polnischen Aufstand niederzuschlagen. Diese problematische Logik, die Russland an Deutschland band, wollte Stalin vermeiden, und dafür war er bereit, Mittelpolen Hitler zu überlassen.

Die sowjetische Expansionspolitik zog also bestimmte Lehren aus der imperialen Geschichte Russlands, folgte aber den Rechtfertigungsstrategien des Zarenreichs, indem es eine antipolnische Zielsetzung als Hilfeleistung für Ukrainer und Belarussen darstellte. Stalin war es wichtig, die Invasion mit einem Appell an die Minderheiten Polens zu verbinden und die Sowjetunion als ihre Schutzmacht darzustellen. 200 000 Juden flohen aus den von Deutschland besetzten Gebieten Polens in den sowjetischen Bereich und retteten damit in vielen Fällen ihr Leben. Gegenüber den Ukrainern betrieb Moskau eine gezielte Flugblattpropaganda bereits vor dem Angriff, in denen sie zur Rache gegen Polen drängte. Sie sollten «die Übel korrigieren, die sie während zwanzig Jahren polnischer Herrschaft erdulden mussten». Ein populärer Slogan lautete: «Den Polen, den Gutsbesitzern, den Hunden – ein Hundetod!»[81] Tatsächlich kam es lokal zu ukrainischen Ausschreitungen gegen Polen, bevor die Rote Armee eintraf, und es gab Fälle, in denen Angehörige der ukrainischen und belarussischen Minderheit die sowjetischen Angreifer wie Befreier begrüßten. Entsprechende Berichte wurden Stalin vorgelegt, der sich in seinem Krieg bestätigt sah.[82]

Innerhalb kürzester Zeit hatte die Sowjetunion vom Prinzip kollektiver Sicherheit auf den imperialen Pfad russischer Geschichte zurückgefunden. Die Annexionserfolge, die Moskau auf diesem Weg 1939 errang, waren schwindelerregend. Mit geringen Verlusten an Soldaten und Kriegsmaterial strich die Sowjetunion innerhalb kürzester Zeit einen territorialen Gewinn von 201 000 km^2 ein, ungefähr 52,1 Prozent des gesamten polnischen Staates. Knapp 40 Prozent der dort lebenden Menschen sprachen Polnisch als Muttersprache, 34 Prozent Ukrainisch sowie 15 Prozent Belarussisch und 8,4 Prozent Jiddisch. Die Sowjetunion gliederte die neu erworbenen Gebiete in ihre weißrussischen und ukrainischen Teilrepubliken ein, Wolhynien und Galizien gehörten damit zur Ukrainischen Sowjetrepublik.

Deutschland und die Sowjetunion begannen mit der Besetzung Polens eine Terrorherrschaft auszuüben. Während an den Vernichtungsabsichten Deutschlands von Anfang an wenig Zweifel bestanden, ist der sowjetische Terror in seinem Ausmaß lange nicht vollständig erkannt worden. Allein das Massaker von Katyń, bei dem der NKWD vom 3. April bis 11. Mai 1940 etwa 4400 gefangene Polen, größtenteils Offiziere, in der Nähe von Smolensk ermordete, ist weithin bekannt, nachdem es 1990 von der Sowjetunion zugegeben wurde. Es gehörte zu einer Reihe von Massenmorden, die im Frühjahr 1940 an verschiedenen Orten an 22 000 bis 25 000 polnischen Offizieren, Polizisten und Intellektuellen verübt wurden. Der Terror zielte auf die Eliten der besiegten Zweiten Polnischen Republik. Stalin selbst traf die Entscheidung zu den Massenmorden, das Politbüro der KPdSU bestätigte die Hinrichtungsbefehle, was auch in der russischen Geschichtswissenschaft heute unstrittig ist.[83]

Fraglich sind die Motive, die die sowjetische Führung zu diesem Schritt veranlassten. Wollte Stalin, wie die russische Historikerin Natalija Lebedeva vermutet, Rache nehmen für die sowjetische Niederlage im sowjetisch-polnischen Krieg von 1920?[84] Das mag eine Rolle gespielt haben, doch ist die kollektive Entscheidung, die das Politbüro der KPdSU fasste, kaum erklärbar, ohne einen antipolnischen kulturellen Code anzunehmen, der seit dem 19. Jahrhundert in Russland existierte. Die Konnotation der Polen als unversöhnliche Feinde Russlands, wie sie sich seit den polnischen Aufständen, insbesondere nach 1863, verfestigt hatte, wurde in den sowjetischen Vernichtungsaktionen in Ostpolen wirksam. Der Fluch des Imperiums machte sich auch in den sowjetischen Massakern bemerkbar, die ohne die Tradition der russischen Politik Peters I. und Katharinas II. und der daraus resultierenden russisch-polnischen Konfliktgeschichte im 19. Jahrhundert nicht erklärbar ist. Dies bedeutete nicht, dass die Massengewalt in der sowjetischen Öffentlichkeit mit den Symbolen des neuzeitlichen Imperiums verbunden wurde. Wie Boris Pasternak in einem Brief an Olga Freidenberg vom 4. Februar 1941 schrieb, «hatte sich Peter bereits als unpassende Bezugsperson erwiesen. Die neue, zur Schau gestellte Begeisterung galt Ivan dem Schrecklichen, der Opričnina, der Brutalität.»[85]

Der polnische Historiker Jan Gross hat herausgearbeitet, dass die beiden Besatzungsmächte zwischen dem Beginn des Weltkriegs am 1. September 1939 und dem deutschen Angriff auf die Sowjetunion am 22. Juni 1941 etwa im gleichen Maße in Polen Verbrechen begingen, und weist dabei auf die hohen Opferzahlen bei dem Massenmord an polnischen Kriegsgefangenen im Frühjahr 1940 und der Evakuierung von Gefängnissen in der Westukraine und Westweißrussland im Juni und Juli 1941 hin.[86]

Der Große Vaterländische Krieg

Gross' Gegenüberstellung von Opferzahlen ist für die Zeit des Kriegs gegen Polen richtig, sie stimmt aber nicht für die Phase des Zweiten Weltkriegs, die mit dem deutschen Überfall auf die Sowjetunion im Juni 1941 begann. Während deren Politik in der Friedenszeit die meisten Opfer forderte, beging NS-Deutschland seine Verbrechen hauptsächlich im Krieg. Es hatte eine grundsätzlich andere Vision von Osteuropa als die Sowjetunion, die im Kern eine brutale Modernisierung betrieb, die mit ethnischen Feindsetzungen aufgeladen war, die aus vorrevolutionärer Zeit stammten. Deutschland dagegen verfolgte eine Politik des systematischen Massenmords mit der Zielsetzung des Generalplans Ost, die Spuren der Moderne in Osteuropa zu tilgen, um Siedlungsraum für Deutsche zu gewinnen. Der Holocaust, der aufgrund der Systematik des Verbrechens singulär ist, war Teil des umfassenden Plans. Andere Verbrechen wiesen auf die umfassende Vernichtungsabsicht voraus: Dies war z. B. die Belagerung Leningrads, mit der 1,1 Millionen Zivilisten überwiegend durch Hunger getötet wurden. Der Vision des Generalplans Ost folgte auch die «Aktion Zamość» (November 1942–August 1943), mit der Teile des Bezirks Lublin im Generalgouvernement gewaltsam germanisiert werden sollten. Dafür wurden rund 110 000 Polen aus 300 Dörfern verschleppt. 60 000 Volksdeutsche sollten angesiedelt werden. Auch die Zerstörung der polnischen Hauptstadt im Zuge der Niederschlagung des Warschauer Aufstands (1. August–2. Oktober 1944) mit 150 000 bis 225 000 getöteten Zivilisten entsprach der genozidalen Logik des Generalplans.

Auch die Sowjetunion betrieb eine ethnische Raumpolitik mit grausamen Folgen, doch einem geringeren Ausmaß: Davon waren z. B. die Krimtataren betroffen, die, kollektiv der Kollaboration mit den Deutschen bezichtigt, im Mai 1944 nach Usbekistan deportiert wurden.[87] Beide Staaten betrieben eine Politik der maximalen Ressourcen-Ausnutzung, was erklärt, dass sich z. B. der Alltag unter der deutschen Besatzung des Donbas nicht grundsätzlich von dem unter der sowjetischen unterschied.[88] Die umkämpfte Zone zwischen Deutschland und Russland beschreibt Timothy Snyder als «Bloodlands», die er als «eine gemeinsame Produktion von Sowjets und Nazis» begreift.[89] Wegen der verschiedenen Motivationen, die den Hintergrund der Massenverbrechen bilden, ist Snyders These angreifbar. In einem Verbrechen gibt es allerdings das von Snyder behauptete Zusammenwirken im engeren Sinne: Die deutsche Niederschlagung des Warschauer Aufstands 1944 war möglich, weil Stalin die Rote Armee stoppte, bevor sie nach Warschau vorrücken und den Aufständischen zur Hilfe kommen konnte. Damit gab er der deutschen Wehrmacht und SS die Zeit, um die polnische Heimatarmee niederzuschlagen und die Menschen zu töten, die unter sowjetischer Besatzung voraussichtlich Widerstand gegen die kommunistische Herrschaft geleistet hätten. In Bezug auf Polen setzte sich ihre Komplizenschaft sogar in dem Krieg fort, den Berlin und Moskau gegeneinander führten.[90]

An der Ukrainepolitik, speziell an der Besatzung Wolhyniens und Galiziens durch die Sowjetunion 1939 und Deutschland 1941, zeigte sich hingegen, wie unterschiedlich die Ansätze der beiden Mächte waren. Moskau folgte 1939 den klassischen imperialen Mustern, um die eroberten Gebiete in die sowjetische Herrschaft zu integrieren. Zunächst ließen die sowjetischen Besatzer Wahlen zu einer westukrainischen Versammlung abhalten, die Moskau und Kyiv formell um die Aufnahme in die Sowjetunion ersuchte. Dann etablierten sie in den gewonnenen Gebieten ihre Gesellschaftsordnung. Die Sowjetisierung bedeutete auch eine ethnische Säuberung, die sich gegen die polnischen Oberschichten in Galizien und Wolhynien richtete. Zugleich eröffneten sich neue Möglichkeiten für Ukrainer und Juden, die nun im Staatsdienst Stellen einnehmen konnten, die ihnen unter polnischer Herrschaft verwehrt geblieben waren. Durch eine Ukrainisierungskampagne und Landzuteilungen an arme Bauern schufen die neuen Machthaber Loyalitäten unter den Ukrainern in Galizien und Wolhynien, bis 1940 die Kollektivierung einsetzte. Als Kehrseite der imperialen Integrationspolitik wurde die griechisch-katholische Kirche unterdrückt. Sie galt als institutioneller Rückhalt der Idee einer unabhängigen Ukraine, deshalb konfiszierten die Machthaber ihre Ländereien und beschränkten ihre Rolle im öffentlichen Raum.[91]

Von dem imperialen Ansatz der sowjetischen Politik unterschied sich die Besatzungsherrschaft, die Deutschland nach der Invasion 1941 in der Ukraine etablierte, grundlegend.[92] Sie hatte auch wenig Gemeinsamkeiten mit der Herrschaft, die Deutschland 1918 in der Ukraine, gestützt auf einheimische Verbündete, ausgeübt hatte. Während imperiale Politik stets versucht, ihre Herrschaft auch auf Loyalitäten unter den Beherrschten zu gründen, betrieb NS-Deutschland eine reine Ausbeutungs- und Vernichtungspolitik. Zwar kam es vor dem deutschen Angriff zu einer Vereinbarung zwischen deutschen Sicherheitsdiensten und dem Führer des radikalen Flügels der Organisation Ukrainischer Nationalisten (OUN), Stepan Bandera (1909–1959), die die Formierung von zwei ukrainischen Bataillonen vorsah. Eine der beiden Einheiten marschierte am 29. Juni zusammen mit den Deutschen in Lviv ein. Als am nächsten Tag Banderas Emissär Jaroslav Stecko die ukrainische Unabhängigkeit ausrief, beendete die deutsche Seite aber die Kooperation und inhaftierte ihn im Konzentrationslager Sachsenhausen.[93] Danach zerbrach das Bündnis.

Die prinzipielle Vernichtungsabsicht der deutschen Besatzungspolitik zeigte sich sehr deutlich im Holocaust, von dem die Ukraine besonders betroffen war. Unter den Orten des Verbrechens ragt Babyn Jar heraus, wo als Rache für den Tod einiger ranghoher Wehrmachtoffiziere und deutscher Soldaten durch sowjetische Sprengsätze am 29. und 30. September

1941 die gesamte jüdische Bevölkerung Kyivs, 33 761 Männer, Frauen und Kinder, ermordet wurde. Es handelte sich um die erste Tötungsaktion, der die gesamte jüdische Gemeinde eines europäischen Ballungsraums zum Opfer fiel. Davor und danach verübten deutsche Polizeibataillone und Einsatzgruppen weitere Massaker gegen Jüdinnen und Juden, wie z. B. in Dnipropetrovsk und in Charkiv, jeweils mit Zehntausenden Opfern. Sie starben nicht durch Gas, sondern durch Kugeln, vielfach in Seh- und Hörweite der ukrainischen Bevölkerung. Auch die Traumatisierung durch Zeugenschaft war eine langfristige Folge des Holocaust.[94] Ukrainer wurden allerdings nicht nur Zeugen, sondern auch Mittäter, wie Omer Bartov in einer Mikrostudie zu der ostgalizischen Stadt Buczacz detailliert gezeigt hat.[95]

Auch gegenüber den nicht-jüdischen Ukrainern unterschied sich die deutsche Besatzungsherrschaft grundsätzlich von den sowjetischen Methoden. Wohl gab es ein übereinstimmendes Ausbeutungsinteresse und mörderische Methoden, diese durchzusetzen. Timothy Snyder hat die sowjetische Aushungerung der Ukraine durch den Holodomor vor dem Krieg mit Görings «Hungerplan» vom Mai 1941 verglichen. Dieser sah vor, dass die Bewohner der Großstädte der Ukraine und fast alle Bewohner von Belarus und Nordwestrussland fliehen oder verhungern, während die ländlichen Gebiete der Ukraine und Südrusslands als landwirtschaftliche Überschussgebiete die Versorgung der deutschen Bevölkerung sichern sollten.[96] Hunger als Waffe einzusetzen war ein übereinstimmendes Kennzeichen der totalitären Diktaturen, doch verfolgte die NS-Politik damit ein entgegengesetztes Ziel, nicht die forcierte Modernisierung, sondern die Entindustrialisierung und koloniale Ausbeutung des östlichen Europa als agrarischer Rohstofflieferant. Dieser Absicht entsprach es, dass die Ukraine nicht nur durch Ressourcenentzug und Zwangsarbeit ausgebeutet, sondern von der deutschen Besatzungsmacht systematisch erniedrigt wurde. Ukrainer galten als Untermenschen, denen keine höhere Schulbildung zustand.

Russische und ukrainische Mythen

Der sowjetische Verteidigungskrieg gegen Deutschland erzeugte einen neuen Bedarf an mythischer und spiritueller Sinngebung. Bestehende Feindsetzungen wurden jetzt aufgehoben und Zäsuren zwischen dem Zarenreich und der revolutionären Gegenwart überbrückt. Stalin verständigte sich mit der Leitung der russischen orthodoxen Kirche, die zuvor vom sowjetischen Staat, ungeachtet verfassungsrechtlich garantierter Religionsfreiheit, systematisch verfolgt worden war. Nach dem deutschen Angriff stellte die Sowjetmacht ihre Bemühungen ein, die Kirche durch wissenschaftlichen Atheismus und die staatlich geförderte Gottlosen-Bewegung zu verdrängen. Die Kirche hatte sich ihrerseits nach dem deutschen Angriff sofort hinter die Regierung gestellt und der NS-Propaganda widersprochen, bei dem deutschen Krieg gehe es um die Verteidigung der Religion in der Sowjetunion. Sie unterstützte die Verteidigung der Sowjetunion durch Aktionen, die den historischen Zusammenhang von russischer Nation und orthodoxer Konfession unterstrichen. Mit der Staatsmacht fand die Kirche eine Schnittfläche in mythischen Figuren wie Dmitrij Donskoj, dem Sieger über die Goldene Horde im 14. Jahrhundert, oder dem Großfürsten Aleksandr Nevskij, der im 13. Jahrhundert die Rus gegen den Ritterorden verteidigt hatte und als heilig galt. Die Kirche sammelte Geld für eine «Panzerkolonne Dmitrij Donskoj» und eine nach Nevskij benannte Flugzeugstaffel.[97] Mit dem patriotischen Engagement waren die Grundlagen für eine mehrstündige Begegnung zwischen Stalin und den höchsten Würdenträger der russischen orthodoxen Kirche gelegt, zu der es am 4. September 1943 kam. Der antikirchliche Kampf wurde danach eingestellt.[98]

Kriegsdeutung war aber vor allem die Aufgabe der Parteipropaganda. Ihr wichtigster Protagonist Emel'jan Jaroslavskij (1878–1943), der sich vor dem deutschen Angriff als Agitator gegen die Religion hervorgetan hatte, prägte den Begriff des «Großen Vaterländischen Kriegs» – in Anlehnung an den «Vaterländischen Krieg» gegen Napoléon. Auch Stalin griff die Bezeichnung in seiner ersten öffentlichen Kriegsansprache am 3. Juli 1941 auf.[99] Mit dem neuen Begriff war eine russische Tradition konnotiert, auf die Stalin sich bezog, als er beim 24. Jahrstag der Oktoberrevolution, der am 7. November 1941 in Moskau gefeiert wurde, seine Zuhörer anfeuerte: «Möge Euch in diesem Kriege das kühne Vorbild unserer großen Ahnen – Alexander Newskij, Dimitrij Donskoj, Kusjma Minin, Dimitrij Posharskij, Alexander Suworow, Michail Kutusow – begeistern!»[100] Der Krieg, für den Stalin motivierte, war ein sowjetischer, die angerufenen «Ahnen» jedoch durchweg Russen. Hervorgehoben wurden vor allem die mythischen Verteidiger Russlands, die sich in der gegebenen Situation – die deutschen Truppen standen kurz vor Moskau – mehr eigneten als imperiale Eroberer wie Peter I., Katharina II. oder Potemkin. Noch deutlicher wurde Jaroslavskij, als er am 27. Dezember die Bolschewiki zu den «gesetzlichen Erben der großen und ehrenvollen Vergangenheit des russischen Volkes» erklärte.[101]

Die zentrale Moskauer Kriegsdeutung marginalisierte von Anfang an den Anteil der nicht-russischen Völker der Sowjetunion. Die symbolische Russifizierung des Kriegs, die die offizielle Erinnerung in Russland bis heute prägt, war problematisch, denn so konnte die sowjetische Propaganda einen großen Teil der sowjetischen Bevölkerung nicht erreichen. In der Ukraine – und entsprechend in anderen Sowjetrepubliken – wurden regionale Traditionen gefunden, die ihren Platz unterhalb der beherrschenden Tradition des russischen Volkes hatten. Am 26. November 1941 fand im russischen Saratov ein Treffen von «Repräsentanten des ukrainischen Volkes» statt. Die Versammlung verabschiedete ein Manifest, das an die Ukrainer als «Nachfahren der ruhmreichen Verteidiger unseres Landes» appellierte. Die Formulierung «großes ukrainisches Volk» wurde zu einem gängigen Begriff im offiziellen Diskurs und fand in Flugblättern Verwendung. Unter den Helden, auf die sich der offizielle Diskurs berief, rangierte wiederum Ševčenko an erster Stelle, aber auch König Danylo von Halyč (1201–1264) wurde popularisiert.[102] Wenn auch die Ukrainer einen maßgeblichen Anteil am Sieg der Roten Armee hatten und neben den Belarussen die meisten zivilen Opfer unter den Sowjetvölkern zu beklagen hatten, blieb die Kriegsdeutung großrussisch. Stalin formulierte dies abermals in der Form eines Toasts, den er nach dem Sieg am 24. Mai 1945 ausbrachte: «Ich möchte einen Toast auf das Wohl unseres Sowjetvolkes und vor allem auf das des russischen Volkes ausbringen Ich trinke vor allem auf das Wohl des russischen Volkes, weil es die hervorragendste Nation unter allen zur Sowjetunion gehörenden Nationen ist.»[103]

Jalta und der Kalte Krieg

Der Sieg über NS-Deutschland war schon zum Greifen nahe, als sich Churchill, Roosevelt und Stalin im Februar 1945 in Jalta trafen. Stalin hatte ausgerechnet auf die Krim eingeladen – den Ort, wo im 19. Jahrhundert die einzige militärische Auseinandersetzung zwischen Russland und den europäischen Westmächten ausgetragen worden war und die Sowjetunion jetzt die heroische Verteidigung und Rückeroberung Sevastopols feiern konnte. Die Sowjetunion hatte die Hauptlast des Kriegs getragen und trug sie noch immer. Der absehbare Sieg war ihr Triumph. Nie seit dem «Vaterländischen Krieg» gegen Napoléon hatte Russland bzw. die Sowjetunion einen vergleichbaren Einfluss auf die Gestaltung Europas nehmen können wie jetzt kurz vor dem Ende des «Großen Vaterländischen Kriegs».

Jalta definierte die Grenzen Europas für viele Jahrzehnte. Das Treffen war insofern mit dem Wiener Kongress und der Heiligen Allianz vergleichbar, die die postnapoleonische Ordnung festlegten. Aber in Wien war ein Frieden beschlossen und gefeiert worden, an dem alle Kriegsparteien beteiligt waren, und die Heilige Allianz hatte Prinzipien formuliert, die der neuen Ordnung Dauer verleihen sollten. Das Treffen der «Großen Drei» in Jalta schloss eine Reihe von Staaten aus, die wie Polen und Frankreich an der Kriegskoalition gegen Hitler beteiligt gewesen waren. Zwar demonstrierten die Konferenzteilnehmer untereinander eine gewisse Herzlichkeit. Roosevelt nannte Stalin «Uncle Joe». Für die Definition der gemeinsamen Nachkriegsordnung gab es aber kein anderes Prinzip als den Pragmatismus.

Dieser Pragmatismus überdeckte den Systemgegensatz zwischen London, Washington und Moskau, der zwischen den Mächten auch im Krieg latent bestand. Seit dem 22. Juni 1941 war es eine Kernfrage der Kriegsallianz, wie sie den sowjetischen Anspruch auf Grenzrevision und Einflusssphären mit dem Selbstverständnis der Westmächte in Einklang brachte, den Krieg «für Freiheit und Recht» zu führen.[104] Die Sowjetunion verfolgte mit großer Beharrlichkeit ihr Ziel, die Gebietsgewinne zu behalten, die sie durch den Hitler-Stalin-Pakt gewonnen hatte. Damit hatte sie Erfolg. Selbst 1939, als die Sowjetunion im Bündnis mit NS-Deutschland

Polen angriff, hatte die britische Politik ihre Prinzipien zurückgestellt und keine Rückgabe der sowjetischen Kriegsbeute an Polen gefordert. Vielmehr billigte sie die sowjetische Politik in der Hoffnung, dass es später zu einem Wechsel der Kriegskoalitionen kommen würde. Churchill hatte sich damals sogar Stalins Kriegslegitimation angenähert, als er in einer Rundfunkansprache den sowjetischen Angriff als Akt der Verteidigung darstellte: Durch die Herstellung einer «östlichen Front» seien die Absichten der Nazis vereitelt worden, die Ukraine und die baltischen Staaten zu besetzen.[105]

Umso mehr bestimmte Pragmatismus, nicht Prinzipientreue den westlichen Umgang mit der Sowjetunion, als diese mit dem deutschen Überfall 1941 zum Verbündeten wurde. Das zeigte sich in den Beziehungen zwischen der britischen Regierung und der polnischen Exilregierung, die sich nach der Kapitulation Warschaus in London gebildet hatte. Als die sowjetischen Verbrechen von Katyń durch die NS-Propaganda im April 1943 bekannt wurden, rief die polnische Exilregierung gegen den dringenden Rat Londons das Internationale Rote Kreuz an. Molotov bezichtigte die Polen daraufhin in einer offiziellen Note der «Verbindung und Absprache mit Hitler» und brach die Beziehungen zur Exilregierung ab. Die Alliierten nahmen das hin.[106]

Einen Einschnitt bildete allerdings der Warschauer Aufstand der Polnischen Heimatarmee (Armia Krajowa) im August und September 1944. Die passive Mittäterschaft der Sowjetunion bei dessen Niederschlagung markierte einen Riss zwischen den europäischen prowestlichen und prosowjetischen Widerstandsbewegungen. Auch in Griechenland und Jugoslawien spitzten sich in dieser Zeit die Widersprüche zwischen nationalen und kommunistischen Widerstandsgruppen zu und führten bereits vor Kriegsende zu bewaffneten Auseinandersetzungen.[107] In der Ukraine, wo die Ukrainische Aufstandsarmee (UPA) bereits 1942 in Kämpfe mit sowjetischen Partisanen verwickelt war, stellte die nationale Guerillabewegung 1944 für die Rote Armee ein erhebliches Problem dar.[108]

Doch es war vor allem der Warschauer Aufstand, der auf den Kalten Krieg vorauswies. Die sowjetische Regierung lehnte im August 1944 sogar die Bitte der USA ab, ihrer Luftwaffe die Nutzung sowjetischer Flughäfen zur Unterstützung der Aufständischen zu erlauben. Damals erhielt die amerikanische Diplomatie einen Eindruck von der Tiefe des sich anbahnenden Ost-West-Konflikts. «Wir wollen Polen, und wir wollen es mit Haut und Haar. Die polnischen Untergrundleute, die sich der sowjetischen Autorität nicht gebeugt haben, scheren uns einen Dreck ... Was Ihr Amerikaner darüber denkt, ist uns völlig egal. Von jetzt an habt ihr in Polen nichts mehr mitzureden, und es ist Zeit, dass ihr das kapiert», so lautete die Botschaft aus Moskau, wie sie von der amerikanischen Diplomatie in Gesprächen mit der sowjetischen Führung verstanden und vom damaligen US-Botschaftsrat George F. Kennan im Nachhinein festgehalten wurde.[109]

Trotz der Widersprüche, die im Sommer 1944 zutage traten, erzielten die Alliierten in Jalta eine Einigung in Grenzfragen, die schon auf der Konferenz von Teheran vom November/Dezember 1943 vorgezeichnet worden war. Churchill hatte dort mit Streichhölzern demonstriert, wie er sich die Westausdehnung der Sowjetunion und die Westverschiebung Polens zulasten Deutschlands vorstellte. In Jalta wurde diese Regelung beschlossen, was für Moskau eine Bestätigung der Grenzen des Hitler-Stalin-Pakts bedeutete. Polen, Gründungsmitglied der siegreichen Anti-Hitler-Koalition, verlor die Hälfte seines Vorkriegsterritoriums. Der Umfang der territorialen Gewinne, die Polen im Westen zu erwarten hatte, blieb noch nebulös. Stalin rechtfertigte seine Ansprüche im Hinblick auf die russische Imperialgeschichte: Die Frage Polens sei für die sowjetische Regierung eine Frage der Ehre, aber auch der Sicherheit. In der Geschichte habe Polen «als Korridor für Kräfte gedient ..., die versuchten, in Russland einzumarschieren.» Paradoxerweise verknüpfte Stalin das klassische imperiale Motiv, die Sicherheit Russlands durch territoriale Expansion zu erreichen, mit einem Zugeständnis, das im offiziellen sowjetischen Diskurs neu war. Mit Blick auf die vorrevolutionäre Geschichte erklärte er, dass «die Russen große Sünden an Polen begangen» hätten. Die Zaren hätten die Polen «unterdrücken und assimilieren» wollen, doch die sowjetische Regierung sei bestrebt gewesen, «diese Sünden zu sühnen». Stalin beteuerte, dass «Polen stark sein muss» und dass die Sowjetunion an der «Schaffung eines mächtigen, freien und unabhängigen Polen» interessiert sei. Das waren denkwürdige Worte. Stalin bezeichnete die imperiale Tradition Russlands gegenüber Polen nicht nur als Fehler, sondern als Schuld, die er, der einstige Priesterschüler, religiös konzipierte, als zu sühnende Schuld. Darin muss man keine tief empfundene Gewissensqual Stalins sehen. Während er sprach, saßen Führer des polnischen nationalen Widerstands in den Kerkern der Lubljanka. Doch dokumentierten diese Aussagen, dass Stalin sich der historischen Problematik der russischen Herrschaft über Polen bewusst war. Auch sechs Jahre zuvor hatte er in den Verhandlungen mit Ribbentrop mit der Last der historischen Erfahrung argumentiert, als er sich gegen eine Grenze quer durch das ethnische Polen gewandt hatte. Damals wie jetzt ging es Stalin darum, die Kosten der imperialen Beherrschung Polens so gering wie möglich zu halten. Trotzdem war der sowjetische Gebietsanspruch gegenüber Polen für ihn nicht verhandelbar. Ostgalizien, Westwolhynien und Polesien sollten an die Sowjetunion fallen.[110]

Stalin löste dieses Dilemma durch eine Umkehrung des geopolitischen Konzepts der russischen und sowjetischen Hegemonialpolitik. Hatte bislang das Bündnis mit Berlin die Hegemonie über Ostmitteleuropa abgesichert, so sollte nun dieses Ziel gegen Deutschland erreicht werden. Was Stalin in Jalta mit der Formel von einem «starken Polen» angedeutet hatte, erhielt auf der nächsten Konferenz der Siegermächte in Potsdam (17.7.– 2.8.1945) einen realen Kern. Deutschland sollte an Polen sehr viel mehr Territorien abtreten, als es die Alliierten bislang vorgesehen hatten. Stalin konnte gegen die Skepsis der Westmächte eine Grenze für Polen durchsetzen, die entlang der Oder und westlichen Neiße verlief. Mit der umfangreichen Gebietsübertragung und den damit verbundenen Vertreibungen und Umsiedlungen der deutschen Bevölkerung geriete Warschau, wie Stalin kalkulierte, in die mächtepolitische Abhängigkeit von Moskau. Nur die Sowjetunion würde in der Lage sein, Polen vor einem deutschen Revisionismus zu bewahren, und Warschau bleibe folglich keine andere Wahl als das enge Bündnis mit Moskau. In der neuen Konstellation war Polen also der Schützling der Sowjetunion. Darin lagen gleichermaßen Kontinuität und Umbruch. Die Sowjetunion hielt in imperialer Tradition an der Hegemonie über Polen fest, aber sie verwirklichte dies nicht mehr auf der Basis des Bündnisses mit Berlin, sondern als Schutzmacht Polens gegen das revisionistische Potential der (west)deutschen Politik.

Dafür war eine neue Erzählung erforderlich. Das Lubliner Manifest der neuen vom Moskau gesteuerten Regierung beschwor einen Neuanfang in der Geschichte der slawischen Völker. «Dem Andrang des germanischen Imperialismus kann nur durch den Bau eines großen slawischen Deichs begegnet werden.» Seit 400 Jahren dauerten die Konflikte zwischen Polen und

Ukrainern, Polen und Weißrussen, Polen und Russen an. «Jetzt findet in diesen Beziehungen eine historische Wende statt.»[111] Władysław Gomułka (1905–1982), der in der ersten kommunistischen Regierung das Ministeramt für den Wiederaufbau innehatte, äußerte sich hingegen auf einem ZK-Plenum 1945 skeptisch über die Konstruktion einer polnisch-russischen Freundschaft: «Viele sehen in Russland eine Fortsetzung des alten Russland. Und das Erbe dieses alten Russland, Kriege, jahrhundertelange Unterdrückung unterminieren die Psyche der Nation. Die Umgestaltung dieser psychischen Einstellungen wird eine langwierige Angelegenheit.»[112]

Polens territoriale Verluste im Osten entsprachen zum Teil Gewinnen der Ukrainischen Sowjetrepublik, der Westwolhynien und Ostgalizien zugesprochen wurden. Darüber hinaus erhielt sie von Rumänien die nördliche Bukowina und von der Tschechoslowakei die Karpaten-Ukraine. Zusammen mit den Gebietsgewinnen der Belarussischen Sowjetrepublik hatte Stalin damit das Programm erfüllt, das russische Nationalisten im 19. Jahrhundert entworfen hatten: die vollständige «Wiedervereinigung» der ostslavischen, orthodoxen Länder der einstigen Kyiver Rus durch das Sowjetimperium, in dem Russen, Ukrainer und Belarussen verbunden waren. Zugleich ließ Jalta den Traum der ukrainischen Nationalisten wahr werden, die gesamte ethnisch ukrainische Bevölkerung in einem staatlichen Gebilde zu vereinen. Die ukrainische Sowjetrepublik war, wie das östliche Europa insgesamt, durch den Zweiten Weltkrieg ethnisch homogener geworden. Nach dem Holocaust gab es fast keine Juden mehr in der Ukraine. Zugleich verschwand die polnische Minderheit. Ein Massaker der UPA an den Polen Wolhyniens und Galiziens – 50 000 bis 100 000 Polen waren zwischen 1943 und 1945 getötet worden, durch polnische Vergeltung kamen 20 000 Ukrainer ums Leben – und die anschließenden Umsiedlungen – fast 800 000 Polen mussten die Ukraine verlassen, fast 500 000 Ukrainer kamen in die Sowjetrepublik – hatten erstmals ethnische Grenzen zwischen Polen und der Ukraine geschaffen.[113] Die Massaker entstanden als interethnische Gewalt von Ukrainern und Polen, jedoch entschied letztlich die Sowjetunion über das Schicksal der umstrittenen Gebiete in Ostgalizien und Wolhynien. Danach wurde durch die Umsiedlung von Polen aus der vergrößerten Sowjetukraine und durch den Transfer von Ukrainern aus Ostpolen eine «ethnisch gesäuberte» Nachkriegsordnung geschaffen.[114]

Abb. 19 · Die kleinen Nationen in der Mausefalle: Karikatur auf Churchills Realpolitik gegenüber Stalin aus dem «Simplicissimus», 1944.

Mit Jalta war auch die Erweiterung des äußeren Imperiums der Sowjetunion verbunden. Stalin forderte für die Sowjetunion Sicherheitsgarantien in der Form eines Rings von Satellitenstaaten, in denen die Sowjetunion ihre garantierte Einflusssphäre haben sollte. Bereits auf der Moskauer Konferenz vom Oktober 1944 hatten Churchill und Stalin eine Einigung über die Zonen in Südosteuropa erzielt. Churchill hatte auf einen kleinen Zettel geschrieben: Rumänien: Sowjetunion 90 % – die anderen 10 %, Griechenland: Großbritannien 90 % – Sowjetunion

10 %, Jugoslawien: 50 % – 50 %, Ungarn: 50 % – 50 %, Bulgarien: Sowjetunion 75 % – die anderen 25 %. Stalin bestätigte, wie Churchill in seinen Memoiren schreibt, den Vorschlag, indem er einen Haken auf das Blatt setzte.[115] Die USA weigerten sich, das Dokument zur Kenntnis zu nehmen.

Der Zettel wurde zum Symbol des Großmächte-Schacherns um das östliche Europa. Roosevelt kam Stalins Wünschen entgegen, weil er die sowjetische Zustimmung für die Gründung der UNO brauchte. Paradoxerweise erkaufte er die Unterstützung für dieses ehrgeizige Projekt einer neuen supranationalen Politik, indem er Stalin bei seinem Interesse nach imperialen Einflusszonen in Osteuropa nachgab. Churchill ließ sich in den Verhandlungen von der pessimistischen Einschätzung leiten, dass die Sowjetunion überall dort, wo die Rote Armee Fuß gefasst hatte, die Macht ohnehin nicht wieder abgeben würde. In Bezug auf Polen rang er Stalin das Versprechen freier Wahlen ab, doch tatsächlich installierte Moskau im Juli 1944 de facto eine Marionettenregierung durch das «Polnische Komitee der Nationalen Befreiung», deren Macht sich zunächst nur auf das von der Roten Armee besetzte Gebiet, dann auf das neue Polen in den in Potsdam festgesetzten Grenzen erstreckte. Binnen eines Jahres vollzog sich in den von Moskau besetzten ostmittel- und südosteuropäischen Ländern eine Sowjetisierung der Sicherheitsbehörden und staatlichen Medien, was eine weitergehende kommunistische Transformation der Gesellschaften vorbereitete. Wirkliche oder vermeintliche Gegner der neuen Machthaber wurden inhaftiert, deportiert oder ermordet.[116] Insbesondere in den baltischen Ländern, die der Sowjetunion eingegliedert wurden, und in Polen wurde Jalta zum Symbol einer Fortdauer des russisch-sowjetischen Imperialismus und eines Verrats des Westens.

Churchill stellte am 5. März 1946 in Fulton fest, dass sich «ein eiserner Vorhang über Europa gesenkt» habe.[117] Der maßgebliche sowjetische Ideologe Andrej Ždanov (1896–1948) sprach 1947 von der Teilung der Welt «in zwei Hauptlager». Der Westen stelle, wie er beklagte, den Sowjetstaat «als Anhänger eines überlebten, ‹egoistischen› Nationalismus» an den Pranger. Er reagierte damit auf die Kritik, die der sowjetische imperiale Machtanspruch in Ostmitteleuropa erfuhr. Dem stellte er einen eigenen sowjetischen Universalismus entgegen, der nach Jalta von vielen Ostmitteleuropäern nur als Hohn empfunden werden konnte: das Prinzip «echter Gleichberechtigung und des Schutzes der souveränen Rechte aller Völker, der kleinen wie der großen.»[118] Ždanovs Satz spiegelte das anti-koloniale Selbstverständnis wider, das die Sowjetunion im globalen Maßstab hatte. Darin war sie den USA ähnlich. Die beiden Führungsmächte führten den Ost-West-Gegensatz, der das europäische Staatensystem seit dem 18. Jahrhundert geprägt hatte, in neuer Form fort. Während sich der Ost-West-Konflikt im 18. und 19. Jahrhundert vor allem innerhalb Europas um die baltische, die polnische und die osmanische Frage gedreht hatte, griff er in der zweiten Hälfte des 20. Jahrhunderts global aus: Es ging u. a. um die Dominanz im Nahen Osten, in China, Korea, Vietnam und Kuba.[119] Auf den globalen Schauplätzen wurde er manchmal militärisch ausgetragen, während die Ordnung von Jalta den Konflikt in Europa einfror.

Dabei prägte der Kalte Krieg in Europa die globalen heißen Stellvertreterkriege der Supermächte, und diese wirkten auf den atlantisch-europäischen Schauplatz zurück, wie man an einem Detail aus dem Koreakrieg exemplarisch zeigen kann. Bald nach dem Kriegsbeginn im Juni 1950 dokumentierten US-Ermittler Fälle von amerikanischen Gefangenen, die durch einen Schuss in die Schädelbasis getötet worden waren. Dies erinnerte an die Hinrichtungsmethoden, die der NKWD in Katyń angewendet hatte. Die Parallele steigerte das Entsetzen über die Erschießungen in Korea, wirkte aber auch auf den Umgang mit dem Katyń-Verbrechen zurück. Der Kongressabgeordnete Timothy P. Sheehan brachte am 26. Juni 1951 im Kongress eine Resolution ein, die eine Untersuchung des Katyń-Massakers durch einen Sonderausschuss aus dreizehn vom Parlamentspräsidenten ernannten Abgeordneten forderte. Tatsächlich wurde ein Ausschuss eingesetzt, der auch internationale Vertreter, u. a. aus der Sowjetunion und Polen sowie der Bundesrepublik, einlud. Selbstverständlich lehnten die Sowjetunion und die Volksrepublik Polen die Mitwirkung im Ausschuss ab. Die Diskussion über Katyń und die Einsetzung des Ausschusses schufen eine Atmosphäre, die sich für das Scharfmachen des globalen Ost-West-Gegensatzes eignete. US-Republikaner attackierten Demokraten, weil sie Osteuropa und China an die Kommunisten «verraten» hätten. Senator McCarthy forderte gar die Aufkündigung der Vereinbarungen von Jalta.[120]

Einen transatlantischen Charakter gewann der europäische Ost-West-Gegensatz auch durch politische Emigration. Emigranten aus Polen, der

Ukraine und Russland hatten einen großen Anteil am Aufbau der Osteuropastudien in Nordamerika und nahmen Einfluss auf die Politik.[121] In Polen geborene Wissenschaftler wie Zbigniew Brzeziński (1928–2017) beeinflussten als Politikberater die Sichtweise der US-Regierung. Ukrainische Emigranten führten in Kanada und den USA Studien durch, mit denen sie u. a. den Holodomor erforschten und das Wissen über ihn verbreiteten. Der russische Schriftsteller Aleksandr Solženicyn (1918–2008), seit 1976 in der amerikanischen Emigration, wurde mit seinen Warnungen vor der kommunistischen Gefahr zu einem geschätzten Gesprächspartner von amerikanischen Konservativen wie Dick Cheney und Donald Rumsfeld.

Die Ukraine als zweite Nation der Sowjetunion

Die Ukrainische Sowjetrepublik war, territorial gesehen, einer der großen Gewinner der Konferenzen von Jalta und Potsdam, ihr Territorium wurde um mehr als 15 Prozent erweitert. Stalins Unterdrückungspolitik gegenüber der Ukraine unterschied sich aber nicht von seinem Vorgehen in Polen. So wie die Führung der polnischen Heimatarmee verhaftet, in Moskau interniert und zum Teil erschossen wurde, so verfolgte der sowjetische NKWD auch in der Ukraine den nationalen Widerstand, der in Galizien und Wolhynien hartnäckig war. Die Ukrainische Aufständische Armee (UPA) forderte die Sowjetmacht in einigen Gebieten bis in die 1950er Jahre heraus. Die sowjetische Regierung errichtete in den westlichen Teilen der Ukraine de facto eine Besatzungsherrschaft und deportierte Hunderttausende Ukrainer, die unter dem Verdacht standen, den Widerstand zu unterstützen.[122] Es ging nicht nur um die Brechung des aktiven Widerstands, sondern auch um die Verfolgung von nationalen Ausdrucksformen, die nicht systemkonform waren. Die griechisch-katholische Kirche galt in der Sowjetunion als feindlich, was an entsprechende Sichtweisen aus dem Zarenreich anknüpfte. Im März 1946 wurde unter staatlichem Druck in Lviv eine Synode einberufen, die die Union von Brest von 1596, also den Gründungsakt der griechisch-katholischen Kirche, aufhob und damit ihre «Wiedervereinigung» mit der orthodoxen Kirche vollzog. Das gesamte Kircheneigentum wurde an die russisch-orthodoxe Kirche unter dem Moskauer Patriarchat übertragen, die meisten ukrainischen griechisch-katholischen Geistlichen gingen in den Untergrund. Die Auswanderung von griechisch-katholischen Gläubigen in die USA und nach Kanada, die in den 1870er Jahren begonnen hatte, nahm nach dem Zweiten Weltkrieg zu.[123]

Der Krieg hatte in der Ukraine sowie in Polen und Belarus die meisten Opfer gefordert. Die ukrainische Sowjetrepublik verlor etwa sieben Millionen Einwohner und büßte 80 Prozent ihrer industriellen und landwirtschaftlichen Anlagen ein. Die Verheerungen der deutschen Besatzungspolitik und die Kriegseinwirkungen der Kämpfe zwischen Wehrmacht und Roter Armee hatten das Land tief gezeichnet. Dennoch gelang der Wiederaufbau der industriellen und agrarischen Kapazitäten erstaunlich schnell. Bereits 1950 verfügte die Ukraine wieder über das Potential der Vorkriegszeit. Wie in der ersten Periode des stalinistischen Aufbaus setzte die Planung erneut auf die Entwicklung der Schwerindustrie und der Landwirtschaft.[124] Der Wiederaufbau der Ukraine wurde nicht in Kyiv, sondern in Moskau gesteuert. In Moskau fielen auch die Entscheidungen, wie mit einer neuen Hungerkatastrophe umzugehen sei, die 1946/47 vor allem die Südukraine erfasste und annähernd eine Million Menschen das Leben kostete. Anders als der Holodomor wurde dieser Hunger von Moskau nicht gezielt verschärft, aber Forderungen aus der KP(b)U z. B. nach der Einführung von Lebensmittelkarten für Bauern wurden von Stalin abermals überhört.[125]

Wie schon vor dem Krieg verfolgte Stalin ideologische «Abweichungen» in der Ukraine besonders aufmerksam. Ždanovs berüchtigter Kampagne vom August 1946 gegen vermeintlich unter westlichem Einfluss stehende russische Künstler wie die Dichterin Anna Achmatova (1889–1966) und den Satiriker Michail Zoščenko (1894–1958) ging im Juni eine Attacke auf die ukrainische Kultur voraus. «Flucht aus der sozialistischen Gegenwart in die Geschichte» lautete hier der Vorwurf. Waren die Ukrainer im Krieg noch mit dem Begriff vom «großen ukrainischen Volk» mobilisiert worden, so sollten jetzt auch harmlose Äußerungen von ukrainischem Nationalbewusstsein nicht länger geduldet werden.[126]

Die erneute antiukrainische Wendung in der sowjetischen Politik fand nicht nur auf höchster politischer Ebene statt, sondern wurde von Teilen der russischen Gesellschaft und der russischen Minderheit in der Ukrainischen Sowjetrepublik mitgetragen. Dass die Verhältnisse zwischen den

Russen und den nicht-russischen Nationen der Sowjetunion nicht auszugleichen waren, ist auf die imperialen Herrschaftspraktiken zurückzuführen. Die Wirkungen dieser Tradition wurden durch den eigentümlichen Staatsaufbau der UdSSR verstärkt. Ein Erbe der nie förmlich abgeschafften Politik der «Verwurzelung» war es, dass die nicht-russischen Nationalitäten in ihren Territorien über eigene Institutionen verfügten. Für die Russen waren hingegen die Institutionen des Gesamtstaats mit zuständig. Es gab also keine scharfe institutionelle Unterscheidung zwischen der Russischen Sozialistischen Föderativen Sowjetrepublik (RSFSR) und der UdSSR. Die RSFSR verfügte weder über eine eigene kommunistische Partei noch über eine eigene Akademie der Wissenschaften. Die KPdSU und die Akademie der Wissenschaften der Sowjetunion und viele andere Einrichtungen waren sowohl sowjetische als auch russische Institutionen. Dies führte dazu, dass die russische Bevölkerung die UdSSR nicht als Imperium, sondern im Kern als russischen Staat betrachtete. Aus der Sicht von russischen Nationalisten ging es gar nicht um einen Interessenausgleich im Imperium, sondern um die Vollendung ihres eigenen Nationalstaats. Ihnen war die Sowjetunion nicht russisch genug.[127]

Diese Haltung schlug sich insbesondere gegenüber der Ukraine nieder, die aus nationalistischer russischer Sicht keine Existenzberechtigung als Nation hatte. In einem Brief an Stalin vom 5. August 1946 beschwerten sich der Lehrer Nikolaj Kravcov und der Offizier Vasilij Korostelev, beide Russen aus dem westukrainischen Gebiet Černivci (Czernowitz), über vermeintliche antirussische Diskriminierungen in der ukrainischen Sowjetrepublik. Dabei argumentierten sie mit der gemeinsamen Vergangenheit der Ostslaven in der Kyiver Rus und leiteten daraus ab, Russen und Ukrainer bildeten eine unteilbare Nation. Ihre Folgerung reichte noch weiter: «Ein Ukrainer kann nicht sagen, dass er kein Russe, sondern ein Ukrainer ist.»[128] Russisch war aus dieser Sicht die Oberkategorie, der sich Ukrainisch oder auch Belarussisch als Subkategorie unterordneten. Für die Russen selbst gab es keine entsprechende Subkategorie, so wie sie als Reichsvolk unmittelbar zum sowjetischen Gesamtstaat waren.

Diesem russozentrischen Konzept, das aus der imperialen Geschichte des 19. Jahrhunderts stammte, widersprach das Konzept der Völkerfreundschaft, das nach dem Zweiten Weltkrieg und verstärkt für die poststalinistische Sowjetunion einflussreich wurde. Es löste die für die dreißiger und vierziger Jahre typische Metapher von der Brüderlichkeit der sowjetischen Nationen ab. Für die Ukraine wie auch für Belarus ergab sich aus den Ansprüchen des großrussischen Identitätskonzepts einerseits und dem Begriff der Völkerfreundschaft andererseits eine nicht aufzulösende Spannung: Man galt als Teil einer umfassenden ostslavischen oder sogar russischen Nation und war zugleich Mitglied in einem Bund.

Die Frage, wie die Beziehungen zwischen Russland und der Ukraine beschaffen waren, wurde nicht zuletzt in der offiziellen Geschichtskultur verhandelt. Schon vor 1953 kam die Frage auf, wie die 300-Jahrfeier der Militärallianz zwischen dem ukrainischen Hetman Bohdan Chmel'nyc'kyj und dem Moskauer Zarenreich von 1654 zu feiern war. Handelte es sich um eine «Wiedervereinigung» Russlands und der Ukraine oder um eine «Inkorporierung» der Ukraine in den russischen Staat? Beide Konzepte spiegelten weniger die historische Wirklichkeit wider als die Identitätsvorstellungen der 1950er Jahre. Eine russisch-ukrainische Historikerkommission entschied 1951 für «Inkorporation», doch die Partei hob dies auf und sprach von «Wiedervereinigung».[129] Dieser Begriff, der 1954 auf dem Titel von Massenbroschüren, Parteiverlautbarungen und dickleibigen Dokumentenbänden auftauchte, propagierte die Deutung, dass sich die russischen und ukrainischen Geschichtsstränge nach dem Untergang der Kyiver Rus getrennt hätten, bis sie 1654 wieder glücklich zusammengeführt worden seien. Die einmal wiedererreichte Einheit von Russen und Ukrainern dürfe nicht zerstört werden. Doch gab der Begriff der Wiedervereinigung den Ukrainern auch historisch Handlungsmacht zurück. Diese waren – anders als beim Begriff der Inkorporierung – keine passiven Objekte, sondern hatten ihre Vergangenheit selbst gestaltet, was Wirkungen für die Gegenwart hatte. Das historische Konzept der Wiedervereinigung wertete daher den politischen Begriff der Völkerfreundschaft auf, in dem Russen und Ukraine sich prinzipiell als Gleiche gegenüberstanden. Es gab eine weitere Implikation: Indem man dem Ereignis von 1654 eine Aussagekraft für die Gegenwart gab, stellten die Geschichtsideologen in der Partei eine Kontinuität zwischen dem Zarenreich und der Sowjetunion her. Der tiefe Bruch von 1917 war aufgehoben. Erstmals feierte die Sowjetunion ein Ereignis, das eine territoriale Expansion des Zarenreichs einleitete, mit einem Staatsfeiertag.[130] Eine nur am Rande diskutierte Implikation der Wiedervereinigungsthese betraf Polen, das im traditionellen russischen

Narrativ der russisch-ukrainischen Einheit als historischer Gegner von Russen und Ukrainern fungierte. Dies aber war mit der Völkerfreundschafts-Doktrin, die im ganzen Warschauer Pakt galt, schwer zu vereinen.[131] Zur Choreographie der Feierlichkeiten von 1954 gehörte der Gabenaustausch zwischen den Repräsentanten der beiden Sowjetrepubliken. Die Ukraine schenkte Russland das Ölgemälde des ukrainischen Stalin-Preis-Gewinners Mychajlo Chmel'ko (1919–1996) «Für immer mit Moskau. Für immer mit dem russischen Volk», das den Vertragsschluss von Perejaslav im realistischen Stil darstellte, ferner Vasen und Teppiche, aber auch moderne Gegenstände wie einen Fernseher, einen Kassettenrecorder und eine Kamera. Russland antwortete mit einer Reihe ähnlicher Geschenke. So verdinglichte sich die Idee der sowjetischen Völkerfreundschaft in Gaben, die Historismus und sowjetische Technikmoderne zusammenbrachten. Nach dem Abschluss der Zeremonien wurden sie von den Staatlichen Historischen Museen in Moskau und Kyiv ausgestellt.[132]

Noch vor dem Feiertag hatte die Russische Sowjetrepublik ihrer ukrainischen Schwesterrepublik ein besonderes Geschenk gemacht. Sie übertrug ihr die Krim. Für den spektakulären Akt kann man einige Hintergründe und Motive nennen: Die Krim war erst elf Jahre zuvor eine normale Provinz der Russischen Föderativen Sowjetrepublik geworden, zuvor hatte sie als «Krimtatarische Autonome Sozialistische Sowjetrepublik» innerhalb der Russischen Föderation eine Sonderrolle gespielt. Nachdem Stalin die Krimtataren 1944 deportiert hatte, verlor die Krim ihren autonomen Status. Die direkte Zuordnung der Krim zu Russland hatte also keine lange Geschichte. Darüber hinaus gab es für die Übertragung der Krim an die Ukraine spezielle ökonomische und infrastrukturelle Gründe. Die Halbinsel war durch eine Landverbindung nur mit der Ukraine, nicht mit Russland verbunden. Deshalb hatte sich der Handel zwischen der Krim und der Ukraine nach 1945 schwungvoller entwickelt. Man kann die Übertragung daher als einen pragmatischen Schritt betrachten, die Verwaltungsstruktur den Entwicklungspotentialen der Halbinsel anzupassen, die für eine Intensivierung des Austauschs mit der Ukraine sprachen. Im gesamtsowjetischen Rahmen blieben die Verbindungen zwischen Russland und der Krim ohnehin erhalten. Trotzdem setzte der Akt ein Zeichen, denn nie zuvor hatte es in der Sowjetgeschichte eine Übertragung von Territorien von einer Sowjetrepublik auf eine andere gegeben. Allein die zeitliche Nähe zu den staatlichen Feiern zum 300. Jahrestag des Vertrags von Perejaslav spricht dafür, dass es sich, ungeachtet aller pragmatischen Aspekte, um ein hochsymbolisches Geschenk handelte. Man kann wirklich nicht sagen, dass die Krim «wie ein Sack Kartoffeln einfach aus den einen Händen in andere übergeben» worden wäre, wie Putin anlässlich der russischen Annexion der Krim am 18. März 2014 meinte.[133]

Die Verbindungen zwischen der Ukraine und der Krim wurden nach 1954 nicht nur administrativ enger. Der Wirtschaftsaustausch intensivierte sich, ukrainische Siedlerinnen und Siedler ließen sich auf der Krim nieder. Die Ukraine betrieb aber keine kulturelle Ukrainisierung auf ihrem neuen Territorium, sieht man von der Eröffnung eines ukrainischen Theaters auf der Krim ab. Auch nach der Übertragung dominierte dort die russische Kultur.[134]

Dass die russisch-ukrainische Freundschaft 1954 so ausgiebig gefeiert wurde, lag auch an Entwicklungen innerhalb der Kommunistischen Partei. Hier hatten sich die Machtverhältnisse verändert, seitdem in der ukrainischen wie auch der gesamtsowjetischen KP ethnische Ukrainer zum Zuge kamen. Diese verfolgten kein patriotisches Programm für die Ukraine, bildeten aber ein Netzwerk, das bei Wahlen ein hohes Gewicht hatte. Hier profitierte die Ukraine davon, dass es für die Russen nur die gesamtsowjetische Ebene der KPdSU, aber keine spezielle russische Kommunistische Partei gab, während die Ukrainer auf der Ebene ihrer Republik in der KPU organisiert waren. Bei der Wahl des Ukrainers Chruščov zum Generalsekretär der KPdSU hatte dies eine Rolle gespielt. Generell waren ukrainische Parteinetzwerke in der Zeit Chruščevs und auch seines Nachfolger Leonid Brežnevs (1906–1982) durchgehend einflussreich. Diese Entwicklungen hoben die hierarchische Ordnung der Nationen des Sowjetimperiums nicht auf, aber die Ukrainer rückten hinter den Russen an die zweite Stelle.

Der Erfolg ukrainischer Kader innerhalb der Partei bildete einen Hintergrund dafür, dass die Ukraine seit den fünfziger Jahren zu einer modellhaften Republik aufstieg, die mit den ambivalenten Errungenschaften der sowjetischen Technikmoderne gesegnet war. Am Dnipro entstanden drei neue Wasserkraftwerke, die die Umweltbedingungen der Region tiefgreifend veränderten. Auch die chemische Industrie wurde ausgebaut. Die Ukraine etablierte sich als Standort der zukunftsträchtigsten Technologien im Atom- und Raumfahrtbereich. In Dnipropetrovsk, dem heutigen Dnipro, entstand die größte Raketenfabrik Europas.[135] Diese Technologien standen im Zeichen des Rüstungs- und Raumfahrtwettlaufs der USA und UdSSR, also des Ost-West-Gegensatzes, der nur in einer kurzen Phase der Entspannung durch eine Kooperation der Supermächte im Weltall abgelöst wurde.[136] Den Ost-West-Gegensatz verstärkten auch der Kampf gegen die Religion, den Chruščev unter dem Eindruck der technologischen Fortschritte und im Glauben an den baldigen Anbruch der kommunistischen Zeit wiederaufnahm und forcierte. Nach dem Schulterschluss, den Stalin 1943 mit den Kirchen gesucht hatte, wurde der antireligiöse Kampf nun mit voller Wucht wieder aufgenommen. In der Ukraine ging die Zahl der Kirchen zwischen 1960 und 1965 um fast die Hälfte zurück. Nur in der Westukraine, wo die Sowjetmacht die Zwangsvereinigung der griechisch-katholischen Kirche mit den Orthodoxen erzwungen hatte, war die sowjetische Religionspolitik in den sechziger Jahren vorsichtiger.[137]

Poststalinismus

Stalins Tod 1953 markiert in der sowjetischen Nachkriegsgeschichte die tiefste Zäsur. Die Moskauer Trauerfeiern und auch individuelle Zeugnisse von Sowjetbürgern bezeugten die tiefe Wirkung, die die totalitäre Diktatur in der Psyche der Beherrschten hinterlassen hatte. Die Trauerfeiern erstreckten sich auch auf das äußere Imperium. Es war das letzte Mal, dass im gesamten Sowjetreich einschließlich der Satellitenstaaten in synchroner Weise und massenhaft ein Ereignis begangen wurde.

Der Stalinismus, der am Ende in eine antisemitische Kampagne mündete, war an die Person Stalins gebunden und ließ sich kaum von einem der potentiellen Nachfolger fortführen. Unter den Diadochen hatte zuerst der Geheimdienstchef Berija das Sagen. Er gab gegenüber den ostmitteleuropäischen Staaten den Kurs vor, den Personenkult zu beenden und Wirtschaftsreformen einzuleiten. «Schwerwiegende Fehler» warf er den Parteispitzen in Ungarn und der DDR vor, dabei richtete sich seine Kritik an alle Satellitenstaaten.[138] Die Absicht Berijas war unverkennbar, durch das Vorantreiben der unvermeidlichen Reform selbst das Heft in der Hand zu behalten und die imperiale Position Moskaus gegenüber den ostmitteleuropäischen Peripherien durch die Festlegung eines neuen Kurses zu behaupten. Berijas Ambitionen scheiterten am Aufbegehren der DDR. Der Aufstand vom 17. Juni 1953, der sich zuerst gegen die Erhöhung von Arbeitsnormen richtete und dann zu einem generellen Protest gegen die Diktatur wurde, forderte eine Sowjetunion heraus, deren Sicherheitsstrukturen wenige Monate nach Stalins Tod noch ungeschmälert bestanden. Die Demonstrationen wurden niedergeschlagen, aber eine Folge des 17. Juni war es, dass Berija seine Macht verlor. Die Berliner Ausschreitungen führten zum Putsch im Kreml, Chruščev übernahm das Amt des Generalsekretärs der KPdSU, Berija und seine Gefolgsleute wurden – ein letzter Ausläufer des parteiinternen Terrors – erschossen.

Obwohl die Entstehung der poststalinistischen Ordnung mit dem 17. Juni, also einem Aufstand am äußeren Rand des Imperiums, zusammenhing, drehten sich die Diskussionen über den politischen Kurs von Anfang an um die inneren und insbesondere wirtschaftspolitischen Fragen, die die Geschichte der Sowjetunion bis zu ihrem Ende prägen sollten. Immer ging es dabei darum, ob Liberalisierungen wirtschaftlicher und politischer Art dem Land nützlich und bekömmlich sein würden oder umgekehrt strengere Kontroll- und Strafmaßnahmen nötig seien. Solche Diskussionen um die Steuerung von Staat und Gesellschaft übersahen, dass die Ränder des Imperiums sich der vollständigen zentralen Steuerung entzogen. Nicht jede Maßnahme, die die Parteiführung ergriff, ließ sich in ihren Auswirkungen vorhersehen. Die polnische Parteiführung hatte die Fünften Weltjugendspiele im Sommer 1955 nach Warschau geholt. Dort trafen 160 000 junge Polinnen und Polen auf 23 000 Besucher aus 100 Ländern, 15 000 Teilnehmer kamen aus westlichen Staaten. Die politischen Implikationen dieser unpolitischen Begegnungen waren unabsehbar. Ein Warschauer erinnerte sich, dass «plötzlich alles bunt war, und zwar auf eine unglaublich unsozialistische Weise».[139] Die westlichen Besucher waren weder schlecht genährt noch feindlich gesinnt. Evidenz widerlegte ein Jahrzehnt antiwestlicher Erziehung.

Solche Ereignisse an der imperialen Peripherie waren genauso Taktgeber für die Geschichte des Ostblocks wie der 20. Parteitag, der vom 14. bis zum 25. Februar 1956 in Moskau stattfand. In einer fünfstündigen Geheimrede sprach Chruščev erstmals von einigen Verbrechen Stalins. Er geißelte den «gewaltigen Schaden», den «die Verletzung des Prinzips der kollektiven Führung in der Partei und die Konzentration einer unermeßlichen, unbeschränkten Macht in den Händen einer Person angerichtet hat». Dem Geist des Marxismus-Leninismus sei es fremd, «eine einzelne Person herauszuheben und sie in eine Art Übermensch mit übernatürlichen, gottähnlichen Eigenschaften zu verwandeln. Dieser Mensch weiß angeblich alles, sieht alles, denkt für alle, vermag alles zu tun, ist unfehlbar in seinem Handeln.»[140] Die Abrechnung mit Stalin löste bei den Delegierten Lähmung und Entsetzen aus. Da der Personenkult noch vor kurzem allgegenwärtig und sakrosankt gewesen war, erschien die Kritik als ein absoluter Bruch mit der Vergangenheit. Dabei hatte Chruščev nur einen Teil von Stalins Terror angesprochen. Zum einen hatte er den KGB bei den Recherchen für die Rede angewiesen, die Beispiele für Verbrechen so auszuwählen, dass er sich nicht indirekt selbst belastete. Zum anderen ging es ihm nur um den Terror gegen die kommunistischen Parteimitglieder, die als Links- oder Rechtsabweichler inhaftiert oder ermordet worden waren. Die viel größere Gruppe der Opfer der stalinistischen Kampagnen, ganze Klassen, Kirchen und nationale Gruppen, blieben ungenannt. Insbesondere gilt dies für das Verbrechen der Kulaken-Verfolgung und des Holodomor, an dem Chruščev selbst beteiligt gewesen war. Seine Rede enthielt sogar eine unverhüllte Rechtfertigung der forcierten Industrialisierung, die den Holodomor ausgelöst hatte: «Stellen wir uns vor, was geschehen wäre, wenn in den Jahren 1928/1929 bei uns in der Partei die Linie der politischen Rechtsabweichung gesiegt hätte, die Orientierung ... auf die Kulaken u. ä. Wir hätten keine mächtige Schwerindustrie, keine Kolchosen, wir wären der kapitalistischen Einkreisung gegenüber ohne Verteidigung und machtlos gewesen.»[141] Ungenannt blieben auch die Verbrechen, die die Sowjetunion im imperialer Tradition gegenüber Polen begangen hatte. Kein Wort widmete er dem Verbrechen von Katyń und dem Hitler-Stalin-Pakt.

Dabei waren die Druckwellen, die die Geheimrede auslöste, an der Peripherie am stärksten. Der Generalsekretär der Polnischen Vereinigten Arbeiterpartei Bolesław Bierut (1892–1956), der selbst Gegenstand eines Personenkults war und drei polnischen Dörfern – Bolesławowo, Bierutowice und Bierutowo – seinen Namen gegeben hatte, erlitt auf dem 20. Parteitag nach Chruščevs Auftritt einen Herzinfarkt und verstarb noch in Moskau.¹⁴² In Posen brach im Juni ein Aufstand aus, der allerdings keinen direkten Reflex auf den sowjetischen Parteitag darstellte, denn tatsächlich reichten die Wurzeln des Protests tiefer. Wie in der DDR 1953 ging es um die Festlegung von Arbeitsnormen und einen generellen Protest gegen die kommunistische Regierung. Diese befand sich nach Chruščevs Rede und Bieruts Tod in einem Zustand der Lähmung. Das Zentralkomitee der Polnischen Vereinigten Arbeiterpartei hatte die Rede intern über 3000 Mal vervielfältigt und jedem lokalen Parteigremium zur Verfügung gestellt. Die verunsicherte Staatsführung griff zur Gewalt, sie rief gegen die Arbeiter die Armee zur Hilfe und setzte mehr als 10 000 Soldaten und 400 Panzer zur Bekämpfung des Protests ein. 73 Menschen kamen uns Leben, Hunderte wurden verletzt. Die Erosion der staatlichen Macht zeigte sich an der Strafverfolgung: Die Polizei hatte etwa 1000 Personen verhaftet, gegen nur 123 erhob sie Anklage, am Ende schrumpfte die Zahl der angeklagten Demonstrationsteilnehmer auf zwölf.¹⁴³ Angesichts der Empörung über das Vorgehen der Staatsmacht in Posen sah die Parteispitze keine andere Wahl, als Władysław Gomułka, der 1951 wegen rechtsnationalistischer Abweichungen aus der Partei ausgeschlossen und verhaftet worden war, in die Parteiführung zu rufen. Chruščev reiste mit einer Delegation nach Warschau, um die Wahl des eigensinnigen Gomułka zum Parteisekretär zu vereiteln. Nichts erhöhte dessen Popularität in Polen so sehr wie die offenkundige Absicht Moskaus, seinen Weg ins höchste Parteiamt in letzter Minute zu stoppen. Der erst vor fünf Jahren aus der Partei Verstoßene signalisierte seinen früheren Gegnern im Politbüro, dass er nicht auf eine innerparteiliche Abrechnung sinne, sondern sich für eine energische Interessenvertretung gegenüber dem Kreml stark machen wolle. Am 19. Oktober, als zwei sowjetische Panzerdivisionen in Polen sich schon auf den Weg Richtung Warschau gemacht hatten, konnte Gomułka die sowjetische Delegation zum Nachgeben überreden. Dazu trug auch der Umstand bei, dass sich in Budapest am 23. Oktober eine Solidaritätsdemonstration mit Polen zu einem Aufstand entwickelte, den die Sowjetunion am Ende blutig niederschlug. In Polen wendete Gomułka eine Eskalation ab und versprach der sowjetischen Delegation den Verbleib seines Landes im gemeinsamen Militärpakt. Die sowjetisch-polnischen Beziehungen sollten auf eine neue, nicht mehr stalinistische Grundlage

Abb. 20 • Eskalation abgewendet: Władysław Gomułka spricht am 24. Oktober 1956 vor geschätzt 500 000 Menschen in Warschau.

gestellt werden. Einen Tag später wurde er einstimmig zum Ersten Sekretär der Partei gewählt. Mit seinem nationalkommunistischen Programm emanzipierte sich Polen ein Stück weit aus der sowjetischen Vorherrschaft. Dies wurde sinnfällig in einer anderen Personalie: Gomułka hatte Chruščev abgerungen, dass Konstantin Rokossovskij (1896–1968) nicht länger als Verteidigungsminister der Volksrepublik Polen fungieren sollte. Dieser war in Polen geboren worden, hatte seine militärische Karriere aber in der Sowjetunion gemacht. Im Zweiten Weltkrieg war er durch Verdienste u. a. bei der Verteidigung Moskaus und der Schlacht von Kursk zum höchsten militärischen Rang eines Marschalls der Roten Armee aufgestiegen. 1948 installierte Stalin ihn als Verteidigungsminister in Warschau, außerdem erhielt er den höchsten Rang auch in der polnischen Armee. Unterstützt von einem Stab sowjetischer Berater, sollte er die polnischen Truppen dem Muster der Roten Armee angleichen. Als Marschall zweier Armeen und polnischer Minister mit sowjetischem Auftrag verkörperte er wie kein anderer die imperiale Verknüpfung zwischen Moskau und Warschau. Nun kehrte er mit seinen Beratern in die Sowjetunion zurück.

Rokossovskijs Amtsverlust stärkte den nationalen Kurs Gomułkas, es war ein starkes und weithin wahrgenommenes Symbol für die Entflechtung der Herrschaftsbeziehungen zwischen der Sowjetunion und der Volksrepublik. Ein anderes Symbol, das die beiderseitigen Beziehungen prägte, blieb hingegen unsichtbar. Als Gomułka als neuer Parteichef Ende 1956 nach Moskau reiste, soll ihm Chruščov, wie ein Beamter des ZK der KPdSU einem polnischen Journalisten später berichtete, vorgeschlagen haben, ein eigenes sowjetisch-polnisches Gipfeltreffen anzuberaumen, um dort die sowjetische Schuld für Katyń öffentlich zu bekennen. Damit wollte Chruščev angeblich das bilaterale Verhältnis von der Hypothek des Verbrechens zu befreien. Gomułka habe dies abgelehnt, da Chruščevs Vorschlag für ihn unvorbereitet kam und ihm die innerpolnischen Folgen des Schuldeingeständnisses unabsehbar erschienen.[144] Das Gespräch zwischen den beiden Parteichefs ist nicht durch starke Quellen belegt, aber es ist in einer Hinsicht glaubwürdig: Die imperiale Macht der Sowjetunion stützte sich auf Geschichtslügen, die nicht einmal durch den Willen der Moskauer Parteispitze einfach zu beseitigen waren, denn die imperialen Amtsträger in den Peripherien waren mit dem System einschließlich ihrer Lügen verwoben. Über Katyń die Wahrheit zu sagen hätte in Polen eine gesellschaftliche Entwicklung ausgelöst, die selbst für einen populären Nationalkommunisten wie Gomułka unkalkulierbare Folgen gehabt hätte. Das System der imperialen Herrschaft gewann seine Dauerhaftigkeit nicht nur durch den Herrscherwillen an der Spitze der Pyramide, sondern auch durch die Satrapen, deren Macht an das Imperium gebunden war. Eine Erosion der imperialen Macht war nicht in ihrem Interesse. Allerdings gab es von Land zu Land und im zeitlichen Verlauf zwischen 1953 und 1989 viele Varianten der sowjetischen Herrschaftsausübung über die Satellitenstaaten.[145] Diese konnte auch die relativ lose Form einer Hegemonie annehmen. Für die Generalsekretäre der sowjetisch dominierten Ostblockstaaten bedeutete dies, dass ihre Macht zum einen auf dem Rückhalt des Imperiums und zum anderen auf der Zustimmung der Bevölkerung beruhte.

Das mehrstufige Imperium war deshalb für Populismus anfällig. Die

Sowjetunion hatte in den letzten Jahren Stalins bereits eine antisemitische Kampagne erlebt, die als Kampf gegen den «Kosmopolitismus» bzw. den Zionismus geführt wurde. In derselben Zeit hatte auch Gomułka in Polen einen national-polnischen Kommunismus propagiert, was damals ein anderes Wort für die beabsichtigte Zurückdrängung jüdischer Kommunisten war. Ab 1967 bediente er sich einer antisemitischen Kampagne, mit der er seine Legitimität absichern wollte.[146] Der Kommunismus durfte nicht als fremd wahrgenommen werden, dazu erschien der Rückgriff auf polnischen Nationalismus und phasenweise auch auf Antisemitismus nützlich. Die Kommunisten unter Gomułka zielten, so der polnische Historiker Marcin Zaręba, «auf die niedrigsten Instinkte der Massen..., um in ihren Augen endlich als polnische Repräsentanten und ‹zu uns Gehörige› anerkannt zu werden.»[147] Diese instrumentelle Politik, die mehr Ähnlichkeiten mit den Positionen der extremen polnischen Rechten der Zwischenkriegszeit als mit proletarischem Internationalismus hatte, erfüllte vor allem dann eine stabilisierende Funktion, wenn die imperiale Herrschaft von der Gesellschaft in Frage gestellt wurde.

Genau dies war in Polen 1967/68 der Fall. Den Anlass zum offenen Protest gab die Aufführung von Adam Mickiewicz' Stück «Ahnenfeier» (Dziady), das im dritten Teil das Aufbegehren der polnischen Jugend der 1820er Jahre gegen die Zarenherrschaft thematisiert. Dafür gab es im Warschauer Publikum offenen Applaus. Wegen der «antirussischen» Beifallsbekundungen wurde die Ahnenfeier aus dem Repertoire genommen, was studentische Proteste auslöste, woraufhin die Staatsmacht mit Exmatrikulationen reagierte. In der Folge kam es zu Demonstrationen und Straßenschlachten in Warschau sowie zu Solidaritätsdemonstrationen an anderen polnischen Universitäten. Eine staatliche Propagandakampagne «entlarvte» die Proteste als zionistisches Machwerk, und Gomułka forderte in einer Rede vor Warschauer Parteifunktionären unter dem Jubel der Menge die baldige Emigration der angeblichen Israel-Sympathisanten.[148] 30 000 polnische Juden verließen als Folge der Kampagne das Land.[149]

Die polnischen Studierenden, die sich für die Wiederaufnahme der «Ahnenfeier» engagiert hatten, bekundeten öffentlich ihre Sympathie mit dem Prager Frühling in der Tschechoslowakei: «Polska czeka swego Dubczeka!» – «Polen wartet auf seinen Dubček!», lautete die Losung. Im Gegensatz zur Polnischen Vereinigten Arbeiterpartei versuchten die tschechoslowakischen Kommunisten unter der Führung Alexander Dubčeks zu den humanistischen Idealen des Sozialismus zurückzukehren. Gerade weil es sich bei dem «Sozialismus mit menschlichem Antlitz» nicht um ein nationalkommunistisches, sondern universalistisches Programm handelte, war es grenzüberschreitend attraktiv.[150]

Für die Verhältnisse im Sowjetimperium war es aufschlussreich, wie das Zentrum, die Ukraine als imperiale Peripherie und die Satellitenstaaten auf die Herausforderung des Prager Frühlings reagierten, der im Januar 1968 als Reform von oben begann und sich seit April in eine umfassende gesellschaftliche Bewegung verwandelte. In der Nacht zum 21. August 1968 marschierten etwa eine halbe Million Soldaten der Sowjetunion, Polens, Ungarns und Bulgariens in die Tschechoslowakei ein und beendeten den Reformprozess. Die Hauptverantwortung für die Invasion trug Leonid Brežnev (1906–1982), der 1964 Chruščev als Generalsekretär der KPdSU abgelöst hatte. Mit seinem Namen ist die Doktrin verbunden, die den Einmarsch begründen sollte: Alle Staaten des Ostblocks mussten danach, wie es in einem «Pravda»-Artikel vom 26. September 1968 über «Souveränität und internationale Pflichten sozialistischer Länder» hieß, die gemeinsamen «Grundinteressen» der sozialistischen Staatengemeinschaft respektieren. Die Invasion war, so gesehen, eine «internationalistische Pflicht gegenüber dem Brudervolk der Tschechoslowakei».[151] Doch hatte nicht Brežnev zum Einmarsch gedrängt. Im Kreis der kommunistischen Parteiführer war er kein Falke, vielmehr war er sich der imperialen Kosten eines bewaffneten Vorgehens gegen die Tschechoslowakei bewusst. Dass er lange eine eher zurückhaltende Rolle spielte, hatte einen weiteren Grund: Die Sowjetunion mit ihrem russischen Kerngebiet war von der liberalen und demokratischen Ausstrahlung des Prager Frühlings viel weniger betroffen als z. B. die DDR und Polen. Für deren Parteiführungen ging es bei einem Übergreifen der tschechoslowakischen Reformbewegung um ihre Existenz. Es waren daher der SED-Chef Walter Ulbricht (1893–1973) und Władysław Gomułka, die die Unvereinbarkeit der Prager Reformbewegung mit den Grundsätzen des Leninismus betonten, zuerst den Begriff der «Konterrevolution» benutzten und damit zum bewaffneten Einschreiten drängten. Ein weiterer Falke war der ukrainische Parteiführer Petro Šelest (1908–1996), der seit 1963 die KPU führte und ein Jahr später in das Politbüro der KPdSU gewählt wurde. Er war ein Protegé Chruščevs gewesen und hatte dessen Entstalinisierungspolitik unterstützt. Seine Rolle bei der Entscheidung zur Niederschlagung des Prager Frühlings ist wenig bekannt, da er als Parteichef der ukrainischen KP nicht an den Gipfeltreffen der Warschauer-Pakt-Staaten in Dresden und Warschau beteiligt war, die wegen des Prager Frühlings einberufen wurden. Seine Appelle an die Moskauer Führung waren aber von großer Nachdrücklichkeit: Šelest betonte immer wieder das Anwachsen «antisozialistischer und konterrevolutionärer Kräfte» in der Tschechoslowakei, wiederholt verlangte er nach «entscheidenden Maßnahmen», die die Sowjetunion gegen den Prager Frühling ergreifen sollte, und forderte, sich «auf den Willen unserer Partei, den Willen unseres Volkes und die Truppen des Warschauer Pakts» zu verlassen, «um zu den äußersten Maßnahmen zu greifen».[152]

Innerhalb der Sowjetunion war es neben dem KGB-Chef Jurij Andropov (1914–1984) vor allem Šelest, der die Intervention forderte und dabei von seinem Vorgänger im Amt des ukrainischen KP-Chefs, dem Präsidiumsvorsitzenden des Obersten Sowjets Nikolaj Podgornyj (1903–1983), unterstützt wurde. Ukrainische Politiker hatten, so der amerikanische Historiker Mark Kramer, 1968 eine «viel größere Bedeutung für die Außenbeziehungen der UdSSR, als viele Wissenschaftler bislang angenommen haben».[153]

Dass das Imperium durchlässig war für Funktionäre aus der Ukraine, die erfolgreich Einfluss auf eine Entscheidung des Zentrums nahmen, war seit dem 18. Jahrhundert, der Regierungszeit Elisabeths und Katharinas II., im Russländischen Reich bzw. der Sowjetunion nicht vorstellbar gewesen. Tatsächlich verweist aber die besondere Rolle, die Šelest und Podgornyj 1968 spielten, nicht auf die hohe Integrationskraft des Imperiums, sondern im Gegenteil auf die zentrifugalen Kräfte, die in den sechziger Jahren in ihm wirkten. Die ukrainischen Politiker vertraten im Prager Frühling eine ähnliche Position wie die polnische Parteiführung, weil sie sich in einer ähnlichen Situation befanden, die sich von der Brežnevs unterschied. Wie Gomułka fürchtete Šelest ein Übergreifen des Prager Frühlings auf seinen Machtbereich, und beide hatten Grund dazu. Zum Slogan «Polen wartet auf seinen Dubček» gab es in der Ukraine zwar keine Entsprechung. Aber es entstand seit dem Beginn der sechziger Jahre eine Kultur der Kreativität und des Widerspruchs, die das Potential zu einem ukrainischen Frühling hatte.

In der Ukraine ging es nicht zuletzt um nationale Fragen. Der zukunftstrunkene militante Säkularismus der Chruščev-Jahre hatte den Vergangenheitsbezug der Identitätsentwürfe in der Sowjetunion vorübergehend abgemildert. Der russozentrische Staatsdiskurs der Stalin-Zeit trat zurück. Angesichts des Transformationsglaubens, der die Chruščev-Zeit prägte, trat eine supranationale Identifikation stärker hervor: Die Sowjetunion als Heimat wurde zum Refrain.[154] Doch drängte das propagierte sowjetische Wir-Gefühl nicht die nationalen Identitäten wirkungsvoll zurück. Denn die neuen Leitbegriffe der «Annäherung» (sbliženie) und des «Zusammenfließens» (slijanie), die die graduelle Vereinigung der verschiedenen sowjetischen Nationalitäten zu einer neuen sowjetischen Nation beschreiben sollten, erwiesen sich als bloße Begleitmusik zu einer Russifizierungspolitik, die gezielt an der Veränderung der Bevölkerungsverhältnisse arbeitete: Die Migration von Ukrainern in wenig bevölkerte Regionen der Sowjetunion wie Kasachstan, Sibirien, das Uralgebiet und den Fernen Osten wurde durch materielle Anreize gefördert, zugleich wanderten Russen in großer Zahl in die städtischen Zentren der Ukraine ein. Zwischen 1959 und 1970 nahm die ukrainische Bevölkerung in der Sowjetrepublik um neun Prozent zu, während die russische Bevölkerung in der Ukraine um 28 Prozent stieg. Russifizierung kennzeichnete auch den Bildungsbereich: Von der Vorschulerziehung bis zur universitären Bildung wurde das Russische gegenüber dem Ukrainischen bevorzugt. Bewerber mit Russischkenntnissen hatten im Bereich der höheren Bildung große Vorteile.[155]

Die verschiedenen Formen von Russifizierung waren ein Hintergrund für die nationale Bewegung, die in der Ukraine in den sechziger Jahren entstand. Ihre Ausdrucksformen waren vielfältig: Es gab die jährlichen Pilgerreisen am 22. Mai zum Ševčenko-Denkmal in Kaniv am Dnipro, wohin 1861 die sterblichen Überreste des Dichters aus Russland überführt worden waren. Ševčenkos Geburts- und Todestag wurden in der Sowjetrepublik offiziell begangen, aber der 22. Mai gehörte zu einer inoffiziellen Gedenkkultur, die vom Staat misstrauisch überwacht wurde. Daneben gab es in der Ukraine kleine Gruppen, die einen Widerstand gegen die Sowjetmacht organisierten. Von den 17 Gruppen, die zwischen den 1950er und 1970er Jahren von den Sicherheitskräften aufgedeckt wurden, agierten die meisten in der Westukraine, und viele bekannten sich schon in ihrem Namen zu nationalen Zielen. Schließlich blühte in den sechziger

Jahren eine ukrainische Kulturszene auf, die in der Stalinzeit fast ausgestorben war. Sie hielt sich nicht an Parteivorgaben und riskierte Verstöße. Der populärste Poet dieser Periode Vasyl' Symonenko (1935–1963), der kurz vor seinem 29. Geburtstag starb, richtete ein Gedicht an die Ukraine, in dem es hieß: «Amerika und Russland sollen schweigen, wenn ich mit Dir spreche.»[156] Zwischen Russland und den USA eine gleiche Distanz herzustellen stellte eine Kampfansage gegen das Leitmotiv der offiziellen sowjetukrainischen Kultur dar, die unentwegt die unlösbare Verbindung zwischen Russland und der Ukraine beschwor. Symonenko feierte auch die Kosaken, deren Blut in der ukrainischen Nation pulsiere. Dieses Thema griff auch der Vorsitzende des ukrainischen Schriftstellerverbands Oles' Hončar (1918–1995) auf, der den allegorischen Roman «Sobor» (deutsch: «Der Dom von Satschipljanka») veröffentlichte. Er handelt vom historischen Gedächtnis der Ukraine, von der Erinnerung an den kosakischen Widerstand gegen die Macht des Petersburger Imperiums vor der Zerstörung der Zaporoger Sič 1775. Hončar verband das Thema des ukrainischen Gedächtnisses mit gegenwartsbezogenen ethischen Fragen, u. a. auch mit der Umweltzerstörung in der Ukraine.[157]

Es gab einen kulturellen und nationalen Aufbruch in der Ukraine, und Šelest wusste durch den ukrainischen Geheimdienst Bescheid. Die umfangreiche Dokumentation, mit der der ukrainische Parteichef seine Forderung nach einem Eingreifen gegen den Prager Frühling begründete, enthielt viele personalisierte Aussagen von Ukrainern, die sich mit dem Prager Frühling solidarisierten. So äußerte Michajlo Vakarov, Metallarbeiter aus Tjačiv in der Karpaten-Ukraine: «Wenn die Sowjetunion eine Militäroperation gegen die Tschechoslowakei unternimmt, wird Russland nicht nur gegen die anderen sozialistischen Länder stehen, sondern auch gegen die ganze ukrainische Nation.»[158]

Diese Vorhersage erwies sich als falsch, aber sie spiegelte die Tatsache wider, dass die Ukraine in den sechziger Jahren kulturell in einem engen Zusammenhang mit den sozialistischen Ländern Ostmitteleuropas stand. Dieser war sicherlich in den westlichen Gebieten der Ukraine, die in der Zwischenkriegszeit zu Polen und der Tschechoslowakei gehört hatten, besonders eng. Aber selbst in das ostukrainische Dnipro, das aufgrund seiner Raketen- und Rüstungsindustrie eine geschlossene Stadt war, gelangte oft vermittelt durch Lviv, westliche Musikkultur.[159]

Eine kulturelle Blüte, das berühmte «Tauwetter», gab es auch in Russland, und selbstverständlich verliefen Transferprozesse auch von dort in die Ukraine. Trotzdem kam es zwischen der russischen und der ukrainischen Kultur in der Phase des Poststalinismus zu keinem wirklichen Dialog. Aleksandr Solženicyns «Ein Tag im Leben des Iwan Denissowitsch» (1962) oder Evgenija Gincburgs Erinnerungen «Marschroute eines Lebens» (1967) verarbeiteten die Lagererfahrung ihrer Generation. Roy Medvedevs 1969 veröffentlichtes Buch «Das Urteil der Geschichte» reflektierte die russischen intellektuellen Diskussionen der sechziger Jahre über die Deformation der kommunistischen Idee durch Stalin und den Stalinismus. Diese Themen waren angesichts der russischen Erfahrungen von den 1930er bis 1950er Jahren unausweichlich. Die Autorinnen und Autoren gingen damit einen großen Schritt über Chruščev hinaus, der nur die Verbrechen gebrandmarkt hatte, die den Kommunisten angetan worden waren. Eine Gemeinsamkeit zwischen Chruščevs Entstalinisierung und der russischen Tauwetter-Literatur bestand jedoch darin, dass sie die imperialen Verbrechen der Sowjetunion gegenüber ihren Nationalitäten bzw. in ihrer beanspruchten Herrschaftszone nicht thematisierten.

Daran änderte auch die Pluralisierung der politisch-kulturellen Landschaft wenig. Eine Folge des Tauwetters war es, dass in Moskau und Leningrad Zeitschriften und Buchserien entstanden, die mit verschiedenen politisch-kulturellen Programmen gegeneinander antraten. Schon darin lag eine Fortführung von Mustern des 19. Jahrhunderts, als den sprichwörtlichen «dicken Journalen» eine maßgebliche Rolle bei der Differenzierung des politischen Spektrums zukam. Auch in den sechziger Jahren konnte man die Journale in «westliche» und «nationale» bzw. «slavophile» unterteilen. Wie schon im 19. Jahrhundert war diese Unterscheidung aber im Hinblick auf das Thema des Imperiums wenig aussagekräftig. Westlich gesinnte Autoren, die auf die USA oder Westeuropa als Vorbilder schauten, wollten universale Werte in der Sowjetunion verwirklichen und gingen dabei wie selbstverständlich davon aus, dass die Völker der Sowjetunion, vielleicht mit Ausnahme der Balten, ihre Zukunft in einer demokratisierten und föderalisierten UdSSR sähen. Russische Nationalisten waren davon überzeugt, dass Russland in der Geschichte und Gegenwart die Rolle eines selbstlosen größeren Bruders spiele, durch dessen Verdienste die nicht-russischen Völker der Sowjetunion kulturell und wirtschaftlich entwickelt worden seien. Aus ihrer Sicht war es selbstverständlich, dass sich die «kleinen Völker» der Sowjetunion glücklich schätzten, sich weiter auf den großen Bruder zu verlassen. Liberale wie Nationalisten verwiesen Nationalitätenfragen auf einen nachrangigen Platz. Weithin unbegriffen blieb der «Zusammenhang zwischen der imperialen Konfiguration des Landes und der Natur des Regimes.»[160]

Neue Ostpolitik

Das Tauwetter war zu Ende gegangen, ohne zu einer intellektuellen Klärung des strukturellen russischen Imperium-Problems zu führen. Gleichzeitig hatte die Sowjetunion ihren Herrschaftsanspruch über Ostmitteleuropa durch die militärische Niederschlagung des Prager Frühlings bekräftigt, was angesichts der Zuschauerhaltung, die der Westen einnahm, die Ordnung von Jalta bestätigte. Gerade in dieser Zeit ergriff die deutsche Bundesregierung die Initiative zu einer neuen Ostpolitik, die vieles in Bewegung brachte: die tatsächliche Anerkennung der DDR als Staat und den faktischen Verzicht der Bundesrepublik auf die im Krieg verlorenen deutschen Ostgebiete. Folgen hatte dies nicht nur für die deutsche Identität, sondern auch für die imperialen Traditionen zwischen Deutschland, der Sowjetunion und Ostmitteleuropa.

Die neue Politik, deren Umrisse sich bereits in Egon Bahrs Rede vor dem Politischen Klub der Evangelischen Akademie Tutzing 1963 abzeichneten, setzte auf die Anerkennung des Status quo, um diesen graduell zu verändern.[161] In einer Zeit, in der der Ost-West-Gegensatz global, etwa in der Kubakrise und im Vietnamkrieg, an Schärfe gewonnen hatte, konzentrierte sie sich auf die innerdeutschen Verhältnisse. Darin sah der Architekt der neuen Politik den speziellen Beitrag Deutschlands zu einer umfassenderen Entspannungspolitik. Die Politik der Nicht-Anerkennung der DDR der fünfziger und sechziger Jahre – selbst Bahr sprach in seiner Rede noch von der «Zone» – war anachronistisch geworden. «Wandel durch Annäherung» hieß zwei Jahre nach dem Mauerbau, der DDR die «durchaus berechtigten Sorgen graduell so weit zu nehmen, dass auch die Auflockerung der Grenze ... praktikabel wird, weil das Risiko erträglich wird.»[162] Dies war der Kern der neuen Politik, wie sie auch von Willy

Brandt in seiner Regierungserklärung 1969 verkündet wurde: «ein weiteres Auseinanderleben der deutschen Nation verhindern, also versuchen, über ein geregeltes Nebeneinander zu einem Miteinander zu kommen.»[163]
Die programmatischen Reden enthielten keine Reflexionen über die Traditionen deutscher Ostpolitik. Sie waren sich aber der imperialen Gegebenheiten in Osteuropa bewusst und hoben die Schlüsselrolle Moskaus für das deutsch-deutsche Verhältnis hervor. Von Polen oder anderen ostmitteleuropäischen Staaten des Ostblocks war nicht die Rede. Obwohl die deutsche Ostpolitik mit einem amerikanischen Interesse an Entspannung einherging, musste sie sich des Verdachts erwehren, die Politik eines deutsch-sowjetischen Alleingangs wiederaufzunehmen. Vereinzelt wurden Warnungen vor einem neuen Rapallo laut. Die Regierung Nixons und Kissingers sah es als Fortschritt an, dass die Bundesregierung sich anschickte, eine flexiblere Ostpolitik zu betreiben. Doch wollten die Vereinigten Staaten «Richtung und Ausmaß der Détente selbst bestimmen».[164] Angesichts des Tempos, mit dem die Regierung Brandt die Gespräche mit der sowjetischen Führung betrieb, war Washington bald besorgt. Die Verpflichtung gegenüber der europäischen Integration und der transatlantischen Partnerschaft schienen in Gefahr, wenn die Bundesregierung bei der Verbesserung ihrer Beziehungen zur Sowjetunion zu «euphorisch» voringe, so Außenminister Henry Kissinger. Speziell in Egon Bahr erkannte er die Traditionen einer deutschen Außenpolitik seit Bismarck, die auf der Suche nach dem eigenen Vorteil zwischen Ost und West schwanke.[165]

Die Sorge war insoweit unberechtigt, als die Bundesregierung ihre Ostpolitik mit den westlichen Alliierten abstimmte und sich von allen revisionistischen Zielen lossagte. Gewisse Spuren der imperialen Vergangenheit kann man gleichwohl in der deutschen Ostpolitik finden. Mit der Sowjetunion zuerst zu verhandeln, war kaum zu vermeiden, wenn man zu Ergebnissen kommen wollte. Doch ergab sich aus dem oft wiederholten Grundsatz, dass der Schlüssel der Verständigung in Moskau liege, vor allem in den achtziger Jahren eine problematische Unwucht der deutschen Politik.

Der Moskauer Vertrag, den die deutsche und die sowjetische Regierung am 12. August 1970 im Kreml im imperialen Prunk des Katharinensaals unterzeichneten, enthielt das Bekenntnis zum Prinzip der Unverletzlichkeit der Grenzen in Europa. Ausdrücklich nannte der Vertrag die Oder-

Abb. 21 • Unterschrift im Prunksaal: Die Unterzeichnung des Moskauer Vertrages im Kreml am 12. August 1970.

Neiße-Grenze, also die Grenze zwischen der Volksrepublik Polen und der DDR. Dass sich zwei Staaten über die Grenzen zweier anderer Staaten verständigten, ohne dass es zuvor zu entsprechenden Vereinbarungen mit den direkt betroffenen Regierungen gekommen wäre, war ein «kurioser Vorgang».[166] Gomułka empfand den Moskauer Vertrag aus guten Gründen als bewusste Herabstufung der Position der polnischen Regierung. Diese konnte in dem Vertrag, den sie im Dezember 1970 mit der Bundesrepublik schloss, nur noch die wesentlichen Ergebnisse der Moskauer Verhandlungen übernehmen. Den Erfolg, die polnische Westgrenze 25 Jahre nach dem Krieg von der Bundesrepublik garantiert zu erhalten, wollte der Kreml offensichtlich nicht Warschau überlassen. Der Paternalismus der sowjetischen Nachkriegsdoktrin, dass der Kreml die sicherheitspolitischen Interessen seines Schützlings Polen wahrte, kam darin noch einmal zum Ausdruck. Die imperiale Optik der Sowjetunion schlug sich in den Verhandlungen auch insofern nieder, als Kyiv trotz des erheblichen Beitrags der Ukraine am Sieg über NS-Deutschland und trotz der hohen Zahl ihrer Weltkriegsopfer an den sowjetisch-deutschen Gesprächen nicht beteiligt wurde. Auch ein nur symbolischer Besuch der Bundesregierung in der Ukraine sowie in Belarus lag außerhalb des realpolitisch Möglichen.

Allerdings untergrub die Grenzgarantie, die die Bundesregierung in den Verträgen mit Moskau und Warschau abgab, die imperiale Ordnung der Sowjetunion. Deren Logik hatte sich seit der Westverschiebung Polens auf die Annahme gestützt, es mit einer Bundesrepublik zu tun zu haben, die auf Revanche und Revisionismus sann. Die deutsche Erklärung über die Unantastbarkeit der Grenzen machte diesen Mythos zunichte und zerstörte damit auch einen wichtigen Pfeiler der sowjetischen Sicherheitsdoktrin. Diese hatte seit 1945 darin bestanden, Polen den Besitz seiner einst deutschen Gebiete zu garantieren, um es so an die eigene Seite zu binden. Mit der Grenzgarantie wurde diese Logik durchkreuzt. Darin bestand der wirkliche Revisionismus der Bonner Politik, deren für die Sowjetunion nachteilige Wirkungen im Kreml durchaus gesehen wurden.[167]

Kaum ein halbes Jahr nach der Unterzeichnung des Moskauer Vertrags reiste Willy Brandt nach Polen und unterzeichnete am 7. Dezember den mit der polnischen Regierung ausgehandelten Vertrag «über die Grundlagen der Normalisierung ihrer gegenseitigen Beziehungen». Der spröde Titel ließ die Bedeutung des Dokuments kaum erkennen. Zwar stand das Abkommen unter dem Vorbehalt einer friedensvertraglichen Regelung mit den Siegermächten des Zweiten Weltkriegs, doch beide Vertragsparteien zweifelten nicht daran, dass de facto eine verbindliche Regelung getroffen worden war. Der Vertrag selbst und das Vertrauen, das die deutsche und die polnische Seite in seine Dauerhaftigkeit hatten, markierten eine Zäsur in den deutsch-polnischen Beziehungen. Einen ähnlich konstruktiven Ansatz hatte es in der preußisch-deutschen Polenpolitik seit dem Beginn des 18. Jahrhunderts nicht gegeben.

Bei seinem Besuch in Warschau ging Brandt einen Schritt über die Politik der Anerkennung von Grenzen hinaus, als er am Tag der Unterzeichnung des Warschauer Abkommens vor dem Denkmal der Helden des jüdischen Ghettos niederkniete. Damit gewann die Ostpolitik sichtbar eine weitere Dimension: Es ging jetzt auch um die Anerkennung eigener Schuld. In einer Fernsehansprache für das deutsche Publikum begründete Willy Brandt noch von Warschau aus seine Politik. Der Vertrag gebe nichts preis, was «nicht längst verspielt» worden sei, und zwar nicht von

Abb. 22 · Anerkennung deutscher Schuld: Brandts Kniefall in Warschau am 7. Dezember 1970.

denen, die in der Bundesrepublik Verantwortung trügen, «sondern von einem verbrecherischen Regime, dem Nationalsozialismus.»[168]

Brandts Kniefall war als Geste gegenüber den jüdischen wie nicht-jüdischen polnischen Opfern des Zweiten Weltkriegs gemeint. Doch schwiegen die offiziellen Verlautbarungen über den Kniefall, und in den staatlichen Medien wurde er nur beiläufig und verkürzt erwähnt.[169] Dafür gab es verschiedene Ursachen, zu denen auch die noch nicht lange zurückliegende antisemitische Kampagne der polnischen Staatsführung gehörte. Aus deren Sicht wäre eine Geste am Denkmal des polnischen Nationalaufstands von 1944 und nicht im ehemaligen jüdischen Ghetto erwünscht gewesen. Am wichtigsten erscheint jedoch der Umstand, dass auch für die Vereinigte Arbeiterpartei Polens der Hinweis auf deutschen Revisionismus, wie er in den fünfziger und sechziger Jahren von den Vertriebenenverbänden betrieben wurde, ein willkommenes Argument zur Disziplinierung von Systemkritik im eigenen Land darstellte. Brandts Kniefall unterminierte auch diese Strategie, was die schweigsame Reaktion des offiziellen Polen für Brandts Zeichen erklärt. «Dennoch wirkte der Kniefall auf alle, die dabei waren», schreibt der polnische Journalist Adam Krzemiński. «Die Kriegsgeneration war ergriffen, und den jungen Polen, die allmählich am antideutschen Komplex ihrer Eltern erstickten, gab diese Geste einen Impuls, den deutschen Nachbarn für sich zu entdecken.»[170]

Das war ein verheißungsvoller Anfang, doch zeigte sich in der weiteren Entwicklung der Ostpolitik die Langlebigkeit der imperialen Tradition, die sich nun nicht mehr in einem deutschen Revisionismus, sondern in der Anhänglichkeit an die Sichtweise Moskaus zeigte. Darin lag gewissermaßen ein imperiales Erbe zweiter Ordnung. Der Realismus, der sich bei dem Entwurf einer neuen deutsch-deutschen Politik als so erfolgreich herausgestellt hatte, wurde in der Bundesrepublik in den siebziger und achtziger Jahren – in weiten Teilen der SPD, aber auch bei vielen Christdemokraten – zur Leitidee. Ein gutes Verhältnis zur Sowjetunion als osteuropäischer Hegemonialmacht zu haben avancierte damit zu einer Priorität der deutschen Politik. Zwar setzten die Bundesregierungen unter Helmut Schmidt und Helmut Kohl gegen erhebliche innere Widerstände die Stationierung von amerikanischen Mittelstreckenraketen in der Bundesrepublik durch. Unterhalb der Ebene der großen politischen Entscheidung entstand aber ein parteiübergreifender Konsens, sowjetische Interessen und Sichtweisen in besonderer Weise zu berücksichtigen, den Timothy Garton Ash bereits 1985 analysiert hat.[171]

Vor allem im Verhältnis zu Polen konnte die Moskau-Orientierung der deutschen Politik nicht folgenlos bleiben. Die Solidarność-Bewegung wurde in der deutschen Politik weithin nicht als Chance zur Veränderung wahrgenommen, sondern als Störung der Politik der kleinen Schritte mit Ostberlin und Moskau. Der Realismus der westdeutschen Politik hallte auch in den Empfehlungen an die polnische Adresse wider, die darauf hinausliefen, auf unerfüllbare Forderungen nach mehr Freiheit zu verzichten. Gesine Schwan kritisierte als Mitglied der SPD-Grundwertekommission damals die «Beflissenheit», mit der Teile der deutschen Politik, vor allem in ihrer eigenen Partei, den Forderungen kommunistischer Regierungen nachkamen, sich von oppositionellen Bewegungen im Ostblock wie der polnischen Solidarność zu distanzieren. Damit, so Schwan, verleugneten sie die eigenen Grundwerte, weckten Zweifel an der demokratischen Zuverlässigkeit der Deutschen und entmutigten «diejenigen in Osteuropa, deren ohnehin überaus schwierige, risikoreiche und vielfach entsagungsvolle Reformbemühungen das Unterpfand für den friedlichen Weg in ein zukünftiges geeintes Europa und ein einiges Deutschland bieten.«[172] Empathie mit den von der imperialen Sowjetherrschaft Unterdrückten und Unterstützung für die nationalen, demokratischen und sozialen Bewegungen waren in der deutschen Politik wenig verbreitet.

Die Bilanz der Ostpolitik war auf der einen Seite überaus positiv: Sie erreichte nicht nur ihr Ziel, Deutsche in West und Ost einander anzunähern, sondern markierte durch die Anerkennung der Nachkriegsgrenzen auch eine Zäsur in der Geschichte des Ost-West-Gegensatzes. Im weiteren Rahmen der Entspannungspolitik entstanden so Voraussetzungen für eine neue multilaterale Politik in Europa. Das Viermächteabkommen über Berlin bildete eine wichtige Etappe auf dem Weg zur Charta von Helsinki, in der die europäischen Staaten und die USA und Kanada sich zu Gewaltverzicht, der territorialen Integrität der Staaten, der nationalen Selbstbestimmung und der Achtung von Menschenrechten bekannten. Aus den Selbstverpflichtungen der Staaten entstand ein neues Modell für die europäische Politik, das dem Denken in Einflusssphären entgegengesetzt war. Auf der Konferenz von Helsinki war der Geist von Jalta durchaus noch präsent, als etwa die Sowjetunion es durch Druck auf den finnischen Gastgeber verhinderte, dass der Baltic World Council am Rande der Konferenz auf die fortgesetzte Okkupation der baltischen Länder durch die Sowjetunion seit 1944/45 hinweisen konnte. Trotzdem löste in Helsinki ein neues Paradigma ein altes ab, und daran hatte die deutsche Ostpolitik einen Anteil.

Sie war einer der wenigen deutschen Beiträge zu gelungener Weltpolitik und dadurch prädestiniert zum Mythos, zumindest im eigenen Land. Daraus entstand ein Problem. Der realistische Ansatz, mit dem die Ostpolitik Willy Brandts bestehende Machtverhältnisse einschließlich der imperialen Struktur des Ostblocks akzeptiert hatte, um zu Verhandlungsergebnissen zu kommen, verselbständigte sich im Laufe der Zeit. Dafür gab es nachvollziehbare Gründe wie die Sorge vor einer militärischen Eskalation, die zu einem Nuklearkrieg hätte führen können, dessen Hauptschauplatz Deutschland gewesen wäre. Doch war es problematisch, dass die westdeutsche Orientierung an der Moskauer und Ostberliner Politik nicht mehr, wie noch von Willy Brandt, durch eindrucksvolle Gesten gegenüber Polen aufgewogen wurde. Der rege Besuchsverkehr westdeutscher Ministerpräsidenten bei der Ostberliner Führungsriege wurde ebenso routiniert wie die Rede über die «menschlichen Erleichterungen» zwischen Ost- und Westdeutschland, denen die Kontakte dienen sollten. Konservative Vorstellungen von Stabilität ersetzten allmählich die Idee des «Wandels durch Annäherung». Ostberlin und Moskau blieben die dominierenden Bezugspunkte der deutschen Ostpolitik, aus deren Perspektive die Entwicklungen, die sich zwischen Deutschland und Russland, vor allem in Polen vollzogen, oft als Störung erschienen. Freiheitspathos, das die westdeutsche Rhetorik in den fünfziger Jahren parteiübergreifend prägte, sowie Empathie für die Bewegungen in Ostmitteleuropa konnte man in Westdeutschland in den achtziger Jahren am ehesten von amerikanischen Gästen hören. Die Rede, die George H. W. Bush am 31. Mai 1989 in Mainz über «ein ganzes Europa, ein freies Europa» hielt, war aus dem Mund eines deutschen Politikers schwer vorstellbar, was nicht nur mit der Sprecherposition des amerikanischen Präsidenten, sondern auch mit den stärker werdenden Differenzen in den politischen Kulturen Westdeutschlands und der USA zu tun hatte: «Im Osten zeigen uns mutige Männer und Frauen den Weg. Schauen Sie auf Polen, wo die Solidarność und die katholische Kirche einen legalen Status gewonnen haben. Die Mächte der Freiheit bringen den sowjetischen Status quo in die Defensive... Der Kalte Krieg hat mit der Teilung Europas begonnen. Er kann nur enden, wenn Europa geeint ist.»[173]

Polen und die Ukraine in den letzten Jahren des Sowjetimperiums

Im September 1989 reiste der polnische Publizist Adam Michnik (*1946), Sejm-Abgeordneter der Bürgerplattform und einer der führenden Köpfe der Solidarność, mit einer polnischen Delegation nach Kyiv, um am Gründungskongress der «Nationalen Bewegung der Ukraine für die Perestrojka» (ukrainisch: Ruch) teilzunehmen. Die Organisation, die 1989 schon 280 000 Mitglieder zählte, strebte die Souveränität der Ukraine in der sowjetischen Konföderation an. In einer kurzen Rede begrüßte Michnik die Delegierten mit dem Ausruf «Lang lebe die Ukraine!» und zeigte sich glücklich darüber, dass Polen in diesem für die Ukraine und ganz Europa historischen Moment durch die angereiste Delegation präsent sei. Polen und Ukrainer müssten freundschaftlich zusammenleben, merkte Michnik an, der damit, ohne es auszusprechen, an die ukrainisch-polnischen Massaker von 1944 erinnerte. Gorbačevs Reformen seien der «Schlüssel für die Demokratisierung der gesamten Region», doch könne man eine «Wiederbelebung des großrussischen Chauvinismus» nicht ausschließen, gegen den Polen und die Ukraine zusammenstehen müssten. Die 1200 Delegierten des Ruch spendeten stehend Ovationen.[174]

Auf dem Kyiver Kongress trafen die Repräsentanten von zwei Bürgerbewegungen zusammen, die sich der Verbundenheit ihrer Geschichte durch das russische bzw. sowjetische Imperium bewusst waren. Im Zarenreich wie auch in der Sowjetunion seit 1945 hatte Polen einen Teil des äußeren und die Ukraine einen Teil des inneren Imperiums gebildet. Diese im 18. Jahrhundert geschaffene Gemeinsamkeit hatte seit dem 19. Jahrhundert wiederholt zu Versuchen strategischer Allianzen zwischen Polen und Ukrainern geführt. Adam Michnik stand auf den Schultern von Adam Czartoryski und Adam Mickiewicz, zusammen mit den ukrainischen Delegierten knüpfte er an die Tradition Józef Piłsudskis und Symon Petljuras an. Wie im 18. Jahrhundert verliefen die polnische und die ukrainische Geschichte asynchron bezüglich der Integration und nun der Desintegration der imperialen Macht. Polen hatte nach den Parlamentswahlen vom Juni 1989, die zu einem Erdrutschsieg der Solidarność gegen die bislang herrschende Polnische Vereinigte Arbeiterpartei geführt hatten, de facto die Einflusszone Moskaus verlassen, während die Ukraine noch einen Bestandteil der Sowjetunion bildete. Der Kyiver Kongress war der Moment einer denkwürdigen Weitergabe von Erfahrungen, die Polen mit dem Sowjetimperium gemacht hatte, an die Ukraine.

«Everything was forever, until it was no more», so hat Alexei Yurchak das Lebensgefühl der letzten sowjetischen Generation beschrieben.[175] Tatsächlich war der Zusammenbruch des Imperiums nicht vorherzusehen gewesen. Gleichwohl war die Zeitperiode vor dem Kollaps des Imperiums von Umbrüchen gekennzeichnet, die in den Peripherien spürbarer waren als im Zentrum. Die Auflösung des Imperiums ist nicht allein als das organische Ergebnis von erfolgreichen Befreiungsbewegungen zu begreifen. Doch stellte die nationale Unabhängigkeit, die Polen und die Ukraine 1989 bzw. 1991 erreichten, auch kein Nebenprodukt des imperialen Zerfalls dar. Dessen Ursachen sind vielfältig und Gegenstand einer breiten Diskussion in den Geschichts- und Sozialwissenschaften. Konkurrenzen im Machtzentrum selbst, etwa zwischen KGB und dem Militär, sowie die Interessen lokaler «Barone» an der Erweiterung ihres Handlungsspielraums gegenüber dem Zentrum spielten eine Rolle.[176] Im Hinblick auf Polen und die Ukraine erwies sich das Imperium nicht mehr als integrationsfähig für die Erfahrungen und Ziele, die von nationalen Bewegungen und Bürgerrechtsvereinigungen formuliert wurden.

In Polen hatte sich die imperiale Herrschaft Moskaus längst in eine lose Hegemonie verwandelt. Nachdem in den siebziger Jahren der Versuch gescheitert war, das Land durch eine staatliche Strukturpolitik mit hohen Investitionen auf Kreditbasis zu modernisieren, wurden die Achtziger zu einem «Jahrzehnt der Solidarność».[177] Der Streik, der im August 1980 in der Leninwerft in Danzig ausbrach, hatte von Anfang an einen umfassenden politischen Charakter, er breitete sich rasch auf das ganze Land aus und zwang die Partei zu einem Dialog. Damit wurde die sozialistische Herrschaft in ihren Grundfesten erschüttert. Wenige Monate nach dem Beginn des Streiks hatte die Partei die Hoheit über die Massenmedien eingebüßt, ihre führende Rolle war in Gefahr. Am 13. Dezember 1981 verhängte General Wojciech Jaruzelski (1924–2014) in einer Fernsehansprache das Kriegsrecht. Er hatte in der polnischen Armee, mit 33 Jahren zum General befördert, eine steile Karriere gemacht, 1968 das Amt des Verteidigungsministers übernommen und in dieser Funktion an der Niederschlagung des Prager Frühlings mitgewirkt. 1981 war er im Februar zum Ministerpräsidenten ernannt worden, im Oktober hatte er auch das Amt des Ersten Sekretärs der Polnischen Vereinigten Arbeiterpartei übernommen, seit dem Staatsstreich im Dezember führte er die Politik als Vorsitzender des «Militärischen Rats der Nationalen Rettung», der in Warschau die Macht übernommen hatte. Jaruzelski stellte seinen Coup als nationalen Akt dar. Die Machtübernahme durch das polnische Militär sei einer sonst unausweichlichen Intervention der Roten Armee zuvorgekommen. So sei Polen das Schicksal der Tschechoslowakei vom August 1968 erspart geblieben. Tatsächlich handelte es sich bei dem Staatsstreich um einen klassischen Fall erfolgreicher Konsolidierung innerhalb eines Imperiums. Jaruzelski handelte nicht, wie er beansprucht, im objektiven Interesse der Nation, sondern des mehrstufigen Machtgefüges, das die Sowjetunion und die kommunistische Führung in Polen bildeten. Die Sowjetunion hatte zum Erhalt ihres Imperiums immer nur dann zur militärischen Macht gegriffen, wenn alle anderen Mittel versagt hatten, und sie hatte sich in Ungarn 1956 und in der Tschechoslowakei 1968 gegen Parteiführungen gewandt, die aus ihrer Sicht abtrünnig geworden waren. Das war aber in Polen nicht der Fall, Jaruzelski war vielmehr der Musterfall eines loyalen Staats- und Parteiführers im äußeren Imperium.

Jaruzelski gelang es, die Organisation der Solidarność zu zerschlagen, nicht aber den vielfältigen Widerstand, der sich sofort nach der Ausrufung des Kriegsrechts bildete. Er vertraute auf polizeiliche Methoden, 1982 kontrollierte die Zensur fünfmal mehr Briefe als in der Blütezeit des Stalinismus.[178] Die theoretische Möglichkeit eines sowjetischen Einmarschs bildete einen weiteren Rückhalt für Jaruzelski.[179]

Auch die Machtübernahme Michail Gorbačevs (1931–2022), der als Sohn eines russischen Vaters und einer ukrainischen Mutter im Nordkaukasus aufgewachsen war, im März 1985 änderte zunächst nichts an dem imperialen Verhältnis zwischen Moskau und Warschau. Der neue Generalsekretär der KPdSU wiederholte im Politbüro in seinen beiden ersten Amtsjahren mehrfach seine Absicht, gegenüber den «Bruderstaaten» an der Sicherheitsgarantie und der Verteidigung der sozialistischen Errungenschaften festzuhalten. Das kam einer Bestätigung der Brežnev-Doktrin gleich.[180] Auch beim Besuch des Generalsekretärs in Polen zur Verlängerung des vor dreißig Jahren geschlossenen Warschauer Pakts im April 1985 deutete nichts auf einen Neuanfang hin. Zwischen Gorbačev und Jaruzelski entstand eine besonders enge Partnerschaft, beide Parteiführer waren sich der Notwendigkeit von Reformen bewusst und sahen die eigene Partei-Nomenklatura als das Haupthindernis auf dem Weg zur Erneuerung an. Polen stieg in dieser Phase zum wichtigsten Vasallen im äußeren Imperium auf.[181]

Erst 1988 verwandelte sich die Grundlage der sowjetischen Politik in Bezug auf die Satellitenstaaten. Gorbačev hatte erkannt, dass eine Wirtschaftsreform in der Sowjetunion nicht möglich war ohne eine politische Reform und dass die politische Reform scheitern müsse, wenn es im äußeren Imperium zu einem Aufstand kommen würde. Sein Dilemma bestand darin, dass es auf einen Aufstand in Polen oder sogar in mehreren Ostblockstaaten keine Antwort gab, die nicht eine verhängnisvolle Dynamik für sein Reformprojekt auslösen würde. Ließ er die Aufstände gewähren, so rief er damit seine konservativen Kritiker in der KPdSU auf den Plan, ordnete er eine militärische Intervention an, so waren die für eine Wirtschaftsreform nötigen Ressourcen erschöpft. Zur Priorität der sowjetischen Politik wurde es, einen Aufstand im äußeren Imperium um jeden Preis zu vermeiden. Dies bildete den politischen Rahmen für eine beginnende offizielle Reflexion über den Fluch des Imperiums. Im Mai 1988 veröffentlichte der Politikwissenschaftler und Kremlberater Vjačeslav Dašičev in der Wochenzeitung «Literaturnaja gazeta» einen ausführlichen Artikel, in dem er den «Hegemonismus» und die «Großmachtmentalität», verurteilte, die die sowjetische Politik im östlichen Europa seit 1945 geprägt habe. «Die Verbreitung des stalinistischen Sozialismus, wohin immer es möglich war, und seine Standardisierung in allen Ländern ohne Rücksicht auf deren nationale Traditionen» war laut Dašičev «direkt verantwortlich für eine Reihe von scharfen Konfrontationen und bewaffneten Zusammenstößen zwischen sozialistischen Ländern».[182] Damit übernahm ein führender Politikberater, sicher nicht ohne Rückendeckung aus dem Kreml, die Verantwortung für die Niederschlagung des ungarischen Aufstands und des Prager Frühlings. Im Juli 1988 bot Gorbačev bei einem Besuch in Warschau die Gründung einer sowjetisch-polnischen Historikerkommission zur Aufarbeitung der «weißen Flecken» in der bilateralen Geschichte an. Die Kommission wurde geschaffen, gelangte aber nicht zu gemeinsamen Ergebnissen, zu groß waren die Differenzen. Speziell beim Thema Katyń fand man keine gemeinsame Sprache, so dass der polnische Regierungssprecher Jerzy Urban am 7. März 1989 einseitig das Tabu brach und erklärte, der sowjetische NKWD habe das Verbrechen begangen.[183]

Aus der Einsicht der sowjetischen Parteiführung in die Kosten imperialer Herrschaft, die mit einer inneren Reform von Wirtschaft und Politik unvereinbar waren, resultierte die Bereitschaft des Kremls, der Entwicklung in Polen ihren Lauf zu lassen. Damit war der Zerfall der bestehenden imperialen Konstruktion vorgezeichnet. An der Wiederzulassung der Solidarność zerbrach die Interessenübereinstimmung, die zwischen Gorbačev und Jaruzelski zunächst geherrscht hatte. Die sowjetische Führung gab sich mit dem Ergebnis der polnischen Sejm-Wahl zufrieden, in der die Polnische Vereinigte Arbeiterpartei eine vernichtende Niederlage gegen die von der Solidarność unterstützte Bürgerplattform erlitten hatte, und akzeptierte im August 1989 die Wahl des Bürgerrechtlers Tadeusz Mazowiecki (1927–2013) zum ersten nicht-kommunistischen Premierminister. Das sowjetische Politbüro versprach dem neuen Regierungschef, die «sowjetisch-polnischen Beziehungen zu destalinisieren», und bei seinem Antrittsbesuch in Moskau Ende November 1989 erklärte Gorbačev, die Beziehungen beider Länder seien «besser, sauberer und gesünder» als je zuvor.[184]

Im Vergleich zu Polen bot die Ukraine in den achtziger Jahren noch das Bild einer Republik, die sich in die sowjetische Ordnung einfügte. Die meisten Ukrainerinnen und Ukrainer rechneten mit keinem politischen Umbruch, und der ukrainische Dissens wurde durch den KGB sehr effektiv mundtot gemacht.[185] Doch war auch in der Ukraine eine Erosion der imperialen Macht im Gange, was eine Ursache in einer Störung des imperialen Mechanismus der Elitenassimilation hatte. Während es unter Chruščev und Brežnev einen permanenten Aufstieg von Parteikadern in Moskauer Führungspositionen gegeben hatte, brach die Beförderungskette, die aus der ukrainischen Sowjetrepublik auf die Unionsebene führte, nach dem Tod Brežnevs ab. Gorbačev holte seine Leute aus den russischen Regionen.[186]

Die Perestrojka hatte für das innere Imperium eine ganz andere Bedeutung als für das äußere. Anders als Polen war die Ukraine Teil des unionsweiten Experiments einer Reform, die zunächst mit wirkungslosen Konzepten wie der «Beschleunigung» (uskorenie) hantierte und dann zu unüberlegten Maßnahmen wie dem Alkoholverbot führte, mit dem die neue Staatsführung dem Alkoholismus beggnen wollte, doch dabei die Staatskasse ruinierte. Gorbačev hatte für die Ukraine keine spezielle Verheißung, die Russifizierungspolitik setzte sich fort, und auch die Unterdrückung von ukrainischen Dissidenten durch den KGB fand in der Perestrojka kein Ende. Als der neue Generalsekretär im Juni 1985 Kyiv besuchte, sprach er vor allem von der großen Rolle der Ukraine in der sowjetischen Wirtschaft. Einen viel beachteten Lapsus leistete er sich, als er in einem live übertragenen Radio-Gespräch mit Kyiver Bürgern die Sowjetunion als «Russland» bezeichnete.[187]

Die Perestrojka war als großes integratives Erneuerungsprojekt konzipiert, das die sowjetische Wirtschaft umfassend reformieren und damit die einzelnen Republiken stärker aneinanderbinden sollte. Glasnost zielte auf die Herstellung einer gesamtsowjetischen Öffentlichkeit. Tatsächlich hatten die Enthüllungen, mit denen die großen russischen Zeitungen und Zeitschriften unter den Bedingungen von Glasnost z. B. über Stalins Verbrechen aufwarten konnten, eine bestimmte integrative Wirkung – sie schufen ein unionsweites öffentliches Interesse. Auch in der Parallelität von russischen und ukrainischen Menschenrechtsorganisationen, von russischem und ukrainischem Memorial kann man eine zusammenführende Wirkung der Perestrojka sehen.[188] Nur war das Interesse des ukrainischen Publikums auf andere Stoffe gerichtet: Neben den stalinistischen Verbrechen ging es hier stärker um Ökologie, Kirchenfragen, die sprachliche Situation in der Ukraine und um den großen Hunger der 1930er Jahre. Alles dies waren Stoffe, die die Ukraine von der Sowjetunion entfremdeten.

Für die Nuklearkatastrophe, die sich am 26. April 1986 in der Nähe des ukrainischen Orts Čornobyl', 120 Kilometer nördlich von Kyiv gelegen, abspielte, hat sich die russische Version des Ortsnamens Černobyl' eingebürgert. Der Unfall hatte zur Folge, dass in den nächsten zehn Tagen eine Radioaktivität von mehreren Trillionen Becquerel in die Erdatmosphäre freigesetzt wurde. Die radioaktiven Stoffe kontaminierten durch Niederschlag vor allem die nordöstlich gelegenen Gebiete, gelangten aber durch einen westwärts blasenden Wind in viele Länder Europas. In der Ukraine war die Havarie nicht nur eine in dem Ausmaß weltweit beispiellose ökologische Katastrophe, sondern auch ein Debakel für das Vertrauen in politische Institutionen. Ungeachtet der schnell steigenden Strahlenbelastung befahl Gorbačev dem ukrainischen KP-Chef Volodymyr Ščerbyc'kyj (1918–1990), die Parade zum Ersten Mai in Kyiv unbedingt durchzuführen. «Er hat mir gesagt, wenn du die Parade vermasselst, kannst du deinen Parteiausweis abgeben», sagte der seit 1972 amtierende Generalsekretär der KPU zu seinen Mitarbeitern.[189] Ščerbyc'kyj konnte nur erreichen, dass die Parade von vier auf zwei Stunden verkürzt wurde. Mit seinem Ukas wollte Gorbačev offenbar verhindern, dass von der Nuklearkatastrophe eine Beunruhigung der Bevölkerung und eine Delegitimation der Sowjetmacht ausgig. Er erreichte das Gegenteil. Durch den Vertuschungsversuch wurde «Glasnost» in der Ukraine als leeres Gerede entlarvt.

Neben der Ökologie gab es in der Ukraine weitere Themen, die nicht nur in die Öffentlichkeit wirkten, sondern auch zur gesellschaftlichen

Selbstorganisation führten. Im August 1987 bildete sich ein Komitee, bestehend aus Geistlichen und Laien, die die Wiederzulassung der mit dem Vatikan verbundenen griechisch-katholischen Kirche und die Rückübertragung von Kirchengebäuden forderten, die 1946 an die russisch-orthodoxe Kirche hatten abgetreten werden müssen. In Galizien wandten sich die meisten Gemeinden und Gläubigen trotz des staatlichen Drucks und der Gegenpropaganda des Moskauer Patriarchats der russisch-orthodoxen Kirche wieder der griechisch-katholischen Kirche zu. In mehreren Massendemonstrationen wurde die offizielle Wiederzulassung der Kirche gefordert, bis sich Gorbačev im Vorfeld seines Besuchs im Vatikan im Dezember 1989 schließlich beugte. Im selben Jahr begann auch die Renaissance der Ukrainischen Autokephalen Orthodoxen Kirche.[190]

Die Legitimität der kommunistischen Herrschaft wurde auch durch den Streik der Bergleute im Donbas im Juli 1989 erschüttert. Mit mehr als 460 000 Teilnehmern zeigte der Protest, dass die Partei kaum noch als Interessenvertreterin der Arbeiterklasse gelten konnte. Die Streikbewegung entfaltete keine gesamtgesellschaftliche Wirksamkeit wie die Solidarność, war aber über die unmittelbaren Streikziele hinaus politisch aktiv, indem sie die Ablösung lokaler Kader der KPU verlangte.[191] Auch das Thema der Sprache vermochte die Massen zu mobilisieren. Die 1989 gegründete Gesellschaft zum Schutz der ukrainischen Sprache kam bereits in ihrem ersten Jahr auf eine Mitgliederzahl von 150 000.[192]

Die Themen, die in der ukrainischen Gesellschaft in der zweiten Hälfte der achtziger Jahre wichtig wurden, fanden nur zum kleinen Teil Eingang in die Debatten der russischen Öffentlichkeit. Insbesondere die religiösen und sprachlichen Forderungen trennten die Ukraine vom Perestrojka-Diskurs, der eine umfassende sowjetische Gültigkeit beanspruchte. Doch liegen die Gründe für die Entfremdung tiefer, sie sind auf die ukrainisch-russische Beziehungsgeschichte zurückzuführen.[193] Aus der Sicht vieler ukrainischer Intellektueller stellte die Russifizierung der Ukraine eine existenzielle Bedrohung ihres Landes dar, die sich an die von der sowjetischen Industrialisierungspolitik verursachten Hungersnöte von 1932/33 und 1946/47 anschloss. Auch der Widerstand, den die Ukrainische Aufständische Armee bis in die fünfziger Jahre gegen die Sowjetherrschaft leistete, gehörte zu den Erinnerungen, die in der Ukraine wachgehalten wurden.

Dem stand ein russischer Nationalismus gegenüber, der viele Facetten hatte. Neben dem strukturellen Chauvinismus, der die Sowjetunion als noch zu vollendenden russischen Nationalstaat begriff, und den russozentrisch-imperialen Interessen in den Sicherheitskräften, für die die Erhaltung der bestehenden Staatsstruktur Priorität hatte, gab es auch einen intellektuellen und literarischen Nationalismus, der sich in dem neuen Genre der Dorfprosa niederschlug. Eine Plejade russischer Schriftsteller wie Valentin Rasputin (1937–2015) mit seinem Roman «Feuer» (Požar, 1985) oder Viktor Astaf'ev (1924–2001) mit «Der Traurige Detektiv» (Pečal'nyj detektif, 1986) griff Stoffe auf, die fern der Metropolen auf dem russischen Land, vielfach in Sibirien, spielten und damit ein altes Konzept russischer Identität neu entwickelten. Für die Dorfprosa gab es ein ökologisches Interesse, das sich gegen Technikprojekte in stalinistischer Tradition, wie das Vorhaben der Umleitung der russischen Ströme in den Süden, und für den Schutz des Baikalsees einsetzten. Vor allem verfolgte die Dorfprosa eine moralische Agenda. Für die moralische Korruption, die sie in der sowjetischen Gesellschaft beobachtete, machte sie die städtische Intelligenz, emanzipierte Frauen, westliche Musikkultur und Juden verantwortlich. In dem grundsätzlichen Aufruf zur moralischen Erneuerung, nicht im Hinblick auf Xenophobie und Modernefeindlichkeit, gab es Mitte der achtziger Jahre Übergänge zwischen dem russischen Nationalismus und der Perestrojka. Gorbačev suchte Unterstützung für die Perestrojka in der Dorfprosa, deren Vertreter Staatspreise und positive Rezensionen in den Parteimedien erhielten. Mit dem Alkoholgesetz reagierte Gorbačev auf Druck, der von russischen Nationalisten wie dem Politbüromitglied Egor Ligačev (1920–2021), aber auch Schriftstellern wie Rasputin und Astaf'ev ausgeübt wurde.[194]

Doch bald sahen auch die Dorfschriftsteller zusammen mit anderen russischen Nationalisten in der Perestrojka die Inkarnation des Bösen. Auf einem Treffen in Rjazan im September 1988 geißelte Rasputin die moralverderbende Wirkung von Westimporten wie Rockmusik, Schönheitswettbewerben, sexueller Erziehung und der Akzeptanz von Homosexualität. Andere Redner malten die Gefahr an die Wand, dass Russland zum Opfer einer «technologischen Aggression» des Westens würde.[195] Im Unterschied zum russischen Nationalismus des ausgehenden 19. Jahrhunderts propagierten die Ideologen der 1980er Jahre keine exzeptionelle globale

Mission Russlands. Doch der kulturalistisch verstandene Gegensatz zum Westen, den die Sowjetpropaganda in einer anderen Semantik auch formulierte, bildete wieder einen Kern der propagierten russischen Identität. Der Grundton des nationalen Diskurses bestand in der Klage über den kulturellen Verlust, den Russland durch die supranationale Sowjetunion erlitten hatte. Für die Probleme anderer Nationen der Sowjetunion wie der Ukrainer gab es wenig Sensibilität. «Russlandhass» und «antisowjetische Aktivitäten» der nicht-russischen Gruppen erschienen aus der Sicht russischer Nationalisten seit 1988 oft als Synonyme. Je mehr sich die Existenzkrise des Sowjetimperiums abzeichnete, desto stärker schlossen sich die Nationalisten verschiedener russischer Gruppierungen in einem Lager zusammen, das die Perestrojka als Totengräber des Imperiums dämonisierte.[196]

Die Moskauer Zentrale fand nicht die Mittel, mit den Nationalbewegungen in den Republiken umzugehen. In den baltischen Ländern, die zu Beginn des Zweiten Weltkriegs von der Sowjetunion annektiert worden waren, erreichte die Nationalisierung einen maximalen Mobilisierungsgrad, im März 1990 erklärte Litauen seine Unabhängigkeit, im August 1991 folgten Estland und Lettland. In der Ukraine praktizierte die Nationalbewegung im Westen des Landes Protestformen, die den baltischen ähnlich waren. Dem Vorbild der estnischen, lettischen und litauischen Unabhängigkeitsbewegung folgte auch die Menschenkette, die etwa drei Millionen Ukrainerinnen und Ukrainer im Januar 1990 von Lviv nach Kyiv bildeten. Die zentrale Rolle auf dem Weg zur ukrainischen Unabhängigkeit spielte der Oberste Sowjet der Ukrainischen Sowjetrepublik, zu dessen Vorsitzendem im Juli 1990 Leonid Kravčuk (1934–2022) gewählt wurde. Die kommunistische Mehrheit der Abgeordneten strebte die Autonomie der Ukraine in einer reformierten Sowjetunion an, also das Ziel, das auch Gorbačev verfolgte. Nachdem er die Unabhängigkeit der baltischen Länder nicht hatte verhindern können, ließ er im März 1991 ein Referendum über die Zukunft der Sowjetunion abhalten. 70 Prozent stimmten für einen Verbleib in einer reformierten Union. Auf dieser Grundlage verhandelte Gorbačev mit den Führern der Republiken, u. a. mit Kravčuk für die Ukraine und Boris El'cin (Jelzin, 1931–2004) für die Russische Föderation. Ende 1991 war ein Vertrag verhandelt, doch die Ukraine weigerte sich zu unterschreiben. Kravčuk wollte eine andere Lösung: eine Konföderätion mit Russland, der sich die Ukraine zu ihren Bedingungen anschließen könnte.

In diese offene Situation platzte der Putsch, den eine Junta von Hardlinern des Politbüros am 19. August 1991 gegen Gorbačev durchführte. Zu ihnen zählten die Spitzen der sowjetischen Sicherheitskräfte und der russischen Regierung, u. a. der Chef des KGB und der Verteidigungsminister. Das selbsternannte «Staatskomitee für den Ausnahmezustand» wandte sich u. a. gegen den von Gorbačev ausgehandelten Unionsvertrag, dieser gab den Republiken aus ihrer Sicht zu viel Macht. Es wollte den Zerfall des Imperiums aufhalten, tatsächlich beschleunigte es ihn. Die Junta scheiterte nicht an der ukrainischen Führung, die sich bedeckt hielt, sondern an Boris El'cin, der in Moskau den Widerstand organisierte. Gorbačev, der von den Verschwörern in seinem Urlaubsort auf der Krim festgesetzt worden war, konnte nach Moskau zurückkehren, bekam aber die Zügel nicht mehr in die Hand. Er legte das Amt des Generalsekretärs nieder, wodurch die Kontrolle über die Union der Russischen Föderation zufiel. Für die ukrainische Politik war dies eine unerwartete und nichtakzeptable Wendung. Am 23. August 1991 stimmte das Kyiver Parlament über die Unabhängigkeit der Ukraine ab, wobei sich eine überwältigende Zustimmung der Abgeordneten ergab. Die Entscheidung besiegelte das Ende des Sowjetimperiums. Doch wenige Tage nach dem Votum des ukrainischen Parlaments ließ El'cin durch seinen Pressesprecher mitteilen, nun habe Russland das Recht, die Frage nach den Grenzen aufzuwerfen. Er nannte die Krim und den Donbas.[197] Der letzte Akt des Zerfalls des Imperiums spielte sich in einer belarussischen Jagdhütte im Wald von Belowesche ab. Bei dem Treffen der Führer der slavischen Republiken Russland, Ukraine und Belarus versuchte El'cin noch einmal Kravčuk zur Unterzeichnung eines neuen Unionsvertrags zu bewegen. Als dieser sich weigerte, lehnte auch El'cin selbst die Unterschrift ab. Von Grenzrevisionen zwischen den Republiken war nicht mehr die Rede. An der Stelle der Union schufen die Repräsentanten Russlands, der Ukraine und Belarus einen losen Staatenbund, die Gemeinschaft Unabhängiger Staaten (GUS), dem sich die zentralasiatischen Staaten später anschlossen.

Etwa 300 Jahre nachdem das Zarenreich Richtung Ukraine und Polen ausgegriffen hatte, zerbrach der so langlebige Zusammenhang in wenigen Jahren. Polen und die Ukraine waren unabhängige demokratische Nationalstaaten. Russland erreichte 1991 erstmals in seiner Geschichte eine demokratische Regierungsform und galt auch, ungeachtet seiner multinationalen Struktur, als Nationalstaat. Es schien die Lasten abgeschüttelt zu haben, die mit imperialer Herrschaft verbunden waren. Doch Demokratie und Nationalstaat standen in Russland in keinem engen Zusammenhang, da die Überwindung der Diktatur nicht mit der Gründung eines Nationalstaats verknüpft gewesen war. Nationale Gefühle hatten sich im Zarenreich und in der Sowjetunion mit dem Raum des Imperiums verbunden. Der «großrussische Chauvinismus», vor dem Adam Michnik 1989 in Kyiv gewarnt hatte, war nicht zusammen mit dem Imperium verschwunden.

Kapitel 5

**Die postsowjetische Ukraine und
Russlands Neoimperialismus (1992–2022)**

Die nachgeholte Revolution in der Ukraine

Mit dem Zerfall der UdSSR entstanden fünfzehn neue Staaten, die aufgrund der gemeinsamen Vergangenheit viele Merkmale teilten. Dies gilt auch für Russland und die Ukraine, die größten und mit am weitesten entwickelten postsowjetischen Staaten. Viel schien dafür zu sprechen, dass sich die beiden einstigen Republiken ähnlich, jedenfalls nicht diametral verschieden entwickeln würden. Oberflächlich kann man in den 1990er und 2000er Jahren einige Analogien feststellen: Die politischen Systeme beider Staaten waren anfangs durch eine Konkurrenz von einem Präsidenten und einem Parlament – beides Einrichtungen aus der Endphase der Sowjetunion – gekennzeichnet. Beide Systeme wurden wiederholt von politischem Protest herausgefordert und erlebten in den neunziger Jahren Legitimationskrisen in der Folge von Wirtschaftskrisen, in denen das Bruttosozialprodukt dramatisch einbrach und weite Teile der Bevölkerung verarmten. In beiden Ländern fand, wenn auch mit unterschiedlichen Programmen, eine wirtschaftliche Liberalisierung statt, die zu einer extrem reichen Oberschicht, den sogenannten Oligarchen, führte. Korruption blieb in beiden Staaten ein Problem.

Trotz dieser Analogien entwickelten sich die politischen Ordnungen Russlands und der Ukraine jedoch nicht ähnlich, sondern entgegengesetzt. Obgleich es auch in der Ukraine äußerst machtbewusste, ja ruchlose Politiker gab, erscheint sie dreißig Jahre nach der Unabhängigkeit als eine funktionierende Demokratie, die sechs Machtwechsel friedlich vollzogen hat, während Russland zu einem autoritär geführten Staat mit faschistischen Elementen geworden ist. Das ist kein Zufall. Für die unterschiedliche Entwicklung seit 1991 gibt es strukturelle Ursachen, die in der Geschichte wurzeln. Drei Bereiche erscheinen besonders wichtig: die nationale bzw. imperiale Agenda der beiden Staaten, der Umgang mit Vielfalt sowie mit politischem Protest.

In der Ukraine entwickelte sich seit dem ausgehenden 19. Jahrhundert eine Nationalbewegung, die über intellektuelle Eliten weit hinausgriff. Nach der Unabhängigkeitserklärung gab es viel Grundsätzliches zu klären, aber es bestand kein Zweifel daran, dass die Ukraine ein demokratischer Nationalstaat sein sollte. Die Entschiedenheit in diesem Punkt ermöglichte es, eine Reihe von wichtigen Fragen in sehr kohärenter Form zu regeln: Der Vertrag über die Gemeinschaft Unabhängiger Staaten (GUS) wurde von der ukrainischen Politik nicht als Ausgangspunkt zu einer Wiedervereinigung mit den Nachfolgestaaten der untergegangenen Sowjetunion betrachtet, sondern als Scheidungsvertrag. Die Ukraine lehnte es ab, ein vollwertiges Mitglied der GUS zu sein. Sie beteiligte sich zwar an gemeinsamen Wirtschaftsprogrammen, nicht aber an militärischer Kooperation.[1] Dementsprechend konsequent löste sie Loyalitätsfragen, die das ukrainische Militär betrafen. Die ehemals sowjetischen Offiziere und Soldaten wurden vor die Alternative gestellt, der Ukraine die Treue zu schwören oder nach Russland zu gehen. Von den 75 000 ethnischen Russen in den auf dem Boden der Ukraine stationierten Streitkräften verweigerten 10 000 die Loyalitätserklärung gegenüber der Ukraine, sie wurden in den Ruhestand versetzt oder verließen das Land. Zu einem Konflikt kam es lediglich in Bezug auf die Schwarzmeerflotte. Deren Kommandeur verweigerte 1992 den Schwur und gab der Flotte den Befehl, in See zu stechen. Der Zwist konnte durch einen komplizierten Kompromiss beigelegt werden: Die Flotte wurde zwischen den ukrainischen und russischen Streitkräften aufgeteilt, und die Ukraine verpachtete Teile der militärischen Anlagen des Hafens von Sevastopol an Russland. 1997 wurde darüber ein Vertrag mit zwanzigjähriger Laufzeit abgeschlossen. Ende der 1990er Jahre waren die Grundfragen der ukrainischen Staatlichkeit geklärt.[2]

Im modernen politischen Denken der Ukraine spielte nicht nur die Kategorie der Nation, sondern auch Vielfalt und deren Ordnung durch Föderalismus eine herausragende Rolle. Fast alle Vordenker der ukrainischen Nation im 19. Jahrhundert hatten sich dazu geäußert. Differenz wurde im Denken ukrainischer Historiker, gleich ob sie liberal oder sozialistisch gesinnt waren, nicht negativ bewertet, sondern als eine logische Voraussetzung von Vielfalt. Der ukrainische Staat beruhte auf unterschiedlichen politischen und kulturellen Traditionen, die u. a. mit den Zugehörigkeiten im Russischen Reich bzw. in der Habsburgermonarchie zusammenhingen. Mit den verschiedenen Landschaften verknüpften sich nach 1991 unterschiedliche politische Kulturen, die Neokommunisten hatten ihre Hochburg im Osten, die National-Liberalen in den ehemaligen habsburgischen Gebieten.[3] Was als Nachteil der ukrainischen Demokratie erscheinen konnte, erwies sich tatsächlich als Vorteil, weil es die Kräfteverhältnisse stabilisierte. Selbst nach schweren Niederlagen mussten Wahlverlierer nicht fürchten, von der politischen Landkarte zu verschwinden. Die regionale politische Vielfalt enthielt immer die Chance für ein Comeback, was einen für machtbewusste Wahlverlierer wichtigen Umstand darstellte, der es erleichterte, die Niederlage zu akzeptieren.

In den neunziger Jahren schwankte das politische System der Ukraine wie auch Russlands zwischen den Polen von Demokratie und Autoritarismus. In der Ukraine entstand daraus eine sehr aktive politische Szene, die die autoritären Bestrebungen durch die Mobilisierung von Protest einhegte.[4] Sie konnte dabei an eine historische Tradition anknüpfen, nämlich den politischen Aktivismus, der die ukrainische Nationalbewegung schon im ausgehenden 19. Jahrhundert und speziell in den letzten Jahren der Sowjetunion gekennzeichnet hatte. Ein Beispiel dafür war die Menschenkette von Lviv nach Kyiv, mit der nationalbewusste Ukrainerinnen und Ukrainer 1991 für die Unabhängigkeit ihres Landes demonstriert hatten. In der postsowjetischen Ukraine war die Erinnerung an diese erfolgreiche Massenmobilisierung lebendig, wie sich in den Protesten gegen die autoritären Regierungsmethoden von Präsident Leonid Kučma (*1938) zeigte. Dieser hatte in sowjetischer Zeit eine steile Karriere im Bereich der Raketenforschung und des Industriemanagements in Dnipropetrovs'k (Dnipro) gemacht, war ins ZK der KPU aufgestiegen und setzte in der unabhängigen Ukraine seine politische Laufbahn fort, zunächst als Abgeordneter und 1992/93 als Ministerpräsident. 1994 trat er bei den Präsidentschaftswahlen gegen den Amtsinhaber Kravčuk an, warb für beschleunigte Reformen und intensivierte Wirtschaftskontakte zu Russland und gewann.[5] Während seiner Präsidentschaft kam es zu einem ersten Massenprotest.

Den Auslöser lieferte das Verschwinden des georgisch-ukrainischen Investigativ-Journalisten Georgiy Gongadze (1969–2000), der mit der Internetzeitung «Ukrajinsʼka Pravda» (Ukrainische Wahrheit) ein Alternativmedium zu der weitgehend staatlich oder oligarchisch kontrollierten Presselandschaft schaffen wollte. Im September 2000 wurde der enthauptete Leichnam Gongadzes in einem Wald in der Nähe von Kyiv gefunden. Tonbandaufnahmen, die in Kučmas Büro heimlich von seinem Leibwächter gemacht worden waren, belegten nicht nur, dass der Präsident in Medienmanipulationen und Bestechungen verstrickt war, sondern legte auch seine Verwicklung in den Journalistenmord nahe. Zu einem ersten öffentlichen Protest kam es am 15. Dezember 2000 auf dem Maidan Nezaležnosti (Unabhängigkeitsplatz), dem Hauptplatz der ukrainischen Hauptstadt. Die Demonstranten forderten eine Untersuchung des Falls und den Rücktritt des Präsidenten. Bald entstand daraus eine Massenkampagne, die von Studierenden und Aktivisten der Opposition getragen wurde. Zu einer prominenten Anführerin der Aktion wurde Julija Tymošenko (*1960). Mehr als ein Dutzend politische Parteien unterstützten die Kampagne, darunter die Sozialisten, die rechtsgerichtete Volksbewegung der Ukraine, die rechtsextreme «Ukrainische Nationalversammlung – Ukrainische Nationale Selbstverteidigung» und andere. Die Demonstranten errichteten ein behelfsmäßiges Zeltlager auf den Bürgersteigen des Platzes und der benachbarten Chreščatyk-Straße. Auf dem Platz wurden Diskotheken und Konzerte veranstaltet. Die Aktivisten lebten teilweise in Zelten und wechselten sich bei dem Besuch von Kundgebungen ab. Die Kampagne «Ukraine ohne Kučma» entwickelte Protestformen, die später am selben Ort, dem Maidan, wiederholt wurden. Wie stark der Protest gegen Autoritarismus in den nationalen Traditionen der Ukraine wurzelte, zeigte sich am 8. März, als das Sprachrohr der Bewegung, das «Nationale Rettungskomitee», ankündigte, den Präsidenten der Ukraine daran hindern zu wollen, am Geburtstag von Taras Ševčenko Blumen an dessen Grab niederzulegen. Das war eine Kampfansage mit hoher symbolischer Bedeutung, der sich Kučma nicht beugen konnte. Es kam zum bis dahin gewaltsamsten Zusammenstoß zwischen ukrainischen Sicherheitskräften und Protestierenden, Dutzende wurden verletzt.

Kučma-Gate, wie der Skandal genannt wurde, veränderte die politische Kultur der Ukraine. Der Präsident konnte sich halten, aber das Vertrauen in seine Integrität war erschüttert. Die Protestbewegung konsolidierte sich als eine langfristig wirksame politische Kraft. Viktor Juščenko (*1954), der damalige Premierminister, wurde zum Hoffnungsträger des reformorientierten Teils der Ukraine, während Viktor Janukovyč (*1950), der ehemalige Gouverneur von Donec'k und Vertraute Kučmas, die Träger des bestehenden Systems um sich sammelte. Ende Oktober 2004 standen sich die beiden Spitzenpolitiker in den Präsidentschaftswahlen gegenüber, wobei die Stichwahl offenbar zum Vorteil von Janukovyč manipuliert wurde. Die ukrainische Protestkultur erwachte erneut, eine Million Ukrainerinnen und Ukrainer kamen in den Wochen nach der gefälschten Wahl auf dem Maidan zu Demonstrationen zusammen. Orange wurde zur Signalfarbe der Bewegung, deren Aufruhr die Bezeichnung «Orangene Revolution» erhielt. Aus der Sicht Moskaus handelte es sich wie bei den anderen Farbenrevolutionen um einen aus dem Westen gesteuerten Umsturzversuch. Mit Unterstützung europäischer Politiker wie des polnischen Präsidenten Aleksander Kwaśniewski (*1954) erreichten die Demonstranten eine Wahlwiederholung, aus der Juščenko als klarer Sieger hervorging. Die Orangene Revolution und der Machtwechsel in Kyiv markierten eine Zäsur. Eine Verfassungsreform schwächte die Macht des Präsidenten, indem sie seinen Zugriff auf die Kabinettsbildung verminderte. Janukovyč, der von Moskau favorisierte Kandidat, war diskreditiert, und mit Juščenko gelangte ein Politiker an die Macht, der wirklichen Wandel versprach. Er strebte die Annäherung an die EU und die NATO an und setzte in der Geschichtspolitik deutliche antirussische Akzente, indem er z. B. die Erinnerung an den Holodomor staatlich förderte und um die internationale Anerkennung des Massenverbrechens als Genozid warb. Die Präsidentschaftswahlen von 2004 illustrieren am besten die Wirkung der beiden in der Ukraine wirksamen Traditionen: Auswüchse politischer Macht wie Wahlmanipulation scheiterten am politischen Protest. Zugleich begrenzte der Regionalismus der Ukraine die Folgen des demokratischen Machtwechsels für den Unterlegenen. Der Wahlverlierer Janukovyč war nicht weg vom Fenster, sondern konnte sich in seiner Hochburg in der östlichen Ukraine konsolidieren. Nach zwei Jahren wurde er mit Juščenkos Unterstützung zum Ministerpräsidenten ernannt und gewann 2010 die Präsidentschaftswahlen gegen Julija Tymošenko.

Seine Präsidentschaft bedeutete eine erneute Richtungsänderung. Die unter Juščenko verabschiedete Verfassungsreform wurde zurückgenommen, das Präsidentenamt damit wieder gestärkt. Die Ukraine brach unter Janukovyčs Führung die Annäherung gegenüber der EU nicht ab, nahm aber auch zu Russland wieder intensivere Kontakte auf. Die Schaukelpolitik zwischen Brüssel und Moskau, mit der Janukovyč an seinen Vorvorgänger Kučma anknüpfte, führte in eine fundamentale Krise, als der Präsident im November 2013 ankündigte, das lange vorbereitete Assoziierungsabkommen mit der EU doch nicht zu unterzeichnen. Damit beugte er sich offensichtlich dem Druck Russlands, das in einer wirtschaftlich florierenden, mit der EU verbundenen Ukraine eine mindestens ebenso große Bedrohung sah wie in einer Annäherung des Landes an die NATO. Für die Öffentlichkeit in der Ukraine symbolisierte die verweigerte Unterschrift einen grundlegenden Richtungswechsel, auch wenn es in dem Vertrag nur um eine begrenzte Teilnahme am Binnenmarkt, nicht um eine Vorbereitung zu einem EU-Beitritt ging. Deshalb hatte die EU die Assoziierung nicht auf höchster politischer Ebene behandelt und damit die Bedeutung des Abkommens unterschätzt. Aus der Sicht der Ukrainerinnen und Ukrainer schienen sich die Türen zu einer engeren Verbindung mit der EU, zur Teilhabe an westlichen Werten und Wirtschaftsaustausch zu schließen. Der Unmut über Janukovyčs Kurswechsel und die Verbitterung über die ausufernde Korruption führten zu den Protesten des Maidan, der im Westen die Bezeichnung «Euro-Maidan» erhielt. Der friedliche Widerstand im Winter 2013/14 knüpfte an die Formen der Kampagne «Ukraine ohne Kučma» und der Orangenen Revolution an, war aber breiter und vielfältiger im Hinblick auf die Träger des Protests. In der ganzen Ukraine, auch im Osten und Südosten, bildeten sich Gruppen von Aktivisten, aus dem ganzen Land reisten Menschen nach Kyiv, um an den Demonstrationen teilzunehmen.[6]

Janukovyč fand gegen den Protest kein Mittel, vergeblich versuchte er ab Ende November, den Maidan mit Spezialeinheiten der Polizei zu räumen, er schränkte Mitte Januar durch ein Gesetz die Versammlungsfreiheit ein und setzte schließlich die Sondereinheit Berkut gegen den Maidan ein. Hundert Demonstranten starben, die heute in der Ukraine als «Himmlische Hundertschaft» verehrt werden. Nachdem ein Versuch der Außenminister Polens, Frankreichs und Deutschlands, zwischen dem Präsidenten und dem Maidan zu vermitteln, am 21. Februar gescheitert war, floh Janukovyč am selben Tag nach Russland. Das Parlament erklärte ihn für abgesetzt und kündigte Neuwahlen für den 25. März an. Aus der Sicht Russlands handelte es sich bei der Entmachtung des geflohenen Präsidenten um einen faschistischen Putsch, für den der Westen verantwortlich war. In der gewaltsamen Schlussphase des Maidan spielte zwar der rechtsextreme «Rechte Sektor» eine Rolle, und Vertreter rechter Organisationen nahmen nach dem Maidan etwa ein Fünftel der Regierungsposten der Interimsregierung ein. Jedoch verloren sie in den folgenden Wahlen ihren Einfluss und wurden wieder zu einer Randerscheinung der ukrainischen Politik.

Tatsächlich vollendete der Maidan eine demokratische und nationale Revolution der Ukraine. Die Proteste von 2000/01, 2004 und 2013/14 bewahrten die Ukraine vor dem Abgleiten in eine Diktatur bzw. einer erneuerten Abhängigkeit von Russland. Mit seiner Mobilisierungskraft, die 2013/14 das ganze Land erfasste, stellte der Maidan eine Manifestation der *volonté générale* dar. Das Volk trat, beginnend mit den Protesten gegen Kučma, in drei aufeinanderfolgenden Phasen auf die Bühne und holte etwas nach, was der Akt von Belawescha der drei Republikchefs im Jahr 1991 und selbst das in der Ukraine abgehaltene Votum zur Unabhängigkeit nicht leisten konnten, nämlich die Fundierung des neuen Staats durch revolutionären Volkswillen.

Russlands Weg in die Diktatur

«Was bedeutet es, russisch zu sein?», fragte kurz vor dem Ende der Sowjetunion die russische Zeitung «Demokratičeskaja Rossija» (Demokratisches Russland) in einem Roundtable. Die Mathematikerin und Menschenrechtlerin Svetlana Gannuškina (*1943) antwortete: «Seit vielen Jahrhunderten ist der russische Mensch daran gewöhnt zu denken, dass er innerhalb der Grenzen dieses riesigen Staates lebt und dass er der Herr dieses Reiches ist. Heute fühlen wir uns nicht mehr überall als Herren, aber es scheint, dass wir nicht einmal hier zu Hause in der Lage sind, uns als Herren zu fühlen.»[7] Etwa zur selben Zeit stellte der Historiker und Asienwissenschaftler Sergej Panarin (*1944) in einem Zeitungsartikel über ‹‹Wir› und ‹sie› in den Augen der Russen» fest: «Das russische Nationalbewusstsein hat einige außergewöhnliche Formen angenommen.» Man müsse von einer seit langem bestehenden «Selbsttäuschung» sprechen. Sie sei erst durch den Zusammenbruch der UdSSR beendet worden, der die Nation «entblößte» und eine akute Krise der nationalen Identität ausgelöst habe.[8]

Gannuškina und Panarin wollten an der Sowjetunion nicht festhalten, aber auch für sie war deren Zerfall nicht mit Triumphgefühlen, sondern mit Verunsicherung verbunden. Er beendete falsche Vorstellungen über die geographische Ausdehnung der nationalen Wir-Gemeinschaft, und an deren Stelle traten Zweifel bezüglich der eigenen Identität und des Verhältnisses zu den anderen Republiken. Der Zerfall war ein Trauma. Gannuškinas und Panarins Äußerungen liefen darauf hinaus, dass man das Trauma überwinden könne, wenn man eine falsche Identifizierung mit dem Imperium überwinde und zu einer wahren Identität fände, die aus ihrer Sicht mit Begriffen wie Nation und Demokratie verbunden war. Aus der Sicht ihrer zahlreichen Gegner handelte es sich dabei allerdings um fremde, aus dem Westen übernommene Konzepte, die den Kern der russischen Kultur zerstören würden. Diese Gegenposition definierte sich als patriotisch, wobei der Kern dieses «Patriotismus» auf die Verwischung der Grenzen zwischen der ethnischen russischen Nation und einem über Russland hinausgehenden Einflussbereich hinauslief.

Auch für Russland hätte das Jahr 1991 den Anfang einer demokratisch und national verfassten Staatlichkeit bedeuten können. Dass die russische Entwicklung in den folgenden Jahren und Jahrzehnten so anders als die ukrainische verlief, hing ebenfalls mit historischen Gründen zusammen. Während die Ukraine unter Bedingungen startete, die für die Entwicklung des demokratischen Nationalstaats relativ günstig waren – mit einem emanzipatorischen Nationalgefühl, einer demokratischen Protestkultur und einer Vielfalt der Regionen –, waren in Russland diese Faktoren nicht oder in einer anderen Form gegeben.

Als in der Silvesternacht 1991/92 auf dem Kreml die rote Sowjetflagge eingeholt und die russische Trikolore gehisst wurde, sahen die Russinnen und Russen darin keine Erfüllung ihrer Geschichte. Die Überwindung des Imperiums hatten sie nicht angestrebt. Über die Unabhängigkeit Russlands war kein Volksreferendum abgehalten worden, die Eigenstaatlichkeit war also nicht wie in der Ukraine das Ergebnis einer umfassenden politischen Willensbildung. Russland hatte, anders als viele Republiken der zerfallenden Sowjetunion, keine nationale Agenda. Dabei gab es durchaus eine *Empire Fatigue*. Am Ende der Sowjetunion erhielten sieben von fünfzehn Sowjetrepubliken – nicht die Ukraine – erhebliche Subsidien aus dem Moskauer Unionsbudget. In Tadschikistan und Usbekistan machten diese zwischen vierzig und fünfzig Prozent des Haushalts aus.[9] Das Imperium wurde von vielen Russinnen und Russen als zu teuer angesehen, es gab Ressentiments gegen die nicht-russischen Republiken, die von den billigen russischen Energielieferungen profitierten. Auch russischer Nationalismus förderte den Zerfall des Imperiums. Aber es ließ sich daraus kein positives Programm für eine Wiederbelebung der russischen Nation auf einer neuen Grundlage gewinnen, d. h. für ein demokratisches Russland, das sich von den Fesseln des Imperiums befreit hatte. Die Gründung des neuen Staats war nicht mit Stolz verbunden, vielmehr überdeckte das Trauma über den Verlust der alten sowjetischen Staatlichkeit die Chancen, die in einem Neuanfang lagen. Im Vergleich mit der Ukraine, aber auch den baltischen Staaten bestand bei den Russinnen und Russen ein relativ schwach ausgeprägtes Bewusstsein davon, dass sie nun über einen eigenen Staat verfügten, mit dessen Schicksal die eigene individuelle Zukunft eng verknüpft war.

Das führte zu einer schwächer ausgeprägten nationalen Protestkultur, wie der vergleichende Blick auf die Ukraine zeigt. Beide Nachfolgestaaten der Sowjetunion litten in den neunziger Jahren an denselben verfassungspolitischen Problemen, der Rivalität zwischen dem Parlament und dem Präsidentenamt. Während in der Ukraine der Konflikt 1996 durch einen Kompromiss geregelt wurde, setzte Boris El'cin 1993 Panzer ein, um seine Präsidialverfassung gegen das Parlament durchzusetzen. Dieser Coup wurde in der russischen Öffentlichkeit hingenommen. Wechsel im Präsidentenamt, die in der Ukraine in der Folge von Wahlen und ggf. durch die Mobilisierung von Massenprotesten zustande kamen, waren in Russland in zunehmendem Maße von oben gelenkt. El'cin führte 1996 noch einen Wahlkampf, dessen Ergebnis angesichts seiner schlechten Umfragewerte offen erschien. Mit einer massiven, von Oligarchen finanzierten Medienkampagne gewann er die Wahl am Ende doch noch. Dann hievte er seinen auserkorenen Nachfolger Vladimir Putin in das Amt des Ministerpräsidenten. Von diesem Sprungbrett aus gelang Putin 2000 der Wechsel ins Präsidentenamt. Die Zustimmungswerte, die er anfangs in der russischen Bevölkerung erzielte, waren u. a. auf die wirtschaftliche Erholung zurückzuführen, die in Russland um die Jahrtausendwende begann. Steigende Öl- und Gaspreise stabilisierten die Wirtschaft und den Staatshaushalt, erstmals seit Jahren nahm die Kaufkraft in Russland wieder zu. Die neunziger Jahre unter El'cin, die von vielen Russen als zügellos und bedrohlich empfunden wurden, waren vorbei. Putin baute sein Regime vor allem auf den Sicherheitsdiensten auf, aus denen er selbst kam. Aus der Untersuchung von tausend Biographien von führenden Politikern und Behördenchefs in Russland ergibt sich, dass 78 Prozent dieser Elite der 2000er Jahre ihre Karriere beim KGB oder bei der Armee begonnen hatten.[10] Mit deren Hilfe schränkte Putin die Macht der Oligarchen ein. So wurde die Zerschlagung des Yukos-Konzerns, in deren Folge der Ölmilliardär Michail Chodorkovskij (*1963) verhaftet und zu Lagerhaft verurteilt wurde, vom Inlandsgeheimdienst geplant und gesteuert. Zugleich wurden die Spielräume der Opposition immer enger. Die regierungstreue Partei «Einiges Russland» gewann regelmäßig die Wahlen, während die sogenannte Systemopposition, die Kommunistische Partei und die rechtsextreme Liberaldemokratische Partei, einen Anschein von politischer Vielfalt vermittelten.[11] Die Ermordung der russischen Investigativ-Journalistin Anna Politkovskaja (1958–2006) wurde von den russischen Strafermittlungsbehörden schleppend und ergebnislos bearbeitet. Anders als im ukrainischen Parallelfall der Ermordung Georgiy Gongadzes sechs Jahre zuvor löste der Fall Politkovskaja in Russland viel Betroffenheit, aber keine breite Protestbewegung aus. So verhielt es sich auch neun Jahre später, als der liberale Politiker und Putin-Kritiker Boris Nemcov (1959–2015) Opfer von «staatlich gefördertem Hass» wurde.[12] Gegen die Wahlmanipulationen und den Umgang mit politischen Attentaten blieb nicht nur die russische Öffentlichkeit, sondern auch die internationale Staatengemeinschaft weitgehend passiv.

Unter Putin änderte sich das Selbstverständnis der Demokratie. Ausdrücklich wandte sich die russische Politik von dem Konzept liberaler Demokratie ab und führte den Begriff der «souveränen Demokratie» ein. Vladislav Surkov (*1962), der einflussreiche Ämter in der Präsidialadministration (1999–2011) innehatte und als persönlicher Berater Putins in Ukraine-Fragen (2013–2020) wirkte, setzte das neue Konzept durch, das ausdrücklich von universell gültigen Maßstäben für Demokratie Abstand nahm. Die russische Staatsführung bestimmte die Kriterien selbst und zeigte sich immun gegen die Kritik internationaler Organisationen und Menschenrechtsaktivisten.[13] Sie knüpfte damit an den slavophilen Diskurs des 19. Jahrhunderts von der russischen Einzigartigkeit an, die es ausschloss, das Land «mit fremdem Maßstab» zu messen (Fëdor Tjutčev).[14]

Das zunehmend autoritäre Regime konnte es durchsetzen, dass Dmitrij Medvedev (*1965) 2008 bis 2012 für eine Wahlperiode das Präsidentenamt übernahm, um einer Verfassungsbestimmung Genüge zu tun, die eine direkt anschließende dritte Amtszeit für Putin ausschloss. Als 2011 die Duma-Wahlen gefälscht wurden und Putin sich anschickte, nach Medvedevs Intermezzo die Präsidentschaft erneut zu übernehmen, brachen allerdings Proteste aus, die Russland in solchem Ausmaß seit dem Ende der Sowjetunion nicht erlebt hatte. Zur selben Zeit ging in Russland die Phase relativer Prosperität zu Ende, Öl- und Gaspreise waren gefallen, der Staat verfügte nicht mehr über so große Mittel, um die Loyalität der Bevölkerung zu erkaufen. Am 10. Dezember 2011 kamen in Moskau 100 000 Demonstranten zusammen, die sich gegen die Regierungspartei «Einiges Russland» und ihren Vorsitzenden Putin wandten. Auf der Demonstration, der weitere Kundgebungen im ganzen Land folgten, wurden freie Wahlen gefordert, auch die Losung «Russland ohne Putin» tauchte auf. Die Bewegung stützte sich, vergleichbar mit den Protesten in der Ukraine, auf ein breites Parteienbündnis, das von den Kommunisten über die demokratische Opposition bis zu den Rechtextremisten reichte, und sie hatte, auch darin den ukrainischen Protesten vergleichbar, einen langen Atem – der Protest endete erst 2013. Gerade Parallelen zur Ukraine alarmierten die Staatsmacht, aus deren Sicht die Aktionen von außen gesteuert waren. Sie organisierte den «Anti-Orangen-Protest» und schuf als gesellschaftliches Bollwerk gegen die Demokratiebewegung die Jugendorganisation «Naši» (Die Unsrigen), die mit erheblichen finanziellen Mitteln ausgestattet wurde und umfassenden Zugang zu den Staatsmedien erhielt. Aus der Sicht der Staatsmacht hatten die Demonstrationen gegen die Wahlfälschungen gezeigt, dass der Geist des Protests von der Ukraine auf Russland übergreifen konnte.[15] Weitere von Aleksej Naval'nyj (*1976) geführte landesweite Proteste richteten sich 2017/18 gegen Korruption. In Chabarovsk und anderen sibirischen Städten demonstrierten 2020/21 Zehntausende gegen das zentralistische Vorgehen Moskaus gegen regionale Wahlentscheidungen, nachdem der Gouverneur der Region Chabarovsk Sergej

Furgal (*1970), der sich in den Wahlen 2018 gegen den von Putin favorisierten Kandidaten durchgesetzt hatte, im Juli 2020 aus offensichtlich politischen Gründen inhaftiert worden war.

Proteste in der Ukraine und in Russland hatten ähnliche Formen, aber ihre Wirkungen unterschieden sich diametral: Während die Demonstrationen auf dem Maidan zur Korrektur von Wahlfälschungen führten und autoritäre Tendenzen der ukrainischen Politik in die Schranken wiesen, beschleunigten die russischen Proteste von 2011 letztlich den Weg in den Autoritarismus. Etwas Neues entstand mit Naval'nyjs Bewegung und den regionalen Protesten von Chabarovsk, deren Wirkungen durch den Krieg vorerst unterbrochen wurden.

Nach 2011 baute Putin die Sicherheitsstrukturen weiter aus, schränkte die Medienfreiheit Schritt für Schritt ein und führte seit 2012 auch einen ideologischen Kampf gegen westliche Werte wie Liberalismus und Minderheitenschutz.[16] Seit diesem Jahr engte ein sogenanntes Agentengesetz den Spielraum von NGOs immer mehr ein, die in diffamierender Absicht als verlängerter Arm ausländischer Interessen bezeichnet wurden. An die Stelle einer kritischen Öffentlichkeit trat Schritt für Schritt eine Politik der Inszenierung, die in der durch das Staatsfernsehen übertragenen Sitzung des Nationalen Sicherheitsrats vom 21. Februar 2022 gekrönt wurde. Putin holte die Meinung der Spitzen aus Regierung, Parlament und Sicherheitsbehörden über die Anerkennung der Unabhängigkeit der sogenannten Volksrepubliken von Donec'k und Luhans'k ein und führte dabei seinen Geheimdienstchef wie einen Schüler vor. Mit der Aufführung wurden verschiedene Zeitschichten angesprochen: der inszenierte Diskurs in klassizistischem Ambiente, wie ihn Katharina II. schätzte, und die Ausübung einer auch im engsten Führungszirkel schonungslosen Macht, wie sie für Stalin typisch war. Die Botschaft war unzweideutig: Über die wichtigen Fragen der Politik entschied Putin allein.

Empire Fatigue und Sowjetnostalgie

Russlands Weg von der Demokratie zur Diktatur hatte, wie der Vergleich mit der Ukraine zeigt, historische Voraussetzungen: eine kaum ausgeprägte Vorstellung von Nationalstaatlichkeit und eine schwach ausgeprägte Protestkultur, die zur Verstetigung ihrer Forderungen in politischen Institutionen nicht in der Lage war. Ein weiterer, damit verbundener Grund liegt in der imperialen Tradition. Russlands Hinwendung zum Autoritarismus und die Wiederbelebung imperialer Denk- und Handlungsmuster bedingten sich gegenseitig. Hand in Hand mit der autoritären Transformation gingen die Formulierung und Durchsetzung von Zentralisierung im Inneren und das Abstecken von Einflusssphären nach außen.

Dabei erschien die Situation 1991 durchaus offen, wie z. B. die Diskussion russischer Identität durch Gannuškina und Ponarin illustriert. Eine Kernfrage für das neue Russland war es, ob es sich in eine europäische Ordnung einfügte, zu der sich die Sowjetunion, deren Rechtsnachfolger die Russische Föderation war, im November 1990 mit der Unterzeichnung der Charta von Paris bekannt hatte. Galten die Grundsätze des Respekts vor der «territorialen Integrität» und «politischen Unabhängigkeit» aller europäischen Staaten, dann bedeutete dies, dass das neue Russland das Gleis der imperialen Politik verlassen würde. Die Voraussetzungen dafür waren insofern gegeben, als das äußere Imperium der Sowjetunion 1989 zerfallen war. Die ostmitteleuropäischen Staaten, aber auch die baltischen Staaten, die Teil der Sowjetunion gewesen waren, nahmen ihr Recht der freien Bündniswahl wahr und wurden Mitglieder in der Europäischen Union und der NATO, was die russische Regierung völkerrechtlich akzeptierte. Darin spiegelte sich die Einsicht wider, dass die Bewahrung des äußeren Imperiums in der Sowjetzeit wie auch schon im 19. Jahrhundert die Kräfte Russlands überstieg. Speziell der Preis, den Russland für die Herrschaft über Polen zu zahlen hatte, war angesichts der Tradition von nationalen Aufstandsbewegungen zu hoch. Dennoch war eine Reihe dieser Staaten, insbesondere die baltischen Staaten und Polen, seit Putins dritter Amtszeit wiederholt umfangreichen Cyberattacken ausgesetzt.

Gegenüber den postsowjetischen Staaten (mit Ausnahme der baltischen Staaten) waren die Dinge hingegen seit 1991 mehr in der Schwebe. Die Gründung der GUS signalisierte ein fortgesetztes Interesse Moskaus an der Aufrechterhaltung der Verbindungen zu den anderen postsowjetischen Staaten. Die Unklarheit darüber, ob die GUS ein loser Verband bleiben würde oder zur Reintegration der Staaten in einen engen Verbund mit Russland führte, schuf von Anfang an Unsicherheit darüber, ob Russlands imperiale Ambitionen weiterbestünden oder nicht.

Bald wurde deutlich, dass die Russische Föderation zwar das Sowjetimperium nicht bruchlos fortsetzte, aber auch keinen konsequenten national-demokratischen Neuanfang bildete. Eher kann man sagen, dass sich die Grenzen von äußerem und innerem Imperium verschoben: Einerseits bildeten die GUS-Staaten eine Zone, in der Russland bereits in den neunziger Jahren wieder exklusive Interessen reklamierte und von «nahem Ausland» sprach. Die Tatsache, dass Millionen Russen außerhalb der Grenzen der Russischen Föderation in den ehemaligen Sowjetrepubliken lebten, gab der russischen Regierung die Möglichkeit, ihre Einflusspolitik mit dem Argument des Minderheitenschutzes zu legitimieren. Andererseits wurde in den 1990er Jahren in problematischer Weise deutlich, dass die Russische Föderation selbst nicht ethnisch homogen war. Vielmehr umfasste sie in der Tradition des sowjetischen Staatsaufbaus auch Republiken nicht-russischer Nationalitäten wie Tataren oder Tschetschenen, die zum Teil Unabhängigkeit oder weitreichende Autonomie anstrebten. In den neunziger Jahren fand der Kreml im Verhältnis zur Tatarischen Republik eine Kompromisslösung, während er den Bestrebungen Tschetscheniens mit zwei brutalen Kriegen begegnete, ohne seine Vorstellungen vollständig durchsetzen zu können. Der zweite Krieg gegen Tschetschenien bot Vladimir Putin, damals russischer Ministerpräsident, die Chance, sich als Verteidiger des russischen Staats gegen «tschetschenischen Terrorismus» zu profilieren und damit die Präsidentschaftswahl 2000 zu gewinnen. Dabei waren die Terroranschläge in Moskau mit Hunderten Toten, für die Putin die Tschetschenen verantwortlich machte, vermutlich vom russischen Geheimdienst selbst inszeniert worden. Der zweite Tschetschenienkrieg zeigte anschaulich, wie sich der imperiale Kampf gegen Unabhängigkeitsbestrebungen und die Durchsetzung eines autoritären Regimes im Inneren gegenseitig unterstützten.[17] Innenpolitisch profitierte das Regime Putins vom Krieg, auch wenn dieser im Nordkaukasus keineswegs zu einer zentralstaatlichen Lösung führte. Die Stellung von Roman Kadyrov (*1976), seit Mai 2007 Präsident und seit September 2010 «Oberhaupt» der Republik Tschetschenien, im Gefüge der Russischen Föderation illustriert am besten deren imperialen – und nicht nationalstaatlichen – Charakter. Kadyrov übt ohne Rücksicht auf die Normen der Föderation eine unbeschränkte Herrschaft in seiner Republik aus, steht aber formal unter der Oberhoheit Russlands. Wie bei einem Vizekönig beruht seine Macht auf den (bislang) immer wiederholten Loyalitätserklärungen gegenüber Putin als oberstem Herrscher. Damit nimmt Kadyrov bislang eine Ausnahmestellung in dem Staatsgefüge ein, das Putin sonst Schritt für Schritt in die Richtung zentraler Strukturen umgestaltete. Die Russische Föderation stellt keinen Nationalstaat dar, vielmehr bilden die nicht-russischen Republiken der Russischen Föderation ein neues inneres Imperium Moskaus, während eine Reihe der GUS-Staaten, die einst das innere Imperium der Sowjetunion bildeten, zum äußeren Imperium des heutigen Russlands geworden sind.

Die Russische Föderation übernahm nicht nur das Prinzip der Staatskonstruktion, sondern auch den gesamten Behördenapparat von der Sowjetunion: Das Innenministerium, Außenministerium, Verteidigungsministerium und der KGB waren bis 1991 für die Sowjetunion sowie für Russland zuständig gewesen. Sie wurden jetzt als russische Behörden weitergeführt. Die Ministerien und speziell der KGB waren bis zuletzt Hochburgen der imperialen Orientierung gewesen. Sie hielten so lange wie möglich an der Sowjetunion fest, die aus ihrer Sicht das geeignete Gehäuse russischer Machtentfaltung bildete. 1991 zeigte sich, dass sich alte Loyalitäten, großrussische Mentalität und xenophobe Einstellungen gegenüber den nicht-russischen Bevölkerungen nicht mit einem Federstrich abschaffen ließen. Die Moskauer Politik behandelte die Nachbarn in der GUS nicht als unabhängige, souveräne Staaten, sondern kehrte sehr schnell zu den Umgangsformen zurück, die in sowjetischer Zeit zwischen dem Zentrum und den Sowjetrepubliken gepflegt worden waren. Die imperialen Politikmuster endeten nicht, sie wurden allenfalls kurz unterbrochen.[18]

Was Hegemonie bedeutete, wie sie begründet wurde und in welchem Fall sie durch eine Intervention ausgeübt werden konnte, diese Fragen waren in sowjetischer Zeit nach der Niederschlagung des Prager Frühlings 1968 durch die Brežnev-Doktrin festgelegt worden. Eine Intervention und notfalls ein bewaffnetes Eingreifen waren danach zulässig, wenn gemeinsame Interessen der Warschauer-Pakt-Staaten oder die sozialistische Gesellschaftsordnung eines einzelnen Mitglieds bedroht waren. Nach 1991 teilte Russland mit den GUS-Staaten keine spezifischen gesellschaftlichen und politischen Vorstellungen mehr, und es gab keine Ideologie, die die gemeinsamen Interessen bestimmte. Der imperiale Anspruch, den Moskau gegenüber den GUS-Staaten hatte, war anderer Natur. Es ging um eine aggressive Einflusspolitik, die den mächtepolitischen Status quo auf dem Gebiet der ehemaligen Sowjetunion in Frage stellte. In der Politikwissenschaft wird dafür der Begriff der «Luk'janov-Doktrin» verwendet.[19] Anatolij Luk'janov (1930–2019) gehörte zur letzten Generation der Sowjetfunktionäre, er war als Unterstützer von Glasnost und Perestrojka von Gorbačev ins Zentralkomitee geholt worden und bekleidete 1990 das Amt des Vorsitzenden des Obersten Sowjets. Der absehbare Zerfall des Imperiums war für Luk'janov der Grund, sich gegen Gorbačev zu stellen; er wurde zum Drahtzieher des Augustputschs gegen den Generalsekretär. Seitdem bildete der Erhalt bzw. die Wiederherstellung des Imperiums die Achse seiner politischen Tätigkeit, die ihn in den neunziger Jahren zu den Neokommunisten führte. Die Luk'janov-Doktrin bestand im Kern aus zwei Elementen, die sie von der Brežnev-Doktrin übernahm: die Vorstellung einer begrenzten Souveränität der GUS-Nachbarn und der Anspruch, innerhalb dieser Einflusssphäre zu intervenieren.

Luk'janov war eine exemplarische Figur, in der sich die neoimperialen Tendenzen Russlands widerspiegelten. Das Bestreben, die einstigen Sowjetrepubliken wieder an Russland zu binden, war im politischen Spektrum Russlands nach 1991 weit verbreitet, vergleichbar mit den Vorstellungen, die in der Weimarer Republik hinsichtlich der Revision der deutschen Ostgrenzen bestanden. Die sonst sinnvolle Unterscheidung der Politik in linke, liberale, zentristische und nationalistische Kräfte ergibt in Bezug auf die geopolitischen Vorstellungen kaum Sinn, denn Großmachtrhetorik und Provokationen gegenüber dem «nahen Ausland» waren parteiübergreifend verbreitet. Dies gilt auch für die russischen Liberalen. So wie die Liberalen im 19. Jahrhundert besonders nachdrücklich die Assimilation der imperialen Peripherien des Zarenreichs propagierten, so standen ihre Nachfolger im späten 20. Jahrhundert kaum hinter den konservativen Nationalisten zurück, wenn es um die Forderung nach Einflusssphären im GUS-Raum ging.[20] Bereits 1992 verabschiedete das russische Parlament eine Resolution, die die 1954 vorgenommene Übertragung der Krim an die Ukraine in Frage stellte. Auch führende Liberale unterstützten die Entschließung. Vladimir Lukin (*1937), einer der späteren Gründer der liberalen Jabloko-Partei, schrieb in einer Begründung des Resolutionsentwurfs, der Kreml solle der Ukraine die «eiserne Faust» zeigen, um sie in der Frage der Schwarzmeerflotte nachgiebiger zu machen.[21] Das war die bekannte Metapher, mit der der russische Panslavist Nikolaj Danilevskij in den 1860er Jahren eine rücksichtslose Polenpolitik gefordert hatte.[22] In diesem imperial-nationalistischen Diskurs bildete Egor Gajdar (1956–2009) die wichtigste Ausnahme. Der Architekt der liberalen Wirtschaftsreform führte die Partei «Demokratische Wahl Russlands», die sich der imperialistischen Ideologie konsequent entgegenstellte. In den Parlamentswahlen von 1995 blieb sie unter vier Prozent.[23]

Lauter als die meisten Liberalen forderten die extreme Rechte und die extreme Linke eine Politik der Einflusssphären. Als sie bei den Duma-Wahlen im Dezember 1993 triumphierten, näherte sich auch die Regierung unter El'cin dem imperialen Paradigma an.[24] Sie entsprach damit einer Sowjetnostalgie, die in der Bevölkerung auch angesichts der Heftigkeit des sozialen Umbruchs verbreitet war. Ob die Sowjetunion als Erinnerungsraum für die Russinnen und Russen seit den neunziger Jahre attraktiver wurde oder mit der Zeit an Zustimmung verlor, beantworten verschiedene Umfragen unterschiedlich.[25] «Nostalgie» ist auch ein zu einfacher Begriff, um die Bedeutung zu ermessen, die die untergegangene Ordnung für die postsowjetischen Russen hatte. Eher ist von einem Trauma oder einem post-imperialen Syndrom zu sprechen. Attraktiv war die Sowjetunion in der russischen Erinnerung nicht nur wegen der scheinbar übersichtlicheren Verhältnisse, der Verteilungsgleichheit und der paternalistischen Staatsfürsorge, sondern auch aufgrund der hierarchischen Ordnung ihrer nationalen Gruppen. Die Russen waren, wie Gannuškina im Roundtable 1991 sagte, in der Sowjetunion «Herren» gewesen. Diese Dominanz in der internationalen Kommunikation Moskaus mit Kyiv wiederherzustellen war eine Politik, die in der postsowjetischen Kultur Russlands hohe Zustimmung verhieß. Wenn der Kreml die ukrainische Regierung öffentlich zur Zustimmung in Streitfragen zwingen konnte, so entsprach er den Erwartungen, die insbesondere die ältere Generation an russische Politik hatte. «Die Karte der Großmacht zu spielen», so der Politikwissenschaftler Igor Gretskiy, «war der einfachste Weg, um die Unterstützung der Bevölkerung in einer Gesellschaft zu gewinnen, die unter dem post-imperialen Syndrom leidet.»[26]

Die Langlebigkeit der imperialen Tradition nach dem Ende des Sowjetreichs zeigte sich am deutlichsten, wenn die Rolle Russlands als Führungsmacht in Frage gestellt wurde. Dies war der Fall, als Viktor Juščenko 2004 das Präsidentenamt in der Ukraine übernahm. Seine Annäherung an die EU und die NATO schadete aus russischer Sicht den eigenen Interessen. Dabei konnte sich die Moskauer Politik in dieser Zeit noch darauf stützen, dass die Mehrheit der ukrainischen Bevölkerung in Umfragen die NATO-Mitgliedschaft ablehnte und diese auch von den Bündnisstaaten selbst nicht durchweg begrüßt wurde. Auf dem NATO-Gipfel in Bukarest 2008 setzten Deutschland und Frankreich durch, dass der Ukraine der Beitritt nur unverbindlich in Aussicht gestellt wurde, ohne dass eine Roadmap entworfen worden wäre. Gleichwohl stellten die Gespräche der Ukraine mit den NATO-Staaten in den Augen russischer «Patrioten» einen Verrat an Russland dar, denn Verhandlungen der ehemaligen Sowjetrepubliken mit westlichen Institutionen forderten die Vorrangstellung Russlands heraus. Jenseits aller konkreten Interessen begründete dies eine Ressentiment-geladene Einstellung Russlands gegenüber der Ukraine. Die russische Politik betrachtete nicht Kyiv, sondern den Westen als den eigentlichen Gegner, mit dem sie um Einfluss rivalisierte. In dieser Sichtweise waren die Ukraine wie auch Belarus nicht Subjekte der internationalen Politik, sondern Schachbrettfiguren im neuen Ost-West-Konflikt.

Das postimperiale Syndrom wurde auch von der Literatur bedient. Im Sommer 1998 veröffentlichte Aleksandr Solženicyn, der im Mai 1994 aus dem amerikanischen Exil nach Russland zurückgekehrt war, sein Buch «Russland am Abgrund» (Rossija v obvale).[27] Schon der Titel stellt einen bezeichnenden Kategorienfehler dar, denn das Buch handelt nicht von Russland als Staat, sondern vom Schicksal der Russen in der ehemaligen Sowjetunion. Solženicyn war sich des historischen Problems der imperialen Überdehnung Russlands bewusst, deshalb bezeichnete er den Anschluss des Königreichs Polen an das Zarenreich durch Alexander I. als Fehler. Nichtsdestoweniger sprach er sich für eine staatliche Verbindung zwischen Russen und Ukrainern aus, die er zusammen mit den Belarussen als Teile «des einheitlichen dreislawischen Volks» (jedinyj treslavjanskij narod) auffasste. Solženicyn vermied den Begriff des Imperiums. Doch haftete seiner Konstruktion die Vergangenheit des Zarenreichs an: Solženicyn verwendete für die Ukrainer in imperialer Tradition den Begriff «Kleinrussen».

Die Herabsetzung der Ukraine in der Tradition des 19. Jahrhunderts war auch in der russischen Populärkultur verbreitet. Die Untersuchung von russischen Medien belegt, wie sehr ukrainische Spitzenpolitiker und speziell die Spitzenpolitikerin Julija Tymošenko als folkloristisch und damit als kulturell marginal dargestellt wurden. Humoristische Sendungen im russischen TV, die auch in die Ukraine gesendet wurden, stellten ukrainische Politiker als korrupt dar und überzogen sie mit Spott.[28] Meist blieben unkorrekte Witze folgenlos. Ein Fall aus dem Jahr 2013 erregte jedoch einen internationalen Skandal. In einer Kochsendung des russischen Staatsfernsehens bemerkte der Showmaster Ivan Urgant, während er vor der Kamera Kräuter schnitt: «Ich schneide sie wie ein Roter Kommissar die Bewohner eines ukrainischen Dorfs.» In der Ukraine löste dies eine Welle der Empörung aus, es wurde gefordert, ein Einreiseverbot gegen den Fernsehkoch zu verhängen. Urgant reagierte mit einer bedauernden Bemerkung in ironischem Tonfall: Der Vorfall tue ihm leid, er habe nicht geahnt, dass dies der Ukraine, die er liebe, so viel bedeuten würde.[29] Der Witz wie auch die nachgeschobene «Entschuldigung» dienten der Herstellung russischer kultureller Hegemonie und sollten zugleich Minderwertigkeitskomplexe in der Ukraine nähren.

Die russische Politik startete bereits unter El'cin, dann verstärkt unter Putin, politische Initiativen zur Reintegration des sowjetischen Raums und speziell der drei ostslavischen Nationen. 1996 ergriffen El'cin und der belorussische Präsident Aljaksandr Lukašenka (*1954) die Initiative zur Gründung eines neuen Unionsstaates ihrer beiden Länder. El'cin ging es dabei um einen Schritt zur Wiederherstellung der Verhältnisse, die er selbst zerstört hatte, während für Lukašenka die Vorstellung eine Rolle spielte, er könnte aufgrund seiner Popularität, die er auch in Russland zu genießen meinte, Präsident der neuen Union werden. Der Plan scheiterte daran, dass sich die russische Seite die Union nur als einen Beitritt von Belarus zu Russland vorstellen konnte. Führende russische Politiker sprachen von Russen und Belarussen als «einem Volk». Offensichtlich war die geplante Union als ein erster Schritt zu einer größeren Union gedacht, die auch die Ukraine einbezogen hätte. Ein rascher Erfolg der Verbindung zwischen Moskau und Minsk hätte einen erheblichen Beitrittsdruck auf Kyiv ausgeübt.[30] Die Unionspläne mit Belarus blieben jedoch stecken, stattdessen betrieb Moskau eine multilaterale Politik der wirtschaftlichen Reintegration des post-sowjetischen Raums. Die im Jahr 2000 gegründete Eurasische Wirtschaftsgemeinschaft wurde 2010 als eine Zollunion vertieft, der Russland, Belarus, Kasachstan, Kirgistan und Tadschikistan angehörten. Die Einbeziehung der Ukraine war auch hier das eigentliche Ziel der russischen Politik. Doch verfolgte Kyiv eine abwartende Politik und tendierte 2013 zur Assoziierung mit der EU, bis Präsident Janukovyč abrupt eine Wende vollzog, die zum Maidan führte.[31]

Moskaus Bestreben, Kyiv erneut in eine imperiale Abhängigkeit zu bringen, wurde von einer politischen Rhetorik begleitet, die auf die Entmutigung der Ukraine abzielte. Die graue Eminenz der russischen Außenpolitik Sergej Karaganov (*1952) gab im März 2009 der vom Spindoktor des Kreml Gleb Pavlovskij (*1951) herausgegebenen Zeitschrift «Russkij Žurnal» ein Interview, das unter dem Titel «Niemand braucht Monster. Desouveränisierung der Ukraine» erschien. Darin stellte er die Ukraine als einen *failed state* dar und warnte, dass Russland in seiner Nachbarschaft «keine absolut unregierbaren Territorien» sehen wolle. Damit brachte er die Möglichkeit einer russischen Intervention ins Spiel.[32]

Solche politischen Vorstöße gingen Hand in Hand mit einer Einflusspolitik, die die russische orthodoxe Kirche betrieb. Dem Moskauer Patriarchat unterstanden die meisten orthodoxen Gemeinden in der Ukraine, das eröffnete der russischen Kirchenpolitik die Möglichkeit, transnational aktiv zu werden. Im Juli und August 2009 besuchte der Moskauer Patriarch Kyrill (*1946) die Ukraine, sprach in den Gemeinden im Osten wie im Westen des Landes viel von dem «gemeinsamen Erbe» und dem «gemeinsamen Schicksal» von Russen und Ukrainern. Einer der Begleiter des Patriarchen, Andrej Kuraev, warnte die ukrainischen Gemeinden geradeheraus: Wenn sie die kirchliche Unabhängigkeit von Moskau anstrebten, bedeute dies einen Bürgerkrieg. Der Besuch löste in Kyiv scharfe Reaktionen aus. Julija Tymošenko, damals ukrainische Premierministerin, beschrieb Kyrills Tour nicht unzutreffend als «Besuch eines Imperialisten, der die neo-imperiale russische Weltdoktrin predigt.»[33] Tatsächlich war Kyrills Besuch alles andere als eine Hirtenreise. Der Patriarch agierte im Ausland in Moskaus Auftrag, er war der geistliche Arm einer Politik, der die Doktrin der Einheit von Russen und Ukrainern religiös begründete und Einfluss auf die Gemeinden jenseits der russischen Grenze nahm. In derselben Rollenverteilung hatte der orthodoxe Bischof von Perejaslav im 1765 im Auftrag Katharinas die orthodoxen Gemeinden jenseits der russischen Westgrenze besucht.[34] Die Kontexte der beiden Reisen waren verschieden, aber in beiden Fällen wirkten Staat und Kirche zusammen, um «Entrissenes zurückzubringen». Damals war der Hirtenbesuch eine Etappe auf dem Weg zur Teilung Polens, jetzt ging es um die Vorbereitung einer wie auch immer zu gestaltenden Heimholung der Ukraine.

Imperiale Infrastrukturen

Neben der rhetorischen «Desouveränisierung» der Ukraine und der geistlich-politischen Einflussnahme auf die ukrainischen orthodoxen Gläubigen verfolgte Russland auch ein Infrastruktur-Vorhaben, das die Ukraine in eine Zwangslage bringen sollte. Es handelte sich um das Projekt «Nordeuropäische Gaspipeline», später «Nord Stream» genannt. Für Russland hatte es von Anfang an eine strategische Bedeutung. Rohstoffexporte bildeten die wichtigste Quelle für den russischen Staatshaushalt und damit für das Rüstungsprogramm. Die Handelsstruktur Russlands wies seit dem Beginn des 18. Jahrhunderts insofern eine Kontinuität auf, als der Export nach wie vor hauptsächlich aus Rohstoffen bestand. Im 18. Jahrhundert waren dies Schiffbaumaterialien wie Holz und Hanf gewesen, die über die Ostsee transportiert wurden, im 19. Jahrhundert trat der Getreideexport, der über das Schwarze Meer verlief, in den Vordergrund, und im letzten Drittel des 20. und im 21. Jahrhundert wurde mit der Erschließung der sibirischen Gas- und Ölfelder der baltische Verkehrsraum wieder wichtiger. Wie im 18. Jahrhundert kontrollierte und steuerte der russische Staat den Rohstoffhandel, im 21. Jahrhundert etwa durch Unternehmen wie Gazprom, an dem der russische Staat Mehrheitseigentümer ist. Damals wie heute war mit dem Export ein Interesse an der Kontrolle der Infrastrukturen verbunden. Was in der petrinischen Zeit der Seezugang und Hafenbesitz wie auch das Interesse an Kanalbauten zur Umgehung fremder Zölle waren, stellt im 20./21. Jahrhundert das Interesse dar, die Lieferwege von Öl und Gas möglichst vollständig in der Hand zu haben. Nicht anders als im 18. Jahrhundert sind damit auch heute geopolitische Fragen verknüpft. Peter strebte die Herrschaft über den Ostseeraum an und erlangte durch dynastische Heiratspolitik erheblichen Einfluss in Kurland, Mecklenburg und Holstein. Auch Nord Stream stellte ein eminent politisches Projekt dar, das ein enormes russisches Lobbying vor allem in Deutschland erforderte. Politisch war es auch, weil es die Geographie des europäischen Rohstoffhandelsraums neu strukturierte: Durch den Bau einer Pipeline entstehen privilegierte Handelspartner, die direkten Abnehmer. Es gibt Durchgangsländer, die vom Transit profitieren. Andere Interessenten bleiben am Wegesrand der großen Infrastrukturen. Für Russland lagen im Bau der Pipelines erhebliche geopolitische Potentiale, die gezielt genutzt wurden. Die Vereinbarung für eine erste Ostseepipeline, die von Russland direkt nach Lubmin bei Greifswald führen sollte, wurde im Juli 2004 zwischen der russischen Gazprom sowie E.ON und Wintershall unterzeichnet. Schon zu diesem Zeitpunkt zeichnete sich die Konfliktlinie ab, die Deutschland von Polen und den baltischen Staaten trennte. Aus deren Sicht lag der Zweck von Nord Stream auf der Hand: Mit dem Pipeline-Bau durch die Ostsee sollten ihre Länder umgangen werden. Polen und Litauen protestierten bereits im Oktober 2005 gegen die geplante Pipeline und warfen Bundeskanzler Gerhard Schröder das vollständige Ignorieren ihrer Interessen vor. Schröder berief sich auf das «souveräne Recht» Deutschlands.[35] Dieses Recht hatte die Bundesrepublik, doch passte es nicht zu dem sonst multilateralen Politikansatz der deutschen Politik, sich im Bereich der Energiepolitik über die Interessen der Nachbarn hinwegzusetzen.

Welche Brisanz die Pipeline-Frage barg, zeigte sich 2009, als es zwischen Russland und der Ukraine zum Streit über den Gaspreis kam, der eine Folge der Umstellung einer zentral koordinierten Gasversorgung war, wie es sie in der Sowjetunion zu extrem niedrigen Preisen gegeben hatte, zum kommerziellen Energiehandel nach 1991. Russland hatte auch bei früheren Gelegenheiten die Gaslieferungen an die Ukraine immer wieder einmal unterbrochen. Diesmal stoppte Moskau die Gasdurchleitung durch die Ukraine für 13 Tage komplett, angeblich weil sie Gas abgezweigt hatte, das für den Transit nach Westeuropa bestimmt war. Wichtiger als die Frage, ob es für Russlands Vorgehen Gründe gab und die Ukraine durch Blockaden selbst zur Unterbrechung beitrug, waren die Folgen der Unterbrechung. Für einige südosteuropäische Länder bedeutete sie einen vorübergehenden Lieferausfall von 100 Prozent. Deutschland konnte den Ausfall ausgleichen. Dennoch verstärkte die Erfahrung des Lieferstopps die Neigung in Deutschland, Nordstream zu bauen, um aus Russland direkt Gas zu erhalten.[36] Dafür gab es in einer ökonomischen Logik nachvollziehbare Gründe: Die Ukraine hatte Milliardenschulden für ihre Gaspreisrechnungen aufgehäuft und ihre Transitpipelines bedurften dringend der Modernisierung. Sie setzte den Gastransit als Hebel in den Preisverhandlungen mit Moskau ein. Dabei übersah man in Deutschland, dass Russlands wiederholte Liefereinstellungen auch einer imperialen Logik folgten. Regelmäßig nutzte die russische Führung die ukrainische Abhängigkeit von russischen Erdgaslieferungen, um Kyiv von einer Westorientierung abzuhalten. Unverhohlen drohte sie schon damals den europäischen Regierungen, dass der Konflikt mit der Ukraine Auswirkungen auf die europäische Gasversorgung haben könnte. Hätte man damals die imperiale Sprache Moskaus verstanden, wäre nicht der Bau einer Pipeline zur Umgehung der Ukraine, sondern der Verzicht auf Nordstream die konsequente Antwort gewesen.[37] Doch zählte in Deutschland das Argument, dass sich die Sowjetunion im Kalten Krieg als zuverlässiger Lieferant erwiesen hatte, und dieser gute Ruf wurde auf Putins Russland übertragen. Die vorübergehende Unterbrechung der Gaszufuhr wurde in den Medien teilweise der Ukraine angelastet.[38]

Für die Moskauer Gas-Diplomatie konnte es besser nicht laufen: Sie erreichte den Bau einer deutsch-russischen Pipeline, versetzte die ostmitteleuropäischen Staaten in alter Politiktradition in die zweite Reihe und spaltete damit Europa. Dass sie damit alte, aus dem 18. Jahrhundert herkommende imperiale Geographien wiederherstellte, war der russischen Diplomatie sehr wohl bewusst. Als die EU auf Initiative Polens und Schwedens eine engere Kooperation mit der Ukraine sowie Armenien, Aserbaidschan, Belarus und Moldau plante, um der Gaspolitik Russlands Paroli zu bieten, gab Moskau dieser Verbindung den Namen «Poltava-Koalition», womit sie an das Kriegsbündnis erinnerte, das von Peter I. 1709 geschlagen worden war.[39]

Die russische Politik verfolgte mit Nord Stream ein geopolitisches Ziel und sie wusste dabei um die historische Dimension. Die Bundesregierung bezeichnete die Infrastruktur dagegen weiterhin als ein «wirtschaftliches Projekt», so Bundeskanzlerin Angela Merkel bei der feierlichen Eröffnung von Nord Stream 1 im November 2011. In den Ohren polnischer, ukrainischer oder baltischer Politiker konnte das nur wie eine Provokation klingen. In dieser Zeit vergrößerten sich Schritt für Schritt die Wahrnehmungsdifferenzen zwischen Deutschland und Ostmitteleuropa. Konzepte wie «Wandel durch Verflechtung» beabsichtigten eine Veränderung herbeizuführen, die die Verhältnisse in ganz Europa angleichen und stabilisieren würden. Aus der Tradition der achtziger Jahre übernahm sie allerdings die Fixierung auf Moskau, wodurch z. B. die Ukraine und Belarus tendenziell aus dem Blick gerieten. Weite Teile der deutschen Politik glaubten noch an «Sicherheit mit Russland», als Moskau im Krieg gegen Georgien 2008 den Separatismus der abtrünnigen georgischen Regionen Südossetien und Abchasien unterstützte und damit seine imperialen Ansprüche gegenüber dem «nahen Ausland» offenbart hatte, und bekannten sich noch zu einer «Modernisierungspartnerschaft», als Russland nur noch seine Streitkräfte auf den neuesten Stand brachte.[40]

Mit der Annexion der Krim und der massiven Unterstützung der Separatistenbewegung in Donec'k und Luhans'k wurde Russlands neo-imperiales Programm Wirklichkeit. In Donec'k wurde noch gekämpft, als fünf europäische Energieunternehmen, unter ihnen E.ON und BASF, beschlossen, die Leistungsfähigkeit von Nord Stream durch den Bau einer zweiten Pipeline zu verdoppeln. Die deutsche Politik geriet mit der Entscheidung für Nord Stream 2 in einen fundamentalen Widerspruch zu ihren eigenen Ansprüchen. Die EU-Kommission verfolgte, eigentlich mit deutscher Unterstützung, eine Politik der Diversifizierung des Gasmarktes, Deutschland hingegen stärkte Russlands monopolartige Marktmacht. Die EU beschloss unter deutscher Führung Sanktionen gegen Russland, fast gleichzeitig wurde zwischen Berlin und Moskau ein neuer Pipeline-Deal vorangetrieben. Deutschland bekannte sich zur Unterstützung der Ukraine, doch mit Nord Stream 2 unterstützte es Russlands unverkennbar imperiale Strategie gegen die Ukraine: Moskaus Ziel war es, mit Nord Stream einen energiewirtschaftlichen Bypass um die Ukraine zu legen, ihre Pipelines überflüssig zu machen und ihr damit einen wichtigen Hebel in der asymmetrischen Beziehung zu Russland zu nehmen. Gazprom-Chef Aleksej Miller (*1962) hatte die geopolitische Funktion von Nord Stream 2 eingestanden, als er erklärte, dass die Pipeline die Ukraine als Transitland bedeutungslos machen würde, da der Gas-Transfer auf null sinken werde.[41] Zwar schloss Russland mit der Ukraine im Dezember auf Druck der EU und auch Deutschlands einen Vertrag, der einen weiteren Gastransit durch die Ukraine vorsah, doch war die Vereinbarung auf fünf Jahre befristet.[42] Der englische Historiker John Laugh hat die imperiale Dimension von Nord Stream auf den

Punkt gebracht: Russland gelang es, Deutschland für ein russisch-deutsches System zu gewinnen, das freundlich zu Deutschland war, aber unfreundlich zu Deutschlands internationalen vertraglichen Bindungen mit der NATO und der Europäischen Union.[43] Tatsächlich bedrohte Nord Stream 2 nicht nur die geopolitische Lage der Ukraine, sondern unterminierte auch Deutschlands Westbindung. Unverdrossen hielt die Bundesregierung jedoch an ihrer Sprachregelung fest, es handle sich um ein rein wirtschaftliches Projekt. Erst im April 2018 räumte Angela Merkel ein, dass bei Nord Stream «natürlich auch politische Faktoren zu berücksichtigen» seien.[44]

Imperiale Phantasien: Dugin und Putin

Mit den Mitteln der Politik, der politisch-historischen Propaganda, der kirchlichen Einflussnahme und wirtschaftlichen Infrastrukturen zog die russische Politik eine Schlinge um die Ukraine. Sie verfolgte das Ziel, Kyiv in den imperialen Orbit zurückzuholen, was nicht mit militärischen Mitteln geschehen musste. Abgesehen von dieser planvollen Seite gab es noch eine andere Ebene der russischen Politik, die nicht als *rational choice* zu begreifen ist. Der Kreml war und ist in einen geopolitischen Diskurs involviert, den russische Ideologen mit ganz unterschiedlichen Hintergründen seit den neunziger Jahren in Russland führen. Am besten kann man mit Viktor Erofeev von einer «zweiten Wirklichkeit» sprechen, die durch die geopolitischen Phantasien russischer Denker geschaffen wurde.[45] In dieser eigenen Welt bewegten sich auch die russische Politik und namentlich Putin, was eine wesentliche Bedingung für den Krieg gegen die Ukraine und speziell die Invasion vom Februar 2022 darstellte.

Der neue Diskurs stellte einen Reflex auf den Untergang der Sowjetunion dar, der als Niederlage Russlands und, wie es Putin 2005 formulierte, als «größte geopolitische Katastrophe des 20. Jahrhunderts» empfunden wurde.[46] Bereits im Januar 1992, unmittelbar nach dem Zerfall der Sowjetunion, veranstaltete die russische Zeitung «Den'» (Der Tag) einen Roundtable mit dem Titel «Eurasischer Widerstand». Teilnehmer waren nationalistische Intellektuelle, Vertreter des Generalstabs der russischen Armee und Prominente der europäischen Rechten. Man sprach, lange bevor Putin den Untergang der Sowjetunion bedauerte, von der «geopolitischen Tragödie» des imperialen Zerfalls. Nicht nur die Revision von Belowesche war das Thema, sondern der Entwurf einer neuen politischen Geographie. Dabei knüpfte der Roundtable an das sogenannte Eurasiertum an, eine Denkrichtung, die von russischen Emigranten in den 1920er Jahren entwickelt worden war. Damals entsprach der Raum «Eurasien» im Wesentlichen dem untergegangenen Russischen Reich, das die Emigranten der «romano-germanischen Welt» entgegensetzten. Die rechtsextremen Denker der neunziger Jahre übernahmen das binäre Modell, fassten Eurasien als Asien plus Europa aber viel weiter und stellten die raumprägende «russische Zivilisation» der atlantischen Welt mit den USA an der Spitze gegenüber. Es ging um den alten Antagonismus von Seemächten und Landmächten.[47]

Der Boom geopolitischer und exzeptionalistischer Ideen seit den 1990er Jahren wiederholte die Produktion imperial-nationalistischer Vorstellungen nach Russlands Niederlage im Krimkrieg 1856. In beiden Fällen war es die Wahrnehmung einer außenpolitischen Demütigung, die die Herstellung hochfliegender imperialer Phantasien anheizte. Diese daraus entstehenden Ideen blieben nicht folgenlos, sondern nahmen Einfluss auf außenpolitische Programme und außenpolitisches Handeln. Der waffenstarrende Isolationismus Alexanders III. wie auch die prestige-getriebenen Kriegsziele Russlands im Ersten Weltkrieg, die Meerengen des Bosporus und die Länder der einstigen Kyiver Rus erobern zu wollen, waren ohne die Ideologisierung von außenpolitischen Vorstellungen im letzten Drittel des 19. Jahrhunderts kaum vorstellbar. Die außenpolitischen Probleme des Imperiums schlugen sich in Identitätsentwürfen nieder, die von einer besonderen Mission Russlands ausgingen, und diese Ideen wirkten auf die imperiale Außenpolitik zurück. Dieser Zusammenhang wiederholte sich im 20./21. Jahrhundert.

Die Produktion nationalistisch-imperialer Ideen seit den 1990er Jahren ist vielfältig und fast unüberschaubar. Sie speiste sich aus ganz unterschiedlichen Quellen, aus religiösen wie paganen, aus der Tradition der russischen Philosophie wie aus Importen aus dem Ausland. Eine herausgehobene Rolle in diesem Diskurs spielt Aleksandr Dugin (*1962). Er war bei dem Roundtable von 1991 eine der maßgeblichen Figuren. In den achtziger Jahren war er dem KGB wegen des Studiums rechtsextremer

Schriften aufgefallen, während der Perestrojka gehörte er zu den führenden Köpfen der antisowjetisch eingestellten, nationalistischen Pamjat'-Bewegung. 1989 verbrachte Dugin im Westen und nahm Verbindungen zu führenden Figuren der europäischen Neuen Rechten auf. Hier im Westen wurde Dugin zum späten Anhänger der zerfallenden Sowjetunion. Um die Mitte der neunziger Jahre avancierte er in Russland wie auch im Ausland zum meist rezipierten Denker der extremen Rechten. Selbstverständlich bildete er nicht die ganze Vielfalt der nationalistischen russischen Ideenwelt ab, aber an seiner Person ist exemplarisch der Zusammenhang von ideellem und politischem Exzeptionalismus zu zeigen. Dugins Einfluss auf die Politik wird unterschiedlich bewertet, er wird von manchen als Mastermind des Kremls gesehen,[48] doch hat er, wie andere betonen, Putin persönlich nie getroffen und verfügt auch nicht über Kontakte in die Präsidialadministration, wo sein esoterischer Stil teilweise auf Ablehnung stieß.[49] Sein institutioneller Einfluss ist vorhanden, doch begrenzt: Er gab Kurse für die Akademie des Generalstabs der Russischen Armee und wurde Ende der neunziger Jahre für eine kurze Zeit zum Berater des Duma-Präsidenten Gennadij Seleznev (1947–2015).[50]

Intellektuell ist Dugin ein Bricoleur, der bei verschiedenen Denkern entlieh: Russische Autoren wie Nikolaj Danilevskij, Konstantin Leont'ev (1831–1891) und Fëdor Dostoevskij (1821–1881) spielen eine Rolle, stehen aber hinter internationalen Einflüssen wie dem italienischen Kulturphilosophen und Rassentheoretiker Julius Evola (1898–1974) sowie den Denkern der Konservativen Revolution in Deutschland zurück. Rastlos ist Dugin seit den neunziger Jahren tätig, faschistisches Denken neu aufzubereiten und in Russland in persönlichen Netzwerken, in Parteien und publizistisch zu propagieren.

Dugin erzielte 1997 seine größte öffentliche Wirkung mit dem Buch «Die Grundlagen der Geopolitik. Die geopolitische Zukunft Russlands», das als Lehrbuch an der Militärakademie des Generalstabs der Streitkräfte der Russischen Föderation und zeitweise als Universitätslehrbuch verwendet wurde.[51] «Es gibt vermutlich kein anderes Buch in der postkommunistischen Ära», so der Experte für den russischen Rechtsextremismus John Dunlop, «das einen vergleichbaren Einfluss auf das russische Militär, die Polizei und die staatlichen außenpolitischen Eliten ausgeübt hat.»[52]

Geopolitik versteht Dugin nicht als eine wissenschaftliche Disziplin, sondern als ein Metasystem, das wissenschaftliches Denken leitet, vergleichbar mit dem Marxismus-Leninismus. Er entwickelte die klassischen geopolitischen Theorien Halford Mackinders und Karl Haushofers fort und verband diese mit eurasischem Gedankengut. Die geopolitische Begrifflichkeit Mackinders und Haushofers stellt für Dugin ein Vokabular bereit, um den alten Ost-West-Gegensatz, wie er sich in der europäischen Geschichte des russländischen Imperiums seit dem 18. Jahrhundert entwickelt hatte, neu zu fassen und zu radikalisieren. Dabei nimmt er Deutungsmuster auf, die in Russland seit dem 19. Jahrhundert entstanden waren: die Konstruktion eines unausweichlichen Antagonismus zwischen Ost und West, die fixe Idee einer westlichen Russophobie und die Vorstellung, dass es eine scharfe Alternative zwischen der Existenz Russlands als Imperium und seiner nationalen Nicht-Existenz gebe. Alle diese Diskursmuster waren seit dem polnischen Novemberaufstand von 1830/31 und verstärkt seit der russischen Niederlage im Krimkrieg in den nationalen Kanon aufgenommen worden. Dugins große Resonanz in Russland ist zum Teil darauf zurückzuführen, dass er an bestehende Interpretationen anknüpfte. Mit dem Bezug zur englischen und deutschen Tradition der Geopolitik kommt allerdings etwas Neues ins Spiel. Dugin greift auf Konzepte zurück, die einen Wissenschaftsanspruch haben, vermengt diese aber mit Esoterik. Unter der Oberfläche seiner scheinbar rationalen Sprache erkenne man, so der amerikanische Historiker Wayne Allensworth, dass «Dugins Geopolitik mystischer und okkulter Natur ist, wobei die Form der Weltzivilisationen und die ... Vektoren der historischen Entwicklung als von unsichtbaren spirituellen Kräften geformt dargestellt werden, die der Mensch nicht verstehen kann».[53]

Doch geht es Dugin nicht nur um die esoterische Verklärung von internationalen Beziehungen, sondern auch um ein aggressives Programm, das sich aus der Erfahrung des imperialen Zusammenbruchs speist. Der Untergang der Sowjetunion und des Warschauer Pakts ging, wie Dugin meint, auf eine Intrige der USA zurück. Das «Herzland», so Dugins geopolitische Bezeichnung für die von Russland geführte Kontinentalmacht, müsse es der Seemacht «in derselben Münze heimzahlen».[54] Der «russische Kampf um die Weltherrschaft» sei noch nicht beendet. Dugin plädiert für eine internationale Einflusspolitik Russlands, die mit den Mitteln der Subversion, Destabilisierung und Desinformation arbeitet. Durch die strategische Nutzung von Russlands Gas, Öl und anderen natürlichen Ressourcen müsse Russland gezielt Druck auf andere Staaten ausüben. Die «größte Aufgabe» der Zukunft sei die «‹Finnlandisierung› von ganz Europa».[55]

Wie Danilevskij verfasst Dugin imperiale Phantasien, die einen Reflex auf die Demütigung des Imperiums darstellen. Dugins ist aber viel radikaler in seinem Durst nach Revanche. Seine Geopolitik setzt den «Atlantizismus» als absoluten Feind, was Folgen für den Entwurf der russischen Identität hat. Die Russische Föderation betrachtet Dugin nur als ein Übergangsphänomen «in einem breiten und dynamischen geopolitischen Prozess». Die Russen sieht er nicht als Staatsbürger ihres existierenden Staats, sondern als Träger einer «einzigartigen Zivilisation» mit einer «universellen all-menschlichen Bedeutung» an. Ihre messianische Rolle können die Russen nach Dugin nicht in einem Nationalstaat, sondern nur im Imperium spielen: «Die Ablehnung der Imperien-bildenden Funktion würde das Ende des russischen Volkes als historische Realität, als zivilisatorisches Element bedeuten. Eine solche Ablehnung wäre gleichbedeutend mit nationalem Selbstmord.»[56]

«Sein oder Nicht-Sein» in die Politik zu übersetzen als «imperiale Hegemonie oder eigene Auslöschung als Nation» ist der Kern der russischen Imperiumsideologie. Schon Puškin hatte 1831 die falsche Alternative mit seinem geflügelten Wort formuliert, dass entweder die slavischen Flüsse im russischen Meer zusammenfließen oder dieses austrocknen werde. Aus Puškins Metapher wird bei Dugin eine doktrinäre Lehre.

Diese wird in Bezug auf zwei Länder sehr konkret: Deutschland und die Ukraine. Neben Japan und dem Iran kommt Deutschland in Dugins Geopolitik eine besondere Rolle als Nebenzentrum einer kontinentalen Achse zu. Deren Basis ist das «Prinzip des gemeinsamen Feinds», womit Dugin die USA meint. «Die Verneinung des Atlantizismus, die Ablehnung der strategischen Kontrolle durch die Vereinigten Staaten und die Ablehnung der Vorherrschaft wirtschaftlicher, marktliberaler Werte – das ist die gemeinsame zivilisatorische Basis, der gemeinsame Impuls, der den Weg für eine starke politische und strategische Union bereiten wird.»[57] Daraus soll Dugin zufolge ein alternativer Universalismus zu dem atlantischen Universalismus entstehen. Den libertären Werten des Westens will Dugin mit weltumfassendem Imperialismus und gesellschaftlichem Traditionalismus begegnen.

Die Deutschland zugedachte Rolle ist es, im Bündnis mit Moskau eine Herrschaft über den europäischen Teil Eurasiens auszuüben, dafür soll ihm das Kaliningrader Gebiet zurückgegeben werden.[58] Ostmitteleuropas Schicksal ist es, erneut aufgeteilt zu werden, Polen und die baltischen Länder fallen dabei an Russland. An der historischen Parallele zum Hitler-Stalin-Pakt nimmt Dugin keinen Anstoß, im Gegenteil stellt dieser für ihn eine verpasste Gelegenheit dar, denn das Bündnis scheiterte aus seiner Sicht nur an dem kontingenten Umstand, dass mit Hitler ein russophober Nazi an der Macht war. In der zukünftigen Weltordnung würde die deutsche Rolle aber früher oder später ausgespielt sein, wenn Russland allein die Hegemonie über den ganzen eurasischen Kontinent ausübte.

Das Hauptkampffeld ist für Dugin die Ukraine, ein Land, das aus seiner Sicht zwar über «keine geopolitische Rolle» und «keine universelle Bedeutung, geographische Einzigartigkeit und ethnische Exklusivität» verfüge.[59] Trotzdem stellt die Ukraine für Dugin als unabhängiger Staat «eine große Gefahr für ganz Eurasien» dar. «Ohne das ukrainische Problem zu lösen ist es sinnlos, über kontinentale Politik zu sprechen.» Als eine Möglichkeit schlägt Dugin die Teilung der Ukraine vor, wobei die westlich geprägten Teile Galizien, Wolhynien und die Karpaten-Ukraine eine Föderation bilden könnten, die jedoch unter keinen Umständen unter atlantische Kontrolle fallen dürfe. Die anderen Teile der Ukraine wie auch Belarus betrachtet Dugin als integrale Teile Russlands.[60]

Mit seinen geopolitischen Wahnideen lieferte Dugin zwar keine exakte Blaupause für die russische Politik, obwohl seine Ukraine-Passagen den Zielvorstellungen der russischen Politik erstaunlich nahekommen. Entscheidend für den Einfluss der geopolitischen und eurasischen Literatur sind aber nicht die von ihr formulierten konkreten Ziele, sondern die begrifflichen Weichenstellungen, die der konkreten Politik vorgelagert sind. Dugin entwirft eine *violent cartography*, die aus einem System von Antagonismen von Ordnung und Chaos und von Eigen und Fremd besteht und so legitime Ziele von Gewalt verzeichnet.

Mit der Idee von der ethnischen und historischen Zusammengehörigkeit Russlands und der Ukraine bewegt sich Dugin in einem breiten nationalistischen Diskurs in Russland, der zum Beispiel auch von der russischen orthodoxen Kirche geteilt wird, deren Patriarch immer wieder vom «einheitlichen Volk der Russen und Ukrainer» spricht. Lange hat er damit auch in der Ukraine Wirkung gezeitigt, bis im Mai 2022 die ukrainische orthodoxe Kirche sich vom Moskauer Patriarchat trennte.[61]

Auch Putin griff diesen Diskurs auf. Sein Essay «Zur historischen Einheit von Russen und Ukrainern»[62] ist einerseits traditionalistisch: Er wiederholt das Narrativ des gemeinsamen Ursprungs von Russen, Ukrainern und Belarussen aus der Kyiver Rus, wie es in der russischen Geschichtsschreibung seit dem 19. Jahrhundert immer wiederholt worden ist. Aus der Stalinzeit übernimmt er ein essenzialisiertes Verständnis der Kategorie «Volk», das sich auf objektive Kriterien wie Sprache und Religionszugehörigkeit gründet. Die Annahme einer überzeitlichen Kontinuität der Nation, die Putin als eine gemeinsame Großnation der Russen, Ukrainer und Belarussen begreift, lässt eigenständige nationale Entwicklungen der Ukrainer und Belarussen nicht zu. Abweichungen von dem gemeinsamen Weg können nur als fehlgeleitet oder verräterisch gelten. Damit hängt es eng zusammen, dass antirussische Tendenzen, die Putin in der Ukraine beobachtete, als Verschwörung des Westens zu begreifen sind. Wie im imperialen Diskurs des 19. Jahrhunderts konnte die Ukraine kein eigenständiger Akteur, sondern nur eine Figur im Spiel der großen politischen Akteure sein.

Das alles ist seit dem 19. Jahrhundert von russischen Nationalisten immer wieder gesagt worden. Doch gibt es bei Putin eine Radikalisierung, die mit dem geopolitischen Diskurs seit den neunziger Jahren in Verbindung steht. Bereits im September 2013 hielt er vor dem Internationalen Diskussionsklub «Valdaj» in der Nähe von Novgorod eine Rede, die relativ wenig Beachtung gefunden hat. Damals sprach Putin über die Geschichte der großen Mächte und verband dies mit einem Zivilisationsdiskurs. Putin lobte den Friedensschluss des Wiener Kongresses von 1815 und die Vereinbarungen der Konferenz von Jalta 1945, womit er ein unmissverständliches Bekenntnis zur imperialen Politik von Einflusssphären ablegte. Er ging aber darüber hinaus, indem er beide historische Neuordnungen Europas für Russland reklamierte und sie damit verklärte: «Die Stärke Russlands, die Stärke des Siegers in diesen entscheidenden Momenten zeigte sich in Edelmut und Gerechtigkeit.» So wie Putin in der Größe der imperialen Ordnungsrolle Russlands schwelgte, zeigte er sich in derselben Rede angeekelt vom moralischen Verfall des Westens: Die «euroatlantischen Länder» hätten sich von ihren Wurzeln abgekehrt, gleichgeschlechtliche Partnerschaft würde gefördert und sogar Parteien zugelassen, die Pädophilie förderten. Die moralische Grundlage der westlichen Gesellschaften erodiere. Putins Rede vor den versammelten nationalen und internationalen Politik-Experten entwarf ein mythisches Bild von Glanz hier und Verfall dort, es suggerierte, Russland könne an seine Rolle von 1815 oder 1945 anknüpfen, ohne einen Gedanken an die realen Verhältnisse zu verschwenden. Das Webmuster und die Versatzstücke des Vortrags entsprachen genau der *violent cartography* Dugins.[63]

In den zahlreichen geschichtlichen Essays und Vorträgen, die Putin seitdem gehalten hat, gibt er sich weitgehend als Historiker, dessen Diskurs rational ist und auf nachprüfbaren Quellen basiert. Auch dieser Diskurs ist hermetisch, weil er keinen Widerspruch akzeptiert und imperiale Politik legitimiert. Doch neben der Redeweise des autodidaktischen und rechthaberischen Historikers nimmt Putin einen Zivilisationsdiskurs eurasischen Typs auf, der von vornherein fundamentale Verschiedenheit behauptet und für Gegenvorstellungen prinzipiell nicht zugänglich ist. Russen und Ukrainer blicken nicht nur auf eine gemeinsame Geschichte zurück, sondern sie bilden, so Putin, einen gemeinsamen «spirituellen Raum».[64] Mit Dugins Geopolitik hat Putin auch die kompromisslos entgrenzte Feindsetzung gemeinsam. So spricht er davon, dass die erzwungene Assimilation der in der Ukraine lebenden Russen «der Anwendung von Massenvernichtungswaffen gegen uns» gleichkomme. Die Formulierung legt es nahe, dass Russland gegebenenfalls mit Nuklearwaffen antworten könnte. Es ist der geopolitische Diskurs, der zu Machtphantasien einlädt, Feindschaft radikalisiert und einen dystopischen Zeithorizont schafft, der zum Handeln drängt. Es ist der Diskurs des Krieges.

Schluss

In Russland gibt es «verfluchte Fragen» (prokljajtye voprosy) – Fragen, die von grundsätzlicher Bedeutung, aber so gut wie unlösbar sind. Der russische Journalist Leonid Parfënov (*1960) griff 2014 diese sprichwörtliche Redewendung auf und bezog sie auf zwei Fragen aus der klassischen russischen Literatur: «Was tun?» und «Wer hat Schuld?» Die Antwort auf beide Fragen, die aus Romantiteln von Nikolaj Černyševskij bzw. Alexander Herzen stammen, laute: das Imperium. Russland sei gespalten. Ein Teil fordere die Wiedererrichtung des Imperiums und ein anderer Teil finde im Imperium die Schuld für den Irrweg, den die russische Geschichte eingeschlagen habe.[1]

Die Anhänger des Imperiums haben sich 2014 und 2022 gegen den sehr viel kleineren Teil der Kritiker durchgesetzt, die nur zeitweilig zwischen 1988 bis 1991 eine vernehmbare Stimme im russischen Diskurs bildeten. Dabei verfügen die, die auf die Frage «Wer hat Schuld?» mit «Das Imperium!» antworten, über gute Argumente: die enormen Kosten der imperialen Machtentfaltung, die aufreibenden Spannungen mit den beherrschten Nationen und Ethnien, der unauflösliche Widerspruch zwischen imperialer Ordnung und Demokratie und die problematischen Rückwirkungen des Imperiums auf die Identität der Russen. Ohne Imperium könnte Russland ein euro-asiatisches Kanada werden, ein großer Flächenstaat mit einer gut ausgebildeten Bevölkerung und einem attraktiven Bildungssystem, reich an Industrie und Rohstoffen, mit guten Autonomie-Lösungen für die verbleibenden ethnischen Minderheiten, geachtet in der internationalen Staatenwelt. Warum ergreift Russland nicht diese Chance, um die es viele Völker in der Welt beneiden würden? Wie gelingt es den Propagandisten des imperialen Lagers, nicht nur am Imperium festzuhalten, sondern es auch als positiven Identitätsentwurf zu vermitteln, demzufolge «russisch sein» nicht denkbar ist ohne das Imperium? Und einen Krieg zu führen, der Russland selbst im unrealistischen Erfolgsfall nichts bringt als die Bekräftigung der kostspieligen imperialen Rolle und der damit verbundenen problematischen Identität?

Einfach ist dies nicht zu verstehen, denn es hat mit Geschichte zu tun, das heißt mit Ursache-Folgen-Ketten, die nicht vorhersehbar sind, mit Traditionsbildungen und -erfindungen, mit denen bestehende Machtverhältnisse verfestigt werden, und mit Aporien, die die Handlungsmacht von Akteuren begrenzen. Daraus entsteht die Beharrungskraft des Komplexes von imperialen Institutionen und Einstellungen, den man als den «Fluch des Imperiums» bezeichnen kann. Die Geschichte beginnt im frühen 18. Jahrhundert, was nicht bedeutet, dass das Imperium bereits den damaligen Zeitgenossen als problematisch erschien. Seit dem aufgeklärten Absolutismus Katharinas II. gibt es allerdings eine bewusste Verbindung des weiträumigen Imperiums mit der autokratischen Regierungsform. Katharina II. rechtfertigte ihre uneingeschränkte Herrschaft mit der Größe und Vielfalt des russischen Reichs und wurde darin von westeuropäischen Denkern teilweise bestärkt, teilweise kritisiert.

Betrachtet man speziell die Verbindung von Außenpolitik, imperialer Herrschaft und Identität, das Thema dieses Buches, so kann man einen Zusammenhang feststellen, der vom 18. Jahrhundert bis in die Gegenwart führt. Dabei spielen außenpolitische Pfadabhängigkeiten eine Rolle, aber auch Sinnstiftungen durch historische, philosophische und literarische Diskurse. Diese Kontinuität bedeutet aber nicht die Abwesenheit von Wandel. Im Gegenteil, die Geschichte verlief äußerst dynamisch und wurde von mehreren Zäsuren unterbrochen. Doch seit dem 18. Jahrhundert entwickelte sich ein komplexes System, das mit bemerkenswerter Resilienz auf innere Widersprüche und äußere Herausforderungen reagierte. Diesem System lag kein Masterplan zugrunde, sondern es passte sich mit einer gewissen Folgerichtigkeit neuen Bedingungen und Erfordernissen an. In der Beherrschung des äußeren Imperiums Russlands ist die Kontinuität besonders deutlich erkennbar, und zwar als Kette von nicht vorhersehbaren Entwicklungen: Die Hegemonie über Polen, die Russland in der Zeit Peters I. errang, war damals am besten durch ein Bündnis mit Preußen und der Habsburgermonarchie abzusichern. Peter I., Friedrich Wilhelm I. und Karl VI. kontrollierten Polen, insbesondere in der Zeit der polnischen Interregnen, aber Russland plante damals keine Teilung des Nachbarstaates. Als sich ihre Nachfolger Katharina II., Friedrich II. und Maria Theresia in einer veränderten europäischen Situation zu diesem Schritt entschlossen, rechneten sie nicht mit den polnischen Aufständen, die im 19. Jahrhundert ausbrachen, womit die drei Mächte auf neue Art und Weise miteinander verbunden wurden: Aus der Allianz zur Teilung wurde ein Bündnis zur Unterdrückung nationaler Bestrebungen. Die russischen und preußischen Politiker und Militärs, die 1830/31 und 1863 die polnischen Aufstände niederschlugen bzw. sich als Komplizen an der Unterdrückung beteiligten, hatten bei aller Grausamkeit ihres Vorgehens keine Vorstellung von den genozidalen Verbrechen, die von Deutschland und der Sowjetunion gegen Polen im 20. Jahrhundert begangen wurden. Das heißt, jeder weitere Schritt in dem russisch-deutschen imperialen Zusammengehen war nicht vorhersehbar und nicht unvermeidlich, aber die einzelnen Schritte bauten mit einer gewissen Folgerichtigkeit aufeinander auf.

Die Geschichte Russlands und der Ukraine folgt in mancher Hinsicht der Logik der russisch-polnischen Beziehungen. Sie bildet eine parallele Geschichte von Teilung, von russischer imperial-staatlicher Integration und ukrainischem nationalem Emanzipationsstreben sowie von einem sowjetischen Massenverbrechen an der Ukraine, dem Holodomor. Aber die beiden bilateralen Geschichten verlaufen nicht synchron und gleichförmig. In Bezug auf Polen hingen nur einige russische Panslavisten der Wunschvorstellung an, dass Russen und Polen ein slavisches Großvolk bilden könnten. In der Politik schwankte die russische Herrschaft gegenüber Polen zwischen der Ausübung einer Hegemonie und der engeren Einbeziehung in das russische Imperium, wobei Polen seit 1815 über eigene Institutionen und zweitweise über eine eigene Verfassung verfügte. Polen war im 19. Jahrhundert und erneut zwischen 1945 und 1989 ein Teil von Russlands äußerem Imperium. Die polnischen Aufstände von 1830/31 und 1863 scheiterten, aber sie machten Russland schmerzlich die hohen Kosten der imperialen Herrschaft über Polen bewusst. Das war eine nachhaltige Erfahrung. Stalin beteiligte sich 1939 an einer erneuten Aufteilung Polens, aber überließ die ethnisch polnischen Teile Deutschland, weil er antisowjetische Aufstände in Warschau und anderen polnischen Städten fürchtete. Moskau wandte aus ähnlichen Gründen nicht die Brežnev-Doktrin auf Polen an, als sich 1980 die Solidarność gegen Jaruzielskis Satrapenherrschaft erhob.

Die Ukraine errang im Militärbündnis mit dem Moskauer Zaren in der Form des Kosaken-Hetmanats 1654 erstmals eine eigene Staatlichkeit.

1667 wurde das Hetmanat im Vertrag von Andrussovo zwischen Russland und Polen aufgeteilt, in die östlich des Dnipro gelegenen «linksufrigen» und die westlichen, «rechtsufrigen» Territorien. Seit dem 18. Jahrhundert bildete die Ukraine daher einen Teil von Russlands innerem Imperium, in dem das Hetmanat bis zur Schlacht von Poltava 1709 Autonomierechte genoss, die erst unter Katharina II. förmlich beseitigt wurden. Seitdem fügten sich die ukrainischen Territorien als Gouvernements in das Zarenreich ein. Trotz der weiterbestehenden ethnischen Differenz zwischen Russen und Ukrainern waren sie aus der Petersburger Verwaltungsperspektive ein südlicher Teil des Zarenreichs, ohne jegliche Vorrechte. Im russischen Diskurs etablierte sich die Rede von den «Kleinrussen», womit eine gewisse ethnische Minderwertigkeit gegenüber der eigenen Gruppe der «Großrussen» betont wurde und zugleich die Zusammengehörigkeit in einer gemeinsamen ostslavischen Nation, zusammen mit den Belarussen. In den ersten Jahrzehnten des 19. Jahrhunderts entwickelten ukrainische Intellektuelle eine eigene Schriftsprache, aber sie strebten keine nationale Staatlichkeit an. Darin liegt ein Unterschied zu Polen. Doch kann man die ukrainische Nationalbewegung keineswegs als den Nationalismus eines «geschichtslosen» Volkes bezeichnen – eine immer noch weitverbreitete Formulierung, die man auf keine Nationalbewegung anwenden sollte. In der Ukraine bestand in Adelsfamilien, die im Hetmanat eine führende Rolle gespielt hatten, und in der Literatur eine lebhafte Erinnerung an die eigene Staatlichkeit. Diese wurde – ähnlich wie in Polen – seit der Mitte des 19. Jahrhunderts zu einer Triebfeder der ukrainischen Nationalbewegung. Am Ende des 19. Jahrhunderts gab es dann eine «ukrainische Frage». Das heißt, dass die Forderungen nach ukrainischer Selbstständigkeit, die die Vordenker der ukrainischen Nation noch in Form einer Autonomie innerhalb einer künftigen Föderation mit Russland konzipierten, so laut geworden waren, dass sie auf die Agenda der Politik in St. Petersburg gerieten. Dort fand man allerdings nur eine repressive Antwort auf die neue Herausforderung. Ein Grund dafür lag darin, dass die russische Politik die neue ukrainische Frage in Analogie zur polnischen Frage wahrnahm und in ihr eine massive Bedrohung der imperial gedachten russischen Nation sah. Die Gemeinsamkeit der Lage Polens und der Ukraine wurde nicht nur in St. Petersburg, sondern auch von nationalen Akteuren in Polen und der Ukraine erkannt. Seit den 1830er Jahren entstand im Umkreis Adam

Czartoryskis daraus erstmals der Versuch einer polnischen-ukrainischen Strategie zur gemeinsamen Befreiung vom Zarenreich. Neben Kooperation gab es aber auch Konkurrenz und Konflikt zwischen Polen und Ukrainern. In Galizien entstand zwischen ihnen ein Wettstreit um politischen Einfluss und kulturelle Ressourcen innerhalb der Habsburger Monarchie, der sich als Konflikt zwischen Staatsnation und Minderheit im unabhängigen Polen nach 1918 fortsetzte. Die beiden unabhängigen Nationalstaaten Polen und Ukraine, die nach dem Krieg für kurze Zeit parallel bestanden, führten Krieg gegeneinander, ihre (Exil-)Regierungen kooperierten aber auch gegen Sowjetrussland. Den größten Einschnitt in den bilateralen Beziehungen bedeuteten die Massaker in Wolhynien und Galizien, wo Ukrainer einen Massenmord an der dort ansässigen polnischen Minderheit begingen, was von polnischer Seite mit Racheakten beantwortet wurde. Im Poststalinismus gab es hingegen viele Verbindungen. In der ausgehenden Sowjetunion unterstützte die polnische Solidarność die ukrainische Opposition. Heute, während des russischen Kriegs gegen die Ukraine, hat das vielschichtige polnisch-ukrainische Verhältnis den Charakter eines engen, auch emotional begründeten Bündnisses angenommen.

Aus russischer Perspektive gesehen übernahm die ukrainische Frage im 20. Jahrhundert die Rolle, die im 19. Jahrhundert die polnische Frage gespielt hatte, nämlich die der größten Herausforderung des Imperiums. Schon vor dem Ersten Weltkrieg, dann vor allem bei der kurzzeitigen Nationalstaatsgründung der Ukraine 1918 und in der Stalin-Ära erschien die Ukraine als die gefährlichste Bedrohung für den Bestand des russischen Imperiums. Nach 1991 drehten sich die Versuche der Re-Integration des Imperiums in erster Linie darum, die Ukraine wieder in die Abhängigkeit von Moskau zu bringen. Die Aggressivität, mit der Russland heute seinen Krieg gegen die Ukraine führt, spiegelt die Herausforderung wider, die diese für Russland als Imperium darstellt – sie ist vergleichbar mit der brutalen Niederschlagung der polnischen Aufstände im 19. Jahrhundert, die eher den Charakter von Kriegen als von klassischen Aufständen hatten. In der russischen Vorstellung vom Imperium bildet die Ukraine ein unverzichtbares Element, um Weltgeltung auszuüben. «Ohne die Ukraine hört Russland auf, ein Imperium zu sein», stellte Zbigniew Brzezinski 1994 fest, «aber wenn die Ukraine unterworfen und dann untergeordnet ist, wird Russland automatisch zu einem Imperium.«[2] In den Beziehungen zur Ukraine zeigt sich aber auch Russlands Zwittercharakter als nationalisierendes Imperium. Im großrussischen Nationskonzept bildete die Ukraine einen peripheren Teil der eigenen Wir-Gemeinschaft, die man am besten als konzentrische Kreise versteht: Im Zentrum stehen die ethnischen Großrussen, im nächsten Kreis die Ukraine und Belarus, weiter außen die anderen Slaven. Für die russische Nation wie auch für das russische Imperium stellt die Ukraine – im Vergleich mit Polen – das existenziellere Element dar: von der eigenen Nation nicht zu trennen und unentbehrlich für die Ausübung imperialer Macht. Deshalb basiert der Krieg, den Russland gegen die Ukraine führt, im Kern auf einem russischen Identitätsproblem. Nur wenn sich die Russen nicht mehr mit dem Imperium identifizieren und zugleich ihren eigenen Nationsbegriff klären, wird eine Nachbarschaft mit der Ukraine ohne Krieg oder Kriegsgefahr möglich sein.

Europa ist nicht nur der geographische Raum, in dem sich die russisch-polnischen und russisch-ukrainischen Konflikte entwickelten. Vielmehr sind der europäische Kontinent und seit dem 20. Jahrhundert der europäisch-atlantische Raum für deren Geschichte konstitutiv. Die russisch-polnische Geschichte seit dem 18. Jahrhundert und die russisch-ukrainische Geschichte des 20./21. Jahrhunderts spielen sich innerhalb des europäischen bzw. europäisch-atlantischen Staatensystems ab, wurden von diesem geprägt und prägten es ihrerseits. Russlands Aufstieg zur osteuropäischen Hegemonialmacht unter Peter I. und Katharina II. löste eine Gegenreaktion der britischen Diplomatie aus. Als Russland Schweden, Polen-Litauen und das Osmanische Reich als frühneuzeitliche Großmächte ablöste, entstand eine Konfliktzone vom europäischen Nordosten bis zum Südosten, in der nicht nur regionale, sondern auch europäische Interessen aufeinanderstießen. Das europäische Staatensystem erhielt als Folge der Konflikte um die baltische, die polnische und die orientalische Frage eine neue Struktur. London und St. Petersburg bildeten die Pole, Preußen und die Habsburgermonarchie gerieten in eine Mittelposition und entschieden sich für die Kooperation mit Russland. Der mächtepolitische Gegensatz war zuerst da, der ideelle Ost-West-Konflikt entstand dann auf seiner Grundlage, und eben nicht nur als Ergebnis einer intellektuellen Konstruktion des Ostens durch die westeuropäische Aufklärung.

An der Teilung Polens entzündete sich nicht ausschließlich, aber zu einem erheblichen Teil der ideelle Ost-West-Gegensatz des 19. Jahrhunderts. Darin stand der imperiale Anspruch der Raumbeherrschung, den die Regierungen in St. Petersburg, Berlin und Wien erhoben, gegen die Interessen der Westmächte, die in Europa wie in ihren Kolonien ebenfalls raumbezogene Interessen verfolgten. Daneben wurde aber (West-)Europa in diesen Konflikten auch als ideelle Formation wirksam, die Grenzen und Räume übersprang. Freiheit, Demokratie und nationale Selbstbestimmung waren im 19. Jahrhundert in Westeuropa keineswegs realisiert, aber sie wurden mit ihm verknüpft und galten als «europäisch». Auch Polen, die von Russland beherrscht wurden, und selbst Russen konnten sich in diesem Sinne als (West-)Europäer verstehen und europäisch agieren. «Europa» wurde zur Appellationsinstanz für Bewegungen im imperial beherrschten Osteuropa, die das westeuropäische Publikum gewinnen wollten und ihr Anliegen deshalb in einer für Europa anschlussfähigen politischen, religiösen oder zivilisatorischen Sprache formulierten. Diese Appelle an Europa gewannen eine wesentliche Bedeutung für das europäische Selbstverständnis und die Genese einer grenzüberschreitenden europäischen Öffentlichkeit. Von den Polen 1830/31 und 1863, von den Ungarn 1956 und den Tschechen und Slowaken 1968 wurde Freiheit als ein europäischer Wert gesehen, den Russland oder andere Imperien verletzten. Diese aus der Peripherie kommenden Appelle an eine europäische Öffentlichkeit waren für die Herausbildung eines wertegebundenen Verständnisses von «Europa» fundamental.[3] Im 20./21. Jahrhundert gilt Entsprechendes für den «Westen». Die Reden, die Präsident Selens'kyj vor europäischen und globalen Zuhörern hält, machen diesen Mechanismus aktuell deutlich. Denn in der Tat: Russlands Krieg zielt nicht nur auf die Unterwerfung der Ukraine, sondern auch auf die europäische Friedensordnung. Die europäische und westliche Öffentlichkeit ist für die Ukraine eine Ressource im Krieg und umgekehrt sind die wertebezogenen Appelle aus der Ukraine für Europa bzw. den Westen eine Quelle der Selbstvergewisserung und Neuinterpretation der eigenen Identität, die im gegebenen Fall den Zusammenhang von Freiheit und Wehrhaftigkeit betont.

Russland dagegen verfügte und verfügt im Konflikt mit dem Westen nicht über eine solche grenzübergreifende, universale Idee. Alexander I. war sich dieses Mankos bewusst, als er der Heiligen Allianz ein ökumenisch-religiöses und legitimistisches Programm verlieh, das eine Antwort auf die Herausforderung der Französischen Revolution und Napoléons Kriege darstellte. Doch ließ sich der universale Anspruch der Heiligen Allianz nicht realisieren. Sie entwickelte sich stattdessen zu einem Bündnis zur Sicherung raumbezogener Herrschaft, was speziell mit der polnischen Frage und dem Aufstand von 1830/31 zusammenhing. Im europäischen Revolutionsjahr 1830 verzichtete die russische Politik darauf, ihr universalistisches Prinzip des Legitimismus in Westeuropa durchzusetzen und konzentrierte sich auf die Verteidigung ihrer Einflusssphäre in Polen. Genau diese Doktrin spiegelte sich in Aleksandr Puškins polenfeindlicher und antieuropäischer Aussage wider, dass die Europäer sich nicht in die «Familienangelegenheiten» der Slaven einmischen sollten. Den Europäern Russophobie zu unterstellen und Russland als ein Land zu verstehen, das nur als Imperium existieren könne, sind Vorstellungen, die 1830/31 zu wirkungsvollen Kulturmustern wurden. Später konnten sie immer wieder abgerufen werden, bis hin zum aktuellen Krieg gegen die Ukraine.

Wenige Jahre später formulierte die russische Regierung die partikularistische Idee, dass sich die Identität Russlands auf Autokratie, Orthodoxie und Nationalität gründe. Eine besondere Dynamik entwickelte die Produktion von russischen Identitätskonzepten jeweils nach außenpolitischen Niederlagen. Das russische Desaster im Krimkrieg und der polnische Aufstand von 1863 begünstigten eine nationalistische Ausdeutung des Imperiums, allerdings schuf dies neue Probleme, u. a. im Verhältnis zur Ukraine, da national-kulturelle Bestrebungen nun unterdrückt wurden. Die exzeptionalistischen Ideen, die in Russland in der Folge von als demütigend empfundenen Niederlagen zirkulierten, hatten aber auch Rückwirkungen auf die Außenpolitik, sie stellten das Bündnis mit den imperialen Mächten in Frage, mit denen Russland bislang seine Herrschaft in Osteuropa abgesichert hatte, ohne ein dauerhaft tragfähiges System an deren Stelle zu setzen.

Die bolschewistische Revolution kann man als einen Versuch begreifen, die raumbezogene Herrschaft des Zarenreichs durch grenzenlosen Internationalismus zu ersetzen und damit den westlichen Ideen mit einem eigenen Universalismus zu begegnen, der dessen politisches Egalitätsprinzip durch die Forderung nach sozialer Gleichheit überbot. Ohne Beschränkung auf bestimmte Räume wollte die Losung «Proletarier aller Länder, vereinigt Euch!» Grenzen überspringen. Bereits im sowjetisch-polnischen Krieg und mehr noch unter der Herrschaft Stalins wurde kommunistische Politik allerdings wieder zur Raumpolitik im Sinne des «Sozialismus in einem Land». Die Sowjetunion trat somit in gewisser Hinsicht das Erbe des Zarenreichs an. So war die Durchsetzung der sozialistischen Ordnung in der Ukraine auch von dem Bestreben geleitet, ihre Herauslösung aus dem imperialen Zusammenhang um jeden Preis zu verhindern. Aus dem hierarchisierten Verhältnis zwischen den Russen und den nicht-russischen Nationen versuchten die Nachfolger Stalins eine Völkerfreundschaft der Sowjetrepubliken zu formen, ohne allerdings dabei auf eine Russifizierungspolitik zu verzichten.

Der Untergang der Sowjetunion stieß, ähnlich wie die russische Niederlage im Krimkrieg und der nachfolgende polnische Aufstand, die Produktion von neuen exzeptionalistischen Ideen an, die die Verbindung von russischer nationaler Identität und imperialer Mission unauflöslich erscheinen ließen. Die neue Identitätskonstruktion bewegte sich in den nationalistisch-imperialen Mustern, die seit dem 19. Jahrhundert angelegt waren, wurden aber durch geopolitische Diskurse mit einem scheinbar wissenschaftlichen Anstrich versehen. Wiederum wirkten die imperialistischen Phantasien auf die Außenpolitik zurück. In Putins historischen Essays und Vorträgen der vergangenen zehn Jahre sind nicht nur zahlreiche thematische Überschneidungen zum geopolitischen Diskurs Dugins festzustellen, auch der Stil der imperialen Phantasie, die luftige Zukunftsentwürfe mit imperialer Nostalgie verbindet, ist im geopolitischen Diskurs vorgeprägt. Die Feinderklärung gegenüber der Ukraine, die ebenso wie Polen im 19. Jahrhundert als ein verlängerter Arm des Westens begriffen wird, findet sich in der geopolitischen Literatur und der Politik gleichermaßen. Beiden ist gemeinsam, die Ukraine für die Restauration des Imperiums als Angelpunkt zu begreifen. Dabei wird die Ukraine allerdings nicht als eigenständiges historisches Subjekt wahrgenommen. Denn ihre Unterwerfung wird als ein Ringen mit dem weltpolitischen Gegner Russlands gesehen, dem atlantischen und europäischen Westen. Dem Westen begegnet die aktuelle russische Staatsideologie mit einem alternativen Universalismus, dessen Kern die Gegnerschaft zu westlichen Gesellschaftsvorstellungen ist, vor allem im Bereich von sexuellen Beziehungen. Paradoxerweise verbindet sich der Kampf gegen den vermeintlichen «Nazismus» in der Ukraine mit der Polemik gegen «Gayropa». Diesen Gegensatz hat Putin aufs äußerste gesteigert, indem er in der Rede nach der Annexion der vier ukrainischen Regionen die «Entsatanisierung» der Ukraine forderte, während die staatliche russische Nachrichtenagentur Novosti den «radikalen Liberalismus» des Westens als den Kern des «Satanismus» ausmachte.[4]

Was kann das Studium von Russlands imperialer Geschichte und Ideologie zur Erklärung des russischen Angriffs auf die Ukraine beitragen? Der entscheidende Bezugsrahmen des Kriegs, so das Argument dieses Buchs, sind russische Kulturmuster, die auf der Grundlage von mächtepolitischen Traditionen und außenpolitischen Erfahrungen entstanden sind. Oft wird der Zusammenhang von Imperium und imperialer Ideologie vereinfachend so dargestellt, als bilde das Imperium mit seinen Institutionen und Ressourcen gewissermaßen die Hardware und die imperialen Ideologien seien eine fertig bereitstehende Software. Die Idee von Moskau als «Drittem Rom» oder die Idee von der kulturellen Totalität des Russischen, der «Russkij mir», sind viel genannte Leitvorstellungen, die unmittelbar zur Erklärung des russischen Angriffs herangezogen werden. Doch haben diese Ideen nicht die lange Dauer, die ihnen zugeschrieben wird. Die These von Moskau als «Drittem Rom» ist im 16. Jahrhundert in einem Brief an den Zaren formuliert worden, aber eine größere Bekanntheit erlangte sie erst im 19. Jahrhundert. Ihre Bedeutung wird überschätzt. Viel wirksamer sind Ideen, die aus der Beziehungsgeschichte des Imperiums selbst entstanden und sich durch Wiederholung tief in das kulturelle Gedächtnis eingeprägt haben. Solche Vorstellungen sind weniger voraussetzungsvoll als z. B. die These vom «Dritten Rom». Es geht dabei um die tief verwurzelte Idee der politischen und kulturellen Marginalität des «Zwischenraums» zwischen Russland und Deutschland, um die Vorstellung der Lenkung der Ukraine und Polens durch westliche Mächte und um die Annahme einer europäischen Russophobie, die seit den 1830er Jahren im russischen Gedächtnis angelegt und immer wieder abgerufen worden ist. Solche Projektionen entstanden in der russischen imperialen Geschichte, haben aber aufgrund ihrer emotionalen Auflading eine eigene Logik, die auf die Außenpolitik zurückwirkt. Putin mit seinem Anspruch, rational – oder mit seiner Lieblingsvokabel gesagt: «professionell» – Außenpolitik zu betreiben, einerseits und seiner gravierenden Fehleinschätzung der militärischen und internationalen Lage andererseits verkörpert die Schizophrenie einer Mächtepolitik, die sich von Phantasien imperialer Dominanz leiten lässt und im Krieg auf die begrenzten Möglichkeiten der Machtausübung zurückgeworfen wird. Die Führung der «Spezialoperation» als Vernichtungskrieg gegen die ukrainische Zivilbevölkerung ist die Folge.

Die russische Invasion vom 24. Februar 2022 hat unser Zeitempfinden verändert, die Karriere des Begriffs «Zeitenwende» ist dafür symptomatisch. Mit Blick auf Russland begegnen wir jedoch nicht einer Zäsur, sondern einer langen imperialen Kontinuität, wenn auch in der radikalisierten Form des Kriegs. Eine Zeitenwende in Russland könnte nur eine Niederlage und eine fundamentale Neubesinnung Russlands als postimperiale Nation herbeiführen. Eine Zäsur ist aber schon jetzt im Westen und speziell in Deutschland festzustellen, sie betrifft unsere Wahrnehmung Russlands und damit verbunden, eine Selbstverständigung Deutschlands über eine imperiale Aggression, die viele nicht für möglich gehalten haben. Wie tief ist der Bruch? Wirtschaftssanktionen gegen Russland und Militärhilfe für die Ukraine markieren einen grundlegenden Wandel. Wie weit eingeschliffene Denkmuster überwunden werden, ist ein Jahr nach dem Kriegsbeginn noch nicht abzusehen. Deutschland hat seine eigene imperiale Geschichte hinter sich gelassen, aber in der engen Beziehung zu Russland bzw. der Sowjetunion eine imperiale Optik St. Petersburgs bzw. Moskaus übernommen und die von Russland imperial Beherrschten als Akteure zweiter Ordnung gesehen. Auch in der Erinnerung an den deutschen Vernichtungskrieg gegen die Sowjetunion spiegelte sich lange dieses Gefälle. Und diese Übernahme des russischen Blicks wirkt teilweise immer noch fort.[5] In keiner Talkshow zum Kriegsgeschehen fehlt es an Warnungen, welche Folgen es hätte, wenn Russland den Krieg und Putin sein Gesicht verlöre. Viel zu selten versetzt man sich in die Rolle der Ukraine: Was würde ein Verzichtfrieden für sie bedeuten, welche Folgen hätte eine Erschütterung ihrer politischen Kultur für die gesamte Region? Auch in der Geschichtswissenschaft gibt es Grund zur Revision: Imperienforschung hat viel auf die innere Ordnung von Reichen geblickt, dabei aber die Geschichte von imperialer Außenpolitik lange Zeit vernachlässigt. Imperien sind aber ohne die Kategorie von Imperialismus nicht verständlich.[6]

Der Verlust Russlands als Partner und «Nachbarn», mit dem man schon lange keine Grenze, aber gemeinsame Interessen und Sichtweisen teilte, ist noch nicht verarbeitet, und die Chancen, die in einer engen gleichberechtigten Partnerschaft mit der Ukraine liegen, sind noch nicht vollständig erkannt. Eine Zeitenwende zu proklamieren und eine Politik für die Zeit danach zu entwerfen, erfordert als ersten Schritt eine Vorstellung von der Epoche zu gewinnen, deren Ende gekommen ist. Das Anliegen dieses Buchs ist es, die «gewendete Zeit» zu beschreiben: Wann sie angefangen hat, wie sie endete und welche Motive ihr eine so lange Dauer gegeben haben.

Dank

Anregungen zu diesem Buch habe ich von vielen Seiten erhalten. Zuerst möchte ich die Deutsch-Ukrainische Historische Kommission nennen, mit deren Mitgliedern ich seit 2014 im engen und regelmäßigen Austausch stehe. Ich bin dankbar dafür, dass die ukrainischen Kolleginnen und Kollegen auch unter den Bedingungen des Kriegs unsere gemeinsamen Seminare nicht nur aufrechterhalten, sondern sogar intensiviert haben.

Das akademische Jahr 2021/22 habe im St Antony's College der Universität Oxford verbracht. Dort hatte ich die Gelegenheit, Überlegungen zu dem Buch mit Timothy Garton Ash, Paul Chaisty, Roy Allison und Paul Betts zu diskutieren. Ihnen allen bin ich dafür dankbar, dass sie ihre Gedanken mit mir geteilt haben. St Antony's College ist ein unvergleichlicher Ort, um sozialwissenschaftliche Gegenwartsanalyse und Geschichte zusammenzubringen.

In Deutschland ist für mich der Austausch mit meinen Kolleginnen und Kollegen der Osteuropastudien der LMU München wie immer inspirierend gewesen. Profitiert habe ich auch von Anregungen, die ich auf Veranstaltungen des Think Tanks Liberale Moderne und der Alfred Landecker Foundation erhalten habe.

Sebastian Ullrich hat das Manuskript lektoriert. Ihm danke ich herzlich für die stilistische Glättung des Texts und für den intensiven Dialog über die Argumentation und die Thesen des Buchs.

Einige Kolleginnen und Kollegen wie Kai Struve, Jan Arend, Mariia Kovalchuk und Raphael Rothschink haben Teile des Buchmanuskripts gelesen und mir durch Kritik und Hinweise geholfen. Michelle Kettner hat das Register erstellt. Das war sehr hilfreich, danke!

München, den 27.1.2023

Anmerkungen

Einleitung

1 https://www.t-online.de/nachrichten/ausland/krisen/id_100060160/ukraine-krieg-historiker-damit-ruiniert-sich-wladimir-putin-selbst-.html?utm_source=pocket_mylist.
2 John M. MacKenzie, Empires in World History. Characteristics, Concepts, and Consequences, in: ders., Encyclopedia of Empire, Bd. 1., London, 2016, S. LXXIII–CX, hier S. LXXXIII: «Empire expansionist polity which seeks to establish various forms of sovereignty over people or peoples of ethnicity different from (or in some cases the same as) its own. It thus becomes a politically composite unite with, generally, a ruling center and a dominated periphery. This can involve the creation of various modes of hegemony ….».
3 Michal Eltchaninoff, In Putins Kopf. Logik und Willkür eines Autokraten, Stuttgart ²2022, S. 31.
4 Holly Case, The Age of Questions, Princeton 2018.
5 Yaroslav Hrytsak, Putin Made a Profound Miscalculation on Ukraine, in: New York Times, 19.3.2022, March 19, 2022, https://www.nytimes.com/2022/03/19/opinion/ukraine-russia-putin-history.html
6 Raphael Utz, Rußlands unbrauchbare Vergangenheit. Nationalismus und Außenpolitik im Zarenreich, Wiesbaden, Harrassowitz, 2008; Olga Maiorova, From the Shadow of Empire, Defining the Russian Nation through Cultural Mythology, Madison 2010.
7 Andrei P. Tsygankov, Russia's Foreign Policy. Change and Continuity in National Identity, Boulder ⁶2022.
8 Ilya Prizel, National Identity and Foreign Policy. Nationalism and Leadership in Poland, Russia, and Ukraine, Cambridge 2009; Ursula Stark Urrestarazu, Identity in International Relations and Foreign Policy Theory, in: Gunher Hellmann / Knud Erik Jorgenson, Theorizing Foreign Policy in a Globalized World, Basingstoke 2015, S. 126–149.
9 Klaus Zernack, Negative Polenpolitik als Grundlage deutsch-russischer Diplomatie in der Mächtepolitik des 18. Jahrhunderts, in: Uwe Liszkowski (Hrsg.), Russland und Deutschland, Stuttgart 1974, S. 144–159.
10 Siehe zuletzt: Manfred Hildermeier, Die rückständige Großmacht. Russland und der Westen, München 2022.
11 Dan Diner, Roads not taken, in: Historische Urteilskraft 4 (2022), S. 86–90.

Kapitel 1
Russlands Imperium, das Hetmanat und
die Republik Polen (1700–1795)

1 Leopold von Ranke, Die großen Mächte, hrsg. von Friedrich Meinecke, in: Projekt Gutenberg, https://www.projekt-gutenberg.org/ranke/savonaro/chap022.html.
2 Klaus Zernack, Polen und Russland. Zwei Wege in der europäischen Geschichte, Berlin 1994, S. 152–194.
3 Norbert Angermann: Studien zur Livlandpolitik Ivan Groznyjs (= Marburger Ostforschungen. Bd. 32). Herder-Institut, Marburg (Lahn) 1972; Klaus Zernack, Polen und Russland. Zwei Wege in der europäischen Geschichte, Berlin 1994.
4 Ihor Ševčenko, Ukraine between East and West: essays on cultural history to the early eighteenth century 2., rev. ed. – Edmonton, Canadian Institute of Ukrainian Studies Press, 2009, S. 112–130.
5 Marc Raeff, Der Stil der russischen Reichspolitik und Fürst G. A. Potemkin, in: Jahrbücher für Geschichte Osteuropas, 16, 2 (1968), S. 161–193, hier S. 165.
6 Marc Raeff, Pugachev's Rebellion, in: Forster/Green, Preconditions of Revolution, S. 190; Frank Sysyn, The General Crisis of the Seventeenth Century, in: Ukraine and Europe. Cultural Encounters and Negotiations, ed. by Giovanna Brogi Bercoff, Marko Pavlyshyn, Serhii Plokhy, Toronto 2017, S. 136–157, hier S. 145.
7 Hans-Joachim Torke, The Unloved Alliance: Political Relations between Muscovy and Ukraine in the Seventeenth Century, in: Peter J. Potichnyj u.azczy. (Hg.), Ukraine and Russia in their Historical Encounter, Edmonton 1992, S. 40–52.
8 Andreas Kappeler, Kleine Geschichte der Ukraine, München ⁴2014, S. 85
9 Serhii Plokhy, The Gates of Europe. A History of Ukraine, London 2015, S. 115.
10 Encyclopedia of Ukraine, www.encyclopediaofukraine.com/display.asp?linkpath=pages\B\A\Baturyn.htm.
11 Orest Subtelny, Ukraine. A History, Toronto 1988, S. 160.
12 Encyclopedia of Ukraine, www.encyclopediaofukraine.com/display.asp?linkpath=pages\B\A\Baturyn.htm.
13 Subtelny, Ukraine, S. 163.
14 Ebenda, S. 164.
15 https://www.youtube.com/watch?v=9gD4KMV8oNc.
16 Plokhy, Gates, S. 127.
17 Richard Wortman, Scenarios of power, Myth and Ceremony in Russian Monarchy from Peter the Great to the Abdication of Nicholas II, Princeton 2013, S. 81.
18 Ebenda, S. 82; Siehe auch: Ronald Grigor Suny, Rehabilitating Tsarism. The Imperial State and Its Historians, in: Comparative Studies in Society and History 31, 1, S. 168–179.

19 Alexei I. Miller, National Identity in Ukraine: History and Politics. Russia in Global Affairs, 20 (2022), 3, S. 94–114.
20 Serhii Plokhy, The Frontline. Essays on Ukraine's Past and Present, Cambridge, MA 2022, S. 66.
21 Omeljan Pritsak, The First Constitution of Ukraine (5 April 1710), in: Harvard Ukrainian Studies, 22 (1998), S. 471–496.
22 Orest Subtelny, Russia and the Ukraine: The Difference That Peter I Made, in: The Russian Review, 39 (1980) 1, S. 1–17, hier S. 11.
23 Marichka Palamarchuk, Charles XII and Voltaire – Early Defenders of Ukraine's Independence, 10.7.2022, https://www.kyivpost.com/ukraine-politics/charles-xii-and-voltaire-early-defenders-of-ukraines-independence.html. «Les Cosaques de l'Ukraine [n'ont] jamais voulu de maîtres ... L'Ukraine a toujours aspiré à être libre.»
24 Walther Mediger, Mecklenburg, Rußland und England-Hannover 1706–1721. Ein Beitrag zur Geschichte des Nordischen Krieges, Hildesheim, 1967, S. 221–269 und 416–457.
25 Wolfgang Michael, Englische Geschichte im achtzehnten Jahrhundert, 2 Bde, Bd 2: Das Zeitalter Walpoles, Hamburg 1920, S. 528.
26 Mediger, Mecklenburg, S. 424.
27 Martin Schulze Wessel, Russlands Blick auf Preußen. Die polnische Frage in der Diplomatie und der politischen Öffentlichkeit des Zarenreiches und des Sowjetstaats 1697–1947, Stuttgart 1995, S. 54 f.
28 Leonid Nikiforov, Vnešnjaja politika Rossii v poslednie gody Severnoj vojny, Moskva 1959, S. 117.
29 Kappeler, Kleine Geschichte der Ukraine, S. 92.
30 Subtelny, Ukraine, S. 166.
31 Ebenda, S. 170.
32 Bismark von, Ludol'f Avgust, in: Russkij biografičeskij slovar', St. Peterburg 1908, Bd. 3, S. 76. Für den Hinweis danke ich Ulrich Lappenküper.
33 Michael G. Müller, Rußland und der Siebenjährige Krieg. Beitrag zu einer Kontroverse, in: Jahrbücher für Geschichte Osteuropas 28 (1980), S. 198–219.
34 Subtelny, Ukraine, S. 170.
35 Encyplopedia of Ukraine http://www.encyclopediaofukraine.com/display.asp?linkpath=pages\B\A\Baturyn.htm.
36 Subtelny, Ukraine, S. 171.
37 Ebenda; Zenon Kohut, Russian Centralism and Ukrainian Autonomy. Imperial Absorption of the Hetmanate, 1760s–1830s. Cambridge, MA 1988; Serhii Plokhy, Ukraine and Russia. Representations of the Past, Toronto 2021, S. 34–48.
38 Ebenda, S. 42.
39 Sobstvennoručnoe nastavlenie Ekateriny II knjazju Vzjazomskomu pri vstuplenii im v dolžnost' general'-prokurora (1764 g), in: Sbornik Imperatorskago Russkago Instoričeskago Obščstva 7 (1871), S. 345–348, hier S. 348.
40 Subtelny, Ukraine, S. 172.

41 Ebenda.
42 Kappeler, Kleine Geschichte der Ukraine, S. 96.
43 Zenon E. Kohut, Russian Centralism and Ukrainian Autonomy: Imperial Absorption of the Hetmanate, 1760s-1830s, Cambridge, MA 1988.
44 Michail A. Kiselev, Kirill A. Kočegaov, Jakov A. Lazarev, Patrony, slugi i druz'ja: russko-ukrainskie neformal'nye svjazi i upravlenie Getmanščinoj v 1700–1760-ch gg: issledovanie i istočniki, Ekaterinburg 2022.
45 David Sanders, The Ukrainian Impact on Russian Culture, 1750–1859, Edmonton 1985.
46 Vera Tolz, Russia. London 2001, S. 209–234.
47 Boris Nossov, Die preußisch-russischen Beziehungen von 1760 bis 1780 und Polen, in: Informationen der Historischen Kommission zu Berlin, Beiheft 17 (1993), S. 5–17.
48 Katharina an Obreskov, 7.1.1764, in: Sbornik Imperatorskago Russkago Istoričeskago Obščestva, Bd. 51, S. 177.
49 Schulze Wessel, Russlands Blick, S. 81.
50 Ebenda, S. 82.
51 Subtelny, Ukraine, S. 190 f.
52 Barbara Skinner, The Western Front of the Eastern Church. Uniate and Orthodox Conflict in 18th-century Poland, Ukraine, Belarus, and Russia, De Kalb 2009.
53 Subtelny, Ukraine, S. 193.
54 Brian L. Davies, The Russo-Turkish War, 1768–1774. Catherine II and the Ottoman Empire, London u. a. 2016.
55 Marc Raeff, Potemkin, S. 164.
56 Katharina an Potemkin, 28.2.1774, in: Vjačeslav Lopatin, Ekaterina II i G. A. Potemkin. Ličnaja perepiska 1769–1791, Moskva 1997, S. 15.
57 Potemkin an Katharina, 5.8.1783, in: ebenda, S. 674.
58 Potemkin an Katharina 14.12.1782, in: ebenda, S. 635.
59 Zitiert nach, Kerstin Jobst, Geschichte der Krim. Iphigenie und Putin auf Tauris, Berlin 2020, S. 7.
60 Michaela Wiegel, Macrons ungläubiges Staunen, in: FAZ, 9.02.2022, https://www.faz.net/aktuell/politik/ukraine-konflikt-wie-macrons-friedensmission-mit-putin-lief-17792416.html.
61 Joseph II. an Ségur, zitiert nach: Edgar Hösch, Das sog. ‹Griechische Projekt› Katharinas II. Ideologie und Wirklichkeit der russischen Orientpolitik in der zweiten Hälfte des 18. Jahrhunderts, in: JGO 12 (1964), 168–206, hier S. 175.
62 Aufruf von Graf Orlov vom 21.4./2.5.1770, zit. nach ebenda, S. 178.
63 Andrei Zorin/Marcus C. Levitt, Feeding the Two-Headed Eagle: Literature and State Ideology in Late Eighteenth- and Early Nineteenth-Century Russia, Boston, MA 2014.
64 Zitiert nach D. von Mohrenschildt, Towards United States of Russia, Rutherford 1981, S. 13.

65 Georg Adolf Wilhelm von Helbig, Russische Günstlinge. Tübingen 1809, S. 399–408.
66 Zitiert nach Hösch, Das sog. ‹Griechische Projekt›, S. 194.
67 Raeff, Potemkin, 169 f.
68 Ebenda, S. 170–172.
69 Bol'šaja sovetskaja ėnciklopedija, Bd. 46, Moskva 1957, S. 120 f.
70 Potemkin an Katharina 13.6.1783, in: Lopatin, Ekaterina, S. 662.
71 Boris Belge, Noworossija – historische Region und politische Kampfvokabel, in: Decoder. https://www.dekoder.org/de/gnose/noworossija-historische-region-politische-kampfvokabel.
72 Plokhy, Gates, S. 141.
73 Schulze Wessel, Russlands Blick, S. 85–90; Michael G. Müller: Die Teilungen Polens 1772, 1793, 1795, München 1984.
74 Raeff, Potemkin, S. 185.
75 Klaus Zernack, Polen in der Geschichte Preußens, in: Otto Büsch (Hrsg.), Handbuch der preußischen Geschichte. Bd. II: Das 19. Jahrhundert und Große Themen der Geschichte Preußens, Berlin, New York 1992, S. 424.
76 Georg Friedrich von Martens, Recueil des Traités et Conventions conclus par la Russie avec les Puissances Étrangères, Bd. 1, Sankt Peterburg 1874, 297 f.
77 Siehe Abbildung S. 33.
78 Nicholas V. Riasanovsky, The Image of Peter in Russian History and Thought, New York 1985; Hans Rogger, National Consciousness in Eighteenth Century Russia, Cambridge, MA 1960, S. 35–39.
79 Serhii Plokhy, Ukraine and Russia. Representations of the Past, Toronto 2008, S. 19–33.
80 Tolz, Russia, S. 5.
81 Siehe etwa die Veröffentlichungen Boris Nossovs am Institut für Slavenkunde und Balkanistik der Russischen Akademie der Wissenschaften.
82 James Krapfl, How Catherine the Great may have inspired Putin's Ukraine invasion, in: https://theconversation.com/how-catherine-the-great-may-have-inspired-putins-ukraine-invasion-178007.
83 Siehe die russische Fassung und Übersetzungen des Essays: https://de.wikipedia.org/wiki/Zur_historischen_Einheit_von_Russen_und_Ukrainern.

Kapitel 2
Imperiale Ordnung und
nationale Herausforderung

1 Jörg Ganzenmüller, Russische Staatsgewalt und polnischer Adel. Elitenintegration und Staatsausbau im Westen des Zarenreiches (1772–1850), Köln 2013, S. 375.
2 Plokhy, Gates of Europe, S. 147.
3 Mykola Kostomarov, Knyhy buttia ukrai:ns'koho narodu, in: P. Sokhan' u. a.

(Hrsg.), Kyrylo-Mefodii:s'ke tovarystvo, Bd. 1, S. 167. Serhiy Bilenky, Romantic Nationalism in Eastern Europe. Russian, Polish and Ukrainian Political Imaginations, Stanford 2012, S. 80.

4 Suzanne Desan/Lynn Hunt/William Nelson, The French Revolution in Global Perspective, Ithaca 2013.

5 Zum Zusammenhang siehe: Jörn Leonhard, Interesse der Völker und bürgerliche Glückseligkeit. Außenpolitik und Öffentlichkeit in Europa 1792–1815, in: Andreas Klinger u. a. (Hrsg.), Das Jahr 1806 im europäischen Kontext. Balance, Hegemonie und politische Kulturen, Köln 2008, S. 151–168.

6 Jerzy Skowronek, Adam Jerzy Czartoryski: 1770–1861, Warszawa, 1994.

7 Voroncov an Czartoryski, 24.5./5.6. 1805, in: Sbornik 82 (1892), S. 53. Schulze Wessel, Russlands Blick, S. 97.

8 Ebenda, S. 85–91.

9 «Une puissance qui n'a d'autre pensée que de s'agrandir continuellement», Czartoryski's System for Russian Foreign Policy, 1803, a Memorandum, hg. v. P. K. Grimsted, in: California Slavic Studies 54 (1970), S. 19–91, hier S. 61 f.

10 Dazu: Schulze Wessel, Russlands Blick, S. 98 f.

11 Czartoryski an Alexander I. Mémoire sur la nécessité de rétablir la Pologne pour prévenir Bonaparte, 5.12.1806, in: Adam Czartoryski, Mémoires du prince Adam Czartoryski et correspondence avec L'Empereur Alexandre Ier, hrsg. v. Charles de Mazade, 2 Bde., Paris ²1887, Bd. 2, S. 148–158, hier S. 151 f.

12 Vnešnaja politika Rossii 19 i načala 20 veka, 8 Bde., Moskva 1974–1985, Bd. I, 3, S. 557–561.

13 Text siehe in: Werner Näf, Zur Geschichte der Heiligen Allianz, Bern 1928, S. 31. Zur Diskussion: Anselm Schubert/Wolfram Pyta (Hrsg.), Die Heilige Allianz. Entstehung, Wirkung, Rezeption, Stuttgart 2018.

14 Andrej Zorin, Kormja dvuchglavnogo orla. Literatura i gosudarstvennaja ideologija v Rossii v poslednej treti XVIII – pervoj treti XIX veka, Moskva 2001, S. 312.

15 Zitiert nach Andrej Andrejev, «Anbetung der drei Könige»: Alexander I. und seine Idee der Heiligen Allianz, in: Schubert/Pyta (Hrsg.), Die Heilige Allianz, S. 19–32, hier S. 23.

16 Siehe z. B. Ilja Mieck, Preußen von 1807 bis 1850. Reformen, Restauration und Revolution, in: Otto Büsch (Hrsg.), Handbuch der preußischen Geschichte, Bd. 2, Berlin, New York 1992, S. 3–292, hier S. 81.

17 Andrejev, «Anbetung der drei Könige», S. 20.

18 Paul Werth, 1837. Russia's Quiet Revolution, Oxford 2021, S. 148.

19 Paul W. Schroeder, The Transformation of European Politics 1763–1848, Oxford 1994.

20 Zitiert nach Anselm Schubert/Wolfram Pyta (Hrsg.), Einleitung, in: dies. (Hrsg.), Die Heilige Allianz, S. 7–18, hier S. 12.

21 Pyta, «Anbetung der drei Könige», S. 22.

22 François-René de Chateaubriand, Congrès du Vérone, Paris 1840, S. 96 f.; Zorin, Kormja, S. 333 f.

2. Imperiale Ordnung und nationale Herausforderung   313

23 William C. Fuller, Strategy and Power in Russia, 1600–1914, New York 1992, S. 177.
24 Valerie A. Kivelson/Ronald Grigor Suny, Russia's Empires, Oxford 2017, S. 153.
25 Ebenda, S. 143.
26 N. Savičev, Čuguevskoe vosstanie, in: Voenno-istoričeskij žurnal, 1969, 11, S. 99–104.
27 «C'est ici l'article important. C'est l'éducation qui doit donner aux ames la forme nationale & diriger tellement leurs opinions & leurs goûts, qu'elles soient patriotes par inclination par passion par nécessité.» Jean-Jacques Rousseau, Œuvres completes, hg. v. B. Gagnebin /M. Raymond, Bd. 3, Paris 1964, S. 959 f. Siehe auch: Considérations sur le gouvernement de Pologne (1772), in: https://fr.wikisource.org/wiki/Consid%C3%A9rations_sur_le_gouvernement_de_Pologne.
28 Zorin, Kormlja, S. 169.
29 Aleksandr Šiškov, Rassuždenije o starom i novom sloge rossijskogo jazyka, Sankt Peterburg 1803; ders., Razsuždenie o ljubvi k Otečestvu, Sankt Peterburg 1812, zit. nach: Zorin, Kormlja, S. 168 f.
30 Nikolaj Karamzin, Istoričeskoe pochval'noe slovo Imperatrice Ekaterine II, in: ders, Polnoe Sobranie Sočinenii, 3 Bde., Sankt Peterburg 1848, Bd. 1, S. 273–380, hier, S. 297.
31 Nikolaj Karamzin, O drevnej i novoj Rossii v eja političeskom I graždanskom otnošenijach, Berlin 1861, S. 58–64.
32 Plokhy, Gates, S. 150.
33 Subtelny, Ukraine, S. 227.
34 Ebenda, S. 226.
35 Pavel Pestel', Russkaja Pravda, in: M. V. Nečkina Vosstanie dekabristov. Dokumenty, Bd. 7: «Russkaja Pravda» P. I. Pestel'ja I sočinenija, iej predšestvujuščie, Moskva 1958.
36 Vladimir D'jakov/Leonid Gorizontov, Kratkaja istorija Pol'ši. S drevnejšich vremen do našich dnej Moskva 1993, S. 98.
37 Siehe zum Folgenden: Bilenky, Romantic Nationalism, S. 223–226. Die Zitate sind von Bilenky übernommen.
38 Harald Müller, Die Krise des Interventionsprinzips der Heiligen Allianz. Zur Außenpolitik Österreichs und Preußens nach der Juli-Revolution von 1830, in: Jahrbuch für Geschichte 14 (1976), S. 9–56, hier S. 36.
39 Bogdan Gud, Vstup do Problemi, in: Igor Krywoszeja, Norbert Morawiec (Hrsg.), Pol's'ke nacional'ne povstanna 1830–1831 rr. na Pravoberežnij Ukraïnii. Viid mifiv do faktiv. Kolektivna monografiia, Kyïv 2017, S. 6–26, hier S. 19.
40 Friedrich Giehne, Übersicht der neuesten politischen Begebenheiten, April bis August 1831, S. 203, zit. nach: Gabriela Brudzyńska-Němec: Polenvereine in Baden. Hilfeleistung süddeutscher Liberaler für die polnischen Freiheitskämpfer 1831–1832, Heidelberg 2006, S. 50.
41 Karl von Rotteck, Vorwort, in: Staats-Lexikon, Bd. 4, 1841, S. XVII.
42 So die Einschätzung des polnischen Militärhistorikers Wacław Tokarz, Wojna polska-rosyska 1830 i 1831, Warszawa 1930, S. 86.

43 Heinz Gollwitzer, Ideologische Blockbildung als Bestandteil internationaler Politik im 19. Jahrhundert, in: Historische Zeitschrift 201 (1965), S. 306–333.
44 So Johann Philipp Glock (1849–1925), 1910, zit nach: Gabriela Brudzyńska-Němec: Polenbegeisterung in Deutschland nach 1830, in: Europäische Geschichte Online (EGO), hg. vom Institut für Europäische Geschichte (IEG), Mainz 2010-12-03. URL: http://www.ieg-ego.eu/brudzynskanemecg-2010-de.
45 Brudzyńska-Němec: Polenvereine in Baden.
46 Richard Otto Spazier, Geschichte des Aufstands des polnischen Volkes in den Jahren 1830 und 1831, Altenburg 1832, S. 33.
47 Friedrich Brandes, «Spazier, Richard Otto», in: Allgemeine Deutsche Biographie 35 (1893), S. 75–76 [Onlineversion]; URL: https://www.deutsche-biographie.de/pnd117481726.html#adbcontent.
48 Alexander Puschkin, Den Verleumdern Russlands, übers. von Michael Engelhard, in: Rolf-Dietrich Keil (Hg.), Alexander Puschkin, Die Gedichte, Frankfurt/Main 1999, S. 774–777.
49 Sonja Margolina: Der Slawen alter Streit – ein antipolnisches Gedicht von Puschkin prägte das russische Selbstverständnis als überlegene Kulturnation, in: Neue Zürcher Zeitung, 25.6.2022, https://www.nzz.ch/feuilleton/der-slawen-alter-streit-ein-antipolnisches-gedicht-von-puschkin-ld.1682264.
50 https://twitter.com/vzglyad/status/1587366505599090690.
51 Walter Schamschula, Nachwort, in: Adam Mickiewicz. Die Ahnenfeier. Ein Poem. Zweisprachige Ausgabe, hrsg. und übersetzt von Walter Schamula, Köln, Böhlau 1991, S. 489–502, hier: S. 496. Siehe auch: Roman Koropeckyj, Adam Mickiewicz. The Life of a Romantic, Ithaka 2008.
52 Novye stichotvorenïja Puškina i Šavčenki [sic], Leipzig 1859.
53 Taras Ševčenko 1814–1861. Zum 150. Geburts- und 100. Todestag des ukrainischen Nationaldichters, hrsg. vom Seminar für Slavische und Baltische Philologie der Universität München und der Ukrainischen Freien Universität München, S. 14 f.
54 Zitiert nach: Alfred Jensen, Taras Schewtschenko. Ein ukrainisches Dichterleben, Wien 1916, S. 7.
55 Ebenda, S. 8.
56 Über Schewtscheko, in: Wladimir Kuschnir, Alexander Popowicz (Hrsg.): Sonderheft gewidmet Taras Schewtschenko zur Jahrhundertfeier seiner Geburt (= Ukrainische Rundschau Nr. 3–4/1914), S. 89–206, hier 103–107.
57 George Stephen Nestor Luckyj, Between Gogol' and Ševčenko (1971).
58 Ebenda, S. 101.
59 Ebenda, S. 103.
60 Taras Schewtschenko, Den Toten, den Lebenden und den Ungeborenen, übers. von A. Kunella, in: Taras Schewtschenko, Der Kobsar. Moskau [1951], S. 182 f.
61 Bilenky, Romantic Nationalism, S. 68.
62 Taras Schewtschenko, Der Traum. Eine Komödie, übers. von A. Kunella, in: Taras Schewtschenko, Der Kobsar. Moskau [1951], S. 130–146, hier S. 142.
63 Ebenda, S. 142 f.

64 Taras Schewtschenko, Vermächtnis, übers. von H. Zinner, in: Taras Schewtschenko, Der Kobsar. Moskau [1951], S. 190.
65 Anna Makolkin, Name, Hero, Icon. Semiotics of Nationalism. Through Heroic Biography, Berlin, New York 1992, S. 1.
66 Alexander Puschkin, Der Jahrestag von Borodino, übers. von Michael Engelhard, in: Rolf-Dietrich Keil (Hg.), Alexander Puschkin, Die Gedichte, Frankfurt/Main 1999, S. 777–781, hier S. 781.
67 Plokhy, Gates, S. 152.
68 Lesley Chamberlain, Ministry of Darkness. How Sergei Uvarov Created Conservative Modern Russia, London 2020.
69 Werth, 1837. S. 152.
70 Ivan L. Rudnytsky, The Intellectual Origins of Modern Ukraine, in: Annals of the Ukrainian Academy of Arts and Sciences in the U.S. 6, 3–4 (1958). S. 1381–1405, hier, S. 1386.
71 Petr A. Zajončkovskij, Kirillo-Mefodievskoe obščestvo: 1846–1847, Moskva 1959, S. 118.
72 Marceli Handelsman, Ukraińska polityka ks. Adama Czartoryskiego przed wojną Krymską, Warszawa 1937, S. 108; Rudnytsky, The Intellectual Origins, S. 1385.
73 Handelsman, Ukraińska polityka, S. 104–111.
74 Anna Veronika Wendland, Die Russophilen in Galizien. Ukrainische Konservative zwischen Österreich und Russland, 1848–1915, Wien 2001; John Paul Himka, Religion und Nationalität in der Westukraine. McGill-Queens University Press: Montreal 1999; Kai Struve, Bauern und Nation in Galizien. Über Zugehörigkeit und soziale Emanzipation im 19. Jahrhundert, Göttingen 2005.
75 Nikolaus I. an Paskevič, 20.12.1844, in: Imperator Nikolau Pavlovič v ego pišmach k knjazju Paskeviču, in: Russkij Archiv 35 (1897), 1, S. 5–44, hier S. 33; Schulze Wessel, Russlands Blick, S. 114.
76 Sbornik 31 (1880), S. 197–416, hier S. 233.
77 Nikolaus I. an Paskevič, 5.2.1847, in: Imperator Nikolaj Pavlovič v ego pis'mach, S. 42 f.
78 Nesselrode an Meyendorff, in: Karl von Nesselrode, Lettres et papiers du chancelier Cte. de Nesselrode 1760–1856. Extraits de ses archives, 11 Bde., Paris 1904–1911, Bd. 9, S. 79.
79 Zitiert nach: Hans Rothfels, Bismarck, Der Osten und das Reich, Darmstadt 1960, S. 74 f.
80 Franz Wigard, Stenographischer Bericht über die Verhandlungen der deutschen constituirenden Nationalversammlung zu Frankfurt am Main, Bd. 2, Nr. 34–61, Frankfurt a. M. 1848, S. 1145.
81 Vejas Gabriel Liulevicius (Hg.), The German Myth of the East: 1800 to the Present, Oxford 2009, S. 84.
82 Georg Maag, Wolfram Pyta, Martin Windisch (Hrsg.): Der Krimkrieg als erster europäischer Medienkrieg, Berlin 2010.
83 Jürgen Osterhammel, Die Verwandlung der Welt. Eine Geschichte des 19. Jahrhunderts, München 2009, S. 674 f.

84 Mara Kozelsky, Christianizing Crimea. Shaping Sacred Space in the Russian Empire and Beyond, DeKalb 2010.
85 Kozelsky, Christianizing Crimea, S. 126.
86 Mara Kozelsky, Crimea in War and Transformation, Oxford 2018, S. 30.
87 Ebenda, S. 53.
88 Ebenda, S. 9 f.
89 Serhii Plokhy, Ukraine and Russia. Representations of the Past, Toronto 2014, S. 182–195.
90 Zur polnischen Frage im Krimkrieg: Marceli Handelsman, Adam Czartoryski. Bd. 3, Warszawa 1950; Evgenij Tarle, Kryskaja vojna, 2 Bde., Moskva ²1950, Bd. 2, S. 14–19. A. A. Hetmal, The Polish Question during the Crimean War (1853–1856), A Review of Sources and Historiography, in: The Polish Review 29 (1984), S. 141–146.
91 Orlando Figes, Crimea. The Last Crusade, London 2010, S. 442.
92 Wolfgang Schivelbusch, Die Kultur der Niederlage. Der amerikanische Süden 1865, Frankreich 1871, Deutschland 1918, Berlin 2001.
93 Plokhy, Gates, S. 177.
94 Lidija Naročnickaja, Rossija i vojny Prussii, Moskva 1960, S. 163 f.
95 Boris Nolde, Die Petersburger Mission Bismarcks 1859–1862, Leipzig 1936, S. 160.
96 Subtelny, Ukraine, S. 280 f.
97 Henryk Wereszycki, Sojusz trzech cesarzy. Geneza 1866–1872, Warszawa 1977, S. 61.
98 Mikhail Dolbilov, Polonofobija i politika rusifikacii v Severo-Zapadnom krae v 1860-e gody, Moskva 2005.
99 Robert F. Leslie, Reform and insurrection in Russian Poland: 1856–1865, London 1963.
100 Paul Werth, The Tsar's Foreign Faiths. Toleration and the Faith of Religious Freedom in Imperial Russia, Oxford 2014, S. 157 f.
101 Michail Dolbilov, Russkij kraj, čužaja vera: ėtnokonfessional'naja politika imperii v Litve i Belorussii pri Aleksandre II, Moskva 2010, S. 229–239; Martin Schulze Wessel, Die mächtepolitische Raison religiöser Intoleranz. Bismarcks «Kulturkampf» im Kontext der preußisch-russischen Beziehungen, in: Mirosław Filipowicz (Hrsg.), Churches – States – Nations in the Enlightment and in the Nineteenth Century, Lublin 2000, S. 261–269.
102 Subtelny, Ukraine, S. 281 f.
103 Valuev, 18.7.1863, an den Leiter der Dritten Abteilung der Kaiserlichen Kanzlei V. A. Dolgorukov und den Oberprokuror A. P. Achmatov, zit. nach: Ricarda Vulpius, Nationalisierung der Religion. Russifizierung und ukrainische Nationsbildung 1860–1920, Wiesbaden 2005, S. 132.
104 Vulpius, Nationalisierung der Religion, S. 132 f.
105 Plokhy, Gates, S. 166 f.
106 Zitiert nach Aleksej Miller, The Ukrainian Question. The Russian Empire and Nationalism in the Nineteenth Century, Budapest 2003, S. 118.

Kapitel 3
*Die Idee von der russischen Exzeptionalität und
das Ende des Zarenreichs (1856–1917)*

1. Zenon E. Kohut, Making Ukraine. Studies on Political Culture, Historical Narrative and Identity, Edmonton 2011, S. 190.
2. Tolz, Russia, S. 214 f.
3. Serhii Plokhy, Lost Kingdom. A History of Russian Nationalism from Ivan the Great to Vladimir Putin, London 2017.
4. Plokhy, Lost Kingdom, S. 111.
5. Ebenda, S. 113.
6. Ulrich Picht, M. P. Pogodin und die slavische Frage. Ein Beitrag zur Geschichte des Panslavismus, Stuttgart 1969; Nikolaj P. Barsukov, Žizn i trody M. O. Pogodina, Bd. 1–22, Sankt Petersburg 1888–1910, Bd. 1. S. 56.
7. Pogodin, Politische Briefe aus Russland, S. 32 und 70.
8. Ebenda, S. 112.
9. Ebenda, S. 115.
10. Martin Holbraad, Bruce Kapferer, Julia F. Sauma, Ruptures: Anthropologies of Discontinuity in Times of Turmoil, London 2019.
11. Zitiert nach Plokhy, Lost Kingdom, S. 141.
12. Saunders, Mikhail Katkov and Mykola Kostomarov, S. 370 f.
13. Russkij [N. N. Strachov], Rokovoj vopros, in Vremja (1863), 4, S. 152–163. Zitiert und interpretiert bei Andreas Renner, Russischer Nationalismus und Öffentlichkeit im Zarenreich 1855–1875, Köln 2000, S. 202 f.
14. «Umom Rossiju ne ponjat', Aršinom obščim ne izmerit', u nej osobennaja stat', v Rossiju možno tol'ko verit'.»
15. So veröffentlichte Gabriele Krone-Schmalz 1992 im Econ-Verlag ein Buch mit dem Titel: «… an Russland muss man einfach glauben».
16. Olga Maiorova, From the Shadow of Empire. Defining the Russian Nation Through Cultural Mythology, 1855–1870, Madison 2010, S. 138.
17. Fjodor Tjutschew [Fëdor Tjutčev], Russland und die Revolution (1848), in: ders., Russland und der Westen. Politische Aufsätze, Berlin 1992, S. 62–72, hier S. 68.
18. Ebenda, S. 71.
19. Ebenda, S. 396.
20. Ebenda, S. 391.
21. Ebenda, S. 49–51.
22. Aleksandr Gercen, Sobranie sočinenij v tricati tomach, Moskva 1954–1966, Bd. 14, S. 57.
23. Gercen, Prusskij konsul Berger, in Kolokol, 1.5.1861, in: Sobranie sočinenij, Bd. 15, S. 86.
24. Gercen, 15.1.1859, in: Kolokol, zitiert nach: Tolz, Russia, S. 216, Fußnote 16.
25. Miller, Ukrainian Question, S. 62.
26. Thomas M. Prymak, Mykola Kostomarov. A Biography, Toronto 1996. Pinčuk, Jurij A., Istoryčni studiï Mykoly Kostomarova jak faktor formuvannja samous-

vidomlennja ukraïns'koï naciï, Kyïv, 2009; Ders., Mykola Ivanovyč Kostomarov: 1817–1885, Kyïv 1992.
27 Zenon E. Kohut, Making Ukraine. Studies on Political Culture, Historical Narrative and Identity, Edmonton 2011, S. 199.
28 N. Kostomarov, Mysli o federativnom načale v drevnej Rossii, in: Osnova 1861, 1, S. 12–58.
29 Kohut, Making, S. 201, Miller, Ukrainian Question, S. 81. Natalia Fokina, Nikolay Kostomarov and the idea of federalism in his political legacy, Moskva 2007.
30 M. T. ov [Drahomanov], Vostochnaia politika Germanii i obrusenie, in: Vestnik Evropy, 2–5 (1872), S. 184–190.
31 Vulpius, Nationalisierung der Religion.
32 Faith Hillis, Children of Rus, Right bank Ukraine and the Invention of a Russian Nation, Ithaca, London 2013, S. 90.
33 Plokhy, Gates, S. 169 f.
34 Ivan Lysiak Rudnytsky, Drahomanov, Mykhailo, in: Encyclopedia of Ukraine, http://www.encyclopediaofukraine.com/display.asp?AddButton=pages\D\R\DrahomanovMykhailo.htm (24.9.2022).
35 Serhiy Bilenky, Biographical Note, in: ders., Fashioning Modern Ukraine. Selected Writings of Mykola Kostomarov, Volodymyr Antonovych and Mykhailo Drahomanov, Edmonton 2013, S. 269–274, hier S. 273.
36 So veröffentlichte er 1878 in Paris einen ausführlichen Bericht über die ukrainische Literatur, die von der Zensur des Zarenreichs verboten worden war. Siehe: Mykhailo Drahomanov, La Littérature oukrainienne proscrite par le gouvernement russe. Rapport présenté au congrès littéraire de Paris, Paris 1878.
37 Richard S. Wortman, Scenarios of Power. Myth and Ceremony in Russian Monarchy. From Peter the Great to the Abdication of Nicholas II, Princeton 2006, S. 263.
38 Ebenda, S. 279.
39 Zit. nach: ebenda, S. 282.
40 https://web.archive.org/web/20200510120347/https://www.youtube.com/watch?v=QNLQJfnTnoo.
41 Igor Torbakov, The Royal Role Model. Historical Revisionism in Russia. Vladimir Putin seems to have found his historical role model: Tsar Alexander III, in: eurasianet, 12.1.2018, https://eurasianet.org/the-royal-role-model-historical-revisionism-in-russia.
42 Wortman, Scenarios, S. 298 f.
43 Ariel Cohen, Russia's Military on the March in Asia, in: National Interest, 25.7.2013; Ulrich Schmid, Wladimir Putin gefällt sich als Rätsel. Der russische Präsident pflegt ein sorgfältig konstruiertes Selbstbild und bleibt dabei unnahbar, in: Neue Zürcher Zeitung, 31.1.2022, S. 32.
44 Margaret Maxwell, «A Re-examination of the Rôle of N. K. Giers as Russian Foreign Minister under Alexander III.» European Studies Review 1.4 (1971): S. 351–376.

45 Henryk Wereszycki, Koniec sojuszu trzech cesarzy, Państwowe. Wydawnictwo Naukowe, Warszawa 1977.
46 Michail Dolbilov, Russkij kraj, čužaja vera: ėtnokonfessional'naja politika imperii v Litve i Belorussii pri Aleksandre II, Moskva 2010. Wortman, Scenarios, S. 309.
47 Frithjof Benjamin Schenk, Russlands Fahrt in die Moderne. Mobilität und sozialer Raum im Eisenbahnzeitalter, Stuttgart 2014.
48 Plokhy, Gates, S. 185.
49 Ebenda, S. 182.
50 Ebenda, S. 185 f.
51 John D. Klier, Russians, Jews, and the pogroms of 1881–1882, Cambridge 2011.
52 Tim-Lorenz Wurr, Terrorismus und Autokratie. Staatliche Reaktionen auf den Russischen Terrorismus 1870–1890, Paderborn 2016, S. 229–261.
53 Brief Konstantin Pobedonoscevs an Alexander III. vom 6. März 1881 in: Pis'ma Pobedonosceva k Aleksandru III, hrsg. von M. N. Pokrovskij, 2 Bde., Moskva 1925/6, Bd. 1, S. 315–318.
54 Wortman, Scenarios, S. 267 u. 283 f.
55 Plokhy, Gates, S. 192.
56 O rewolucji 1905, 1917, hrsg. Instytut Wydawniczy Książka i Prasa, Warszawa 2018.
57 Plokhy, Gates, S. 188 f.
58 Anna Bohn (Hrsg.), Panzerkreuzer Potemkin. Das Jahr 1905. Programmbroschüre zur Premiere der rekonstruierten Fassung. Berlin 2005; Christine Engel, Die Treppe von Odesa. Die Schlüsselszene in Eisensteins Panzerkreuzer Potemkin, in: Gerhard Paul (Hrsg.): Das Jahrhundert der Bilder. Bildatlas. Bd. 1, 1900 bis 1949, Göttingen 2009, S. 316–323; Rebecca Stanton, «A Monstrous Staircase»: Inscribing the 1905 Revolution on Odesa, in: Julie Buckler, Emily D. Johnson (Hrsg.): Rites of Place: Public Commemoration in Russia and Eastern Europe. Evaston 2013, S. 59–80; Tanya Richardson, Kaleidoscopic Odesa: History and Place in Contemporary Ukraine, Toronto 2008.
59 John D. Klier/Shlomo Lambroza, Pogroms. Anti-Jewish violence in Modern Russian History, Cambridge 1992.
60 Plokhy, Gates, S. 193.
61 Mychajlo Huševs'kyj, Michail Gruševskij (Mychajlo Huševs'skyj, Hrsg.), Ukrainskij narod v ego prošslom i nastojaščem, Petrograd 1916.
62 Frank Sysyn, Introduction to the History of Ukraine-Rus, in: Mykhailo Hrushevsky, History of Ukraine-Rus, Bd. 1, From Prehistory to the Eleventh Century, hrsg. Andrzej Poppe and Frank Sysyn, Edmonton, Toronto 1997.
63 Plokhy, Gates, S. 194 f.
64 Zitiert nach: Kappeler, Kleine Geschichte, S. 142. Siehe: Ricarda Vulpius, Konflikt, Konkurrenz, Repression, in: Osteuropa 2022, 6–8, S. 105–116.
65 S. A. Stepanov. Černosotennye soiuzy i organizacii, in: Politiceskie partii Rossii: istoriia i sovremennost', hrsg. v. A. I. Zevelev, Iu. P. Sviridenko, V. V. Shelokhaev, Moskva 2000, S. 88.

66 Klimenti Fedevič, Za Viru, Carja i Kobzarja: malorosijs'ki monarchisty i ukraïns'kyj nacional'nyj ruch (1905–1917 roky), Kyiv, Krytyka, 2017. Siehe auch: Faith Hillis, Children of Rus. Right-Bank Ukraine and the Invention of a Russian Nation, Ithaca 2013.
67 Suny/Kivelson Russia's Empires, S. 207.
68 Fedevič, Za Viru; Hillis, Children.
69 Gottfried Schramm, Kriegsziele: Expansion nach Westen und Süden, in: Manfred Hellmann, Gottfried Schramm, Klaus Zernack (Hrsg.), Handbuch der Geschichte Russlands, Bd. 3, Stuttgart 1983, S. 495–501; Henryk Batowski, Die Polen, in: Adam Wandruszka, Peter Urbanitsch (Hrsg.), Die Habsburgermonarchie 1848–1918, Bd. III: Die Völker des Reiches, Wien 1980, Teilband 1, S. 522–554.
70 Mark T. Kettler, Designing Empire for the Civilized East: Colonialism, Polish Nationhood, and German War Aims in the First World War, in: Nationalities Papers 47, 6 (2019), S. 936–952.
71 Anna Veronika Wendland, Die Russophilen in Galizien. Ukrainische Konservative zwischen Österreich und Rußland, 1848–1915, Wien 2001.
72 Georg Hoffmann, Nicole-Melanie Goll, Philipp Lesiak, Thalerhof 1914–1936. Die Geschichte eines vergessenen Lagers und seiner Opfer, Herne 2010; Plokhy, Gates, S. 202 f.
73 Christoph Mick, Kriegserfahrungen in einer multiethnischen Stadt: Lemberg 1914–1947, Wiesbaden 2010, S. 83.
74 Ebenda, S. 28–68.
75 Mark von Hagen, War in a European Borderland. Occupations and Occupation Plans in Galicia and Ukraine, 1914–1918, Seattle 2007.
76 Dmytro Donzow, Die ukrainische Staatsidee und der Krieg gegen Rußland, Berlin 1915, S. 63, zitiert bei: Stephan Lehnstaedt, Der vergessene Krieg. Der Polnisch-Sowjetische Krieg 1919–1921 und die Entstehung des modernen Osteuropa, München ⁵2022, S. 55.
77 Frank Grelka, Die Ukrainische Nationalbewegung unter deutscher Besatzungsherrschaft 1918 und 1941/42, Wiesbaden 2005.
78 Zit. nach: Dmytro Doroschenko: Die Ukraine und Deutschland. Neun Jahrhunderte Deutsch-Ukrainischer Beziehungen, München 1994, S. 205.
79 Hagen, War in a European Borderland; Frank Golczewski, Deutsche und Ukrainer. 1914–1939, Paderborn 2010; Oleh S. Fedyshyn, Germany's drive to the East and the Ukrainian revolution: 1917–1918, New Brunswick, NJ 1971; Gerd Koenen, Der Russland-Komplex. Die Deutschen und der Osten 1900–1945, München 2004; Winfried Baumgart, Deutsche Ostpolitik 1918. Von Brest-Litowsk bis zum Ende des Ersten Weltkrieges, Wien, München, 1966.
80 Olena Palko, Making Ukraine Soviet. Literature and Cultural Politics under Lenin and Stalin, London, New York 2021, S. 23.
81 Ebenda, S. 24.
82 Kappeler, Kleine Geschichte, S. 191.
83 Zitiert nach Palko, Making, S. 24.

84 Matvii Stakhiv, Constitution of the Ukrainian National Republic, in: Encyclopedia of Ukraine, http://www.encyclopediaofukraine.com/display.asp?linkpath =pages%5CC%5CO%5CConstitutionoftheUkrainianNationalRepublic.htm.
85 Zitiert nach Kappeler, Ungleiche Brüder, S. 136.
86 Ebenda.
87 Ebenda, S. 137.
88 Ebenda, S. 134.
89 Gerd Koenen, Der Rußland-Komplex. Die Deutschen und der Osten 1900–1945, München 2005.
90 Tanja Penter, Odessa 1917. Revolution an der Peripherie, Köln [u. a.] 2000, S. 253–414. Siehe ferner: John S. Reshetar, Jr., The Ukrainian Revolution, 1917–1920. A Study in Nationalism, Princeton 1952.
91 Nikolaus Katzer, Die Weiße Bewegung in Russland. Herrschaftsbildung, praktische Politik und politische Programmatik im Bürgerkrieg, Köln [u. a.] 1999.
92 Anna Procyk, Russian Nationalism and Ukraine. The Nationality Policy of the Volunteer Army during the Civil War, Toronto 1995, S. 124.
93 Ebenda, S. 133; Michael Palij, The Anarchism of Nestor Machno, 1918–1921. An Aspect of the Ukrainian Revolution, Seattle, London 1976, S. 187.

Kapitel 4
Das sowjetische Experiment und
die imperiale Tradition

1 Włodzimierz Borodziej, Maciej Górny, Der vergessene Weltkrieg. Europas Osten 1912–1923, Darmstadt 2018.
2 Torsten Wehrhahn, Die Westukrainische Volksrepublik. Zu den polnisch-ukrainischen Beziehungen und dem Problem der ukrainischen Staatlichkeit in den Jahren 1918 bis 1923, Berlin 2004; Marek Figura, Konflikt polsko-ukraiński w prasie Polski Zachodniej w latach 1918–1923, Poznań 2001.
3 Zitiert nach Stephan Lehnstaedt, Der vergessene Sieg. Der Polnisch-Sowjetische Krieg 1919–1921 und die Entstehung des modernen Osteuropa, München 2019, S. 64.
4 Ebenda, S. 76–78.
5 Plokhy, Gates, S. 229.
6 Terry Martin, An Affirmative Action Empire. The Soviet Union as the Highest Form of Imperialism, in: Ronald Suny, Terry Martin (Hrsg.), A State of Nations. Empire and Nation-Making in the Age of Lenin and Stalin, Oxford 2001, S. 67–92.
7 Ivan Majstrenko, Borot'bism: A Chapter in the History of Ukrainian Communism, New York 1954, Neudruck: Stuttgart 2007.
8 Wladimir Putin, Über die historische Einheit der Russen und der Ukrainer, übers. von Andrea Huterer, in: Osteuropa 2021, 7, S. 51–66.
9 Desjatyj s-ezd Rossijskoj Kommunističeskoj Partii. Stenografičeskij otčet,

Moskva 1921, S. 101, zit. nach: Yuri Slezkine, The USSR as a Communal Apartment, or How a Socialist State Promoted Ethnic Particularism, in: Slavic Review 53, 2 (1994), S. 414–452, hier S. 423.

10 Terry Martin, The Affirmative Action Empire: Nations and Nationalism in the Soviet Union, 1923–1939, Ithaca, NY, 2017; Suny/Kivelson, Russia's Empires, S. 290.

11 Valerij Smolij, «Ukraïnizacija» 1920–30-ch rokiv. Peredumovy, zdobutky, uroky, Kyïv 2003, S. 62.

12 Iurii Šapoval, Oleksandr Šums'kyj. Žyttia, dolia, nevidomi dokumenty, Kyiv, Lviv 2017.

13 Martin, Affirmative Action Empire, S. 5.

14 Zitiert nach: Palko, Making Ukraine Soviet, S. 85.

15 Ebenda, S. 116 f.

16 Ebenda, S. 119 f.

17 Ivan Koshelivets, Tychyna, Pavlo, in: Encyclopedia of Ukraine, vol. 5 (1993), http://www.encyclopediaofukraine.com/display.asp?linkpath=pages%5CT%5CY%5CTychynaPavlo.htm.

18 James E. Mace, Communism and the Dilemmas of National Liberation. National Communism in Soviet Ukraine, 1918–1933, Cambridge, Mass. 1983, S. 162.

19 Ebenda, S. 166.

20 Ebenda, S. 166–168.

21 M. Volobuiv, 30.1. und 15.2.1928 in Bil'šovyk Ukrainy, zit. nach ebenda, S. 172.

22 Ivan Myhul, Hrynko, Hryhorii, in: Encyclopedia of Ukraine, Bd. 2 (1988).

23 Mace, Communism; Šapoval, Oleksandr Šums'kyj.

24 Timothy Snyder, Sketches from a Secret War: A Polish Artist's Mission to Liberate Soviet Ukraine, New Haven 2005, S. 34–39.

25 Basil Dmytryshyn, Moscow and the Ukraine: 1918–1953. A study of Russian Bolshevik nationality policy, New York 1956, S. 111. Siehe auch Snyder, Sketches, S. 37.

26 Zum Prometheismus siehe: Zaur Gasimov, Warschau gegen Moskau. Prometheistische Aktivitäten zwischen Polen, Frankreich und der Türkei 1918–1939, Stuttgart 2022; Snyder, Sketches.

27 Edmund Charaszkiewicz, Zbiór dokumentów ppłk. Edmunda Charaszkiewicza, opracowanie, wstęp i przypisy, hrsg. von Andrzej Grzywacz, Marcin Kwiecień, Grzegorz Mazur, Kraków 2000, S. 56.

28 Snyder, Sketches, S. 43.

29 Jeffrey Veidlinger, Mitten im zivilisierten Europa. Die Pogrome von 1918 bis 1921 und die Vorgeschichte des Holocaust, München 2022.

30 Henry Abramson, A Prayer for the Government. Ukrainians and Jews in Revolutionary Times, 1917–1920, Cambridge MA 1999; Anne Applebaum, Roter Hunger. Stalins Krieg gegen die Ukraine, München 2017, S. 79.

31 David Engel, The Assassination of Symon Petliura and the Trial of Sholem Schwarzbard 1926–1927. A Selection of Documents, Göttingen 2016.

32 Snyder, Sketches, S. 44; Cornelia Schenke, Nationalstaat und nationale Frage. Polen und die Ukrainer 1921–1939, Hamburg 2004.
33 Zaur Gasimov, Warschau gegen Moskau. Prometheistische Aktivitäten zwischen Polen, Frankreich und der Türkei 1918–1939, Stuttgart 2022, S. 219.
34 Włodzimierz Bączkowski: Na marginesie prób tworzenia polskiej racji stanu w kwestji ukrai-ńskiej, in: Biuletyn Polsko-Ukraiński 1/1 (1932), S. 11, zit. nach Gasimov, Warschau gegen Moskau, S. 221.
35 Snyder, Sketches.
36 Timothy Snyder, The Reconstruction of Nations: Poland, Ukraine, Lithuania, Belarus, 1569–1999, New Haven 2003, S. 149.
37 Włodzimierz Borodziej, Geschichte Polens im 20. Jahrhundert, München 2010, S. 168.
38 Ebenda, S. 168 f.
39 Daria Mattingly, Idle, Drunk and Good-for-Nothing. Cultural Memory of the Rank-and-File Perpetrators of the Holodomor, in: Małgorzata Głowacka-Grajper, Anna Wylegała (Hrsg.), The Burden of the Past. History, Memory, and Identity in Contemporary Ukraine, Bloomington 2020, S. 19–48.
40 Guido Hausmann, Tanja Penter, Instrumentalisiert, verdrängt, ignoriert. Der Holodomor im Bewusstsein der Deutschen, in: Osteuropa, 2020, 3–4, S. 193–214.
41 Applebaum, Roter Hunger, S. 224, 229, 236.
42 Die Arbeiter haben ein Vaterland! (1934), in: Erwin Oberländer (Hrsg.), Sowjetpatriotismus und Geschichte. Dokumentation, Köln 1967, S. 59–62.
43 Patriotismus – eine extrem reaktionäre Ideologie (1927), in. Oberländer, Sowjetpatriotismus, S. 56 f.
44 Applebaum, Roter Hunger, S. 243.
45 Jurij Šapoval, Vsevolod Balyc'kyj. Osoba, čas, otočennja, Kyïv 2002.
46 Applebaum, Roter Hunger, S. 270 f.
47 Snyder, Sketches, S. 102–108.
48 Yekelchy, Ukraine, S. 113; Jurij Šapoval, Mychajo Hruševs'kyj: sprava «UNC» i ostanni roky (1931–1934), Kyiv 1999.
49 Applebaum, Roter Hunger, S. 263–265.
50 Ebenda, S. 274.
51 Snyder, Bloodlands, S. 103.
52 Ebenda, S. 104.
53 Ebenda, S. 116.
54 Serhy Yekelchyk, Ukraine. Birth of a Modern Nation, Oxford 2007, S. 104 f.
55 Ebenda, S. 106.
56 Karl Schlögel, Terror und Traum. Moskau 1937, München 2008, S. 198–217, hier S. 206.
57 Ebenda, S. 216 f.
58 Yekelchyk, Stalin's Empire. S. 19–24; Wolfgang Kissel, Puschkin im Dienst von Putin, in: FAZ, aktualisiert am 11.07.2022–14:21; https://www.faz.net/aktuell/feuilleton/debatten/ukrainische-erinnerungskultur-puschkin-im-dienst-von-putin-18162666.html?premium.

Anmerkungen 324

59 Zitiert nach: Simon Sebag Montefiore, Stalin. The Court of the Red Tsar, London 2004, S. 139.
60 David Brandenberger, National Bolsheviks. Stalinist Mass Culture and the Formation of National Russian Idenitity, 1931–1956, Cambridge MA 2002, S. 43 u. 141.
61 Zitiert nach: ebenda, S. 284.
62 Yekelchyk, Stalin's Empire, S. 16.
63 Ebenda.
64 Gottfried Schramm, Grundmuster deutscher Ostpolitik 1918–1939, in: Bernd Wegner (Hrsg.), Zwei Wege nach Moskau. Vom Hitler-Stalin-Pakt bis zum «Unternehmen Barbarossa», München 1991, S. 3–18.
65 https://russische-botschaft.ru/de/2020/06/19/75-jahrestag-des-grossen-sieges-gemeinsame-verantwortung-vor-geschichte-und-zukunft/.
66 Ferenc Fehér, Agnes Heller, Osteuropa unter dem Schatten eines neuen Rapallo, in: Prokla. Zeitschrift für Kritische Sozialwissenschaft, 60, 15 (1985), S. 17–51, hier S. 20.
67 Herbert Helbig, Die Träger der Rapallo-Politik, Göttingen 1958, S. 119.
68 Friedrich von Rabenau, Seeckt. Aus seinem Leben 1918–1936, Leipzig 1940, S. 252.
69 Harvey Dyck, Weimar Germany and the Soviet Russia 1926–1933. A Study in Diplomatic Instability, London 1966, S. 27–38.
70 Ebenda, S. 38–42.
71 Edward Carr, The Bolshevik Revolution (1917–1923), Bd. 3: A History of Soviet Russia, New York 1953, S. 380.
72 Claudia Weber, Der Pakt. Stalin, Hitler und die Geschichte einer mörderischen Allianz 1939–1941, München 2019, S. 28.
73 Selbst die Luft des Sowjetlandes ist uns heilig (1936), in: Oberländer, Sowjetpatriotismus, S. 65–67.
74 Gabriel Gorodetski (Hrsg.), Die Maiski-Tagebücher. Ein Diplomat im Kampf gegen Hitler 1932–1943, München 2016, S. 264.
75 Naumov, V. P. (Hrsg.): 1941 god. V dvuch knigach. Moskau 1998, Bd. 2, S. 571–576.
76 Weber, Der Pakt, S. 51.
77 Zitiert nach Borodziej, Geschichte Polens, S. 189.
78 Gorodetski (Hrsg.), Die Maiski-Tagebücher, S. 291.
79 Rundfunkrede Molotovs vom 17. September 1939, zitiert nach Pätzold, Rosenfeld, Sowjetstern und Hakenkreuz, S. 252; Weber, Der Pakt, S. 82.
80 Pätzold, Rosenfeld, Sowjetstern und Hakenkreuz, S. 259; Weber, Der Pakt, S. 92.
81 Jan Tomasz Gross, Revolution from Abroad: The Soviet Conquest of Poland's Western Ukraine and Western Belorussia. Princeton, NJ 2002, S. 35.
82 Simon Sebag Montefiore, Stalin: The Court of the Red Tsar. New York 2003, S. 312.
83 George Sanford, Katyn and the Soviet Massacre of 1940: Truth, Justice and Memory, London 2007; Damian Bębnowski, Filip Musiał (Hrsg.), The Katyń massacre: current research, Warsaw 2020.

84 Natal'ja Lebedeva, Vvedenie, in: R. G. Pikhoja, Alexander Gieysztor, Katyn'. Plenniki neob»javlennoj vojny, Moskva 1999, S. 36 f.
85 Boris Pasternak, Polnoe sobranie sočinenij, Bd. 9. Moskva 2004, S. 203.
86 Gross, Revolution, S. 228.
87 Brian Glyn Williams, The Crimean Tatars: From Soviet Genocide to Putin's Conquest. London 2015.
88 Tanja Penter, Kohle für Stalin und Hitler. Arbeiten und Leben im Donbas 1929 bis 1953. Essen 2010.
89 Snyder, Bloodlands, S. 395.
90 Ebenda, S. 394.
91 Plokhy, Gates, S. 292.
92 Karel C. Berkhoff, Harvest of Despair. Life and Death in Ukraine Under Nazi Rule, Harvard 2004; Dieter Pohl, Die Herrschaft der Wehrmacht. Deutsche Militärbesatzung und einheimische Bevölkerung in der Sowjetunion 1941–1944, München ²2009.
93 Kai Struve, Deutsche Herrschaft, ukrainischer Nationalismus, antijüdische Gewalt. Der Sommer 1941 in der Westukraine, Berlin 2015; Grzegorz Rossolinski-Liebe, Stepan Bandera. The Life and Afterlife of a Ukrainian Nationalist. Fascism, Genocide, and Cult, Stuttgart 2014; David R. Marples, Stepan Bandera: In search of Ukraine for Ukrainians, in: Rebecca Haynes, Martyn Rady (Hrsg.), In the Shadow of Hitler: Personalities of the Right in Central and Eastern Europe, London 2011, S. 227–244.
94 Plokhy, Gates, S. 270 f. Hannah Maischein, Augenzeugenschaft, Visualität, Politik. Polnische Erinnerungen an die deutsche Judenvernichtung, Göttingen 2015.
95 Omer Bartov, Anatomy of a Genocide. The Life and Death of a Town Called Buczacz, New York 2018.
96 Snyder, Bloodlands, S. 175 f. Christian Gerlach, Hunger in den besetzten Gebieten im Zweiten Weltkrieg – deutsch und global, in: Maximilian Buschmann u. a., Hunger. Zur Geschichte einer existenziellen Bedrohung, Heidelberg 2019, S. 149–166.
97 Peter Hauptmann/ Gerd Stricker (Hrsg.), Die Orthodoxe Kirche in Rußland. Dokumente ihrer Geschichte (1860–1980), Göttingen 1988, S. 757.
98 Ebenda, S. 758.
99 Mischa Gabowitsch, Großer Vaterländischer Krieg, in: decoder, https://www.dekoder.org/de/gnose/grosser-vaterlaendischer-krieg.
100 Josif Stalin, Stalin spricht. Die Kriegsreden vom 3. Juli 1941 bis zum 9. Mai 1945, hrsg. v. Wolfgang Steinitz, Stockholm 1945, S. 35–38, hier S. 38.
101 Emel'jan Jaroslavskij, Bolscheviki — Prodolžateli luščich patrioticeskich tradicii russkogo naroda», in: Pravda, 27.12.1941, S. 3, zit nach: Brandenberger, National Bolshevism, S. 119.
102 Yekelczyk, Stalin's Empire, S. 27–29.
103 Tost I. V. Stalina za russkij narod, in: Iosif V. Stalin, O Velikoj Otečestvennoj Vojne Sovetskogo Sojuza, Moskva 1946, S. 196–197.

104 So Winston Churchill in seiner Rede im Unterhaus vom 3. September 1939, in: Winston S. Churchill, Reden 1938–1940. Im Gefecht, Zürich 1946, S. 204 f.
105 Winston Churchill, Der erste Kriegsmonat, Rundfunkansprache, gehalten am 1. Oktober 1939, in: ebenda, S. 206–214, hier S. 207.
106 Anna M. Cienciala, Natalia Lebedewa, Wojciech Materski, Katyń. A Crime without Punishment. Documents translated by Marian Schwartz, Anna M. Cienciala and Maia A. Kipp, New Haven 2007, S. 216–220.
107 Ulrich Herbert, Geschichte Deutschlands im 20. Jahrhundert, München 2014, S. 525 f.
108 Serhy Yekelchyk, Ukraine. Birth of a Modern Nation, Oxford 2007, S. 146.
109 George F. Kennan, Memoiren eines Diplomaten, München 1983, S. 218, zitiert nach: Borodziej, Geschichte Polens, S. 252.
110 Simon Berthon, Joanna Potts, Warlords: An Extraordinary Re-creation of World War II Through the Eyes and Minds of Hitler, Churchill, Roosevelt, and Stalin, Cambridge MA 2006; Foreign Relations of the United States. The Conferences at Malta and Yalta (1945), Washington 1960, S. 669, 667.
111 Jan C. Behrends, Vom Panslawismus zum «Friedenskampf». Außenpolitik, Herrschaftslegitimation und Massenmobilisierung im sowjetischen Nachkriegsimperium (1944–1953), in: Jahrbücher für Geschichte Osteuropas 56 (2008), S. 27–53, hier S. 32.
112 Ebenda, S. 37.
113 Timothy Snyder, The Causes of Ukrainian-Polish Ethnic Cleansing 1943, in: Past & Present 179 (2003), S. 197–234.
114 Ders., Cleansing of Ukrainians in Poland, 1943–1947, in: Journal of Cold War Studies 1 (1999), 2, S. 86–120.
115 Winston Churchill, Der Zweite Weltkrieg, Bd. 6: Triumph und Tragödie. Dem Sieg entgegen. Der eiserne Vorhang, Bern 1954, S. 227 f..
116 Anne Applebaum, Der Eiserne Vorhang. Die Unterdrückung Osteuropas 1944–1956, München 2012, S. 237.
117 Archiv der Gegenwart, 16/17 (1946/47), S. 669.
118 Ždanovs nationalistische Absage an den Westen, in: Erwin Oberländer (Hrsg.), Sowjetpatriotismus und Geschichte. Dokumentation, Köln 1967, S. 88 f.
119 Dan Diner, Ein anderer Krieg. Das jüdische Palästina und der Zweite Weltkrieg 1935–1942, München 2021.
120 Ciencala u. a., Katyń, S. 236–238.
121 Kai J. Willms, Between Integration and Institutional Self-Organisation: Polish Émigré Scholarship in the United States, 1939–1989, in: Stefan Berger/Phillip Müller (Hrsg.), Dynamics of Emigration. Émigré Scholars and the Production of Historical Knowledge in the 20th Century, New York 2022, S. 124–138.
122 Plokhy, Gates, S. 295 f.
123 Katrin Boeckh, Stalinismus in der Ukraine. Die Rekonstruktion des sowjetischen Systems nach dem Zweiten Weltkrieg, Wiesbaden 2007, S. 498–532; Kappeler, Kleine Geschichte der Ukraine, S. 225.
124 Plokhy, Gates, S. 291–293.

125 Ebenda, S. 294 f.
126 Yekelchyk, Stalin's empire, S. 62–66.
127 Yitzhak M. Brudny, Reinventing Russia. Russian Nationalism and the Soviet State, 1953–1991, Cambridge 1998, S. 7; Nikolay Mitrokhin, Die «Russische Partei». Die Bewegung der russischen Nationalisten in der UdSSR 1953–1985, Stuttgart 2014.
128 Pis'mo N. A. Krascova i V. I. Korosteleva I. V. Stalinu o faktach diskrimicaii russkich na Ukraine, in: Oleg Chlevnjuk (Hrsg.), Sovetskaja nacional'naja politika. Ideologija i praktiki 1945–1953, Moskva 2013, S. 860–863, hier S. 862.
129 Yekelchyk, Stalin's empire, S. 96–98.
130 Ebenda, S. 157.
131 Martin Aust, Polen und Russland im Streit um die Ukraine. Konkurrierende Erinnerungen an die Kriege des 17. Jahrhunderts in den Jahren 1934 bis 2006, Wiesbaden 2009.
132 Yekelchyk, Stalin's Empire, S. 157.
133 Rede Putins, vom 18.3.2014 vor den Mitgliedern des Föderationsrates und den Abgeordneten der Staatsduma der Russischen Föderation, siehe: https://crimea.dekoder.org/rede.
134 Yekelchyk, Ukraine, S. 154 f.
135 Plokhy, Gates, S. 301 f.
136 Darina Volf, Evolution of the Apollo-Soyuz Test Project. The Effects of the «Third» on the Interplay Between Cooperation and Competition, Minerva 2021, https://link.springer.com/article/10.1007/s11024-021-09435-8.
137 Boeckh, Stalinismus in der Ukraine, S. 498–506; Plokhy, Gates, S. 300.
138 Anne Applebaum, Der Eiserne Vorhang. Die Unterdrückung Osteuropas 1944–1956, München 2013, S. 496 f. Borodziej, Geschichte Polens, S. 295 f.
139 Ebenda, S. 510.
140 Rede des Ersten Sekretärs des CK der KPSS, N. S. Chruščev auf dem XX. Parteitag der KPSS und der Beschluß des Parteitages «Über den Personenkult und seine Folgen», 25. Februar 1956, in: 100(0) Schlüsseldokumente zur russischen und sowjetischen Geschichte, https://www.1000dokumente.de/index.html?c=dokument_ru&dokument=0014_ent&object=context&st=&l=de.
141 Ebenda.
142 Izabella Main, President of Poland or «Stalin's most faithful Pupil»? The Cult of Boleslaw Bierut in Stalinist Poland, in: Balazs Apor u. a. (Hrsg.), The Leader Cult in Communist Dictatorships. Stalin and the Eastern Bloc, New York 2004, S. 179–193.
143 Borodziej, Geschichte Polens, S. 297 f.
144 Cienciala u. a., Katyń, S. 240.
145 Siehe dazu auch Kivelson, Suny, Russia's Empires, S. 314 f.
146 Marcin Zaremba, Komunizm, legitymizacja, nacjonalizm. Nacjonalistyczna legitymizacja władzy komunistycznej w Polsce, Warszawa 2001.
147 Ebenda, S. 399 f.
148 Borodziej, Geschichte Polens, S. 314 f.

149 Jerzy Eisler, Marzec 1968. Geneza przebieg, konsekwencje, Warschau 1991.
150 Marin Schulze Wessel, Der Prager Frühling. Aufbruch in eine neue Welt. Ditzingen 2018.
151 Susanne Schattenberg, Maike Lehmann, Stabilität und Stagnation unter Breschnew, in: dies., Die Sowjetunion, 1953–1991. Informationen zur politischen Bildung, hg. von der Bundeszentrale für politische Bildung, Heft 323, 3/2014, https://www.bpb.de/shop/zeitschriften/izpb/192779/stabilitaet-und-stagnation-unter-breschnew/.
152 Mark Kramer, Ukraine and the Soviet-Czechoslovak Crisis of 1968, Part 1: New Evidence from the Diaries of Petro Shelest, in: Cold War International History Project Bulletin, 10 (1998), S. 234–248; ders., Ukraine and the Soviet-Czechoslovak Crisis of 1968, Part 2: New Evidence from the Ukrainian Archives, in: Cold War International History Project Bulletin, 14/15 (2003/04), S. 273–369, hier S. 273.
153 Ebenda, S. 275.
154 Roman Szporluk, The Russian Question and its Imperial Overextension, in: Karen Darwisha, Bruce Parrot (Hrsg.), The End of Empire? The Transformation of the USSR in Comparative Perspective, Armonk 1997; ders., Nationalities and the Russian Problem in the USSR, in: Journal of International Affairs, 27, 1 (1973), S. 22–40.
155 Ludmilla Alexeyeva, Soviet Dissent. Contemporary Movements for National, Religious, and Human Rights, Middletown 1985, S. 24–26; Bohdan Krawchenko, Social Change and National Consciousness in Twentieth Century Ukraine, London 1985, S. 171–285; Alexander Motyl, Will the Non-Russians Rebel?, Ithaca 1987, S. 124–138.
156 Zitiert nach: ebenda, S. 31.
157 Yekelchyk, Ukraine, S. 160.
158 Kramer, Ukraine, Part 2, S. 302.
159 Sergej Zhuk, Rock and Roll in the Rocket City. The West, Identity, and Ideology in Soviet Dniepropetrovsk, 1960–1985, Washington 2010.
160 Ilya Prizel, National Identity and Foreign Policy. Nationalism and Leadership in Poland, Russia, and Ukraine, Cambridge 1998, S. 196.
161 Benedikt Schoenborn, Reconciliation Road. Willy Brandt, Ostpolitik and the Quest for European Peace, New York 2020; Peter Bender, Neue Ostpolitik. Vom Mauerbau zum Moskauer Vertrag, München 1996; Herbert, Deutsche Geschichte, S. 867–876.
162 Egon Bahr, «Wandel durch Annäherung». Rede in der Evangelischen Akademie Tutzing [Tutzinger Rede], 15. Juli 1963, in: https://www.1000dokumente.de/index.html?c=dokument_de&dokument=0091_bah&object=facsimile&pimage=7&v=100&nav=&l=de.
163 Willy Brandt, Regierungserklärung vor dem Deutschen Bundestag in Bonn, 28. Oktober 1969, in: https://www.willy-brandt-biografie.de/quellen/bedeutende-reden/regierungserklaerung-vor-dem-bundestag-in-bonn-28-oktober-1969/.

164 Heinrich August Winkler, Der lange Weg nach Westen, Bd. 2: Deutsche Geschichte vom «Dritten Reich» bis zur Wiedervereinigung, München 2000, S. 285; Robert D. Schulzinger, Détente in the Nixon–Ford years, 1969–1976, in: Melvyn P. Leffler/Odd Arne Westad (Hrsg.), The Cambridge History of the Cold War, 3 Bde., Bd. 2: Crises and Détente, Cambridge 2010, S. 373–394.
165 Jean-François Juneau, The Limits of Linkage: The Nixon Administration and Willy Brandt's «Ostpolitik», 1969–72, in: The International History Review 33,2 (2011), S. 277–297.
166 Borodziej, Geschichte Polens, S. 316.
167 Jozef Fiszer, Jerzy Hoker (Hrsg.), Recepcja Ostpolitik w RFN i w krajach bloku komunistycznego. Polska, ZSRR, NRD, Czechoslowacja, Węgry, Warszawa 2004.
168 Winkler, Der lange Weg nach Westen. Bd. 2, S. 288.
169 Michael Wolffsohn, Thomas Brechenmacher, Denkmalsturz? Brandts Kniefall. München 2005, S. 26 f.
170 Adam Krzemiński, Der Kniefall. Warschau als Erinnerungsort deutsch-polnischer Geschichte. In: Merkur 54, 11 (2000), S. 1077–1088, hier S. 1086.
171 Timothy Garton Ash, Die deutsche Frage. Ein Jahrhundert wird abgewählt. Aus den Zentren Mitteleuropas 1880–1990, München 1992, S. 61–87.
172 Gesine Schwan, Wenn die Freiheit von der Tagesordnung gestrichen wird, in: Rheinischer Merkur, 20. Juli 1985, S. 3
173 George H. W. Bush, A Whole Europe, a free Europe (31.5.1989), in: https://voicesofdemocracy.umd.edu/bush-a-whole-europe-speech-text.
174 Alexandra Goujon, Révolutions politiques et identitaires en Ukraine et en Biélorussie, 1988–2008, Paris 2009, S. 42–60; Mark Kramer, The Collapse of East European Communism and the Repercussions within the Soviet Union (Part 1), in: Journal of Cold War Studies, 5, 4 (2003), S. 178–256, hier S. 218.
175 Alexei Yurchak, Everything Was Forever, Until it Was no More. The Last Soviet Generation, Princeton 2005.
176 Siehe z. B.: Wisła Suraska, How the Soviet Union Disappeared. An Essay on the Causes of Dissolution, Durham 1998; Jörg Baberowski, Ivo Komljen, Criticism as Crisis, or Why the Soviet Union Still Collapsed, in: Journal of Modern European History, 9, 2 (2011), S. 148–166.
177 So Borodziej, Geschichte Polens, S. 360. Zum Zerfall der sozialistischen Herrschaft in Polen siehe auch: Bartlomiej Kamiński, The Collapse of State Socialism: The Case of Poland, Princeton, NJ 1991; Claudia Kundigraber, Polens Weg in die Demokratie: Der Runde Tisch und der unerwartete Machtwechsel, Göttingen 1997.
178 Borodziej, Geschichte Polens, S. 372.
179 Wisła Suraska, How the Soviet Union Disappeared. An Essay on the Causes of Dissolution, Durham 1998, S. 70 f.
180 Kramer, The Collapse.
181 Borodziej, Geschichte Polens, S. 376.

182 Vjačeslav Dašičev, Vostok-zapad. Poisk novych otnošenii. O prioritetach vnešnej politiki Sovetskogo gosudarstva, in: Literaturnaya gazeta, 18 May 1988, S. 14.
183 Claudia Weber, Krieg der Täter. Die Massenerschießungen von Katyń, Hamburg 2015, S. 427.
184 Kramer, The Collapse, S. 199 f.
185 Olga Bertelsen, In the Labyrinth of the KGB. Ukraine's Intelligentsia in the 1960s–1970s, New York 2022.
186 Plokhy, Gates, S. 308 f.
187 Yekelchyk, Ukraine, S. 178.
188 Ebenda, S. 179.
189 Zitiert nach Plokhy, Gates, S. 310.
190 Kappeler, Kleine Geschichte, S. 249.
191 David Marples, Ukraine under Perestroika. Ecology, Economics and the Workers' Revolt, New York 1991.
192 Plokhy, Gates, S. 313.
193 Serhii Plokhy, The Last Empire. The Final Days of the Soviet Union, New York 2014.
194 Brudny, Reinventing Russia, S. 193–197; Taraz Kuzio, Russian Nationalism and the Russian-Ukrainian War. Autocracy, Orthodoxy, Nationality, London 2022.
195 Ebenda, S. 211.
196 Ebenda, S. 221.
197 Plokhy, Gates, S. 320.

Kapitel 5
Die postsowjetische Ukraine und
Russlands Neoimperialismus (1992–2022)

1 Plokhy, Das Tor, S. 451.
2 Plokhy, Gates, S. 324 f.
3 Ebenda, S. 327 f.
4 Gwendolyn Sasse, Der Krieg gegen die Ukraine. Hintergründe, Ereignisse, Folgen, München 2022, S. 46–58.
5 Kappeler, Kleine Geschichte der Ukraine, S. 256 f.
6 Olga Onuch, Gwendolyn Sasse, The Maidan in Movement and the Cycles of Protest, in: Europe-Asia Studies 68, 4 (2016), S. 556–587.
7 «Čto značit byť russkimi?», in: Demokratičeskaia Rossija, 3. November 1991, S. 14, zitiert nach: Michael Urban, The Politics of Identity in Russia's Postcommunist transition. The Nation Again Itself, in: Slavic Review 53,3, S. 733–765, hier S. 740.
8 Sergei Panarin, ‹My› i ‹oni› glazami russkich, in: Nezavisimaja gazeta, 2. November 1991, S. 5, zitiert nach: ebenda.
9 Dmitri Trenin, Post-Imperium. A Eurasian Story, Washington 2011, S. 46.

10 Olga Kryschtanowskaja, Anatomie der russischen Elite. Die Militarisierung Russlands unter Putin, Köln 2005.
11 Sasse, Der Krieg gegen die Ukraine, S. 59–68.
12 So Michael Thumann, https://www.zeit.de/politik/ausland/2015-02/nemzow-moskau-putin.
13 Marcel H. van Herpen, Putin's Wars. The Rise of Russia's New Imperialism, Lanham 2014, S. 57; Margareta Mommsen, Angelika Nußberger, Das System Putin, München 2007, S. 79.
14 Siehe S. 134.
15 Mischa Gabowitsch, Protest in Putin's Russia, Cambridge 2017; ders., Putin kaputt? Berlin 2013; Regina Smyth, Elections, Protest, and Authoritarian Regime Stability. Russia 2008–2020, Cambridge 2021.
16 Aschot L. Manutschurjan, Russlands Weg in die «postwestliche Welt», in: Aus Politik und Zeitgeschichte, 67 (2017), 21–22, S. 11–15.
17 Matthew Evangelista, The Chechen Wars. Will Russia Go the Way of the Soviet Union?, Washington 2002.
18 Taras Kuzio, Russian Nationalism and the Russian-Ukrainian War. Autocracy, Orthodoxy, Nationality, London 2022, S. 132.
19 Igor Gretskiy, Lukyanov Doctrine. Conceptual Origins of Russia's Hybrid Foreign Policy – The Case of Ukraine, in: Saint Louis University Law Journal, 64, 1 (2019), S. 1–21.
20 Ebenda, S. 14 f.
21 Zitiert nach Gretskiy, Lukyanov Doctrine, S. 14.
22 Siehe Kapitel 3, S. 136.
23 Kuzio, Russian Nationalism, S. 146.
24 Peter Shearman, Defining the National Interest. Russian Foreign Policy and Domestic Politics, in: Roger E. Kanet (Hrsg.), The Foreign Policy of the Russian Federation, Basingstoke 1997, S. 1–27.
25 Aust, Schatten des Imperiums, S 68 f.
26 Gretskiy, Lukyanov Doctrine, S. 19.
27 Aleksandr Solženicyn, Rossija v obvale, Moskau 1998; Alexander Ott, Tragödie oder ‹optimistische Tragödie›? Lazarenko kontra Solženicyn, in: Aktuelle Analysen, BIOst, 1999, 2.
28 Alena Minchenia, Barbara Törnquist-Plewa, and Yuliya Yurchuk, Humour as A Mode of Hegemonic Control. Comic Representations of Belarusian and Ukrainian Leaders in Official Russian Media, in: Niklas Bernsand, Barbara Törnquist-Plewa (Hrsg.), Cultural and Political Imaginaries in Putin's Russia, Leiden 2019, S. 211–231, hier S. 225.
29 Ebenda, S. 224.
30 Van Herpen, Russia's Wars, S. 62–65.
31 Ebenda, S. 66–68.
32 Upravljaema li desuverenizacija Ukrainy? In: Russkij žurnál, 16.3.2008. Karaganovs Interview siehe auch: http://russ.ru/Mirovaya-povestka/Nikomu-ne-nuzhnye-chudischa; Andrew Wilson, Matthias Eickhoff, Schildkröten in der

Dämmerzone. Die Politik in der Ukraine und der Wandel, in: Osteuropa 60 (2010), 2/4, S. 135–144, hier S. 135; Van Herpen, Russia's Wars, S. 239.
33 Ebenda, S. 240 f.
34 Siehe S. 53.
35 John Lough, Germany's Russia Problem. The Struggle for Balance in Europe, Manchester 2021, S. 133.
36 Ebenda, S. 139.
37 Heiko Pleines (Hrsg.), Der russisch-ukrainische Erdgaskonflikt vom Januar 2009, Bremen 2009.
38 Energiestreit: Ukraine gibt Gasblockade zu, in: Der Spiegel, 13.1.2009, https://www.spiegel.de/wirtschaft/energiestreit-ukraine-gibt-gasblockade-zu-a-600999.html.
39 Ebenda.
40 Als pointierte Kritik der deutschen Russlandpolitik siehe Sabine Adler, Die Ukraine und wir. Deutsches Versagen und die Lehren für die Zukunft, Berlin 2022; Thomas Urban, Verstellter Blick. Die deutsche Ostpolitik, Berlin 2022.
41 So das Interview, das Aleksej Miller 2014 in «Vesti v subbotu s Sergeem Brilevym» gegeben hat. Siehe: https://vz.ru/news/2014/12/6/719045.html.
42 Szymon Kardaś, Wojciech Konończuk, Vorübergehende Stabilisierung. Der russisch-ukrainische Vertrag zum Gastransit, in: Russland-Analysen 380, 25.01.2020, S. 2–5.
43 Laugh, Germany's Russia Problem, S. 148.
44 Markus Wehner, Ein äußerst politisches Projekt, in: Frankfurter Allgemeine Zeitung, 14.4.2018, Nr. 87, S. 2.
45 Viktor Jerofejew, Beruhigen Sie sich, es gibt keinen Krieg!, in: Frankfurter Allgemeine Zeitung, 27.01.2022, Nr. 22, S. 11.
46 Poslanie Prezidenta RF V. Putina Federal'nomu Sobraniju Rossijskoj Federacii. 25 aprelja 2005 g.
47 Stephan Wiederkehr, «Kontinent Evrazija». Klassischer Eurasismus und Geopolitik in der Lesart Alexander Dugins, in: Markus Kaiser (Hrsg.), Auf der Suche nach Eurasien. Politik, Religion und Alltagskultur zwischen Russland und Europa, S. 125–138, hier S. 125 f.
48 Charles Clover, Black Wind, White Snow. The Rise of Russia's New Nationalism, New Haven 2016; Brit McCandless Farmer, Aleksandr Dugin. The farright theorist behind Putin's plan, in: 60 Minutes https://www.cbsnews.com/news/aleksandr-dugin-russia-ukraine-vladimir-putin-60-minutes-2022-04-12/.
49 Marlene Laruelle, Is Russia Fascist? Unraveling Propaganda East and West, Ithaca 2021, S. 117 f.
50 Ebenda, S. 118.
51 Aleksandr Dugin, Osnovy geopolitiki. Geopolitičeskoe buduščee Rossii, Moskva, 1997. Siehe dazu: John Dunlop, Aleksandr Dugin's Foundations of Geopolitics, in: Demokratizatsiya. The Journal of Post-Soviet Democratization, 12, 1 (31.1.2004), https://demokratizatsiya.pub/archives/Geopolitics.pdf.

52 Dunlop, Aleksandr Dugin's Foundations. Siehe auch: Charles Clover, The Unlikely Origins of Russia's Manifest Destiny, in: Foreign Affairs, 27.7.2016, https://foreignpolicy.com/2016/07/27/geopolitics-russia-mackinder-eurasia-heartland-dugin-ukraine-eurasianism-manifest-destiny-putin/.
53 Wayne Allensworth, The Russian Question. Nationalism, Modernization and Post-Communist Russia, Lanham 1998, S. 251.
54 Aleksandr Dugin, Osnovy geopolitiki. Geopolitičeskoe buduščee Rossii, Moskva 1997, S. 367.
55 Ebenda, S. 213 und S. 369.
56 Ebenda, S. 183–197.
57 Ebenda, S. 216.
58 Ebenda, S. 228.
59 Ebenda. S. 337.
60 Ebenda, S. 348 und 377–379.
61 Nikolay Mitrokhin, Endgültig zerbombt. Die Scheidung der Ukrainischen Orthodoxen Kirche von der Russischen Orthodoxen Kirche, in: Osteuropa 72 (2022), 4-5, S. 79-98.
62 Wladimir Putin, Über die historische Einheit der Russen und der Ukrainer, übersetzt von Andrea Huterer, in: Osteuropa 2021, 7, S. 51–66. Siehe dazu: Friedrich Schmidt, Reinhard Veser, Wir sind doch ein Volk!, in: Frankfurter Allgemeine Zeitung, 14.7.2021; Martin Schulze Wessel, Putins bedrohliche alternative Geschichtsschreibung, in: Zentrum Liberale Moderne, 27. Juli 2021; Andreas Kappeler, Revisionismus und Drohungen. Vladimir Putins Text zur Einheit von Russen und Ukrainern, in: Osteuropa 7/2021, S. 67–76.
63 Zasedanie meždunarodnogo diskussionnogo kluba «Valdaj», 19.9.2013, http://kremlin.ru/events/president/news/19243.
64 Putin, Über die historische Einheit.

Schluss

1 Zitiert nach: Aust, Schatten des Imperiums, S. 69.
2 Zbigniew Brzezinski, The Premature Partnership, in: Foreign Affairs 73, 2, S. 67–82.
3 Jörg Requate/Martin Schulze Wessel (Hrsg.), Europäische Öffentlichkeit. Transnationale Kommunikation seit dem 18. Jahrhundert, Frankfurt 2002.
4 Reinhard Veser, Der Satanismus des Westens, in: Frankfurter Allgemeine Zeitung, 18.10.2022, https://www.faz.net/aktuell/politik/putin-der-ukraine-krieg-und-der-satanismus-des-westens-18421884.html
5 Sasse, Der Krieg gegen die Ukraine.
6 Martin Schulze Wessel, The Concept of Empire and German Sonderwege in the Historical Debate about Ukraine, in: Ab Imperio 2022, 1, S. 91–100.

Auswahlbibliographie

Abramson, Henry, A Prayer for the Government. Ukrainians and Jews in Revolutionary Times, 1917–1920, Cambridge, Mass. 1999.
Adler, Sabine, Die Ukraine und wir. Deutsches Versagen und die Lehren für die Zukunft, Berlin 2022.
Allison, Roy, Russia, the West, and military intervention, Oxford 2013.
Allensworth, Wayne, The Russian Question. Nationalism, Modernization and Post-Communist Russia, Lanham 1998.
Alexeyeva, Ludmilla, Soviet Dissent. Contemporary Movements for National, Religious, and Human Rights, Middletown 1985.
Andriwska, Olga, The Russian-Ukrainian Discourse and the Failure of the Little-Russian Solution, 1782–1917, in: Culture, Nation and Identity, hrsg. v. Andreas Kappeler u. a., Edmonton, 2003, 182–214.
Applebaum, Anne, Der Eiserne Vorhang. Die Unterdrückung Osteuropas 1944–1956, München 2013.
Applebaum, Anne, Roter Hunger. Stalins Krieg gegen die Ukraine, München 2017.
Aust, Martin, Polen und Russland im Streit um die Ukraine. Konkurrierende Erinnerungen an die Kriege des 17. Jahrhunderts in den Jahren 1934 bis 2006, Wiesbaden 2009.
Bartov, Omer, Anatomy of a Genocide. The Life and Death of a Town Called Buczacz, New York 2018
Behrends, Jan C., Vom Panslawismus zum Friedenskampf. Außenpolitik, Herrschaftslegitimation und Massenmobilisierung im sowjetischen Nachkriegsimperium (1944–1953), in: Jahrbücher für Geschichte Osteuropas 56 (2008), S. 27–53.
Belton, Catherine, Putins Netz. Wie sich der KGB Russland zurückholte und dann den Westen ins Auge fasste, Hamburg ³2022.
Bernsand, Niklas, Törnquist-Plewa, Barbara (Hrsg.), Cultural and Political Imaginaries in Putin's Russia, Leiden 2019.
Bertelsen, Olga, In the Labyrinth of the KGB. Ukraine's Intelligentsia in the 1960s–1970s, New York 2022.
Bilenky, Serhiy, Romantic Nationalism in Eastern Europe. Russian, Polish, and Ukrainian Political Imaginations, Palo Alto 2012.
Billington, James H., The Icon and the Axe. An Interpretative History of Russian Culture, London 1966.
Boekh, Katrin, Stalinismus in der Ukraine. Die Rekonstruktion des sowjetischen Systems nach dem Zweiten Weltkrieg, Wiesbaden 2007.
Bömelburg, Hans-Jürgen u. a. (Hrsg.), Die Teilungen Polen-Litauens. Inklusions- und Exklusionsmechanismen – Traditionsbildung – Vergleichsebenen, Osnabrück 2013.

Borodziej, Włodzimierz, Geschichte Polens im 20. Jahrhundert, München 2010.
Borodziej, Włodzimierz/Górny, Maciej, Der vergessene Weltkrieg. Europas Osten 1912–1923, Darmstadt 2018.
Brandenberger, David, National Bolsheviks. Stalinist Mass Culture and the Formation of National Russian Idenity, 1931–1956, Cambridge, Mass. 2002.
Brandenberger, David, Stalin's populism and the Accidental Creation of Russian National Identity, in: Nationalities Papers 38, 5 (2010), S. 723–739.
Brudny, Yitzhak, Reinventing Russia. Russian Nationalism, and the Soviet State, 1953–1991, Cambridge, Mass. 1998.
Cienciala, Anna M./Lebedewa, Natalia/Materski, Wojciech, Katyn. A Crime without Punishment. Documents translated by Marian Schwartz, Anna M. Cienciala and Maia A. Kipp, New Haven 2007.
Chlevnjuk, Oleg (Hrsg.), Sovetskaja nacional'naja politika. Ideologija i praktiki 1945–1953, Moskva 2013.
Clover, Charles, Black Wind, White Snow. The Rise of Russia's New Nationalism, New Haven 2016.
Darwisha, Karen/Parrot, Bruce (Hrsg.), The End of Empire? The Transformation of the USSR in Comparative Perspective, Armonk 1997.
Diner, Dan, Das Jahrhundert verstehen. Eine universalhistorische Deutung, München 1999.
Dmytryshyn, Basil, Moscow and the Ukraine: 1918–1953. A study of Russian Bolshevik Nationality Policy, New York 1956.
Dunlop, John B., Aleksandr Dugin's «Neo-Eurasion» Textbook and Dmitrii Trenin's Ambivalent Response, in: Harvard Ukrainian Studies 25, 1–2 (2001), S. 91–127.
Eisler, Jerzy, Marzec 1968. Geneza przebieg, konsekwencje, Warschau 1991.
Engel, David, The Assassination of Symon Petliura and the Trial of Sholem Schwarzbard 1926–1927. A Selection of Documents, Göttingen 2016.
Erlacher, Trevor, Denationalizing Treachery. The Ukrainian Insurgent Army and the Organization of Ukrainian Nationalists in Late Soviet Discourse, 1945–85, in: Region 2, 2 (2013), S. 289–316.
Evangelista, Matthew, The Chechen Wars. Will Russia Go the Way of the Soviet Union?, Washington 2002.
Filipova, Rumena, Constructing the Limits of Europe: Identity and Foreign Policy in Poland, Bulgaria, and Russia since 1989, Stuttgart 2022.
Fischer, Sabine, Friedensverhandlungen im Krieg zwischen Russland und der Ukraine: Mission impossible, in: SWP-Aktuell 2022/A 66, 28.10.2022.
Fiszer, Jozef/Hoker, Jerzy (Hrsg.), Recepcja Ostpolitik w RFN i w krajach bloku komunistycznego. Polska, ZSRR, NRD, Czechoslowacja, Węgry, Warszawa 2004.
Fuller, William C., Strategy and Power in Russia 1600–1914, New York 1992.
Gabowitsch, Mischa, Protest in Putin's Russia, Cambridge, Mass. 2017.
Gabowitsch, Mischa, Putin kaputt?, Berlin 2013.
Garton Ash, Timothy, Ein Jahrhundert wird abgewählt. Aus den Zentren Mitteleuropas 1880–1990, München 1992.

Gasimov, Zaur, Warschau gegen Moskau. Prometheistische Aktivitäten zwischen Polen, Frankreich und der Türkei 1918–1939, Stuttgart 2022.
Gasimov, Zaur, Idea and Institution. Russkii Mir between Cultural Mission and Geopolitics, in: Osteuropa 62,5 (2012), S. 69–80.
Głowacka-Grajper, Małgorzata/Wylegała, Anna (Hrsg.), The Burden of the Past. History, Memory, and Identity in Contemporary Ukraine, Bloomington 2020.
Golchewski, Frank, Deutsche und Ukrainer 1914–1939, Paderborn 2010.
Golczewski, Frank/Pickhan, Gertrud (Hrsg.), Russischer Nationalismus. Die russische Idee im 19. und 20. Jahrhundert. Darstellung und Texte, Göttingen 1998.
Gorodetski, Gabriel (Hrsg.), Die Maiski-Tagebücher. Ein Diplomat im Kampf gegen Hitler 1932–1943, München 2016.
Goujon, Alexandra, Révolutions politiques et identitaires en Ukraine et en Biélorussie, 1988–2008, Paris 2009.
Gretskiy, Igor, Lukyanov Doctrine. Conceptual Origins of Russia's Hybrid Foreign Policy—The Case of Ukraine, in: Saint Louis University Law Journal 64, 1 (2019), S. 1–21.
Grelka, Frank, Die Ukrainische Nationalbewegung unter deutscher Besatzungsherrschaft 1918 und 1941/42, Wiesbaden 2005.
Gross, Jan Tomasz, Revolution from Abroad. The Soviet Conquest of Poland's Western Ukraine and Western Belorussia, Princeton 2002.
Hagen, Mark von (u. a.), A Laboratory of Transnational History. Ukraine and Recent Ukrainian Historiography, Budapest 2022.
Hausmann, Guido/Penter, Tanja, Instrumentalisiert, verdrängt, ignoriert. Der Holodomor im Bewusstsein der Deutschen, in: Osteuropa 70, 3–4 (2020), S. 193–214.
Herpen, Marcel H. van, Putin's Wars. The Rise of Russia's New Imperialism, Lanham 2014.
Hosking, Geoffrey (Hrsg.), Church, Nation and State in Russia and Ukraine, New York 1991.
Hosking, Geoffrey, Russia. People and Empire, 1552–1917, Cambridge, Mass. ²1997.
Hrycak, Jaroslav, Narys istoriï Ukraïny. Formuvannja modernoï ukraïns'koï naciï XIX–XX stolittja, Kyiv 2019.
Jensen, Alfred, Taras Schewtschenko. Ein ukrainisches Dichterleben, Wien 1916.
Jobst, Kerstin S., Geschichte der Krim. Iphigenie und Putin auf Tauris, Berlin 2020.
Jobst, Kerstin S., Geschichte der Ukraine, Stuttgart 2015.
Kaiser, Robert John, The Geography of Nationalism in Russia and the USSR, Princeton, NJ 1994.
Kappeler, Andreas, Kleine Geschichte der Ukraine, München 1994.
Kappeler, Andreas, Ungleiche Brüder. Russen und Ukrainer. Vom Mittelalter bis zur Gegenwart, München ⁶2022.
Katzer, Nikolaus, Die Weiße Bewegung in Russland. Herrschaftsbildung, praktische Politik und politische Programmatik im Bürgerkrieg, Köln 1999.
Kiselev, Michail A./Kočegaov, Kirill A./Lazarev, Jakov A., Patrony, slugi i druz'ja: russko-ukrainskie neformal'nye svjazi i upravlenie Getmanščinoj v 1700–1760-ch gg. Issledovanie i istočniki, Ekaterinburg 2022.

Kohut, Zenon E., Making Ukraine. Studies on Political Culture, Historical Narrative and Identity, Edmonton 2011.
Krawchenko, Bohdan, Social Change and National Consciousness in Twentieth Century Ukraine, London 1985.
Kuzio, Taras, Russian Nationalism and the Russian-Ukrainian War. Autocracy, Orthodoxy, Nationality, London 2022.
Kuzio, Taras, Stalinism and Russian and Ukrainian National Identity, in: Communist and Post-Communist Studies 50 (2017), S. 289–302.
Kuzio, Taras, Ukraine. Democratization, Corruption, and the New Russian Imperialism, Santa Barbara 2015.
Kuzio, Taras, Ukraine. State and Nation Building, London 1998.
Kuzio, Taras, Ukraine under Kuchma, New York 1997.
Kuzio, Taras/Wilson, Andrew, Ukraine. Perestroika to independence, Houndmills 1994.
Lehnstaedt, Stephan, Der vergessene Sieg. Der Polnisch-Sowjetische Krieg 1919–1921 und die Entstehung des modernen Osteuropa, München 2019.
Leffler, P./Westad, Arne (Hrsg.), The Cambridge History of the Cold War, 3 Bde., Bd. 2: Crises and Détente, Cambridge, Mass. 2010.
Leslie, Robert F., Reform and Insurrection in Russian Poland: 1856–1865, London 1963.
Linke, Horst Günther, Fürst Aleksandr M. Gorčakov (1798–1883). Kanzler des russischen Reiches unter Zar Alexander II., Paderborn 2020.
Lopatin, Vjačeslav (Hrsg.), Ekaterina II i G. A. Potemkin. Ličnaja perepiska 1769–1791, Moskva 1997.
Lough, John, Germany's Russia Problem. The Struggle for Balance in Europe, Manchester 2021.
Luschnat-Ziegler, Marian, Die ukrainische Revolution und die Deutschen 1917–1918, Marburg 2021.
Mace, James, Communism and the Dilemmas of National Liberation. National Communism in Soviet Ukraine, 1918–1933, Cambridge, Mass. 1983.
MacKenzie, John M., Empires in World History. Characteristics, Concepts, and Consequences, in: Ders. (Hrsg.), Encyclopedia of Empire, Bd 1. Wiley, London, 2016, S. LXXXIII-CX.
Magocsi, Paul Robert, A History of Ukraine. The Land and Its Peoples, Toronto ²2010.
Maiorova, Olga, From the Shadow of Empire. Defining the Russian Nation Through Cultural Mythology, 1855–1870, Madison 2010.
Malcolm, Neil/Pravda, Alex/Allison, Roy/Light, Margot, Internal Factors in Russian Foreign Policy, Oxford 1996.
Makolkin, Anna, Name, Hero, Icon. Semiotics of Nationalism. Through Heroic Biography, Berlin, New York 1992.
Majstrenko, Ivan, Borot'bism: A Chapter in the History of Ukrainian Communism, New York 1954, Neudruck: Stuttgart, 2007.
Marples, David, Ukraine under Perestroika. Ecology, Economics and the Workers' Revolt, New York 1991.

Martin, Terry, The affirmative action empire. Nations and nationalism in the Soviet Union, 1923–1939, Ithaca 2001.
Maxwell, Margaret, A Re-examination of the Rôle of N. K. Giers as Russian Foreign Minister under Alexander III., in: European Studies Review 1.4 (1971), S. 351–376.
Miller, Alexei I., National Identity in Ukraine: History and Politics. Russia in Global Affairs, 20 (2022), 3, S. 94–114.
Mitrokhin, Nikolay, Die «Russische Partei». Die Bewegung der russischen Nationalisten in der UdSSR 1953–1985, Stuttgart 2014.
Mommsen, Margareta/Nußberger, Angelika, Das System Putin, München 2007.
Montefiore, Simon Sebag, Stalin. The Court of the Red Tsar, London 2004.
Nachlik, Jevhen, Dolja – Los – sud'ba: Ševčenko i pol's'ki ta rosijs'ki romantyky, Lviv 2003.
Oberländer, Erwin (Hrsg.), Sowjetpatriotismus und Geschichte. Dokumentation, Köln 1967.
Okenfuss, Max J., The Rise and the Fall of Latin Humanism in Early-Modern Russia. Pagan Authors, Ukrainians, and the Resilience of Muscovy, Leiden 1995.
Onuch, Olga/Sasse, Gwendolyn, The Maidan in Movement and the Cycles of Protest, in: Europe-Adia Studies 68, 4 (2016), S. 556–587.
Ostrowski, Donald, Russia in the Early Modern World. The Continuity of Change, Lanham 2022.
Palko, Olena, Making Ukraine Soviet. Literature and Cultural Politics under Lenin and Stalin, London, New York 2021.
Pelenski, Jaroslaw, The Contest for the Legacy of Kievan Rus, New York 1998.
Penter, Tanja, Kohle für Stalin und Hitler. Arbeiten und Leben im Donbas 1929 bis 1953, Essen 2010.
Penter, Tanja, Odessa 1917. Revolution an der Peripherie, Köln 2000.
Picht, Ulrich, M. P. Pogodin und die slavische Frage. Ein Beitrag zur Geschichte des Panslavismus, Stuttgart 1969.
Pinčuk, Jurij A., Istoryčni studiï Mykoly Kostomarova jak faktor formuvannja samousvidomlennja ukraïns'koï naci, Kyiv, 2009.
Plokhy, Serhii, The Cossacks and Religion in Early Modern Ukraine, Oxford 2001.
Plokhy, Serhii, The Frontline: Essays on Ukraine's Past and Present, Cambridge, Mass. 2022.
Plokhy, Serhii, The Last Empire. The Final Days of the Soviet Union, New York 2014.
Plokhy, Serhii, The Future of the Past. New Perspectives on Ukrainian History, Cambridge, Mass., 2016.
Plokhy, Serhii, The Gates of Europe. A History of Ukraine, London 2015 (deutsche Übersetzung: Das Tor Europas: die Geschichte der Ukraine, Hamburg 2022).
Plokhy, Serhii, Lost Kingdom. A History of Russian Nationalism from Ivan the Great to Vladimir Putin, London 2017.
Plokhy, Serhii, The Origins of the Slavic Nations. Premodern Identities in Russia, Ukraine, and Belarus, Cambridge, Mass. 2006.

Plokhy, Serhii, Ukraine and Russia. Representations of the Past, Toronto 2021.
Pohl, Dieter, Die Herrschaft der Wehrmacht. Deutsche Militärbesetzung und einheimische Bevölkerung in der Sowjetunion 1941–1944, München ²2009.
Portnov, Andrij, Histoire partagée, mémoires divisées. Ukraine, Russie, Pologne, Lausanne 2021.
Prizel, Ilya, National Identity and Foreign Policy. Nationalism and Leadership in Poland, Russia, and Ukraine, Cambridge, Mass. 1998.
Procyk, Anna, Russian Nationalism and Ukraine. The Nationality Policy of the Volunteer Army during the Civil War, Toronto 1995.
Prymak, Thomas M., Mykola Kostomarov. A Biography, Toronto 1996.
Reshetar, John S., Jr., The Ukrainian Revolution, 1917–1920. A Study in Nationalism, Princeton 1952.
Rolf, Malte, Imperiale Herrschaft im Weichselland. Das Königreich Polen im Russischen Imperium (1864–1915), Berlin 2015.
Rossoliński-Liebe, Grzegorz, Stepan Bandera. The Life and Afterlife of a Ukrainian Nationalist. Fascism, Genocide, and Cult, Stuttgart 2014.
Sanford, George, Katyn and the Soviet Massacre of 1940. Truth, Justice and Memory, London 2007.
Šapoval, Iurii, Oleksandr Šums'kyj: Žyttia, dolia, nevidomi dokumenty, Kyiv, Lviv 2017.
Sasse, Gwendolyn, Der Krieg gegen die Ukraine, München 2022.
Schattenberg, Susanne, Geschichte der Sowjetunion. Von der Oktoberrevolution bis zum Untergang, München 2022.
Schenke, Cornelia, Nationalstaat und nationale Frage. Polen und die Ukrainer 1921–1939, Hamburg 2004.
Schlögel, Karl, Entscheidung in Kiew. Ukrainische Lektionen, München 2015.
Schmies, Oxana (Hrsg.): NATO's Enlargement and Russia. A Strategic Challenge in the Past and Future, Hannover 2021.
Schoenborn, Benedikt, Reconciliation Road. Willy Brandt, Ostpolitik and the Quest for European Peace, New York 2020.
Schramm, Gottfried, Grundmuster deutscher Ostpolitik 1918–1939, in: Bernd Wegner (Hrsg.), Zwei Wege nach Moskau. Vom Hitler-Stalin-Pakt bis zum «Unternehmen Barbarossa», München 1991, S. 3–18.
Schulze Wessel, Martin, The Concept of Empire and German Sonderwege in the Historical Debate about Ukraine, in: Ab Imperio 2022, 1, S. 91–100.
Schulze Wessel, Martin, Russlands Blick auf Preußen. Die polnische Frage in der Diplomatie und der politischen Öffentlichkeit des Zarenreiches und des Sowjetstaates 1697–1947, Stuttgart 1995.
Skak, Mette, From Empire to Anarchy. Postcommunist Foreign Policy and International Relations, New York 1996.
Slezkine, Yuri, The USSR as a Communal Apartment, or How a Socialist State Promoted Ethnic Particularism, in: Slavic Review 53, 2 (1994), S. 414–452.
Smolij, Valerij, «Ukraïnizacija» 1920–30-ch rokiv. Peredumovy, zdobutky, uroky, Kyïv 2003.

Smyth, Regina, Elections, Protest, and Authoritarian Regime Stability. Russia 2008–2020, Cambridge, Mass. 2021.

Snyder, Timothy, Bloodlands. Europa zwischen Hitler und Stalin, München ²2010.

Snyder, Timothy, The Causes of Ukrainian-Polish Ethnic Cleansing 1943, in: Past & Present 179 (2003), S. 197–234.

Snyder, Timothy, The Reconstruction of Nations: Poland, Ukraine, Lithuania, Belarus 1569–1999, New Haven 2003.

Snyder, Timothy, Sketches from a Secret War: A Polish Artist's Mission to Liberate Soviet Ukraine, New Haven 2005.

Strickland, John, The Making of Holy Russia: The Orthodox Church and Russian Nationalism Before the Revolution, Jordanville 2013.

Struve, Kai, Deutsche Herrschaft, ukrainischer Nationalismus, antijüdische Gewalt. Der Sommer 1941 in der Westukraine, Berlin 2015.

Subtelny, Orest, Ukraine: A History, Toronto ³2000.

Suny, Ronald/Martin, Terry (Hrsg.), A State of Nations. Empire and Nation-Making in the Age of Lenin and Stalin, Oxford 2001.

Suny, Ronald/Kivelson, Valerie, Russia's Empires, New York 2017.

Suraska, Wisła, How the Soviet Union Disappeared. An Essay on the Causes of Dissolution, Durham 1998.

Sysyn, Frank E., Between Poland and the Ukraine. The Dilemma of Adam Kisil 1600–1653, Cambridge, Mass. 1985.

Thumann, Michael, Der neue Nationalismus. Die Wiederkehr einer totgeglaubten Ideologie, Berlin 2020.

Tolz, Vera, Russia, London 2001.

Trenin, Dmitri, Post-Imperium. A Eurasian Story, Washington 2011.

Tsygankov, Andrei P., Russia's Foreign Policy. Change and Continuity in National Identity, Boulder ⁶2022.

Tsygankov, Andrei P., Finding a Civilisational Idea: «West,» «Eurasia,» and «Euro-East» in Russia's Foreign Policy, in: Geopolitics 12:3 (2007), S. 375–399.

Urban, Michael, The Politics of Identity in Russia's Postcommunist transition. The Nation Against Itself, in: Slavic Review 53, 3 (1994), S. 733–765.

Utz, Raphael, Rußlands unbrauchbare Vergangenheit. Nationalismus und Außenpolitik im Zarenreich, Wiesbaden 2008.

Veidlinger, Jeffrey, Mitten im zivilisierten Europa. Die Pogrome von 1918 bis 1923 und die Vorgeschichte des Holocaust, München 2022.

Velychenko, Stephen, State Building in Revolutionary Ukraine. A Comparative Study of Governments and Bureaucrats, 1917–1922, Toronto 2017.

Vulpius, Ricarda, Die Geburt des Russländischen Imperiums. Herrschaftskonzepte und -praktiken im 18. Jahrhundert, Wien 2020.

Vulpius, Ricarda, Konflikt, Konkurrenz, Repression, in: Osteuropa 72, 6–8 (2022), S. 105–116.

Vulpius, Ricarda, Nationalisierung der Religion. Russifizierungspolitik und ukrainische Nationsbildung 1860–1920, Wiesbaden 2005.

Walker, Shaun, The Long Hangover. Putin's New Russia and the Ghosts of the Past, Oxford 2018.

Weber, Claudia, Der Pakt. Stalin, Hitler und die Geschichte einer mörderischen Allianz 1939–1941, München 2019.
Weber, Claudia, Krieg der Täter. Die Massenerschießungen von Katyń, Hamburg 2015.
Wehner, Markus, Putins Kalter Krieg. Wie Russland den Westen vor sich hertreibt, München 2016.
Wehrhahn, Torsten, Die Westukrainische Volksrepublik. Zu den polnisch-ukrainischen Beziehungen und dem Problem der ukrainischen Staatlichkeit in den Jahren 1918 bis 1923, Berlin 2004.
Wendland, Anna Veronika, Die Russophilen in Galizien. Ukrainische Konservative zwischen Österreich und Rußland, 1848–1915, Wien 2001.
Werth, Paul, 1837. Russia's Quiet Revolution, Oxford 2021.
Williams, Brian Glyn, The Crimean Tatars. From Soviet Genocide to Putin's Conquest, London 2015.
Wilson, Andrew, The Ukrainians. Unexpected Nation, New Haven ³2009.
Wilson, Andrew, Ukraine's Orange Revolution, New Haven 2005.
Wilson, Andrew, Ukrainian Nationalism in the 1990s, Cambridge, Mass. 1997.
Yekelchyk, Serhy, Stalin's Empire of Memory. Russian-Ukrainian Relations in the Soviet Historical Imagination, Toronto 2004.
Yekelchyk, Serhy, Ukraine. Birth of a Modern Nation, Oxford 2007.
Zaremba, Marcin, Komunizm, legitymizacja, nacjonalizm. Nacjonalistyczna legitymizacja władzy komunistycznej w Polsce, Warszawa 2001.
Zernack, Klaus, Polen und Russland. Zwei Wege in der europäischen Geschichte, Berlin 1994.
Zhuk, Sergej, Rock and Roll in the Rocket City. The West, Identity, and Ideology in Soviet Dniepropetrovsk, 1960–1985, Washington 2010.
Zorin, Andrei/Levitt, Marcus C., Feeding the Two-Headed Eagle: Literature and State Ideology in Late Eighteenth- and Early Nineteenth-Century Russia, Boston, Mass. 2014.

Bildnachweis

picture alliance/ASSOCIATED PRESS | Mikhail Metzel: S. 24
akg-images: S. 33, 50, 57, 61, 99 (akg-images/Elizaveta Becker), 104 (akg-images/De Agostini Picture Lib./W. Buss), 122, 159, 162, 168, 172 (akg-images/Heritage Images/Fine Art Images), 187 (akg-images/Pictures From History), 206, 221, 244, 264 (akg-images/picture-alliance/dpa)
Wikimedia: S. 67
ullstein bild – Archiv Gerstenberg: S. 80
The Picture Art Collection/Alamy Stock Photo: S. 117
getty images: S. 145 (Mikhail Svetlov/getty images), 234 (Bettmann/getty images)

Karten

Karte 1: Russland, Polen-Litauen und das Hetmanat nach 1667

- 🟨 Krone Polen
- 🟧 Lehen und abhängige Gebiete
- ⬛ Großfürstentum Litauen
- ⬜ 1629 an Schweden verlorene Gebiete
- ▨ Herzogtum Preußen, 1525–1657 poln. Lehen, ab 1657 souverän, 1701 Königreich
- ▥ Abtretungen an Russland durch den Frieden von Poljanovka 1634
- ▢ Der Kosakenstaat unter Boris Chmel'nyc'kyj 1649 (Hetmanat)
- ▢ Gebiete unter kurzer Kontrolle der Kosaken
- ⬚ Gebietsverluste Polen-Litauens durch den Vertrag von Andrussowo 1667
- ▧ Polnisch-Russisches Kondominium in Saporischschja 1667–1686; danach russisch, aber nicht Teil des Hetmanats

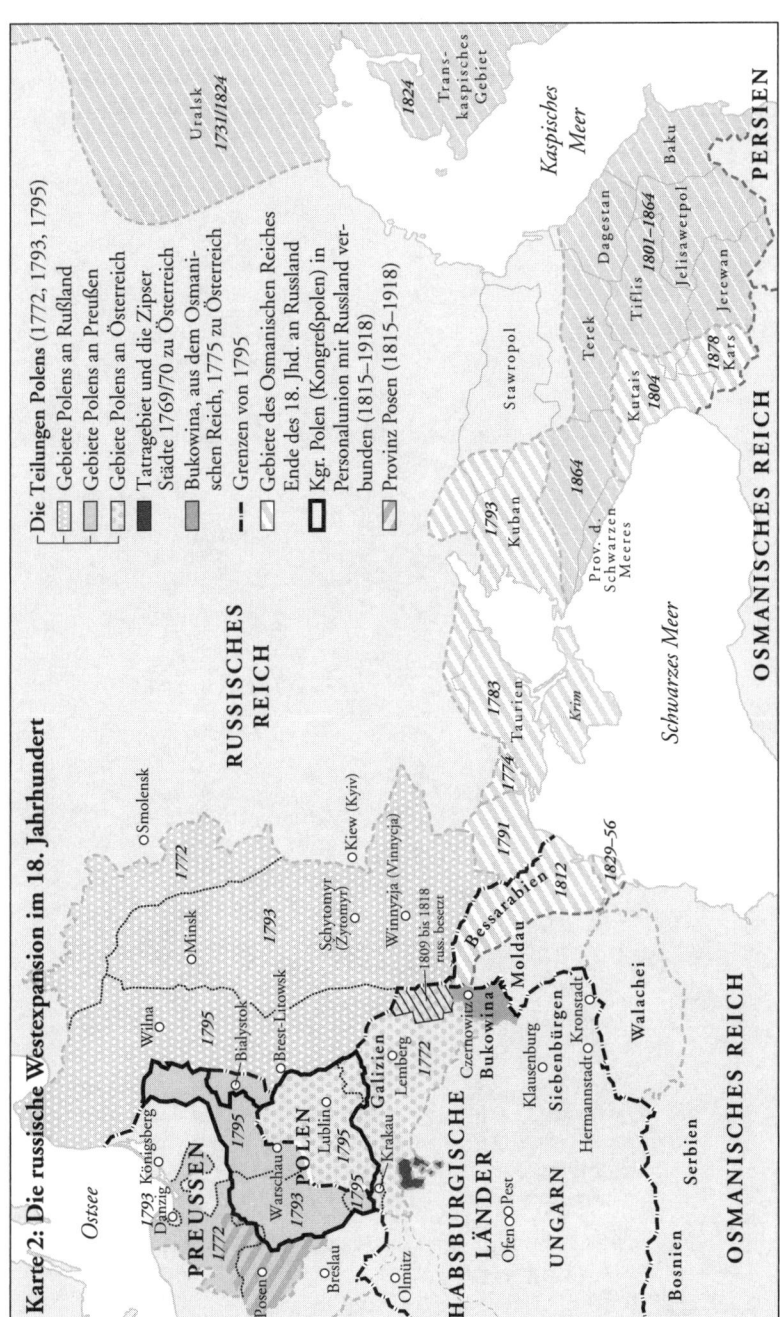

Karte 3: Zentraleuropa nach dem Ersten Weltkrieg

Karten 345

Karte 4: Von der ukrainischen Republik 1918/19 beanspruchte Gebiete

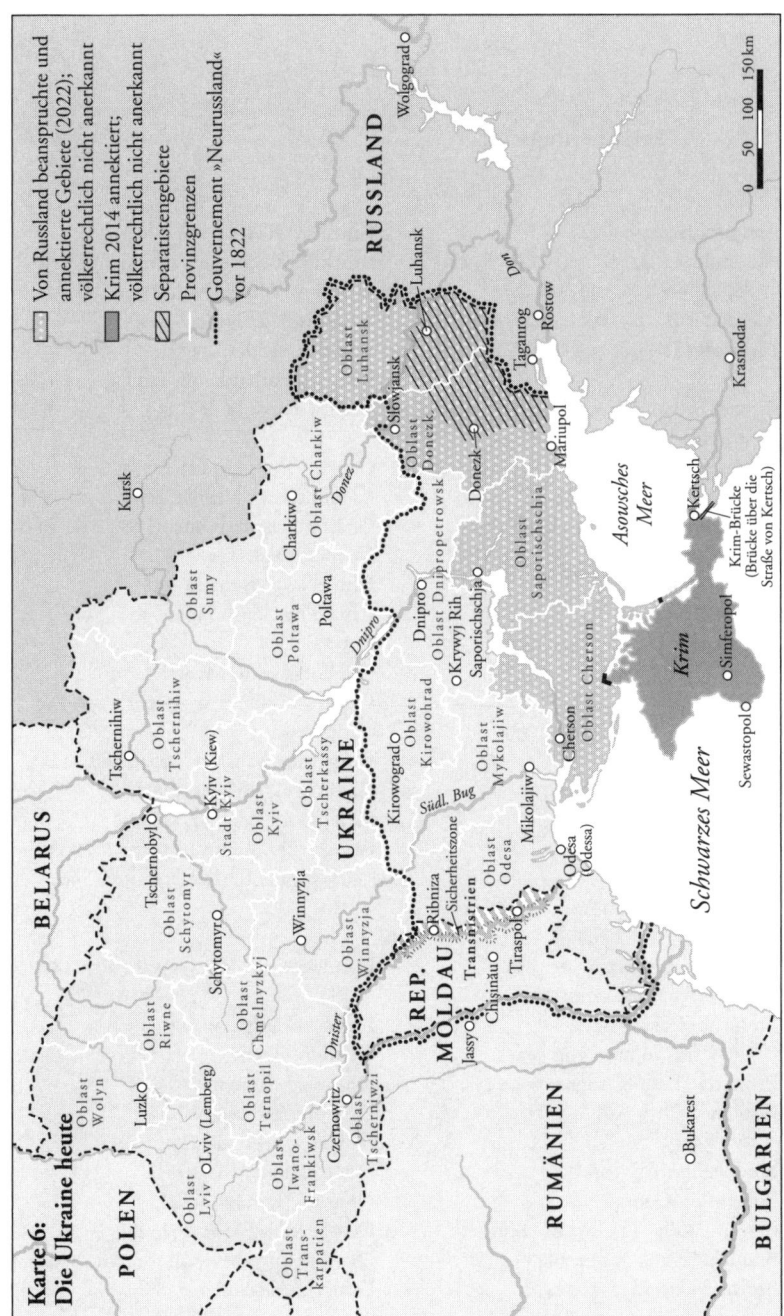

Karte 6: Die Ukraine heute

Personenregister

Achmatova, Anna 225
Alexander I. 20, 68, 74 ff., 80 ff., 84, 86, 88, 90, 106, 146, 148, 278
Alexander II. 115, 143 f., 148
Alexander III. 18, 137, 143 ff., 148, 150, 153, 286
Allensworth, Wayne 288
Andropov, Jurij 238
Antonovyč, Volodymyr 120, 140, 154
Arakčeev, Aleksej 83, 94
Armin-Suckow, Heinrich von 111
Ascherson, Neal 59
Astaf'ev, Viktor 257
August II. 34
August III. 51

Babel, Isaak 152
Bączkowski, Włodzimierz 184
Bahr, Egon 242 f.
Balyc'kyj, Vsevolod 189
Bandera, Stepan 18, 212
Bartov, Omer 213
Beck, Józef 204
Belinskij, Vissarion 12, 129, 138, 155
Berija, Lavrentij 230 f.
Bernstorff, Christian von 90
Bezborodko, Oleksandr 60 f.
Bierut, Bolesław 232 f.
Biron, Ernst Johann von 43
Bismarck, Ludolf August von 43
Bismarck, Otto von 43, 111, 120 f., 124, 147, 243
Bludov, Dmitrij 106
Bobrinskij, Georgij 160
Brandt, Willy 243, 245 ff., 249
Branicki, Frank Xaver 64
Brežnev, Leonid 237, 254

Brjusilov, Aleksej 174
Brockdorff-Rantzau, Ulrich von 200
Brunnow, Philipp von 110
Brzeziński, Zbigniew 224
Budberg, Andrej 76 f.
Bülow, Bernhard von 147 f.
Bush, George H. W. 249

Caprivi, Leo von 147
Chamberlain, Neville 203 f.
Chateaubriand, François-René de 81
Cheney, Dick 224
Chmel'ko, Mychajlo 228
Chmel'nyc'kyj Bohdan 30 f., 196, 227, 332,
Chodorkovskij, Michail 270
Chruščev, Nikita 23, 230 ff., 237, 239, 241, 254
Churchill, Winston 204, 216 ff., 221 f.
Chvyl'ovyj, Mykola 178 ff.
Czajkowski, Michał 108, 116
Czartoryski, Adam Jerzy 74 ff., 80 f., 88, 91, 107 f., 116 f., 142, 172, 196, 250

Danilevskij, Nikolaj 135 ff., 277, 287, 289
Dašičev, Vjačeslav 253
Denikin, Anton 168 f., 173
Dmowski, Roman 182
Dobroljubov, Nikolaj 139
Dolbilov, Mikhail 123
Doncov, Dmytro 160 f.
Donskoj, Dmitrij 214 f.
Dostoevskij, Fëdor 194, 287
Drahomanov, Mychajlo 140 ff., 164
Dubček, Alexander 236 ff.

Personenregister

Duchiński, Franciszek Henryk 108
Dugin, Aleksandr 285, 287 ff.

Ebert, Friedrich 199
Ėjzenštejn, Sergej 152
Elisabeth Petrovna 43 ff., 66
El'cin (Jelzin), Boris 258 f., 269 f., 277, 279
Eltchaninoff, Michel 12
Erofeev, Viktor 285
Evola, Julius 287
Ežov, Nikolaj 191
Fehér, Ferenc 199
Franz I. 80
Freidenberg, Olga 210
Friedrich II. 44, 51 f., 76, 112
Friedrich Wilhelm I. 39 ff.
Friedrich Wilhelm III. 80
Furgal, Sergej 271 f.

Gagarin, Jurij 23
Gajdar, Egor 277
Galeotti, Mark 8
Gannuškina, Svetlana 267, 268, 273, 277
Ganzenmüller, Jörg 72
Gapon, Georgij 151
Garton Ash, Timothy 247
Georg III. 57
George, Lloyd 197
Giehne, Friedrich 91
Gincburg, Evgenija 241
Girs, Nikolaj 146 f.
Glock, Johann Philipp 93
Gogol', Nikolaj 101 f.
Gomułka, Władysław 220, 233 ff., 244
Gongadze, Georgiy 264, 270
Gorbačev, Michail 250, 252 ff., 276
Gorčakov, Aleksandr 119 ff., 127
Göring, Herrmann 213
Gretskiy, Igor 277
Gross, Jan 210

Haag, Henriette 138
Halyč, Danylo von 215
Hardenberg, Karl August von 76
Heller, Agnes 199
Herzen, Alexander (Gercen, Aleksandr) 137 ff.
Hitler, Adolf 201 ff., 208, 216 f., 290
Hobsbawm, Eric 55
Hołówko, Tadeusz 183, 186
Hončar, Oles' 240
Hrebinka, Jevhen 98
Hruševs'kyj, Mychajlo 154 f., 163 f., 196
Hrynko, Hryhorii 179 f.
Hrytsak, Yaroslav 15
Hughes, John 149

Ignat'ev, Nikolaj 150
Ilgen, Heinrich Rüdiger von 40
Innokentij (Erzbischof, Borisov) 115
Ivan IV. 28, 210
Ivanovna, Anna 45, 59

Jakovlev, Ivan 138
Janukovyč, Viktor 265 f., 280
Jaroslavskij, Jemel'jan 214 f.
Jaruzelski, Wojciech 251 ff.
Javorskij, Stefan 89
Jordan, Wilhelm 112
Joseph (Bischof, Semaško) 106
Józewski, Henryk 184 f.
Juščenko, Viktor 35, 265, 277

Kadyrov, Roman 274 f.
Kaganovič, Lazar 180, 188, 205
Kappeler, Andreas 14, 48, 166
Karaganov, Sergej 280
Karamzin, Nikolaj 84 f., 89, 129
Karl XII. 33 f., 37 f., 95, 195
Katharina II. 12, 26, 44, 46 ff., 51 ff., 65 ff., 74 f., 103 f., 113 f., 207, 210, 215, 238, 272, 280,
Katkov, Michail 133
Kennan, George F. 218
Kissinger, Henry 243

Kivelson, Valerie 82
Klier, John D. 150
Ključevskij, Vassilij 128 f., 154
Kohl, Helmut 247
Kohut, Zenon E. 129
Konaševyč-Sahajdačnyj, Petro 29
Konstantin Pavlovič 77, 86, 90
Kopelev, Lev 186
Korostelev, Vasilij 226
Kościuszko, Tadeusz 66
Kosior, Stanisław 188
Kostomarov, Mykola (Nikolaj) 73, 98, 125, 139 f., 143, 164
Kočubej, Vassili 95
Kotljarevs'kyj, Ivan 85, 98, 101
Kovalčuk, Andrej 145
Kramer, Mark 238
Kramskoj, Ivan 99
Kravcov, Nikolaj 226
Kravčuk, Leonid 258 f., 263
Krečnikov, Michail 55
Krzemiński, Adam 247
Kučma, Leonid 263 f., 266 f.
Kuprin, Aleksandr 152
Kuraev, Andrej 280
Kutusow, Michail 215
Kyrill I. 280
Kwaśniewski, Aleksander 265

Laugh, John 284
Lavrov, Sergej 95
Lebedeva, Natalija 209
Leibniz, Gottfried Wilhelm 195
Lenin, Vladimir 163, 173 ff., 190, 196
Leont'ev, Konstantin 287
Leszczyński, Stanisław 34
Ligačev, Egor 257
Litvinov, Maksim 202 f., 205
Łowicz, Joanna Grudzińska von 90
Ludwig XVI. 66
Lukašenka, Aljaksandr 279
Lukin, Vladimir 276
Luk'janov, Anatolij 276

Machno, Nestor 169
MacKenzies, John M. 9, 13
Macron, Emanuel 59
Maiorova, Olga 134
Majskij, Ivan 203 ff.
Makolkin, Anna 105
Maltzan, Ago von 198
Margolina, Sonja 95
Maria Feodorovna 144
Maria Theresia 44
Mazepa, Ivan 33 ff., 95 f., 158, 195
Mazowiecki, Tadeusz 254
McCarthy, Joseph 223
Medvedev, Dmitrij 271
Medvedev, Roy 241
Menšikov, Aleksandr 34, 42
Merkel, Angela 283, 285
Metternich, Clemens von 79
Michnik, Adam 249 f., 260
Mickiewicz, Adam 96 f., 102, 104, 116, 139, 181, 236, 250
Michnovs'kyj, Mykola 151
Mikojan, Anastas 205
Miller, Aleksej 284
Miller, Alexei 36
Minin, Kuz'ma 85, 215
Molotov, Vjačeslav 188, 205, 207, 217
Murav'ev, Sergej 87 f.

Napoléon 74, 76 ff., 81 f., 85, 94, 196, 214, 216
Napoléon III. 119
Naval'nyj, Aleksej 271 f.
Nemcov, Boris 270
Nesselrode, Karl von 111
Nevskij, Aleksandr 214
Nikolaus I. 86, 90 f., 98, 106 f., 110 f.
Nikolaus II. 137, 143, 153
Nixon, Richard 243
Nossov, Boris 49
Novosil'cev, Nikolaj 74

Orlov, Aleksej 98
Orlov, Grigorij 59

Personenregister

Orlyk, Pylyp 37
Osterhammel, Jürgen 113
Ostermann, Heinrich 25

Palko, Olena 163 f., 177
Panarin, Sergej 267 f.
Paskevič, Ivan 111
Pasternak, Boris 210
Pavlovskij, Gleb 280
Pestel', Pavel 87
Peter I. 9, 12, 18, 23 ff., 28, 32 ff., 41 ff., 51, 56, 59, 66 f., 83, 89, 93, 95 f., 103, 129, 136, 138, 156, 195, 197, 210, 215, 281, 283
Peter III. 44, 47
Petljura, Symon 169, 172 f., 183 f., 188 f., 250
Petrov, Vladimir 195
Piłsudski, Józef 171 ff., 181, 182 ff., 188, 250
Plokhy, Serhii 47, 67, 131
Podgornyj, Nikolaj 238
Pogodin, Michail 109, 114, 130 ff., 138
Pokrovskij, Michail 195
Polevoj, Nikolaj 89
Politkovskaja, Anna 270
Poniatowski, Stanisław Antoni 51 f.
Postyšev, Pavel 190
Potemkin, Grigorij 57 ff., 62 ff., 215
Požarskij, Dmitrij 85, 215
Prizel, Ilya 17
Procyk, Anna 169
Prokopovič, Feofan 35 f., 89
Puškin, Aleksandr 94 ff., 102 f., 105, 125, 132, 152, 193 f., 289
Putin, Vladimir 8 f., 12, 17 ff., 20, 23 ff., 59, 68 f., 87, 129, 145 f., 176, 199, 229, 269 ff., 279, 283, 285 ff., 290 ff.

Radek, Karl 201
Raeff, Marc 30
Ranke, Leopold von 26
Rasputin, Valentin 257
Rathenau, Walther 198 f.
Repnin, Nikolaj 54
Ribbentrop, Joachim von 204 ff., 219
Rohrbach, Paul 161
Rokossovskij, Konstantin 234 f.
Roosevelt, Franklin D. 216, 222
Rottek, Karl von 91 f.
Rousseau, Jean-Jacques 13, 83 f.
Rozumovs'kyj, Kyrylo 45 ff.
Rozumovs'kyj, Oleksij 45
Rumjancev, Pëtr 48
Rumsfeld, Donald 224

Sanders, David 48
Sazonov, Sergej 157
Ščerbyc'kyj, Volodymyr 255
Schivelbusch, Wolfgang 118
Schmidt, Helmut 247
Schwan, Gesine 247
Schwartzbard, Samuel 183
Seeckt, Hans von 200, 206
Selens'kyj, Volodymyr 7, 300
Šelest, Petro 237 f., 240
Seleznev, Gennadij 287
Semenko, Mychajlo 178 f.
Ševčenko, Taras 97 ff., 139, 194, 239, 264
Šiškov, Aleksandr 84 f.
Shapiro, Michael 18
Sheehan, Timothy P. 223
Skoropads'kyj, Pavlo 37, 161 f.
Skrypnyk, Mykola 190
Słowacki, Juliusz 181
Snyder, Timothy 191, 211, 213
Solov'ev, Sergej 128 f., 154, 165, 167
Solženicyn, Aleksandr 224, 241, 278
Spazier, Richard Otto 93
Spengler, Oswald 135
Stalin, Iosif 15, 115, 176, 178 ff., 185 f., 188 ff., 192, 194 ff., 204 ff., 211, 214 ff., 224 ff., 228, 230 ff., 234, 236, 241, 255, 272
Stanhope, James 38 f.

Stanislaus II. 52
Stark Urrestarazu, Ursula 17
Strachov, Nikolaj 133
Stroganov, Grigorij 74, 130
Struve, Petr 12, 155, 169
Šums'kyj, Oleksandr 176 ff., 180 f.
Suny, Ronald 82
Surkov, Vladislav 270
Suvorov, Aleksandr 66
Symonenko, Vasyl' 240

Teplov, Grigorij 47
Timošenko, Julija 264 f., 279 f.
Tjutčev, Fëdor 134 f., 271
Tolstoj, Aleksej 195
Torke, Hans-Joachim 31
Trockij, Lev (Trotzki, Leo) 169
Turgenev, Ivan 100 f.
Tyčyna, Pavlo 178 f.

Ulbricht, Walter 237
Urban, Jerzy 253
Urgant, Ivan 279
Uvarov, Sergej 105 f., 130

Vakarov, Michajlo 240
Vakulenčuk, Hryhorii 152
Valuev, Petr 124 ff., 133, 141
Vitte, Sergej 153
Vladimir (der Heilige) 114
Volobujev, Mychajlo 180
Voltaire 13 f., 37 f., 83
Voroncov, Aleksandr 75
Vorošilov, Kliment 205
Vynnyčenko, Volodymyr 166

Weber, Max 142
Wereszycki, Henryk 121
Wilhelm II. 162
Wilson, Woodrow 175
Wirth, Joseph 198, 200
Wolff, Larry 15

Yurchak, Alexei 250

Zabęba, Marcin 236
Ždanov, Andrej 222 f., 225
Zernack, Klaus 14, 65
Zorin, Andrej 78
Zoščenko, Michail 225